一本书读懂

中国传统文化 ①

（全4册）

石开航 / 编

中国华侨出版社

·北京·

图书在版编目（CIP）数据

一本书读懂中国传统文化：全4册 / 石开航编 . — 北京：中国华侨出版社，2012.8
（2024.11 重印）.

ISBN 978-7-5113-2739-0

Ⅰ . ①—… Ⅱ . ①石… Ⅲ . ①中华文化—通俗读物 Ⅳ . ① K203-49

中国版本图书馆 CIP 数据核字（2012）第 177030 号

一本书读懂中国传统文化：全 4 册

编　　者：石开航	
责任编辑：张亚娟	
经　　销：新华书店	
开　　本：645 毫米 ×915 毫米　1/16 开　　　总印张：32　　总字数：580 千字	
印　　刷：德富泰（唐山）印务有限公司	
版　　次：2012 年 8 月第 1 版	
印　　次：2024 年 11 月第 3 次印刷	
书　　号：ISBN 978-7-5113-2739-0	
定　　价：160.00 元（全 4 册）	

中国华侨出版社　北京市朝阳区西坝河东里 77 号楼底商 5 号　邮编：100028
发 行 部：（010）64443051　　传真：（010）64439708

如发现印装质量问题，影响阅读，请与印刷厂联系调换。

前　言

FOREWORD

　　在世界文化史上曾经璀璨一时的巴比伦文化、古埃及文化、印度文化、古希腊和古罗马文化随着时间的流逝，有的早已灭绝，有的出现断层，有的被肢解摧残，唯有中国文化几经跌宕仍绵延不绝，这与其文化传统和文化精神是密不可分的。中国传统文化是我们先人创造的文明史册中最为瑰丽璀璨的乐章，是对五千年华夏文明前进步履的生动记录，是对中华民族不断创新精神的凝聚和聪明才智的结晶。它不仅推动了中国历史的进程，而且也影响着世界的发展。

　　美国是现代西方文明的代表，近年来统计表明，其青少年犯罪率为6.9万件/天。美国等一些西方国家在为其日益严重的社会乱象深感不安，有识之士已明显地体会到他们崇尚个体、倡导竞争的理念是社会动乱的根源，开始在东方文化中寻找救世良方。英国著名的哲学家汤恩比博士在20个世纪70年代就提出了令举世深思的论点："挽救二十一世纪的社会问题，唯有中国的孔孟学说和大乘佛法。"西方许多著名大学纷纷开办汉学系，美国政府还设立专门的基金，组织学者研究中国传统文化。

　　那么，中国传统文化究竟何以有如此强大的生命力和挽救社会的作用？中国传统文化是以儒家思想为主体，融入释、道观念的一种成熟的、雄浑厚重的伦理文化。天人和谐、自强不息是其基本精神，它强调在多元和谐与有限对立中，达到至真、至善、至美的境界。那秉笔直书的史学风范、高古雅致的艺术心灵、天人合一的哲学睿智、影响深远的科技发明以及知天、事天、乐天、同天的精神境界，无不深深体现着传统文化的精髓。

　　传统文化作为中华文化的传承和表现，从来不是遥远和僵死的。几千年来它始终鲜活地流淌在我们的生活中，默默地连接着古代人和现代人。然而近百年来，中国传统文化却遭到了史无前例的压制和废弃。追根究底，与任何文化一样，中国传统文化有精粹，也有糟粕。近现代以来，由于中国的落后，一些人将之归罪于传统文化。诚然，中国传统文化有其糟粕，但不能因为糟粕而对传统文化全盘否定。这种方式是不科学的，更是不可取的。没有文化的巨人，就没有强大的民族；没有文明的巨轮，就没有昌盛的国家。存精华去糟粕，是我们当代人的历史责任，也是人类向前发展的必然规律。基于此，我们倾力编纂了这套以传统文化为主题的读本。

本套书共四卷，从儒道佛、教育、文学、文物、古建筑、中医、音乐和舞蹈、戏剧和曲艺、书法和绘画、古代科技、饮食、风俗十二个方面入手，截取传统文化中最精彩、最优秀的部分，以轻松活泼而又严谨准确的语言娓娓道来。全书不同于一些板着面孔、带着浓厚说教意味的传统文化读物，我们发现，传统文化不仅博大精深，而且有一个特点，就是随着几千年的发展，它早已融入到人们日常生活中，衣、食、住、行、一举一动无不受传统文化的影响。如古琴不但是一种乐器，更体现着人们对高雅、对"天人合一"理念的追求。所以历代的琴人，都特别强调环境的优雅，那些动人的琴声，往往出现在半帘幽梦的窗前、一地银霜的月下，出现在芦花飞雪的水畔、烟岚笼罩的山林中。再如围棋，其他棋类的胜负都是斩尽杀绝，把"老将"杀死，把"帝王"抓走才算胜，但围棋赢一目也是赢，赢半目也是赢，不是斩尽杀绝，甚至能和平共处，这体现了一种和谐、中庸的思想。我们从一个个具体的人物、事件、事物入手，由点及面，深入剖析传统文化，这样既增加了可读性，又方便读者理解。另外，为了便于阅读，增加感官印象，我们还精选了数百幅内容涵盖面广、表现形式丰富的图片，包括出土文物、历史遗迹、现场照片、人物绘画等，与文字相辅相成，图文对应，将传统文化的丰富与精彩更直观、更真实、更立体地呈现在读者面前，使读者能切实感受到传统文化的源远流长与博大精深。

传统文化是一个民族的根，是一个民族发展过程中精神的内在动力。中华优秀传统文化必将提升人的素质，陶冶人的品格，赋予人一种内在的大气与高贵。

目　录

CONTENS

中华思想的主体——儒道佛

儒　家

佛　家

摄摩腾和竺法兰

百花盛放的沃土——文学

中华思想的主体
——儒道佛

综　述

儒道佛是我国古代三大思想，在我国境内传播广泛，影响巨大，可以说是中华思想的主体。

儒学奉孔子为宗师，自汉朝汉武帝时期起，成为中国社会的正统思想，如果从孔子算起，绵延至今已有两千五百余年的历史了。在儒家思想中，仁居于核心，仁、义是基础。儒家注重自身修养，提倡"五常"仁、义、礼、智、信和"四字"忠、孝、节、义。诚、恕、廉、耻、勇、温、良、恭、俭、让、中庸、宽、严、刚、柔、敏、惠等都是儒家的重要思想元素。其政治思想是"仁政""王道"以及"礼制"，其理想是"大同""大一统"，其政治学主要阐述君臣关系、官民关系。孔子"君使臣以礼，臣事君以忠"，孟子"民为重，社稷次之，君为轻"，荀子"从道不从君，从义不从父，人之大行也"，是儒家政治学的代表性主张。儒学在中国存在几千年，对于中国的政治、经济、文化等各个方面依然存在着巨大的潜在影响力。

道家是以老子、庄子为代表的思想学派。道家虽并未成为官方思想，但以其独特的宇宙、社会和人生领悟，在中国古代思想的发展中扮演着重要角色。道家思想的核心是"道"，老子曾在其著作中说："有物混成，先天地生。寂兮！寥兮！独立而不改，周行而不殆，可以为天地母。吾不知其名，强名曰道。"老子提出"道"是宇宙本源，也是统治宇宙中一切运动的法则。这一观点后来被道家的所有流派所支持，成为道家最基础的核心。"无为"被道家认为是"道"的重要特征之一。其不是指不作为，而是指不经过深思熟虑，无目的的行为。另外，道家视生命价值重于外物，外物是指功名利禄。老子强调统治者必须重身（此身该作"体"），不迷名、货。其后各个学派都提出轻（不迷）物重身的观点。而庄子，列子将"内圣"的观点发挥到一个新的高度。

佛学是古印度的悉达多·乔达摩（佛教信徒尊称释迦牟尼）在大约公元前6世纪发扬光大的一个学派，在世界上尤其是对于东亚和南亚地区具有广泛影响。佛学大概在我国西汉末年、东汉初年时由印度经西域传入的中原。初期主要是引进并翻译佛经。随着佛教在汉地的不断传播和发展，特别是南北朝时期诸多帝王大多崇信佛教，翻译了大量佛经，佛教徒和佛教学者的数量也空前增长，同时，佛教在传播过程中也不可避免地受到儒、道思想的影响，因此汉地逐渐形成了自己独特的佛教思想和理论。隋唐时期是汉传佛教的鼎盛时期，各大宗派都已成立，发展颇具规模。但是由于佛教发展过程中本身所产生的各种问题，以及三武一宗灭佛造成的四次法难，大量佛经典籍被毁，诸多宗派被严重削弱，无法重现昔日辉煌。但是只有禅宗和净土宗因为不立文字，学术性不强，没有受到太大影响，反而在法难之后更加繁荣，直到今天。

儒　家

儒学宗师——孔子

孔子（前551年~前479年），名丘，字仲尼，春秋时期鲁国人，伟大的思想家和教育家，儒家学派的创始人。他编撰了我国第一部编年体史书《春秋》，其言行思想主要载于语录体散文集《论语》和《史记·孔子世家》。

◎ 孔子像

一生传道

孔子出生在鲁国陬邑（今山东曲阜东南）一个没落的贵族家庭，早年生活极为艰辛，曾做过文书、"委吏"（管理仓廪）、"乘田"（管放牧牛羊）等小吏。虽然生活贫苦，但他十五岁即"志于学"，没到三十岁，名声就已经很大了，却始终得不到任用。直到五十一岁，他做了鲁国的司寇（管司法的长官），才

得以施展政治抱负。鲁国在孔子的治理下很有起色，齐景公感到了威胁，便挑选了一批歌女送到鲁国去。

鲁定公有了歌女，不管国家政事。孔子想劝说他，他就躲着孔子。这件事使孔子很失望。于是，他带着学生离开鲁国，周游列国，希望能实行他的政治主张。这一年，孔子五十五岁。那个时候，大国忙于争霸，小国面临被并吞的危险。孔子宣传的那一套恢复周朝初年礼乐制度的主张，没有人接受。

有一回，孔子在陈、蔡一带，楚昭王派人请他。陈、蔡的大夫怕孔子到了楚国对他们不利，发兵在半路上把孔子截住。孔子被围困在那里，断了粮，几天都没吃上饭。后来，楚国派了兵来，才给他解了围。

孔子在各国奔波了七八年，受了不少苦，年纪也老了。最后，他还是回到鲁国，把精力放到整理古代文化典籍和教育学生上面。公元前479年，孔子去世。

孔子的一生虽然郁郁不得志，但他所建立的儒家思想却在其死后，被弟子发扬光大，以至于影响中国长达两千余年。

"仁"和"爱人"

孔子的思想如果用一个字来概括，那便是"仁"。《论语》一书共一万一千多字，仅"仁"一字就出现达一百多次，平均十几个字中就出现一个"仁"，足见"仁"在孔子思想体系中的地位。那么何为"仁"呢？孔子给出的答案很简单，只有两个字，那就是"爱人"。但若细究起来，这两个字一点都不简单。

孔子担任鲁国司寇时，有一次办完公事退朝回家，听说自己家中马厩失火了。这时，他不问马匹是否被烧死了，也不问家里的财产是否受到了损失，而是急切地询问："伤人乎？"关心的是看管马厩的人。

在那时，看管马厩的人多半是奴隶或农奴，地位极为卑下。在一般统治者看来，他们不过是会说话的工具，根本算不上是人。而官高位显的孔子，为何要关心地位卑贱的看马人呢？因为这与他的思想主张——"仁"和"爱人"相符合。

孔子所提倡的"爱人"，不仅是爱自己、爱身边的人，更是一种发自家庭，延及社会、国家乃至整个人类、自然的普遍的爱，是一种层层外推的大爱。"夫仁者，己欲立而立人，己欲达而达人。"这种以仁为主的思想，体现出孔子对一般社会民众的关注，和对整个人类社会发展中实现人际之间共同和谐发展的关切，这一切都奠定了孔子作为中国乃至世界最伟大思想家的地位。不仅如此，在几千年后的今天，孔子这种"仁者爱人"的思想仍具有普遍适用性和永恒价值。

"礼"应发自内心

除了"仁"外，"礼"也是孔子思想中重要的组成部分，同时也是中国历史上一个大的道德范畴。何为"礼"？礼是人们行为的规范和准则，它的目的是为了调整人与人之间的社会关系和权利与义务。

孔子所追求的礼，是在封建等级之下的礼，它要求人们的生活方式和行为符合他们在家族内的身份和社会政治地位，不同的身份有不同的行为规范。如果破坏了这样的秩序，就是非礼。举个例子来说，当时歌舞表演的规模与社会等级相关，只有天子才可以享受六十四人的歌舞表演（八佾舞），但鲁国的季氏作为卿大夫，却享受着天子才配享用的八佾舞。孔子知道后，愤慨地说："是可忍也，孰不可忍也？"

同时孔子也强调，礼应该是发自内心，出自自我的。也就是说，"礼"的根本要用"心"，而非只是玩花架子，

◎ 孔子向国君阐述礼乐之道

只讲表面与形式。孔子任鲁国的大司寇时，当时有一件父子相讼的案件。孔子将那对父子关进监狱，过了三个月，既不审理，也不判决。季桓子听说此事后，很不高兴，说："我们杀一个不孝的儿子，来教育老百姓都要对父母尽孝，这样不是很好吗？"而孔子却认为，百姓之所以没有尽孝道，是因为为政者不去教化的缘故。他主张，为政者应该启发人民内心的孝心，让他们自发地、自愿地尽孝道。倘若依赖法律约束或制裁，人民虽有孝养之行，却无恭敬之意，也就丢失了礼的意义。可见，在孔子的思想中，个人内心的真实才是礼的最真实的表现。

孔子的礼虽然带有封建等级制度的性质，但他的初衷是为了维护人与人之间一种和谐的关系，而且他强调的礼应由心而出，也是今天我们值得借鉴的。

儒林亚圣——孟子

孟子（前372年～前289年），名轲，字子舆，战国时邹国（今山东省邹城市）人。他继承并发扬了孔子的思想，提出了性善、仁政、王道等学说，有"亚圣"之称。其思想与孔子思想合称"孔孟之道"，是儒家文化乃至中华民族传统文化的核心。

◎ 孟子像

风尘仆仆一生

关于孟子的身世，流传下来的很少，后世流传有"孟母三迁""断机教子"等故事。据《史记》记载，孟子是孔子之嫡孙子思的再传弟子。

孟子学成之后，就开始"周游列国"，不懈地宣传自己的政治主张。孟子所到之处均受到列国国君的礼遇，这点比孔子要好得多。然而与孔子一样的是，孟子的学说颇有些不合时宜的尴尬。当时是战国中期，各诸侯国都致力于富国强兵，它们只把能攻善伐之人看作贤能，而孟子却称颂尧、舜以及夏、商、周三代的德政，自然不被各国国君所接受。

一次，孟子来到魏都大梁时，在位的梁惠王已经七十岁左右了。对于孟子的到来，梁惠王寄予了很大的希望。因此，他一见到孟子就迫不及待地问："老先生不远千里而来，能给我们国家带来什么利益呢？"孟子却回道："大王为什么一开口就谈利呢？应该首先讲仁义啊！"随后分析了舍仁义逐私利的危害，并根据自己的仁政学说设计了一幅使百姓安其居乐其业、老有所终、壮有所用的"王道"蓝图。他的论述虽然精彩，却被梁惠王认为"迂远而阔于事情"。在齐国，孟子遇到了同样的尴尬。他严厉批评王公大臣，并且声言对无德之君可以"易位"，有时竟弄得齐宣王或"勃然变色"，或无言以对，只好"顾左右而言他"。孟子奔波35年始终实现不了"仁政"理想。

公元前312年，孟子归隐母国，一边从事教学，一边同弟子著《孟子》七篇。公元前289年，孟子老死于邹国，享年85岁。

行善说

在孟子的思想中，最有特色的就是性善论了。

孟子有个论敌告子，说过一句名言："食色，性也。"孟子不同意这种看法，他反问告子，如果食色就是人性，狗也有食色，牛也有食色，难道狗性就是牛性，牛性就是人性吗？在孟子看来，食色为一切动物所皆有，而非人所独具。孟子所谓人性，是指人类之所以区别于禽兽的特性。他举例说，人乍见一个小孩要掉进井里，会产生恻隐之心。而这种恻隐之心的产生，并不因为他是小孩的父母或乡党朋

孟母三迁

孟子小的时候，最初住在墓地旁边。孟子看到人们出殡下葬，便模仿起送葬筑埋的游戏来，这在当时是对葬者的大不敬。孟母见状，便将家搬到了市集。这里商店云集，孟子又顽皮地学起商人的叫卖、交易。孟母无奈之下再次迁舍，搬到了学校附近。孟子看见学生读书、学礼，也都学会了。孟母终于松了一口气，再没有迁居。

友，而是人内心"善"的自然流露。孟子认为，人性天生具有向善的因子，倘若没有这种善性，人就不成其为人，而与禽兽无异。

既然"善"早已存在心中，那么为什么还会有人行恶呢？孟子认为，这是因为受到私欲所蒙蔽。他以齐都郊外的牛山作比方，说牛山的树木原本是很茂盛的，只是由于位于大都市的郊外，常常遭到人们的砍伐，所以牛山才显得光秃秃的，并不是它本身就光秃秃的。孟子指出，人固有的善的本性须加以养护。如果像牛山上的树木那样，遭到外力的摧毁，良心就会"陷溺"，人就要"为不善"了。所以他强调，善的本性，只有在"义"的熏陶和规范之下才可以为善，否则就可能变坏。

孟子的性善说在对如何在现实生活中引导人性向善方面有着重要的作用，为宋代以后理学家们普遍接受，成为正统的人性论思想，影响深远。

民本仁政

在性善论的基础上，孟子发展了孔子的仁说，提出了著名的仁政。他认为人性本善，统治者只要把自己固有的善心扩而广之，推行到实际的统治中，与人民同其忧乐，办每一件事情，都想着人民的疾苦，就能实现"治天下可运之掌上"。

一次，齐宣王向孟子询问说："我的园林只有纵横各四十里，老百姓却觉得太大；听说周文王的园林纵横各七十里，老百姓却认为太小。这是为什么呢？"孟子回答说："周文王的园林，割草砍柴的可以去，打鸟捕兔的可以去。园林是与百姓一同享用的，百姓认为它太小，不是应该的吗？"孟子又说道："大王您的园林，如果有人在里面杀了麋鹿，就以杀人罪来论处。这等于是在一个国家里设下了纵横各四十里的陷阱，百姓认为它太大了，不也是应该的吗？"孟子设法让国君们知道，施行仁政其实很简单，就是推己及人，不要把老百姓当成对立的一方，而是要与民偕乐。

在论述仁政的时候，孟子还提出了一个具有民本主义色彩的著名论点："民为贵，君为轻，社稷次之。"他还说：国君有过错，臣民可以规劝，规劝多次不听，就可以推翻他。

在孟子的仁政思想中，百姓的生活成为衡量统治优劣的准绳。人民能够丰衣足食，养生丧死无憾，只有达到这个水平，才可以说是仁政。这种民本思想的背后，是对每个生命个体的尊重。

◎ 孟母择邻版画

儒门另类——荀子

荀子（前313年～前238年），名况，时人尊而号为"卿"，因"荀"与"孙"二字古音相通，故又称孙卿。战国时期赵国人，著名思想家，教育家，儒家代表人物之一。荀子提倡性恶论，他对儒学的最大贡献就是在于他思想上的"杂"和"异"。

稷下学宫领袖

荀子是春秋战国"百家争鸣"的集大成者，也是先秦继孟子后儒学最后一位大师。公元前316年，风华正茂的荀子来到燕国，正巧碰到燕王哙想仿照远古圣王的禅让制度，欲将国传于丞相子之，整个燕国处于动荡之中。荀子苦口婆心劝说未果后，隐匿行踪长达二十多年。直至公元前286年，荀子以学识渊博而闻名于世。

当时齐国的稷下学宫办得很兴盛，荀子于是来此游学。凭着学识和才德，荀子成为最受欢迎、最受尊敬的先生，多次担当学宫的领袖。稷下学宫是齐国官办高等学府，是当时百家学术争鸣的中心园地。天下名士汇集于此，自由讲学，著书论辩，学术氛围浓厚，大大促进了思想的活跃。儒家中的荀子学派，主要形成在这一时期。

◎ 荀子像

后来，随着齐国的衰落，稷下学宫也开始衰败。荀子受秦昭王之邀来到秦国。在秦国，他建议重用儒士，采用德治，减少武力。秦昭王虽然口头认可，但事实上正忙于兼并战争，所以不可能采用荀子的建议。荀子只好离秦而往游他国。其后他又先后到过赵国和齐国，虽然受到礼遇，然而自己的政治主张仍旧得不到实施。后来荀子被楚国春申君任命为兰陵令，政绩卓著。公元前238年，春申君在政变中被杀，荀子失去政治上的依靠，废官居家于兰陵，著书立说，培养门徒，一直到去世为止。

性恶说

荀子最为代表也最有争议的观点，要数他的性恶说了。

荀子的性恶说是针对孟子的性善说提出的，他批评孟子没有把本性和人为区分开来。在荀子看来，所谓本性，是天赋予人的本能，是不可能学到，也是不可能人为造作的。他举例说，眼睛可以用来看，耳朵可以用来听，眼睛的视觉和耳朵的听觉是天然就有的，是学不来的。人的本性也是如此。人一出生就有七情六欲，饿了就想吃饱，冷了就想穿暖，累了就想休息，眼睛爱看美的颜色，耳朵爱听美的音乐，嘴爱吃美味佳肴，心盼望获得财利，身体喜欢舒适安逸。荀子认为这些本性都是从人的性情中产生，接触外物就自然如此，不是靠人为的努力才产生的。

然而这些本性让人生而好利，如果顺着这种本性，就会产生争夺斗争。人生而有耳目之欲，放纵了它就会滋生出犯理乱伦之事。人生来就有嫉妒憎恶之心，如果顺着这种本性，就会残害他人，丧失忠信。如果让人顺着本性去放纵，就会像刺猬般挤在一起彼此刺戳，必然会产生恶事。所以荀子认为人性是"恶"，而不是"善"。

礼法并用

既然人的本性并不那么美好，那么如果顺着人性的自然发展，必然导致各种恶行的发生，造成社会争乱。如何才能避免这样的结果呢？荀子提出了礼和法。

荀子认为，要使人们由恶趋善，就要"化性起伪"。伪的意思就

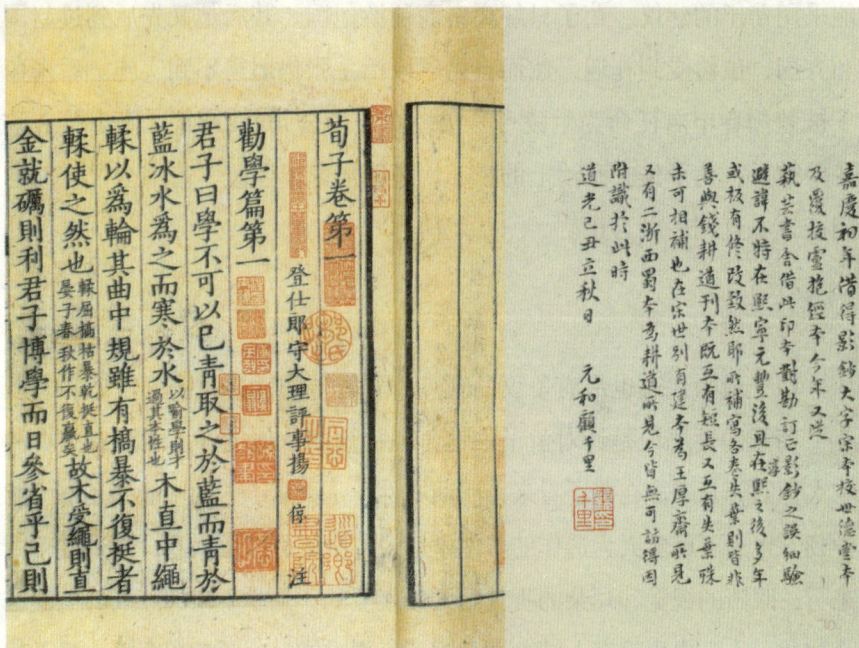

◎ 《荀子》内页

是"人为"，也就是后天的改造。他举例说，假如有兄弟要分钱财，顺着性情的话，都会因贪利而想多得，这样兄弟之间不免会发生争夺打斗。但如果都按照礼义规范的教化去做，不仅兄弟之间会相互谦让，就是素不相识的人也会谦让了。荀子与孟子讲"仁义"偏重内在心里的发掘不同，他强调外在规范的约束，把重点放在对人性的改造和矫正上。

　　然而人的天然本性是追求利欲的，而礼的作用则是对这种利欲的无限追求作出限制，二者之间不免有冲突。为了确保公共秩序的正常运转，荀子认为，礼的遵循不免要诉诸于一种强制性，即法。同时，荀子也强调礼高于法。只讲法治，不讲礼治，百姓只是畏惧刑罚，一有机会仍会作乱。但如果人们爱好礼义，其行为就会自然合法，甚至不用刑罚，百姓也能自然为善。因为荀子强调礼法并用，因此在一定意义上他成为了后来出现的法家的开启者，也开创了汉代儒法合流的先河。

官化儒学——董仲舒

董仲舒（前179年～前104年），西汉思想家，以儒家学说为基础，引入阴阳五行理论，建成新的思想体系。他的君权神授理论和三纲五常说被汉武帝所采纳，从此儒学成为官方哲学，开始了对中国长达两千多年的思想统治。

◎ 董仲舒像

三策天下知

董仲舒出身广川（今河北枣强东），少年时就开始研读《春秋》，据说"三年不窥园"。景帝死后，汉武帝即位，下诏在全国范围内选拔"贤良文学之士"。各地闻风而动，共推荐了一百多人，集中到京城，由皇帝亲自策问，其中就有董仲舒。

在"策问"过程中，汉武帝连问三策，董仲舒一一作答。他们所谈的核心问题是天与人的关系，史称"天人三策"。在"天人三策"中，董仲舒阐述了自己"天人感应"和"君权神授"的思想，很得汉武帝欢喜。随后董仲舒提出"罢黜百家，独尊儒术"的建议，不仅被汉武帝所采纳，而且积极推行，成为我国封建社会的正统思想。

但汉武帝并未重用董仲舒。对策之后，《汉书》只平淡地记上一笔："对既毕，天子以仲舒为江都相，事易王。"一次，辽东郡的高庙和长陵的高园殿都发生了火灾，董仲舒借此著《灾异论》，借天人感应，大谈政治得失。草稿尚未完成，主父偃正好前来探访，出于嫉恨之

心，偷走了草稿进献汉武帝。汉武帝为此召见群儒，董仲舒的弟子吕步舒不知道是老师的文章，以为是"大愚"之见。董仲舒因此被捕，判以死刑，后汉武帝诏令赦免。董仲舒从此再不敢议论灾异。

后来董仲舒又做了胶西王的国相。胶西王是汉武帝的一个哥哥，任性骄狂，多次谋害朝廷派来的官员。董仲舒担心时间长了会出问题，只好借病辞职。回到家乡，他专心于学术研究，写下了具有代表性的《春秋繁露》一书。公元前104年，董仲舒年老寿终于自己家中。

天人感应说

董仲舒的思想中最著名，也最为历代帝王所推崇的，莫过于天人感应了。

他认为天是至高无上的人格神，不仅创造了万物，也创造了人。因此，他认为天是有意志的，和人一样"有喜怒之气，哀乐之心"，人受命于天。但是，上天从来没有下过命令，怎么统治人民呢？董仲舒认为，人居于天地之间，不能直接与天地对话，只有君主才能与天地对话，才能感应上天意志，代表上天统治人民。为此，他还用"王"字类比说，"王"的三条横线代表"天、人、地"，当中那个竖就是君主，只有君主，也就是天子，才能贯通天地。

但是，疑问又来了，既然君主是天子，为什么还有改朝换代呢？为了回答这个问题，董仲舒把人与灾异硬拉在一起。他说，如果天子违背了天意，不仁不义，天就会出现灾异进行谴责和警告；如果政通人和，天就会降

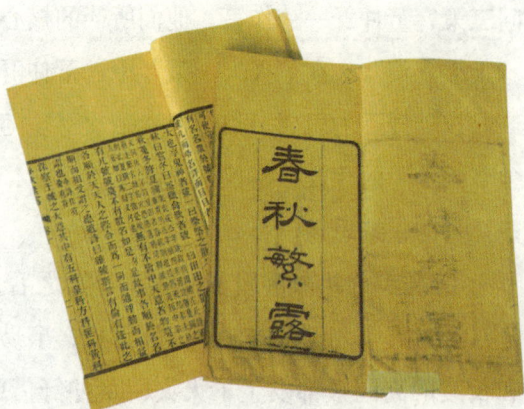

◎《春秋繁露》西汉

下祥瑞以示鼓励。

他说，做皇帝的，须时刻注意这些灾异。每当遇上灾异的出现，如地震或久旱不雨，皇帝便要检查自己的德行，看一看有哪些地方违背了"天意"，借此"改过自新"，争取挽

◎ 做皇帝的须时刻注意灾异的出现，顺便检查自己的德行。

回"天意"。如果灾异仍不消，皇帝就要受"天"之罚。但是，皇帝是"天子"，又不能因为惩罚而轻易去位，所以又将治乱得失转移到策免三公之制，甚至还有因"灾异"而诛杀三公的。理由是三公之官，代皇帝行使政权，应当任皇帝之咎。

天人感应学说将政治上的过失扭曲为灾异产生的原因，为封建君主获得统治提供了一个合法依据，同时也是儒生集团制衡君主的一个思想工具。但同时它又歪曲了人和自然的联系，束缚了人们对自然界和社会的认识。

三纲五常伦理观

董仲舒的"天人感应"解决了皇权合法化的问题，接下来的问题就是如何统治人民了。董仲舒认为，只有等级、尊卑关系建立了，社会才不会起争端，没有隐患。为此，他提出了三纲五常的伦理观。

"三纲"即"君为臣纲，父为子纲，夫为妻纲"，它要求为臣、为子、为妻的必须服从于君、父、夫，同时也强调君、父、夫应为臣、子、妻作出表率。为了调节"三纲"所强调的人伦关系，董仲舒又提出了"五常"，即仁义礼智信。"仁"即爱人、孝悌、忠恕等，"义"指的是封建道德规范和标准，"礼"是各种封建的礼仪、制度和规范，

"智"为判别是非之心，"信"系忠诚守信。

董仲舒强调三纲五常，甚至将三纲五常的伦理原则置于律令之上。当时有一桩案子：一个人的养子杀了人，他将其藏了起来。事发之后，父子二人都被关进了监狱。在那个时代，包庇罪不是轻罪，而是要与所包庇的罪犯同罪的。董仲舒知道后，却以伦理的角度，认为"父为子隐"，即父子一方犯罪后可以互相隐藏，所以父亲不能判罪。后来，唐律明确规定了父子相互隐匿不属犯罪。

三纲五常为封建阶级等级秩序的神圣性和合理性而辩护，为历代封建统治阶级所提倡。它禁锢人们的思想和行为，但其中一些内容，如诚信、谦逊、礼让、正直、气节等，对塑造中华民族性格起到了积极作用。

理学大师——朱熹

朱熹（1130年～1200年），字元晦，号晦庵、晦翁、考亭先生、云谷老人、沧洲病叟、逆翁，世称朱子，南宋诗人、哲学家，教育家，宋代理学的集大成者，是孔子、孟子以来最杰出的弘扬儒学的大师。

推行理学遭诬蔑

朱熹受教于父，聪明过人。四岁时其父指天说："这是天。"朱熹则问："天上有何物？"其父大惊。1148年，朱熹考中进士，三年后被派任泉州同安县主簿，从此开始仕途生涯。朱熹的一生仕途并不顺畅。他自24岁开始做官，到71岁去世，共被授官二十余次，而由于权臣当道，多次遭受排挤，或辞而不就，真正在地方上做官总计不过10年，在朝做官40天。其余大部分时间都从事读书、讲学和注释儒家经籍，著作多达70余部，1700多万字。他师从程颐的再传弟子李侗，在周敦颐、二程（程颢、程颐）思想的基础上，兼采释、道各家思想，成为宋代理学的集大成者。

1195年，朱熹提醒宋宁宗防止左右大臣窃权，引起专擅朝政的韩侂胄嫉恨，把朱熹的理学诬蔑为"伪学"。朝廷大臣忌惮社会舆论，不敢过分谴责朱熹。韩侂胄的亲信就捏造朱熹的"罪状"——霸占已故友人的家财、引诱两个尼姑做自己的小妾，把朱熹搞得声名狼藉。从此以后，政坛上对朱熹的攻击日甚一日，甚至有人公然上书要求皇帝处死朱熹。

◎ 朱熹像

在如此沉重的政治高压下，朱熹不得不违心地向皇帝认罪，无奈地承认强加的罪状。为了显示认罪态度的诚恳，他甚至说出了"深省昨非，细寻今是"，彻底否定自己的过去。

1200年，朱熹在孤独、凄凉的病榻上与世长辞。九年后，朝廷为朱熹恢复名誉，他的学说不再是"伪学"，他的代表作《四书章句集注》也被定为国学。此后的元、明、清三朝都以理学为官方统治思想，直至1905年废除科举制度之前。朱子理学深深地影响了中国近700年。

朱学核心概念"天理"

要了解朱熹理学，就不得不了解"天理"，它是朱熹思想的核心概念。

朱熹认为，在超现实、超社会之上存在一种标准，它是人们一切行为的标准，即天理。天理是永恒不变、自己生成、统领万物的，是万事万物的根本。先有"理"，再有万事万物。

同时这个"理"具体到各个事物当中，则各有各"理"。如自然界四时变化，"所以为春夏，所以为秋冬"有"理"；动物界"甚时胎，甚时卵"有"理"；在植物界"麻、麦、稻、粮甚时种，甚时收"

有"理"；"地之肥瘠、厚薄，此宜种某物"亦皆有"理"。虽然这些"理"所表现出来的形式不一样，但其背后都有一个共同的理在起着作用，即"理一分殊"。朱熹借用佛教"月印万川"来解释"理一分殊"：天理统摄万物，是本源，它可以贯彻到一切领域，但是分开来，每一物之理就彼此殊异，如月亮是一，它可以散而为江湖河海之万月；但另一方面，万理又归于一理，犹如散在江湖河海的万月，其本乃是天上的一月。

"理一分殊"要解决的是宇宙与万物的关联，问题的提出是有意义的，但当它充塞有封建伦理道德的时候，就有了特定的社会内容。在朱熹看来，"理"不仅是宇宙的本原，也是社会道德规范的源泉。一切封建道德的原则、规定及仪节，都是理在社会的展现。他说："未有君臣，先有君臣之理；未有父子，先有父子之理。""天分即天理也，父安其父之分，子安其子之分位，君安其君之分。"只要人人安于所居之位，就体现了"天理"的最高原则。这样，朱熹理学就把封建伦理道德上升到宇宙本体的高度，因而为元明清统治者所推崇，扶为官方思想，成为其统治人民的工具。

"存天理、灭人欲"的真正含义

在"天理"的基础上，朱熹提出了一个为后世普遍诟病的观点："存天理，灭人欲"，被斥为"扼杀人性"。果真如此吗？门人曾问朱熹："饮食这件事中怎么区分天理和人欲？"朱熹回答："饮食是人之所需，是合乎天理的，但是如果去追求美味，那就是人欲了。"

可见朱熹并不一概反对人的欲望，他认为正常的饮食是天理，但山珍海味般的挥霍就是人欲了。他说："如'口之于味，目之于色，耳之于声，鼻之于臭，四肢之于安佚'，圣人与常人皆如此，是同行也。然圣人之情不溺于此，所以与常人异耳。"朱熹认为，正常合理的"人欲"是"天理"，过分贪婪的甚至是罪恶的"人欲"就是应该被"灭"

的"人欲"。

然而朱熹将"天理"与"人欲"对立起来，希望以"理"来约束"欲"，这一点为后世统治者所利用。他们赋予"天理"各种规定，来约束"人欲"，要求百姓遵守封建礼节，成为扼杀人性的精神枷锁。从一个关于古代贞洁烈女的统计数据中，就可以

◎ 《监本四书》书影
朱熹为"四书"所作之注是封建社会对"四书"经义最权威的解释，科举考试都以朱熹的"四书集注"为准。

看出其残酷性：《后汉书》中记载7人、《晋书》中15人、《魏书》和《南史》中10人、《隋书》中7人、新旧《唐书》中20人，到了《宋史》中还不是很多，记载增至37人，但《元史》猛增至174人，《明史》更增至300余人，《清史稿》则更增至500余人。这些贞节烈女为当世统治集团所讴歌，牺牲了自己的青春年华、直到死都独身守寡。《明史》中记载，尤氏夫死后，恶少说她美目流盼，便使用石灰揉瞎眼睛，自缢未死，又撞石而死。《清史稿》中更记载一女子因为睡觉时帘子开了，疑心被人偷看，于是自杀而死。礼教毒害人之深由此可见一斑。

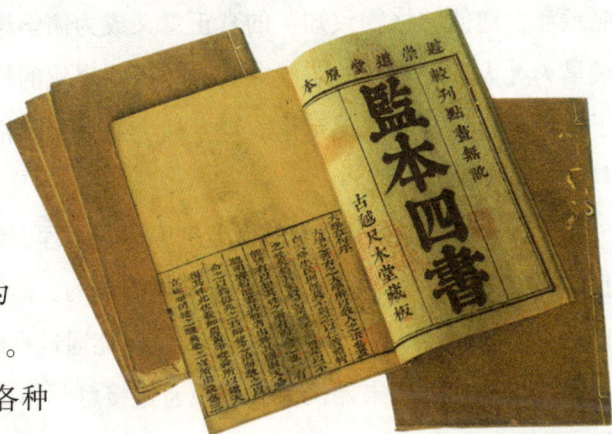

格物致知

朱熹对后世的另一大影响，就是提出了"格物致知"的认识观。格物致知是我国古代儒家思想中的一个重要概念，源于《礼记·大学》："欲诚其意者，先致其知；致知在格物。"并提出修身、齐家、治国、平天下之道皆以"格物致知"为前提，但未对其作任何解释，也未有任何先秦古籍使用过"格物"与"致知"这两个词汇供参

照意涵，遂使"格物致知"的真正意义成为儒学思想的难解之谜。从最早为《大学》作注的东汉郑玄，一直到现代的儒学学者，已经争论了一千余年，至今仍无定论。现今社会上关于"格物致知"的流行诠释则来自于朱熹的观点。

朱熹认为"格物致知"，就是穷究事物道理，致使知性通达至极。我们知道，作为具体事物来说，是有其形体的。而作为事物的一般规律来讲，是没有形体的，看不见摸不着，只能通过有形体的具体事物的运动体现出来。因此朱熹认为，必须通过接触具体事物而认识事物的规律，也就是说要"格物"。但是"格物"并不一定就可以认识事物的规律，也就是"致知"。朱熹认为，要想达到"致知"的境界，必须"至极"，即把事物之理推到极至。他以吃果子作喻，先去其皮壳，再食其肉，还要把里面的果核咬破，才算把果子穷究到极致处。朱熹认为，探究事物不能满足一点一滴的收获，而要如吃果子一样，由表及里、步步深入，最终达到对事物内外表里无所不知的境界。他还说，今日格一物，明日格一物，联系起来反复思考，不知不觉就达到了一定境界。这一认识是深刻的，反映出他在一定程度上看到了认识的一般与个别的辩证关系。

心学宗师——王守仁

王守仁（1472年～1529年），字伯安，号阳明子，我国明代最著名的思想家、哲学家、文学家和军事家。由他创立的阳明心学，与朱子学派分庭抗礼，在我国儒学发展史上占有重要地位，对日本、朝鲜半岛以及东南亚国家乃至全球都有深远影响。

格竹悟道

王守仁出生于一个书香门第、官宦世家，家教甚严，但他从小就不循规蹈矩，所有记载都说他自少"豪迈不羁"。如十三岁丧母后，继母待他不好，他竟买通巫婆捉弄其继母，使得她从此善待他。再如十七岁时，他到南昌迎娶表妹诸氏。可在结婚当天，他闲游铁柱宫，遇着一位道士盘腿坐在榻上，于是相与对坐，款款交谈，竟将婚礼置诸脑后。家人四处寻找，直到第二天才把他唤回去。

当时朱熹理学流传甚广，王守仁对朱熹的学问也深信不疑。为了实践朱熹的"格物致知"，有一次他下决心穷竹之理，"格"了七天七夜的竹子，什么都没有发现，人却因此病倒。这件事对王守仁打击很大，王守仁因此对程朱理学产生怀疑。

二十八岁，王守仁参加礼部会试，因考试出色，赐二甲进士第七人，后授兵部主事。做了三年兵部主事，王守仁因反对大宦官刘瑾专权，被廷杖四十，谪贬贵州龙场（贵阳西北七十里，修文县治）驿丞。当时龙场驿地处万山丛棘之中，四境荒凉，人烟稀少。王守仁刚到这里，既无住房，又无粮食，只好栖居山洞，亲手种粮种菜，苦熬度日。有时自耕不足以糊口，还需要采蕨充饥。处于困境的王守仁极力排除生死杂念，"日夜端居澄默，以求静一"。一天半夜里，他忽然有了顿悟，这就是著名的"龙场悟道"。王守仁顿悟之"道"，即吾心之道，意谓圣人之道先天地固存于吾

◎知识链接

王守仁的军事成就

除了哲学，王守仁在军事领域也颇有建树。他从小就随父亲到关外，在那里练习骑马射箭，博览各种兵法秘籍，遇到宾客常用果核摆列阵法作为游戏，具有深厚的军事修养。明弘治十二年（1499年），王守仁考取进士，授兵部主事。当时，朝廷上下都知道他是博学之士，但提督军务的太监张忠认为王守仁以文士授兵部主事，便蔑视守仁。一次竟强令他当众射箭，想以此出其丑。王守仁提起弓箭，搭弓便射，刷刷刷三箭，三发全中红心，全军欢呼，令张忠十分尴尬。后来，王守仁先平定江西民变，又打败宁王朱宸濠叛乱，生擒宁王，宁王之战只用了三十五天时间。王守仁因此而获"大明军神"之称。

心，不必外求，心学由此产生。之后，王守仁不断发展和完善心学，广收学徒传播心学，逐渐形成了一支与程朱理学相抗衡的心学，影响甚广。

心即理

王守仁的心学继承了陆九渊"宇宙便是吾心"和"心即理"的哲学思想，是同程朱理学分营对垒的一种儒家学说。程朱理学把抽象的"理"看作宇宙万物的本原，主张"即物穷理""存天理，灭人欲"，属于客观唯心主义哲学范畴；陆王心学则将主观的"心"（人的意志和道德观念）视作宇宙万物的本原，"心外无理，心外无物，心外无事"，认为"天理"就在每一个人的心中，提倡从自己内心中寻找"理"，属于主观唯心主义哲学范畴。

◎ 王守仁像

一个例子很能说明王守仁的学说。一次，一个友人指着岩中花树，问王守仁说："天下无心外之物，如此花树，在深山中，自开自落，于我心亦何相关？"王守仁回答说："尔未看此花时，此花与尔心同归于寂。尔来看此花时，则此花颜色一时明白起来。便知此花，不在尔的心外。"王守仁认为天下一切事物无不依赖于人的主观意志（即心）而存在，整个自然界和人类社会中的一切事物都是"心"的表现。也就是说，我们看待外界事物时，总归是要打上我们自身的烙印的。

王守仁的"心学"肯定了人的主体意识和主观能动性，把小写的人变成了大写的人，从这方面讲，比朱熹的"理学"更贴近现实生活，更具有人情味。

知行合一

在知行关系上，王守仁针对朱熹的"先知后行"等分裂知与行的理论，提出了知行合一的观点，强调要知更要行。王守仁认为既然知道这个道理，就要去实行这个道理。如果只是自称为知道，而不去实行，那就不能称之为真正的知道。比如，当知道孝顺这个道理的时候，就已经对父母非常的孝顺和关心；知道仁爱的时候，就已经采用仁爱的方式对待周围的朋友。真正的知行合一在于按照所知在行动，知和行是同时发生的。

在知行合一中，王守仁重点强调了"致良知"。那么何为良知呢？有个王守仁的门人，夜间在房内捉得一个贼。于是王守仁对贼讲一番良知的道理，贼大笑，问他："请告诉我，我的良知在哪里？"当时是热天，他叫贼脱光了上身的衣服，又说："还太热了，为什么不把裤子也脱掉？"贼犹豫了，说："这不太好吧。"他向贼大喝："这就是你的良知！"王守仁认为，人人都有良知，良知是他的本心的表现，通过良知他直接知道是为是，非为非。"致良知"就是要人们在实际行动中实现良知，知行合一。他教育人们将伦理道德融入到日常行为中去，以良知代替私欲，就可以破除"心中贼"，就可以"各得其心"。王守仁认为只有疗救人心，唤起每个人的良知，才能拯救社会，只有每一个人去掉内心世界的"恶欲"和"私欲"，才能解决现实社会中遇到的各种复杂问题。

道　家

道学宗师——老子

老子（约前571年～前471年），姓李，名耳，字伯阳，又称老聃，春秋时期楚国苦县厉乡曲仁里人，我国古代伟大的哲学家和思想家，道家学派创始人。其思想精华是朴素的辨证法，主张无为而治，其学说对中国哲学的发展具有深远的影响。

隐君子也

老子虽然在我国历史上具有很大的影响，但可惜有关他的平生事迹已难详考，就连他确切的生卒年月也未曾留下。司马迁在《史记》里为他作传的时候，也因其生卒年月失落无考，只是列举了可能与老子有关的几个传说，算是"以疑传疑"，最后只能写道："老子，隐君子也"。

老子出身于士大夫家庭，是史官世家的后裔，自幼好读，学识渊

◎ 老子蒙受了失职之责，丢了守藏室史之职。他见周王室衰微，便乘青牛西去

博。大约在公元前550年前周灵王后期，任周王朝守藏室史（管理图书典籍的官吏）。在这里，他潜心于书籍之中，见闻广博，对人世有更深切的认识，形成深奥、玄妙的思想，成为智慧之星。公元前520年，周景王驾崩，周王室内部发生动乱，子丐之党与王子朝争夺王位，王子朝带了大批周朝的典籍逃到楚国。老子蒙受了失职之责，丢了守藏室史之职。后来，他见周王室衰微，便乘青牛西去。途经函谷关时，关令尹喜知他即将隐去，将他留住，说："您这就要隐去了，请把您的见解学说写下来吧。"按老子本意，他是不想留任何文字的，但经不住尹喜的劝说，终于在函谷关住了些日子，留下五千言《道德经》。书写成后，老子便过着隐居的生活，后人不知其下落。

无所不包的"道"

道是老子思想学说的核心。至于何为道，长期以来就是个让人头疼的问题。《道德经》开篇就设卡堵路："道可道，非常道。名可名，非常名。"说道既不能直接表达出来，也不能给予确定的名称。但同时他也认为，道虽不能定义却可以形容描绘。

老子说，道普遍存在，无间不入，无所不包，但它不同于可感觉的具体事物，它是视之不见、听之不闻、搏之不得的，是构成天地万物共同本质的东西。老子所说的道，是一个终极概念，是宇宙的本原和普遍规律。老子感觉到了"道"，却苦于找不到更准确的词汇来表达，所以就姑且用"道"来命名。因此他所开创的学派也被称为道家。

在老子以前，人们对生成万物的根源只推论到天，至于天还有没有根源，并没有触及

◎知识链接

《道德经》

《道德经》，又名《道德真经》《老子》《五千言》《老子五千文》，是道家哲学思想的重要来源。《道德经》分上下两篇，原文上篇《德经》、下篇《道经》，不分章，后改为《道经》在前，《德经》在后，分为81章。

到，直到老子提出了道。他认为，天地万物都由道而生。为此，他还用了通俗甚至大胆的比喻来说明。他说道孕育万物，犹如母性之生殖器，绵绵不断，生生不息，养育了天地万物。

同时老子也认为，道生成万物之后，又作为天地万物存在的根据而蕴涵于天地万物自身之中。他举例说，上层的士整天养尊处优，不了解基层情况，听说了道，只做文字理解，以为简单，赶紧推行，务求立即成功；中层的士听说了道，因对上层下层都一知半解，对道的认识模糊不清，不知所措；下层的士听说了道，不由得哈哈大笑，因为他们生活在基层，入于民众琐细之事中，发现道就寓于他们频繁接触的日常生活之事中，没有什么神奇的，不由得哈哈大笑。绝对的"道"寓于相对的具体事物中。在老子看来，不懂得日常生活就不可能弄清楚"道"，也就不能行"道"。

正反相倚辩证法

老子有句名言："祸兮福之所倚，福兮祸之所伏。"意思是说，祸是福产生的前提，而福又含有祸的因素，它们并不是永恒不变的。有一个"塞翁失马"的故事，就很生动地说明了这个道理。

从前有一个人，住在距离塞上不远的地方。有一天，他养的一匹马逃到塞外去了。邻人都替他惋惜，他的父亲却说："怎么知道这不会成为一件好事？"过了几个月，那匹马跑回来了，还带来了一匹匈奴骏马。邻人又都来庆贺，他的父亲说："怎么知道这不会变成一件坏事？"之后，他因骑马不甚，结果堕马跌折了脚骨。邻人都来慰问，他的父亲却说："怎么知道这又不会成为一件好事呢？"过了一年，匈奴大举入侵，附近的青壮年大都被征去当兵，在战争中牺牲了。他却因跛脚未能出征，和父亲一起保全了性命。

这个故事告诉人们，好事和坏事可以互相转化，在一定条件下，福就会变成祸，祸也能变成福。这正是老子思想的精华和闪光点——朴素辩证法。

○ 老子雕像

　　老子认为，宇宙间的一切事物都有正反对立的两面，两者相辅相成，互为依靠，而且一定条件下可以相互转化。例如，正因为有丑，才知道什么是美，如果没有丑，就不知道美，美丑是相对的；又如巨大的声音靠寂静才能衬托出；纯白之色在浊杂之色当中才能体现出来。在老子看来，善恶、有无、难易、长短、高下、音声、前后都是互为存在的前提，没有了一方另一方也就不存在了，并提出了一系列诸如以柔克刚、大成若缺等颇为独特的观点。

无为而治

　　在治国方略上，老子提出了"无为而治"。无为而治就是不做任何违反自然规律、有损道德规范、违反社会法则、有害众生的事。但这里的无为并不是什么都不做，而是含有不妄为、不乱为、顺应客观态势的意思。老子打比喻说：治理国家，如同煎小鱼一样，不要经常翻

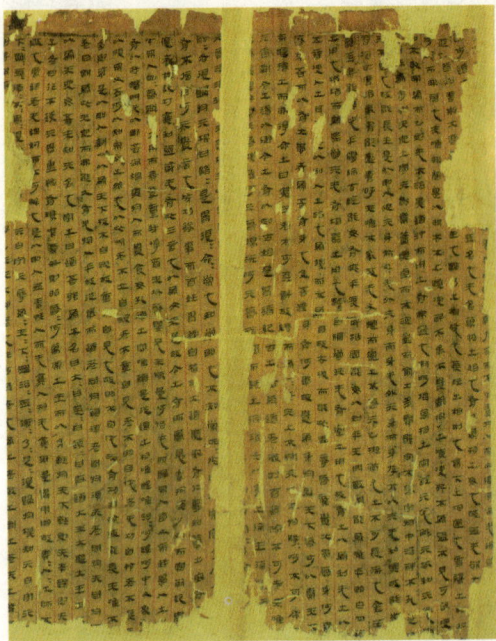
◎ 西汉帛书《老子》（残页）

搅。对当政者而言，要避免极端、奢侈、过度的做法，按照自然规律去定相应的法律、制度，不轻易变更。人们在这样的法律、制度下尽情发挥自己的聪明才干，社会自然就安定了。

"无为而治"的主张曾是我国历史上某些朝代的治国方略。西汉初期的黄老之学就吸取了无为而治的思想，适应秦末政治动乱之后民心思定的形势，强调清静无为，主张轻徭薄赋、与民休息，对人民的政治生活和经济生活采取少干涉或不干涉，对当时的社会稳定和发展起了积极作用。如汉文帝在位23年，宫室、园林、狗马、服饰和御用器具等，一直没有增添什么。他曾打算建造一个露天平台，召来工匠一计算，要花费将近100斤黄金。他感叹道："100斤黄金相当于10户中等人家的家产！"于是便取消了计划。

唐代初年和宋代初年的统治者也都曾利用无为而治的思想协调处理当时的社会矛盾，并有所收效。如宋初的宰相赵普每当收到士大夫之间相互揭发告短的文书，不看一眼便付之一炬，表面上像是不负责任，但实际上正是通过遏制钩心斗角之歪风，维护了当时的"安定团结"。

可见，无为而治并不是以"无为"为目的，而是以"有为"为目的，即以"无为"的规律去"为"，去发挥人的主观能动性。如果人为干涉事物的发展进程，按照某种主观愿望去干预或改变事物的自然状态，其结果只会是揠苗助长，自取其败。

清静修道——列子

列子，名寇，又名御寇，春秋时期郑国人，道家学派的先驱者。他终生致力于道德学问，不求名利，清静修道，曾师从关尹子、壶丘子、老商氏、支伯高子等。主张贵虚，无为而治。后来被道教尊奉为"冲虚真人"。

超然物外的道家风范

有关列子的生平由于遗留下来的典籍有限，已经无从考究。只是在《列子》一书中记载着一些关于他的故事。

列子一生安于贫寒，不求名利，不进官场，隐居郑地40年，不为人知。他生活贫困，面容常有饥色。有人劝郑国执政子阳资助列子，以博个好士之名，于是子阳就派人送他十车粮食。列子再三致谢，却不肯收受实物。这位官员只好把粮食拉了回去。列子的妻子埋怨说："我听说有道的人，妻子孩子都能快乐地生活，现在却常常挨饿。宰相派人送粮食给我们，你却不接受，我真是命苦啊！"列子笑着说："子阳并不了解我，只是听别人说，才送来粮食。将来他也可能会听信别人的话而又来怪罪我，所以我不能接

◎ 列御寇像

受。"一年后郑国发生变乱，子阳被杀，其党众多被株连致死，而列子因为拒收官粮避免了受牵连。

在民间传说中，列子能乘风而行，一飘就是好几天。飘游够了才回家，十分的潇洒神秘。这些传说虽然夸张，但也间接反映了列子道家学问的精深和列子超然物外的道家风范。

达生乐死的达观思想

列子的思想在道家有深远的影响，他将道家的达观思想发展到了极致。

《列子》中有一个寓言，说有一个人得了健忘症，连自己的老婆孩子都不认得了。后来，家人找来一个儒生，治好了他的病。他却大发雷霆，不仅骂妻打儿，还拿刀去追杀那个儒生。别人问他为何要这样做，他说："过去我健忘，脑子里空空荡荡，不知天地是有还是无。现在突然明白了过去的一切，数十年来的存亡、得失、哀乐、好恶，千头万绪纷纷扰扰全部出现了。我害怕将来的存亡、得失、哀乐、好恶还像这样扰乱我的心，再求片刻的淡忘，还能得到吗？"

列子贵虚，即保持内心的虚静，忘掉自身，忘掉生死，忘掉身外一切事物，即物我两忘，一切顺应自然。在列子看来，"虚"使主体不仅摆脱了痛苦和烦恼，而且也获得了幸福和满足，就如同上述寓言中那个健忘的人。

对于生与死，列子也有自己独到的看法。《列子》中有一个故事，说孔子去游泰山时遇到了一个叫荣启期的人，衣不蔽体却很快乐地坐在路边自弹自唱。孔子问他为何如此快乐，他说："天地万物中人最为尊贵，我有幸生为人，是我的第一快乐。人有男女，男尊女卑，我有幸为男人，是我的第二快乐。人的寿命有长短，有的人一生下来就死了，而我现在活到了九十岁，是我的第三快乐。至于生活上的贫困对我来说是极平常的事，而死亡也只不过是人生的一个终点而已，有什么可担心害怕的呢？"

列子认为天地万物和人都有其开始与终结的阶段，人们只要正视这个必然道理，不强求长生，更不因对"生"的渴求破坏整个生存环境，便能克服恋生惧死的心理，以通达的心态去面对生死，保持生命的自然状态而不加以改变，当死亡来临便坦然接受，即所谓达生乐死，也就能如荣启期一般快活自在了。

"为我"的杨朱

杨朱，字子居，战国时期魏国（今河南开封市）人，生卒年代不详。他发扬老子的贵身防患思想，主张"贵生"、"重己"，形成以"为我"为中心的思想体系。其思想在战国初年一度风行，与儒、墨两家形成鼎足而三的形势。

杨朱其人

关于杨朱的生平，后人知之甚少。他本人也没有留下任何遗作，《孟子》《韩非子》《庄子》《吕氏春秋》《列子》等书虽多次出现他的名字，但多是关于他的思想的论述。

从散见的记载中，我们粗略知道，他的活动年代比墨子稍后，而又早于孟子，其行踪多在鲁、宋、梁一带。据《庄子》记载，他曾经见过老子。其学说在当时相当著名，孟子曾说过："杨朱、墨翟之言盈天下。天下之言不归杨，则归墨。"当时天下的学子分为两派，不跟杨朱学，就跟墨翟学，可见杨朱在当时的影响力。

杨朱流传下来的故事不多，较为有名的是"杨朱泣岐"和"杨布打狗"。

有一次，杨朱外出到了一个岔路口，不禁伤感得哭了起来，说道："路口错走半步，到觉悟后就已经差之千里了。"还有一次，杨朱的弟弟杨布穿了件白色的衣服出门去。回来时遇到了大雨，便换了身黑色的衣服，结果家里的狗没有认出来，朝他狂吠。杨布十分恼火，要去打狗。杨朱却说："你不要打它。假设这狗在出外时为白色，回来时却变成了黑色，你难道不同样觉得奇怪吗？"

"一毛不拔"的真正含义

在先秦诸子中，杨朱无疑是一位另类的人物，提及他，人们首先想到的便是孟子对他的批判："杨朱取为我，拔一毛而利天下，不为也。墨子兼爱，摩顶放踵，利天下，为之。"（杨朱主张"为我"，即使拔他身上一根汗毛，能使天下人得利，他也不干；墨子主张"兼爱"，只要对天下人有利，即使自己磨光了头顶，走破了脚板，他也心甘情愿。）于是，历史上的杨朱便给人以极端自私的形象，遭文人墨客口诛笔伐数千年。果真是这样吗？

墨子的弟子禽滑釐有一次问杨朱说："拔先生一根毫毛，能拯救天下世道，先生愿意吗？"杨朱回答说："世道不是一根毫毛就能够拯救的。"禽滑厘又问："假使能的话，先生愿意吗？"杨朱默不作答。禽滑釐只好退了出来，把这事告诉了杨朱的学生孟孙阳。孟孙阳说："你是不懂先生的用心啊！请问，如果有人痛打你一顿，给你万两黄金，你愿意吗？"禽滑厘说："愿意！"孟孙阳又问："砍断你一条腿，给你一个国家，你愿意吗？"禽滑厘不说话。于是孟孙阳说："与肌肤相比，毫毛是微不足道的；与肢体相比，肌肤又是微不足道的。这个道理谁都明白。但是，没有毫毛，就没有肌肤；没有肌肤，就没有肢体。一根毫毛难道因为它小，就可以不当回事吗？"

在孟孙阳看来，整体利益固然重要，但个体利益亦不可忽视。如果说为了天下人的幸福，必须每个人都不幸福，都做牺牲，这样的"幸福"能算是幸福吗？就像长江、黄河都由涓涓细流汇集而成，如果所有的泉水、溪流、小河都干了，长江、黄河还能有水吗？

在杨朱看来，牺牲个人来满足社会，不对；同样，牺牲社会来满足个人，也不对。可见杨朱并非"一毛不拔"的吝啬鬼，他不但主张人与人应该平等，还主张个人与社会也应该平等，谁也不能损害谁。推行到治国上，就是不要动不动就以"国家天下"的名义，任意侵犯和剥夺人民群众的个人权利。

道家集大成者——庄子

庄子（约前369年～前286年），庄氏，名周，字子休（一作子沐），战国时代宋国人，道家思想集大成者，后世将他与老子并称"老庄"。代表作为《庄子》，名篇有《逍遥游》《齐物论》等，庄子主张"天人合一"和"清静无为"。

◎ 庄子像

贫民窟的知识分子

庄子一生隐默无闻，不求功名，基本上没参加过任何重大的历史事件，他的很多生平事

迹无法确定先后顺序。他曾做过一任管理漆器作坊的小官吏，除此之外没有做过其它官。他一生清贫，却鄙弃荣华富贵、权势名利。

楚威王听说庄子很有才华，曾派人去拜访。当时庄子正在濮水上逍遥钓鱼，他手拿鱼杆，头也不回地说："我听说楚国有一只神龟，死了都三千年了，楚王还把它藏在盒子里，放在庙堂之上。你们说，这只龟是愿意死了留下骨头被人尊贵呢，还是愿意活着拖着尾巴在泥地里爬呢？"庄子以宁为泥里嬉戏的活龟，也不愿意为庙堂用以卜卦的死龟为由，拒绝了楚威王的邀请。

庄子一生淡泊名利，主张修身养性，清静无为，顺应自然，追求精神逍遥无待。

庄子快要死的时候，弟子们准备厚葬他。庄子知道后用幽默的口气说："我死了以后，大地是我的棺椁，日月是我的连璧，星辰是我的珠宝玉器，天地万物都是我的陪葬品，我的葬具难道还不丰厚吗？"学生们哭笑不得，说："要是那样的话，我们还不是怕乌鸦老鹰把老师吃了啊？"庄子说："扔在野地里你们怕乌鸦老鹰吃了我，那埋在地下就不怕蚂蚁吃了我吗？你们把我从乌鸦老鹰嘴里抢走送给蚂蚁，为什么那么偏心眼呢？"

就这样，庄子以一种浪漫达观的态度和无所畏惧的心情，从容地走向了死亡。

庄周梦蝶的启示

庄子全面继承了老子的宇宙观，也以"道"为宇宙的根本，认为道存在于一切事物之中，是万物存在、变化的根本和依据。同时，庄子也继承了老子的辩证观点。

庄子举了大量的例子，如：凡人都有偏见，假如两人辩论，甲占了上风，甲就果然对吗？乙占了上风，乙就果然对吗？是否一定有一个人对、一个人错呢？还是两人都对或者两人都错呢？由谁来评判呢？以

◎ 《庄生梦蝶图》 元 佚名

此图取材于"庄周梦蝶"的典故，画家将此场景置于炎夏树荫。童子倚树根而眠，庄周袒胸卧木塌，鼾声正浓，其上一对蝴蝶翩然而乐，点明画题。笔法细利削劲，晕染有致。

何为标准呢？再如：人睡在潮湿的地方，轻则腰疼，重则半身不遂了。那泥鳅住在那儿，也会像人这样吗？庄子继续追问说，人是吃肉的，鹿是吃草的，蜈蚣喜欢吃小蛇，猫头鹰和乌鸦喜欢吃耗子，这四种口味你能说出哪种最符合标准呢？哪种更可口或者哪种更不可口呢？

庄子强调认识的相对性以及逻辑思维中的矛盾性，但他片面夸大一切事物的相对性，否定客观事物的差异，认为无论大小、长短、贵贱、美丑、成毁等一切差别都不存在，并由此得出了不可知论的结论。关于这点，最著名的要数《庄子》中记载的庄周梦蝶了。有一次，庄子睡熟了，梦到自己变成了一只蝴蝶，一会儿飞到草丛中，一会儿飞到花蕊上，自在极了，根本忘记了自己是庄子。突然间醒过来，惊惶不定之间方知自己是庄子。庄子就此提出了疑问：不知是庄周梦中变成蝴蝶，还是蝴蝶梦见自己变成庄周？庄子在这里认为，物和我是分不清的，是融为一体的，人不可能确切地区分真实和虚幻，由此将辩证法引入相对主义的极端。

反对礼仪无为而治

和老子一样，庄子也主张"无为而治"。与此相联系，他猛烈抨击儒家提倡的仁义礼乐，认为这些都是限制人自然天性的行为。

《庄子》中讲了这样一个寓言故事，说有一个名叫跖的大盗，一天，他的门徒问他说："做强盗也有规矩和准绳吗？"盗跖回答说："干什么没有规矩和准绳？凭空推测屋里储藏着什么财物，这是圣明；率先进到屋里，这是勇敢；最后一个退出屋子，这是义气；能知道可否采取行动，这是智慧；事后分配公平，这是仁爱。以上五样不能具备，却能成为大盗的人，天下是没有的。"

庄子通过盗跖的一套说教，讽刺了儒家宣扬的"圣人之道"："圣人之道"既能培养圣人，亦能培养大盗，可天下圣人多而君子少，可见"圣人之道"给天下带来的利益少，带来的祸患多。庄子毫不留情地剥离了上层统治者的神圣光环，还其大盗积贼的本来面目，揭穿了他们评判是非所采用的双重标准。

在庄子看来，真正的生活是自然而然的，因此不需要去教导什么，规定什么。《庄子》中有一个"七窍"的寓言。南海帝王儵和北海帝王忽在中央帝王浑沌那里聚会。浑沌热情好客，儵与忽想报答。他们见浑沌没有七窍，不能看听吃闻，什么人间至乐都享受不了，于是决定给浑沌凿七窍。每天凿一窍，七天后，七窍出，浑沌却死了。

浑沌之所以可以活，就是因为他的浑沌之态，他可以去综观天地。等到七窍凿开了，他也远离了自己的生命本体。所以，庄子认为帝王只有顺其自然，社会才能充实安定，人民才能各司其职，各种事物才能按照自然的规律运转。

逍遥自由的精神境界

在精神境界上，庄子追求逍遥自得，不为任何是非、好恶、喜怒、哀乐"内伤其身"，使人的自然天性能自由发展的境界。他厌恶世俗生活，对于一般孜孜于世俗名利的人，他讥之为麻雀与蝉，不识鲲鹏的广阔天地和宏大志愿。

宋国有个人名叫曹商，他以宋国使臣身份出使秦国，出使时带了几辆车，由于秦王喜欢他，又送了他一百辆车。回国后，曹商掩饰不住自己的得意之情，向庄子炫耀："要说在穷巷破屋里打草鞋，整天把自己弄得面黄肌瘦的，那我不如你；但是如果说一见君王的面，就可以让他十分赏识，赐车百乘，这是我的本事。"庄子对曹商这种小人得志的狂态极为反感，不屑一顾地回敬道："听说秦王有病请医生，治好一个疮赏一辆车，而愿意为其舔痔疮的赏五辆车。治病的部位愈下，所得的赏赐愈多。我想，你大概是用舌头去舔过秦王的痔疮吧。不然秦王怎么会赏给你这么多车呢？走你的吧！"这种有趣的揶揄和尖刻的挖苦，极其犀利地攻击了名利权势、富贵荣华的世俗人生观，表现了超然的价值追求和清高孤傲、洒脱不羁的人格风范。

庄子反对那种人为地为自己的完整生命而约束自身应当怎样度过的名利生活。庄子的这些思想和主张，对后世影响深远。中国文人愤世嫉俗的批斗精神，同庄子思想一脉相承；而乐天知命、随遇而安的思想，也大体渊源于老庄哲学。

《淮南子》主编——刘安

刘安（前179年～前122年），西汉皇族，汉高祖刘邦之孙，淮南厉王刘长之子。他好读书，善文辞，是西汉知名的思想家、文学家，曾招宾客一同撰写《淮南子》，是汉代道家学说最重要的一部代表作。

淮南王刘安

刘安是汉高祖刘邦之孙，其父淮南王刘长因密谋叛乱被废王位，在发配途中绝食而死。汉文帝念及手足之情，将刘长的几个儿子都封了侯。刘安因是刘长长子，承袭了父亲的爵位。刘安才思敏捷，对道家思想加以改进，制定了一系列轻刑薄赋、鼓励生产的政策，使淮南国出现了国泰民安的景象。汉武帝非常欣赏刘安，但他强力推行的"独尊儒术"的统治思想，却和刘安推崇的"无为而治"的道家学说背道而驰，而其父刘长之死更成了刘安心中的一个死结。因此，刘安暗中不断积蓄力量，准备谋反。

刘安求贤若渴，其门下门客数千人，有8个人最具才华：苏非、李尚、左吴、陈由、伍被、毛周、雷被和晋昌，号称"八公"。其中雷被是一位剑艺精湛的剑客，他在与淮南王太子刘迁的一次比试中，失手击中了刘迁，从此惹怒太子。雷被于是向刘安请求：跟随卫青去打匈奴。不想刘安反倒怀疑雷被起了叛心，将其免了职。雷被心怀怨恨，索性跑到长安城状告刘安。"八公"中的另外一位门客伍被，在得知刘安准备谋反时，曾经多次进行劝阻，但刘安却总拿陈胜、吴广起义成功的例子来反唇相讥。伍被见谏言不被采纳，于是将刘安谋反一事密报给了朝廷。就在刘安面临生死存亡的关键时刻，他的孙子刘建又跳了出来，也跑到长安告起状来。刘建的父亲刘不害因是庶出，很少得到刘安的宠爱，长期心存怨言。刘建原本想陷害刘安，让父亲当淮南王的继承人，却不料这一状恰恰将爷爷送上了黄泉路。

雷被告状在前，伍被、刘建告发在后，汉武帝遂派酷吏张汤前来办案，结果认定刘安谋反属实。公元前122年，自知罪无可赦的刘安被迫自杀。

道学大成《淮南子》

淮南王刘安带着满腹的怨恨和遗憾，匆匆走上了不归之路，但这位博学之士却为后人留下了一份宝贵的精神财富——被近代学人梁启超称誉为"汉人著述中第一流"的划时代巨著《淮南子》。《淮南子》又名《淮南鸿烈》《刘安子》，西汉经学家刘向校定时名之"淮南"，是刘安及其门客集体撰写的一部著作。此书虽为多人合作完成，但"为人好书"、"善为文辞"的刘安，则被公认为是名副其实的"主编"，《淮南子》也大体上反映出了他本人的思想。

《淮南子》有《内篇》21篇、《外篇》33篇，"内篇论道，外篇杂说"，20余万字，至今存世的只有内篇，其内容涉及政治学、哲学、伦理学、史学、文学、经济学、物理、化学、天文、地理、农业水

◎《淮南子》书影

利、医学养生等领域，包罗万象，但集中体现了道家思想。该书在继承先秦道家思想的基础上，综合了诸子百家学说中的精华部分，对后世研究秦汉时期文化起到了不可替代的作用。

积极进取的"无为"

《淮南子》一书是汉初黄老学的理论总结。"黄"指黄帝，"老"指老子，黄老学派则意为以黄帝为依托，发扬老子思想的一个学派。汉初黄老学将道家的"无为而治"由理论推向实践，对当时的社会稳定和发展起了积极作用。《淮南子》对"无为"作了新的解释，批评了先秦道家消极无为的思想："或曰：'无为者，寂然无声，漠然不动，引之不来，推之不往。如此者，乃得道之象。'吾以为不然。"指出人类社会正是在与自然的抗争中而不断取得发展的，假如束手无为，四肢不动，要想建立功业、维持生存，是不可能的。它把发挥人的

一人得道，鸡犬升天

民间有句俗语"一人得道，鸡犬升天"，讲的就是刘安的故事。刘安笃信修道炼丹，传说他一次遇到八个鹤发童颜的老翁，拜他们为师，学习修道炼丹。丹药炼成后，汉武帝派人来抓他，他情急下喝了丹药，成仙升天。他的亲友也赶紧喝药成仙。刘家的鸡狗也因吃了炼丹锅里的丹药成了仙。后来这句话用来比喻一个人做了官，和他有关系的人也都跟着得势。

主观能动性楔入了"无为"，主张尊重客观规律，但反对人在客观规律面前缩手缩脚、无所作为，认为人应该充分利用客观条件加以因势利导，靠发挥主体的能动作用把事情办成功。

《淮南子》举例说："夫地势水东流，人必事焉，然后水潦得谷行。禾稼春生，人必加工焉，故五谷得遂长。听其自流，待其自生，则鲧禹之功不立。"所谓"人必事焉"、"人必加工焉"，乃指人力作用于客观对象，亦即人对于实践的主体性参与。这实际上是对原始道家的消极无为的否定，使道家的无为思想具有了积极进取的特性。

佛　家

摄摩腾和竺法兰

摄摩腾（？ ~73年），中天竺（古印度）人。竺法兰，生卒年月不详，也为中天竺人。东汉明帝时他们来到中国传授佛教，所译经文是中国第一部汉译佛经，在中国佛教史上占有重要地位。他们是把佛教传入中国最早的天竺高僧，世称圣僧。

永平求法

佛教何时从印度传入我国，确切年代已无从考证，最迟在两汉之际，佛教已在我国流传。当时大多是外国僧侣不远万里来中国传教，零零散散，不具规模。而佛教的正式传入，要从"永平求法"说起。

相传，东汉永平年间汉明帝刘庄夜寝南宫，梦见一位神仙，金色的身体有光环绕，轻盈飘荡从远方飞来，降落在御殿前。次日，刘庄就此询问群臣。一位博学多识的大臣说："听说西方天竺国（古印度）有号称'佛'的得道者，不仅能飞行于空中，而且神通广大，皇上梦见的可能就是佛。"于是明帝派使者羽林郎中秦景、博士弟子王遵等13人去西域，访求佛道。这一行人过天山、越葱岭，在西域大月氏国遇到了在该地游化宣教的天竺高僧摄摩腾和竺法兰。于是他们邀请佛僧到中国宣讲佛法，并用白马驮载佛经、佛像，跋山涉水，于永平十年（公元67年）来到京城洛阳。

◎ **白马寺 东汉**

白马寺有中国佛寺"祖庭"之称，始建于东汉永平十一年，因汉明帝"感梦求法"，遣使迎天竺僧人回洛阳后而创建。

汉明帝为了对他们的到来表示欢迎，第二年，敕令按天竺式样为摄摩腾、竺法兰建精舍居住，"寺"本义是官署，因摄摩腾、竺法兰初来时住在官署，又是外宾，为示礼待，就仍称新居为寺。"白马"之名，据说是取自驮经的白马。"白马寺"由此得名，这便是我国最早的佛寺。从白马寺开始，我国僧院便泛称为寺，白马寺也因此被认为是我国佛教的发源地。

永平求法标志着佛教正式由官方传入中国，从此，这一此后影响了中国人达2000余年的佛教在中国土地上扎下了根。

汉译本佛经出现

摄摩腾出身于印度婆罗门的一个显赫门第，他云游四方，以宣扬教义为己任。古印度高僧竺法兰，自言诵经数万章，为印度学者之师，与摄摩腾一起云游四方。

摄摩腾和竺法兰入华后，积极学习汉语。由于当时佛教刚刚传入中国，所以他们没有过多地宣讲佛经，而是在白马寺以译经为主，从而使我国开始有了汉译本佛经。他们先在清凉台共同译出《四十二章经》，敕令藏于兰台石室第十四间。东汉永平十六年（73年），摄摩腾在洛阳圆寂，被安葬在白马寺东院，即如今的摄摩腾墓。摄摩腾圆寂后，竺法兰单独翻译了从西域带回的其他佛教典籍《十地断结经》

四卷、《佛本生经》一卷、《佛本行经》五卷等，这是我国最早的一批佛学著作。竺法兰60多岁时卒于白马寺，被安葬在白马寺西院，即如今的竺法兰墓。高僧摄摩腾、竺法兰为中国佛教的两位开山鼻祖，故后世皆以白马寺为中国佛教的发源地，尊为"释源"和"祖庭"。

中国禅宗始祖菩提达摩

菩提达摩，又作菩提达磨，简称达摩，南天竺人，中国佛教禅宗初代祖师，被尊称为"东土第一代祖师"、"达摩祖师"。

东渡传法

"菩提达摩"意译为觉法，菩提本意为"觉悟"，达摩本义则是"佛法"。关于菩提达摩的身世，后世传说甚多。他的弟子昙林说，他原是南天竺某国王子，后出家为僧。但《洛阳伽蓝记》则记载他是西域波斯国人。

达摩在南北朝刘宋（470年～478年）间，乘船来到中国南越（今广州）。根据《楞伽师资记》，达摩至中国后，师从求那跋陀，为当时的楞伽师之一。他同时又精通禅法，在江南一带逗留了很长一段时间，之后东渡北魏。他在北魏境内，初在嵩洛一带云游，到处教人坐禅习定。当时北魏禅学还不太盛行，比较受重视的是经论义理的讲授。

佛陀、僧稠一系的禅学虽已传播，但其内容和特点与达摩所说不同，所以达摩的传教不太受人欢迎，常常遭到冷嘲热讽。只有少数僧人能够耐心听达摩说法，这里面就有后来成为达摩弟子的道育和慧可。

达摩在嵩洛一带传法，之后不知所终。有的记载说他于东魏天平年（534年～537年）以前卒于洛水之滨；有的记载则说他被不同学派的僧人投毒害死。还有的传说他当时并没有死，北魏出使西域的大臣宋云自西域回国时曾在葱岭见他

◎ 菩提达摩像

手携一只鞋子翩翩独逝。这就是所谓达摩"只履西归"的传说。这些传说并无史实根据，只是禅宗发达之后，达摩被人们神化的故事而已。

开启禅宗

菩提达摩在中国始传禅宗。禅宗的核心思想为"不立文字，教外别传；直指人心，见性成佛"，意指透过自身实践，从日常生活中直接掌握真理，最后达到真正认识自我。禅宗思想认为语言文字会约束思想，故不立文字。禅宗认为要真正达到"悟道"，唯有隔绝语言文字，或透过与语言文字的冲突，避开任何抽象性的论证，凭个体的亲身感受去体会，也就是"悟心"。

佛教公案"拈花微笑"就很能说明禅宗的"悟心"。释迦牟尼在将要圆寂之前召集众弟子，大家以为他要说法，都在静心等待聆听。佛

祖却不言，只用手指拿起来了一朵花。所有弟子都不知所以，只有佛祖身旁的摩诃迦叶会心一笑。佛祖当即宣布："我有普照宇宙、包含万有的精深佛法，熄灭生死、超脱轮回的奥妙心法，能够摆脱一切虚假表相修成正果，其中妙处难以言说。我以观察智，以心传心，于教外别传一宗，现在传给摩诃迦叶。"佛祖觉得所有人中，只有摩诃迦叶领会了佛法，于是将平素所用的木棉袈裟和饭钵传给了迦叶。佛祖未说一字，摩诃迦叶就领悟了佛教的精神，这就是禅宗所提倡的"悟心"。

菩提达摩之后，禅宗经二祖慧可，三祖僧璨、四祖道信、五祖弘忍、六祖慧能等大力弘扬，终于一花五叶，盛开秘苑，成为中国佛教最大宗门，后人便尊达摩为中国禅宗初祖。

西行求法第一人——法显

法显（334年~420年），俗姓龚，东晋高僧、旅行家、翻译家。中国佛教史上的一位名僧，一位卓越的佛教革新人物，是中国第一位到海外取经求法的大师。

西行寻戒律

法显三岁时即剃度为沙弥，学习佛经，二十岁受具足戒，此后便苦心钻研佛学。东晋隆安三年（399年），六十五岁的法显已在佛教界度过了六十二个春秋。六十多年的阅历，使法显深切地感到，佛经的翻译赶不上佛学大发展的需要。年近古稀的法显毅然决定西赴天竺（古代印度），寻求戒律。

他经河西走廊、敦煌以西的沙漠到乌夷（今新疆焉耆附近），向西南穿过今塔克拉玛干大沙漠抵于阗（今新疆和田），南越葱岭，取道今印度河流域，经今巴基斯坦入阿富汗境，再返巴基斯坦境内，后东入恒河流域，达天竺（今印度）境，又横穿尼泊尔南部，至东天竺，在

《法显传》

《法显传》又名《佛国记》《历游天竺记传》《佛游天竺记传》《释法明游天竺记》，为法显归国后所著的游记。全文13980字，全部记述作者公元399年至413年的旅行经历，有法显游历天竺的行进路线、住留时日及主要活动，还记叙了所经亚洲各国及我国新疆地区在公元5世纪初的历史状况，如里程、方位、山川、气候、人口、语言、风俗、物产、政治、宗教等，特别是佛教的寺庙、遗迹、僧尼数目、所习教说，以及众多的佛教传说。

摩竭提国（即摩揭陀）首都巴达弗邑（今巴特那）留住3年，学梵书佛律。法显的西行之路艰辛而且危险。塔克拉玛大沙漠又名塔里木沙漠（"塔里木"在维吾尔语中是"进去出不来"的意思），这里异常干旱，昼夜温差极大，气候变化无常。行人至此，艰辛无比。正如法显所述："行路中无居民，沙行艰难，所经之苦，人理莫比。"法显一行走了一个月零五天，才走出了这个"进去出不来"的大沙漠。南度小雪山（即阿富汗的苏纳曼山）时，正值冬夏积雪，法显一行爬到山的北阴，突然遇到寒风骤起，同行的慧景受不住寒流的袭击被冻死了，法显抚摸着慧景的尸体，无限感慨地哭着说："取经的愿望未实现，你却早死了，命也奈何！"然后奋然前行。

与他同行的僧人或死或留天竺，法显乃取海路单身回国。他由东天竺著名海港多摩梨帝（今加尔各答西南之德姆卢克）乘商船到师子国（今斯里兰卡），留两年，续得经本，再乘商船东归，于义熙九年（413年）到达建康（今南京）。回国后，他一直紧张艰苦地进行着翻译经典的工作，共译出了经典六部六十三卷，计一万多言。他翻译的《摩诃僧祗律》，也叫《大众律》，为五大佛教戒律之一，对后来的中国佛教界产生了极其深远的影响。

完善中国佛教律学

法显西行对中国佛学文化产生了深远的影响。我们知道，佛教在中国的传播，一则是西域僧人的东传，二则是我国僧人的西行求法。在法显大师之前，虽然已有朱士行往西域求法，但他未到天竺，并且未返汉地。汉人西行求法，有去有回，并带回大量的梵本文献的第一位汉僧，就是法显。

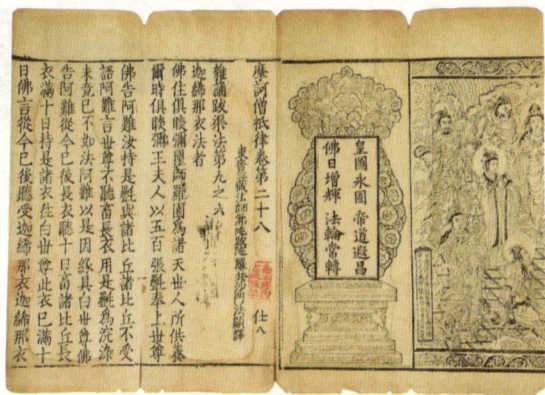

◎ 《摩诃僧祇律》书影

在《法显传》和僧传记中说到法显西行求法的动机是"常慨经律舛阙，誓志寻求"、"显本求戒"。法显所处的时代，是我国佛教发展的一个关键时期。当时佛教从印度传至中国已有两百多年了，佛教的传布日益广泛，许多文人士大夫和百姓逐步接受和研究佛教，佛教正处于由印度佛教转向中国化的萌芽时期。佛教僧团也在这时得到了发展，出家人日益增多，寺院遍布全国。但由于戒律经典缺乏，使广大佛教徒无法可循，以致上层僧侣穷奢极欲，无恶不作，在一定程度上招致了上层统治者的不安。

为了矫正时弊，法显毅然踏上了西行之路。法显带回的梵文佛教律藏经典共三部，即《摩诃僧祇律》《萨婆多众律》和《弥沙塞律》，为中国佛学的发展提供了丰富的资料，使中国律学更加完整。

三藏法师——玄奘

玄奘（602年～664年），俗姓陈，名祎，唐朝著名的三藏法师，汉传佛教史上最伟大的译经师之一，中国佛教法相唯识宗创始人。他是中国著名古典小说《西游记》中心人物唐僧的原型。

万里取经

玄奘少时因家境困难，入佛门学习佛经，13岁剃度出家，21岁受具足戒，前后遍访佛教名师。当时佛经的翻译、佛教教理的传播已经很普遍了，但由于时人对梵语的认识有限，对佛经的翻译和认识就产生了诸多不同的理解和争论。玄奘也受此困惑，于是他决定，到佛教的起源地天竺去学习正宗的佛教。贞观三年（629年），经过一番准备，他踏上了前往天竺的路程。

他出玉门关后到达的第一个地方莫贺延碛，古代叫做沙河，是一个"上无飞鸟，下无走兽，复无水草"的地方。在这里，玄奘遭遇了西行途中最为险恶的考验。他走了5个白天，4个夜晚，还没有见到水，干渴难以忍受。到第五个夜间，没有一点

玄奘像

力气了，便躺倒在黄沙上。半夜忽然刮起风来，他立即爬起，又上路了。可马却不按路行走，拉也拉不动，原来它发现了水草。他饮饱吃足，休息了一天，然后又出发了。他走了两天，出了沙河，到达伊吾，

随后到高昌。

高昌王热情款待了玄奘，希望他留下传播佛教。玄奘婉言谢绝。高昌王再三挽留他，玄奘还是不同意留下。高昌王以为用扣留的方式可以使玄奘屈服。玄奘用绝食来回答，三天滴水不沾。国王深为他的精神感动，遂放他西行，还给他剃度4个徒弟、30匹马、25个侠役，并写了24封公文，给玄奘西行将要经过的各个地区的行政首脑，请求关照。高昌王的礼遇，让他以后的路好走多了，但困难并未因此消失。到了康国，由于居民不信佛教，要用火焚烧玄奘的两个徒弟，幸而国王制止，玄奘等才平安通过。

经过一道道难关之后，玄奘终于来到了向往已久的天竺，即今天的印度。他拜在著名的那烂陀寺百岁高僧戒贤法师门下，刻苦参研佛法，数年间精通了经藏、律藏、论藏，因此被尊称为"三藏法师"。

贞观十九年（645年），经历了17个春秋，玄奘携带梵文经书657部回到长安。

最伟大的译经师

玄奘回国后的二十年中，所作的主要工作就是译经，总共翻译佛经75部1335卷，共计1000多万字，玄奘的译著从数量和质量上都达到了中国佛经翻译史上的高峰。

在我国的佛经翻译史上有旧译和新译之说。旧译的前期为东汉到西晋时期，翻译者多是西域、印度的僧人或者稍懂胡语、梵语的中国僧人，译者"或善胡义而不解汉者，或明汉文而不晓胡意"。译者常借用"道"等中国学术的术语翻译佛教词汇，引起一些话语歧义。旧译后期为东晋到隋末时期，主要代表人物为鸠摩罗什、求那跋陀罗、真谛等等，鸠摩罗什在把握核心义理的基础上，注意运用声明学，把印度的句法引入汉文表达系统，注意音节变化，所翻经典琅琅上口，达到了译经的新高峰。但鸠摩罗什对于汉语能说而不能写，只能"手持胡本，口宣秦言"，他还经常对梵文经本进行总结提炼，采用意译的翻译风格，被后人指有曲误之处。

玄奘中梵文的功底俱佳，他在总结前人的基础上，提出了一系列的翻译原则，史称"新译"。在义理上，他反对古代译经家的"达意"原则而提倡忠于原本、逐字逐句信笔直译之译法；在文法上，他应用六朝以来字句偶正奇变的文体，再参酌梵文"钩锁连环"的方式融成一种"整严凝重"的翻译风格，既恰当地体现了印度佛教原典的结构，又符合中国的文法习惯。如他晚年翻译《大般若经》600卷，由于内容庞杂，参与译场的学生要求删节翻译，但玄奘坚持一如梵本，不删一字。

玄奘的译经并不是独自完成的，拥有庞大的译场和严格的程序。玄奘的译场有译主、证义、证文、书写、笔受、缀文、参译、刊定、润文、梵呗等多个岗位，译主为玄奘，其他的职位由求学者担任，这些学生不仅有核对梵文、书写记录、语法整理、译文润色等工作，而且还要将译稿回翻为梵文再次核对，他们为保持翻译的准确性作出了很大的贡献。

百花盛放的沃土
——文学

综　述

中国文学源远流长，如果从第一部诗歌总集《诗经》中收录的一些早期诗歌算起，已有三千年的历史了。中国文学有诗歌、散文、小说以及词、赋、曲等多种表现形式，在各种文体中，又有多种多样的艺术表现手法，从而使中国古典文学呈现出多姿多彩、壮丽辉煌的图景。几千年来，中国传统文化养育了中国古典文学，中国古典文学又大大丰富了中国传统文化，使传统文化更具有深刻的影响力。

中国文学起源于生产劳动。它的产生一直要追溯至人类生活的最原始阶段。原始人在生产劳动的过程中，由于筋力的张弛和工具使用的配合，自然地发生劳动的呼声。这种呼声具有一定的规律，就产生了节奏。这种简单的节奏就是音乐，舞蹈的节拍和诗歌韵律的起源。

西周王朝建立后，让各诸侯国委派采诗官专门到民间采集诗歌，通过民歌了解民情风俗和考察政治得失。这个采诗制度保留了五六百年，共采集到的诗歌有三千首，汇编成了《诗经》。至公元前4世纪，出了一位大诗人叫屈原。他一生创作了大量杰出的诗歌，多数是抒发伟大的政治抱负。他的作品充满神话传说、楚地巫风和瑰丽的想象。后人把他的诗歌搜集起来，称为《楚辞》。《诗经》是四言诗，而《楚辞》的句式相对自由，为后世的五言、七言诗打下了基础。先秦的散文也有巨大的成就，其中最引人注目的是诸子的哲理散文，如《论语》、《道德经》、《庄子》等。他们的文章对后来的散文发展有很大的影响。

公元7世纪到9世纪的唐代，尤其是盛唐时代，中国国力最强盛，诗歌创作也达到了顶峰。这与当时科举考试以诗取士有很大的关系，另外有些皇帝本身就酷爱文学艺术。整个唐代诗人数以千计，"诗仙"李白、"诗圣"杜甫以及白居易等都是其中的佼佼者。《全唐诗》收录的唐代300年的诗歌达5万余首。在诗歌形式上唐代也是全面开花的时期，五言、七言、绝句、律诗的成就在中国诗歌史上都达到了顶峰。

10世纪到13世纪的宋代文学，以词的成就最为突出，词被称为"诗余"，其特征是长短句交替使用，是一种新兴的格律诗，音乐性最强，更适合表现私密的感情。但在一些富有独创性的词人那里，同样达到豪放与婉约兼容并包的境界，苏东坡就是其中的杰出代表。唐、宋两代的散文成就也很高，出现了韩愈、欧阳修等"唐宋八大家"。

元、明两代，市民社会崛起，戏剧代表了文学的最高成就。16世纪明代的汤显祖与英国的莎士比亚是同时代人。他的《牡丹亭》叙述了一个为情而生、为情而死的梦幻故事，词曲委婉动人。

明、清两代，长篇小说崛起，《三国演义》、《水浒传》、《西游记》、《金瓶梅》、《红楼梦》、《儒林外史》等长篇小说，各以其独特的题材、风格和艺术魅力享誉中外，译成多种文字。

诗 词

中国诗歌最坚固的基石——《诗经》

《诗经》是我国第一部诗歌总集，原名《诗》或《诗三百》，收入自西周初年至春秋中叶五百多年的诗歌305篇，是我国现实主义文学的源头。从汉朝汉武帝起儒家将其奉为经典，因此称为《诗经》。

风、雅、颂

《诗经》当初都是配乐而歌的歌词，保留着古代诗歌、音乐、舞蹈相结合的形式，但在长期的流传中，乐谱和舞蹈失传只剩下诗歌。其作者包括了从贵族到平民的社会各个阶层人士，但绝大多数已湮灭无闻了。

《诗经》按音乐特色分为风、雅、颂三部分。风又称国风，是从15个地区采集来的土风歌谣，共160篇，占《诗经》篇章近半壁江山，是其精华，作者大多是民间歌手。风的许多诗篇来源于社会现实，直接抒写对生活的真实感受，不加粉饰，富有浓郁的生活气息。其中有欢快的劳动场面，如《十亩之间》"十亩之间兮，桑者闲之兮"；也有对奴隶主剥削和压迫的怨恨，如《硕鼠》"硕鼠硕鼠，无食我黍"；有男女幽期约会的佳趣，如《静女》"静女其姝，俟我于城隅。爱而不见，搔首踟蹰"；也有男女恋爱被父母阻挠的痛苦，如《将仲子》"将仲子兮，无逾我里，无折我树杞。岂敢爱之？畏我父母"。

◎ 《诗经·周颂·昊天有成命》 南宋 马和之

雅大部分是上层社会举行各种典礼或宴会时演唱的乐歌，共105篇，分为大雅31篇和小雅74篇。小雅为宴请宾客之音乐。大雅则是国君接受臣下朝拜、陈述劝戒的音乐。其内容几乎都是关于政治方面的，有赞颂好人好政的，有讽刺弊政的。其思想性总的来说不如风，但却从另一角度较真实地反映了周代社会生活的某些侧面。

颂共40篇，主要是周王和诸侯用于祭祀或其他重大典礼的乐歌，其内容多宣扬天命，赞颂祖先的功德，其中有一部分是舞曲。颂诗多空洞抽象的说教，缺乏形象性和韵律美。

赋、比、兴

赋、比、兴是《诗经》三种基本表现手法，与风、雅、颂合称《诗经》的"六义"，是我国文学创作的民族特色，为历代诗人学习和发展。

赋就是铺陈直叙，即是人把思想感情及其有关的事物平铺直叙地表达出来。如《邶风·击鼓》中"死生契阔，与子成说。执子之手，与子偕老"（无论生死我们都要在一起，这是我们当初早已说好的约定。今生拉着你的手永结美好，与你永不分离白头到老），即是直接表达自己的感情。

比就是打比方，用一件事物比喻另一件事物。《诗经》中比的运用很广泛，如《邶风·谷风》用"采葑采菲，无以下体"（采收萝卜芥菜，却不要底下的根）来说明不该有了新欢就不念旧恩；《小雅·鹤鸣》用"他山之石，可以攻玉"来比喻治国要用贤人，都是《诗经》中用"比"的佳例。

兴，即起兴，就是通常在一首诗或一章诗的开头，先描写景物造成相应的气氛，然后引出诗中要写的内容，是《诗经》乃至中国诗歌中比较独特的手法。如《周南·汉广》是写男子求偶失望的诗，首章"南有乔木，不可休息。汉有游女，不可求思"（南山乔木大又

高，树下不可歇阴凉。汉江之上有游女，想去追求不可能），以乔木的可望而不可即，起兴游女的可望而不可求。又如《桃夭》"桃之夭夭，灼灼其华。之子于归，宜其室家"（茂盛桃树嫩枝芽，开着鲜艳粉红花。这位姑娘要出嫁，定能使家庭和顺），用桃花来比兴，春天桃花盛开，又是男女青年结婚的极好季节，故诗人因眼前所见以起兴，而叹其女子之贤，知其必有以宜其室家也。

现实主义的先河

《诗经》以朴素自然的写实风格为基调，主要表现为真实地反映现实生活和直率地表达思想感情，"饥者歌其食，劳者歌其事"，是

我国现实主义文学的源头。

如《鄘风·相鼠》"相鼠有皮，人而无仪。人而无仪，不死何为"，痛斥当时社会上丧失廉耻的恶行，骂其连老鼠也不如，痛快淋漓。《诗经》作者不仅以积极的人生态度热情关注社会，而且以自己独特的视角深刻揭示出社会的弊病和人生的苦难。如《王风·黍离》"彼黍离离，彼稷之苗。行迈靡靡，中心摇摇。知我者，谓我心忧；不知我者，谓我何求。悠悠苍天，此何人哉"，西周灭亡后，一位士大夫路过旧都，见昔日宫殿已夷为平地种上庄稼，不禁伤感，行进的脚步也变得迟缓，他向天发问："这种悲剧是谁造成的？"

在《诗经》中，讴歌爱情和反映婚姻生活的作品所占比重最大，风格也最为多彩多姿。如《郑风·出其东门》"出其东门，有女如云。虽则如云，匪我思存。缟衣綦巾，聊乐我员"，城门云集众多美丽女子，但诗人只爱那位衣着朴素的女子，表达诗人对意中人的忠贞不渝。再如《卫风·氓》"氓之蚩蚩，抱布贸丝。匪来贸丝，来即我谋……信誓旦旦，不思其反。反是不思，亦已焉哉"，是一首弃妇诗，诗中的女主人公以无比沉痛的口气，回忆了恋爱生活的甜蜜，以及婚后被丈夫虐待和遗弃的痛苦，表达了她悔恨的心情与决绝的态度。

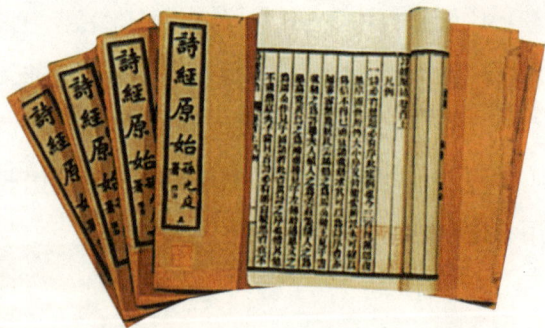

◎ 《诗经原始》书影

清方玉润著，方玉润字石友，四川人，后居云南，屡试不第，不得已投笔从戎。本书是方玉润晚年的作品，他一反前人旧说，提出要把《诗经》作为文学作品来研究，对于一些论点，宁肯阙疑，亦不附会穿凿。《诗经》的地域性更加真切透明。

浪漫主义的源头——《楚辞》

《楚辞》是一部收录战国时期楚地诗歌的诗集，是仅次于《诗经》的中国历史上第二部诗歌作品集。《楚辞》采取三言至八言参差不齐的句式，篇幅和容量可根据需要而任意扩充，可容纳更精彩细腻的艺术技巧，更适宜于抒写复杂的社会生活和表达丰富的思想感情。

屈原创楚辞

楚辞又称"楚词"，是伟大诗人屈原在楚国民间歌谣的基础上创造的一种诗体。西汉末年，刘向将屈原、宋玉的作品以及汉代淮南小山、东方朔、王褒、刘向等人承袭模仿屈原、宋玉的作品共16篇辑录成集，定名为《楚辞》，后东汉王逸增入己作《九思》，成17篇。

屈原（前340年~前278年），名平，是战国时楚国王族的后裔。他博闻强识，有很高的政治才能，早年受楚怀王信任。但由于自身性格耿直高傲，加之他人谗言与排挤，屈原逐渐被楚怀王疏远。公元前305年，屈原反对楚怀王与秦国订立"黄棘之盟"，但是楚国还是彻底投入了强秦的怀抱。屈原亦被楚怀王逐出楚都，流落到汉北。后来，楚怀王受到秦国的欺骗，死在了秦国，其子楚顷襄王即位。屈原此时已从汉北的流放地返回，他劝楚顷襄王搜罗人才，远离小人，为国家和怀王雪耻，却招来了令尹子兰和靳尚等人的仇视。屈原再一次被流放。

流放期间，眼见步步紧

◎ 屈原卜居图　清　黄应谌

逼的强秦、满目疮痍的祖国和楚国朝廷的腐败昏庸，屈原痛心疾首却又无能为力，内心十分痛苦。公元前278年农历五月五日，在极度苦闷、完全绝望的心情下，屈原怀抱大石，自沉汨罗江，永远地离开了他的故土。

屈原流放期间，创作了大量文学作品，如《离骚》《天问》《九歌》等，作品中洋溢着对楚地楚风的眷恋和为民报国的热情。"路漫漫其修远兮，吾将上下而求索"、"长太息以掩涕兮，哀民生之多艰"、"虽九死其犹未悔"，这些脍炙人口又饱含深情的诗句，至今读来，仍让人感动。他的精神和品质，与他的诗作一同流传于世，受到后人的敬仰。

◎ 屈原像

浓郁的地方特色

《楚辞》比起《诗经》来，篇幅扩大，句式加长，运用楚地（今两湖一带）的文学样式、方言声韵，具有"书楚语、作楚声、纪楚地、名楚物"的浓厚地方特色。由于地理、语言环境的差异，楚国一带自古就有它独特的地方音乐，古称南风、南音；也有它独特的土风歌谣，如《说苑》中记载的《楚人歌》《越人歌》《沧浪歌》；更重要的是楚国有悠久的历史，楚地巫风盛行，楚人以歌舞娱神，使神话大量保存，诗歌音乐迅速发展，使楚地民歌中充满了原始的宗教气氛和神话色彩。

据史书记载，当中原文化巫教色彩早已明显消退以后，在南楚，直至战国，君臣上下仍然"信巫觋，重淫祠"。楚怀王曾"隆祭礼，事鬼神"，并且企图靠鬼神之助以退秦师。民间的巫风更为盛行，"其祠必作歌乐，鼓舞以乐诸神"。可见在屈原的时代，楚人还沉浸在一片充满奇异想象和炽热情感的神话世界中。生活于这一文化氛围中的屈原，不仅创作出祭神的组诗——《九歌》和根据民间招魂词写作的《招魂》，而且在表述自身情感时，也大量运用神话材料，驰骋想象，上天入地，飘游六合九州，给人以神秘的感受。甚至《离骚》这篇代表作的构架，由"卜名"、"陈辞"、"先戒"、"神游"，到"问卜"、"降神"，都借用了民间巫术的方式。

可以说，楚辞的产生是和楚国地方民歌以及楚地文化传统的熏陶分不开的。

缥缈迷离的浪漫主义

《楚辞》对后世文学影响深远，不仅开启了后来的赋体，而且影响历代散文创作，是我国积极浪漫主义诗歌创作的源头。

如《离骚》，是一篇带有作者生平的自叙内容的政治抒情诗，但诗人并不是客观地叙述生平事迹，而是把自己的主张、理想、斗争等事实形象化。如为了表示自己的芳香高洁，诗人用佩带香花芳草来表现，"揽木根以结茝兮，贯薜荔之落蕊。矫菌桂以纫蕙兮，索胡绳之纚纚"，"制芰荷以为衣兮，集芙蓉以为裳……高余冠之岌岌兮，长余佩之陆离"，这种重复性的夸张，突出地表现了诗人的高洁的道德品质。再如说自己曾经为了实现政治理想，培养了大批人才，"滋兰之九畹，树蕙之百亩，畦留夷与揭车兮，杂杜衡与芳芷"，栽种过留夷、揭车、杜衡、芳芷，自己曾希望这些芳草枝叶峻茂，不想却"哀众芳之芜秽，众皆竞进以贪婪兮，凭不厌乎求索"，都拼命争着向上爬，利欲熏

◎ 《南生鲁四乐图》 明 陈洪绶
《大学》里认为最根本的修身方法是"慎独",也称"内心反省",认为君子应该进行自我修养成为上行下效的典范。

心又贪得无厌。这种形象化的描写比纯客观的事实的叙述要形象生动得多,因而使屈原自叙生平的描写带上了浪漫主义的色彩。

《楚辞》的浪漫主义主要表现为感情的热烈奔放,对理想的追求,以及抒情主人公形象的凸现,想象的奇幻,创造了一幅幅雄伟壮丽的图景,使得诗歌显出缥缈迷离、谲怪神奇的美学特征,对李白、李贺等后世诗人有巨大的影响。

乐府歌辞总集——《乐府诗集》

乐府诗集是继《诗经·风》之后,一部总括我国古代乐府歌辞的著名诗歌总集,由宋代郭茂倩所编,是现存收集乐府歌辞最完备的一部。它搜集广泛,各类有总序,每曲有题解。题解旁征博引,考据精严。

官方机构变诗体名称

乐府最初是指管理音乐的官方机构，这种机构在先秦时代就有了，而正式以"乐府"命名，则起于秦，汉时沿用了秦的名称。到了汉武帝时，乐府机构的规模和职能都被大大扩大了，其具体任务包括制定乐谱、训练乐工、搜集民歌及制作歌辞等。当时乐府音乐的来源有三：一部分是文人专门作的，为朝廷典礼所用，其性质与《诗经》中"颂"相同；一部分从民间收集而来；也有一部分来自西域的音乐，主要用于普通场合的演唱。《汉书·艺文志》说，统治者采

◎ 秦始皇陵园乐府铭钟

集民间歌谣具有"观风俗知厚薄"的目的，这恐怕是按照儒家理想加以美化的解释，其实主要为了娱乐。

汉代人把乐府配乐演唱的诗称为歌诗，这种歌诗在魏晋以后也称为乐府诗，简称乐府。到了唐代，这些诗歌的乐谱虽然早已失传，但这种形式却相沿下来，成为一种没有严格格律、近于五七言古体诗的诗歌体裁，最著名的如杜甫的《丽人行》、《兵车行》、白居易的《长恨歌》、《琵琶行》等，都是在无乐府曲的情况下自创的篇目，被称为"新乐府"。

民间歌辞最珍贵

《乐府诗集》收录乐府年代极广，上采尧舜时歌谣，下迄唐代的新乐府诗，共编撰了100卷，5389首乐府诗。《乐府诗集》使大量诗歌得以保存和流传，为后人研究乐府诗提供了极大方便。《四库全书总目提要》称誉该书"征引浩博，援据精审。宋以来乐府者无能出其范围"，后世考乐府者常据以为凭。然而其作者宋朝人郭茂倩的生平却湮没难

考。《四库全书总目》称"茂倩为侍读学士郭褒之孙，源中之子，其仕履未详。本浑州须城（今山东东平县）人，此本题曰太原，盖署郡望也"。

《乐府诗集》不仅收录了郊庙之类的贵族乐歌，而且大量收录民间歌辞，南北朝的乐府民歌就是靠了《乐府诗集》才得以流传至今。虽然民间歌辞在《乐府诗集》中仅占全部歌辞的十分之一左右，却因它们的笔触深入到社会生活的各个方面，尤其是底层百姓，因此是诗歌史上一份难得的珍贵遗产。如《上邪》"山无陵，江水为竭，冬雷震震，夏雨雪，天地合，乃敢与君绝"，《长歌行》"少壮不努力，老大徒伤悲"，《敕勒歌》"天苍苍，野茫茫，风吹草低见牛羊"，以及《战城南》、《陌上桑》，李白的《将进酒》、《蜀道难》，杜甫的《前出塞》、《后出塞》等，都是千古流传、脍炙人口的名句名篇。

乐府双璧——《木兰诗》和《孔雀东南飞》

《乐府诗集》中收录有两篇著名的诗篇——《孔雀东南飞》和《木兰辞》，它们被誉为"乐府双璧"，是乐府诗中最著名的两大代表。

《孔雀乐南飞》是汉乐府民歌中最长的一首叙事诗。故事主要讲述的是汉末建安年间，一个名叫刘兰芝的少妇，美丽、善良、聪明而勤劳。她与焦仲卿结婚后，夫妻俩感情深挚，不料偏执顽固的焦母却看她不顺眼，百般挑剔，一定要赶其回家。仲卿迫于无奈，只得让兰芝暂回家门。话别之时，两人相约誓不相负，"君当作磐石，妾当作蒲苇，蒲苇韧如丝，磐石无转移"。兰芝回家后不久，县令、太守相继为儿子求婚，兰芝不为所动，一一回绝。但其兄为了攀结权贵，步步相逼，兰芝被迫之下选择允婚，其实已做了以死抗争的打算。仲卿闻讯，责问兰芝，兰芝道出真情，许下诺言，并约定黄泉相见，结婚当晚兰芝投河自尽，仲卿听后也吊死树下。

◎ 《孔雀东南飞》图

《木兰诗》是我国南北朝时期的一首北朝民歌，讲述了一个叫木兰的女孩，女扮男装，替父从军。"万里赴戎机，关山度若飞"，木兰在战场上建立功勋，而"同行十二年，不知木兰是女郎"，同行的士兵却没有一个发现木兰的女儿身。木兰回朝后不愿做官，但求回家团聚，此时，同行的士兵才知木兰是女郎。"雄兔脚扑朔，雌兔眼迷离；双兔傍地走，安能辨我是雄雌"，文末以双兔为隐喻，妙趣横生而又令人回味。全诗热情赞扬了木兰这位奇女子勤劳善良的品质、保家卫国的热情和英勇战斗的精神。

乐府双璧继承先秦民歌"饥者歌其食，劳者歌其事"的传统，通俗易懂，为中国古代叙事诗奠定了基础。

唐诗最经典选本——《唐诗三百首》

《唐诗三百首》是一部流传很广的唐诗选集，由清乾隆年间孙洙（蘅塘退士）编选，共选入唐代诗人77位，计310首诗。在数量上以杜甫诗最多，有38首、王维诗29首、李白诗27首、李商隐诗22首。它风行海内，老幼皆宜，雅俗共赏，成为屡印不止的最经典的选本之一。

诗歌黄金时代

唐朝是我国诗歌发展的黄金时代，上至王侯将相、后宫嫔妃，下至名媛僧道、村夫樵子，写诗吟诗蔚然成风，诞生了李白、杜甫、王维、白居易、韩愈等独具艺术风格且成就卓著的诗坛大家，留下了许多家喻户晓、妇孺皆知的名篇佳句。

唐诗不仅继承了汉魏民歌、乐府传统，还创造了风格优美整齐的近体诗。近体诗是唐代诗歌发展史上的一件大事，它把我国古典诗歌的音节和谐、文字精练的艺术特色，推到前所

◎知识链接

近体诗

近体诗相对于古体诗而言。古体诗对音韵格律的要求比较宽：一首之中，句数可多可少，篇章可长可短，韵脚可以转换。而近体诗对句数、字数、平仄、押韵都有严格限制，是唐代以后的主要诗体。近体诗有律诗和绝句两种形式。绝句每首四句，五言的简称五绝，七言的简称七绝。律诗一般每首八句，五言的简称五律，七言的简称七律，超过八句的则称为长律或排律。

未有的高度，为古代抒情诗找到一个最典型的形式，至今还特别为人民所喜闻乐见。

唐诗的题材非常广泛。有的从侧面反映当时社会的阶级状况和阶级矛盾，揭露了封建社会的黑暗，如"朱门酒肉臭，路有冻死骨"、"君不见青海头，古来白骨无人收，新鬼烦冤旧鬼哭，天阴雨湿声啾啾"；有的抒发爱国思想，如"黄沙百战穿金甲，不破楼兰终不还"、"出师未捷身先死，长使英雄泪满襟"；有的抒写个人抱负和遭遇，如"长风破浪会有时，直挂云帆济沧海"、"同是天涯沦落人，相逢何必曾相识"；有的表达儿女爱慕之情，如"天长地久有时尽，此恨绵绵无绝期"、"在天愿作比翼鸟，在地愿为连理枝"；有的诉说朋友交情、人生悲欢，如"少小离家老大回，乡音无改鬓毛衰"、"劝君更尽一杯酒，西出阳关无故人"等。从自然现象、政治动态、劳动生活、社会风习，直到个人感受，都逃不过诗人敏锐的目光，成为他们写作的题材。在创作方法上，既有现实主义的流派，也有浪漫主义的流派，而许多伟大的作品，则又是这两种创作方法相结合的典范，形成了我国古典诗歌的优秀传统。

◎ 李白醉酒图

蘅塘退士编选唐诗

唐朝近290年间，有名记载的诗人就有2300多位，近5万多首诗作。这比西周至南北朝一千六七百年遗留诗歌总数还超出两三倍！唐以后，对其进行汇编的唐诗选本很多，最有名的要数《全唐诗》了。清康熙认为"诗至唐而众体悉备，亦诸法毕该。故称诗者必视唐人为标准"，于是下令修编唐诗，即为《全唐诗》。全书收录唐诗48900多首，几乎囊括了流传下来的所有唐诗。但也因为过于全，普通人难以全读。于是，清代乾隆年间蘅塘退士以清人沈德潜编的《唐诗别裁》为蓝本，编选《唐诗三百首》收录诗310首，成为流传最广、影响最大的唐诗普及读本。

蘅塘退士(1711年～1778年)，原名孙洙，字临西，江苏无锡人。他自幼家贫，性敏好学，寒冬腊月读书时，常握一木，认为木能生火可以御寒。后来考中进士，任知县一级的小官。乾隆二十八年春，孙洙与夫人徐兰英相互商榷，开始编选《唐诗三百首》。他们的选诗标准是"因专就唐诗中脍炙人口之作，择其尤要者"，即既好又易诵，以体裁为经，以时间为纬，编选成功。

熟读唐诗三百首，不会作诗也会吟

《唐诗三百首》共选入唐代诗人77位，计310首诗，其中五言古诗33首，乐府46首，七言古诗28首，七言律诗50首，五言绝句29首，七言绝句51首，诸诗配有注释和评点。

从诗人的社会地位和身份看，上至帝王卿相，下至士子布衣乃至僧侣娼妓，都有一席之位，反映出编选者比较博大而公正的心胸。更为难能可贵的是，孙洙在此表现出他独到的见识，所选的都是艺术性比较高的作品。艺术水准的高低，是他编选的最重要的尺度，并不因诗人的身份和名气而决定其是否入选。如王之涣在《全唐诗》中仅存诗6首，而《登鹳雀楼》《凉州词》两首入选《唐诗三百首》；金昌绪在《全唐诗》中仅一首《春怨》，也入选《唐诗三百首》；杜秋娘《金缕衣》亦入选《唐诗三百首》。

从内容和风格上看，300余首唐诗题材多样，情感殊异，风格不一。有诗画交融、恬美静谧的田园山水诗；有气象雄阔、浪漫瑰奇的边塞诗；有像《长恨歌》《琵琶行》之类的宏篇巨构；也有"红豆生南国"之类的精致婉转的小诗；有"念天地之悠悠，独怆然而涕下"的沉郁雄浑的慷慨悲歌；亦有"妆罢低声问夫婿，画眉深浅入时无"的轻快有趣的喃喃情语。如此等等，各种题材、各种情感的诗作都汇入其中。

因为这些缘故，该书问世以来，曾作为家塾课本沿用，刻本甚多，注者纷纷，"几至家置一编"，成为读书人家的案头书，久传不衰。人们都说："熟读唐诗三百首，不会作诗也会吟。"可见《唐诗三百首》影响之大。

◎ 唐代现实主义诗人杜甫

宋词最流行选本——《宋词三百首》

《宋词三百首》，是1924年编定辑录的宋词选，不分卷，共收宋代词人88家。编者是清朝末年民国初年的朱孝臧（朱祖谋、上彊村民），所选作品以周邦彦、姜夔、吴文英的为多。

词盛于宋

词是诗的别体，一开始是伴曲而唱的，因而兼有文学与音乐两方面的特点。每首词都有一个调名，叫做"词牌"，依调填词叫"依声"。词始于南梁，形成于唐代。据《旧唐书》上记载："自开元以来，歌者杂用胡夷里巷之曲。"当时的都市里有很多以演唱为生的优伶乐师，根据唱词和音乐节拍配合的需要，创作或改编出一些长短句参差的曲词，这便是最早的词了。唐代，民间的词大都是反映爱情相思之类的题材，所以它在文人眼里是不登大雅之堂的，被视为诗余小令。

到了宋代，词进入了鼎盛状态，成为一种完全独立并与诗体相抗衡的文学形式。宋初，词人沿袭南唐余绪，以风流自命，致力于创作短章小令、轻丽之词。代表作家有晏殊、欧阳修、张先、柳永等人，如晏殊《浣溪沙》："无可奈何花落去，似曾相识燕归来。"欧阳修《蝶恋花》："泪眼问花花不语，乱红飞过秋千去。"柳永《雨霖铃》："多情自古伤离别，更那堪，冷落清秋节。"其后苏轼以异军突起而主盟词坛，"以诗入词"，完全突破了词的传统题材和传统风格，扩大了词的境界，提高了词的品格，为宋词的发展开辟了一个积极向上的新方向。另外，在苏轼之前，音乐是词的生命，因此协律合乐是填词的首要条件。苏轼第一次使词从重乐的框框中摆脱出来，使词首先成为一种文学体裁，而不仅仅是音乐的附庸，从而使词在文学史上有了独立存在的地位。

李清照的词是由北宋向南宋发展的过渡。李清照亲身经历了由北而南的社会变革，生活际遇、思想感情发生了巨变，相应地词的内容、情调乃至色彩、音响，也发生了变化，由明丽清新变为低徊惆怅、深哀入骨，但词的本色未变。中期之后，一代之雄辛弃疾和姜夔等人，形成了宋代词的又一个繁荣时期。尤其是辛弃疾，《破阵子·为陈同甫赋壮词以寄之》《鹧鸪天》《水龙

◎ 苏轼像

吟·登建康赏心亭》《永遇乐·京口北固亭怀古》等，表现了当时重大的抗战、爱国主题，抒写了在把持朝政的投降派的排斥下，壮士报国无门的忧愤心情。到了元明两朝，文学很明显地转至戏曲与小说，常有"词衰于元"之说。

上彊村民编选宋词

《宋词三百首》是最流行的宋词选本，由晚清四大词人之一的上彊村民编定。

上彊村民（1857年~1931年），名朱孝臧，原名祖谋，字古微，号上彊村民。他历官会典馆总纂、江西副考官、礼部右侍郎，后出为广东学政，因与总督不和，最后辞官，寓居苏州，任教于江苏法政学堂。民国成立后，隐居上海，著述以终。

朱孝臧是晚清四大词人之一，工词曲，词作"融诸家之长，声情益臻朴茂，清刚隽上，并世词家推领袖焉。诗能入品"。如《鹧鸪天》："忠孝何曾尽一分，年来姜被减奇温。眼中犀角非耶是，身后牛衣怨抑恩。泡影事，水云身，枉抛心力作词人。可哀最是人间世，不结他生未了因。"他将自己生平所学抱负，尽纳词中，颇有关系时事之作。如《鹧鸪天·九日丰宜门外过裴村别业》《声声慢·辛丑十一月十九日，味珊赋落叶词见示感和》《烛影摇红·晚春过黄公度人境庐话旧》《摸鱼子·梅州送春》《夜飞鹊·香港秋眺》等表现对维新派的同情，感慨光绪帝珍妃的遭遇，抒发壮怀零落、国土沦丧之感，悲惋沉郁。

《宋词三百首》是朱孝臧1924年所编。它原是供子侄觅句诵习的蒙学读物，共收宋代词人88家，词300首。朱孝臧以浑成典雅为宗旨，兼收各派之名篇，摒弃浮艳之词，不持门户之见，颇有见地。

散 文

先秦散文最高成就——《庄子》

《庄子》又名《南华真经》，是战国时期道家学派的重要著作，反映了庄子及其弟子的思想，是我国庄周学派的著作总集。它标志着先秦散文发展到了成熟阶段，并对后代浪漫主义文学的发展产生了深远影响。

内、外、杂篇

《庄子》，一般认为是集庄子及庄学后人的篇章整理而成。

《庄子》书分"内篇"、"外篇"和"杂篇"三个部分（"内篇"7篇，"外篇"15篇，"杂篇"11篇），原有52篇，乃由战国中晚期逐步流传、揉杂、附益，至西汉大致成形，然而当时流传版本，今已失传。目前所传三十三篇，已经郭象整理，篇目章节与汉代亦有不同。所谓内篇，乃是郭象所定，可谓庄学之内，一般认为应是庄子所著，是庄子思想的核心，七篇可构成完整的理论体系。内篇最集中表现庄子哲学的是《齐物论》

◎《庄子》书影

《逍遥游》《大宗师》等。而外篇、杂篇来源驳杂，一般认为，外篇、杂篇应是庄子后学及道家相关学者所作，经长期积累，由汉朝人所编汇，附于内篇之后。外篇、杂篇之编纂，反映汉朝人对庄子思想与道家体系的理解。

道教中奉《庄子》为经典，也称为《南华真经》或《南华经》。

善用寓言和比喻

《庄子》以语言阐明哲学思理，以具体生动的形象取代逻辑推理，因而枯燥的哲学思想在他笔下是那样益然生趣，引人入胜。

如《庄子》中讲到一个宋国人，想到越国去卖帽子。这个宋国商人按照自己的认识和理解，觉得越国地处蛮荒之地，没见过帽子，我要去那儿卖的话肯定生意兴隆。可是到了那里才知道，越国人"断发文身"，就是剪了头发，身上刺着花纹，风俗习惯和中原地区完全不同，根本用不着帽子。《庄子》通过这个故事告诉我们，不要以自己想当然的价值观去评估这个世界。

再如《庄子》有一个寓言故事，说有一棵栎树巨大无比，被当地人封为社神来祭祀，但一个姓石的木匠对此不以为然："这种树木是没用的散木，木质不好。用它做船，那船很快就沉；用它做棺材，这棺材很快会腐烂；用它做器物，这个器物很快就会折断；用它做门，这门会流污浆；用它做柱子，会被虫蛀。所以，这是'不材之木'，做什么都不行。"晚上，石木匠梦见这棵栎树来跟他说话："你说我是一棵没用的树，如果我有用的话，不就早被你们砍掉了吗？我就是因为没用，所以才保全了自己。这正是我的大用啊。"在庄子看来，无用和有用并不是绝对的，而是可以相互转化的，这正是辩证法的精髓。

丰富奇特的想象

《庄子》文字的汪洋恣肆，意象雄浑飞越，想象力极为大胆、自由、舒展，不受时空限制，具有浓厚的浪漫主义色彩。因此他笔下的世界奇诡异常，变幻莫测。骷髅灵魂、大鹏小雀无不召之即来，挥之则去；蛇蝉鸠虫、虾蟆甲虫无不善思会想，能言善辩。《逍遥游》里写大鹏：其脊背不知有几千里长，展开翅膀有如遮蔽半边天的巨云，起飞时，要贴水面一击三千里，而后上冲九万里高空，一飞就是六个月，如此奇特宏阔的想象力，读之如神游于奇异的天地里，令人惊叹不已。《则阳篇》鄙视国与国之间的兼并战争："有国于蜗之左角者曰触氏……"蜗牛原本是至小之物，其触角更是小不可言，但每支角上都各建立一个国家，两国为争地盘发生了战争，竟然伏尸数万，而且胜者乘胜追击败军竟达半月之久。读来令人不得不佩服作者的神思妙想。

鲁迅高度评价庄子散文说："汪洋辟阖，仪态万方，晚周诸子之作，莫能先也。"其超常的想象和变幻莫测的寓言故事，构成了庄子特有的奇特的想象世界，"意出尘外，怪生笔端"。可以说，《庄子》代表了先秦散文的最高成就。

犀利散文经典之作——《韩非子》

《韩非子》是战国末期法家集大成者韩非的著作，现存55五篇，约十余万言，大部分为韩非自己的作品。里面的文章，风格严峻峭刻，干脆犀利，保存了丰富的寓言故事，在先秦诸子散文中独树一帜。

悲愤著书

韩非（约前280年～前233年），战国末期韩国公子（即国君之子），有点口吃结巴，虽然不善言谈，但是善于著述，写起文章来气势逼人。他师从荀卿，但思想观念却与荀卿大不相同，他没有承袭儒家的思想，却"喜刑名法术之学"，继承并发展了法家思想，成为战国末年法家之集大成者。

◎ 韩非像

当时韩国在战国七雄中是最弱小的国家，韩非曾多次向韩王上书进谏，提出富强的计策，但韩王置若罔闻，始终都未采纳。这使他非常悲愤和失望，写了《孤愤》《五蠹》《内外储》《说林》《说难》等十余万言的著作，全面、系统地阐述了他的法治思想，抒发了忧愤孤直而不容于世的愤懑。这些作品后来集为《韩非子》一书。

后来这些著作流传到秦国，秦王政读了《孤愤》《五蠹》之后，大加赞赏，发出"嗟乎！寡人得见此人与之游，死不恨矣"的感叹，仰慕已极。为了见到韩非，秦王政不惜出兵攻打韩国，迫使韩王交出韩非。秦王政见到韩非，非常高兴，本想重用韩非，不料大臣李斯却在秦王跟前诋毁韩非。原来李斯为秦王提出灭六国一统天下，首要目标就是韩国，但作为韩国公子的韩非与李斯政见相左（韩非主张存韩灭赵）。李斯说："韩非是韩国的公子，来大王这里最终目的不过是帮助韩国罢了，现在大王让他留在这里，怕以后会成为祸害，不如杀了他。"秦王政认可了他的说法，下令将韩非入狱审讯。后来李斯派人给韩非送去毒药，逼迫他自杀。

◎ 《韩非子》书影

峻峭犀利的文章气势

韩非的文章有其独有的特色，那就是犀利恣肆，峭拔峻削，气势逼人。其笔力有横扫千军之势，立论有泰山压顶之威，咄咄逼人的气势、来势凶猛的辩驳、辟肌入理的剖析、典型司当的论据，给人造成一种强大的威慑力和折服力。

《韩非子》开篇便说："臣闻：'不知而言，不智；知而不言，不忠。'为人臣不忠，当死；言而不当，亦当死。虽然，臣愿悉言所闻，唯大王裁其罪。"仅于此廖廖数语，就可窥见韩非子的文风。再如《亡征》，韩非列举了将会导致覆国亡君的47种做法，47种做法被韩非用47个以"可亡也"结尾的句子简练地概括出来，并列平行地组合在一起，气势宏大，震撼人心。读之，一个接一个的"可亡也可亡也"扑面而来，仿佛杀身之祸就在眼前，令人不由得不悚然警觉。

此外，韩非还擅于利用连续推理来形成咄咄逼人的气势。如《韩非子》中有一个"宰臣上炙"的故事：晋文公的时候，炊事官上的烤肉上有毛发。文公叫来炊事官训问，炊事官不断请罪道："我有三条死罪：刀磨得比干将的剑还锋利，切断肉而毛不断，这是第一罪；拿木棍穿肉块却看不见毛发，这是第二罪；用炽烈的炉子烤肉，肉烤熟了毛发却没被烧掉，这是第三罪。这堂屋下是不是暗藏着嫉恨我的人吧？"文公于是召集堂下的所有人责问，果然找到了。面临杀身之祸的炊事官先自称"臣有死罪三"引起注意，紧接着连用三个转折复句有力地否定死罪，连续推理形成强大的辩驳气势，使自己脱险，罪人伏诛。

韩非的这种辩论方式在《韩非子》中随处可见，这种驳论虽无剑拔弩张之势却如老吏断狱，明察秋毫，即使不同意他的观点，也难以抵挡他严密连贯的逻辑和令人折服的气势。梁启超云："其文最长处，在壁垒森严中能自立于不败之地以摧敌锋，非深于名学者不能也。"

精细周密的论理技巧

《韩非子》的文章另一个特点，是说理精密，议论透辟，推证事理，切中要害。韩非深刻的政治洞察力是远超于常人的，他善于抓住对方不严密的蛛丝马迹，顺藤摸瓜，并结合逻辑推理，运用严密准确的语言，一步步地把对方逼进无可辩驳的死胡同。如"不死之药"：有人给楚王献长生不老的药，传递人拿着药走入宫中。有个宫中侍卫看见后问道："这东西可以吃吗？"

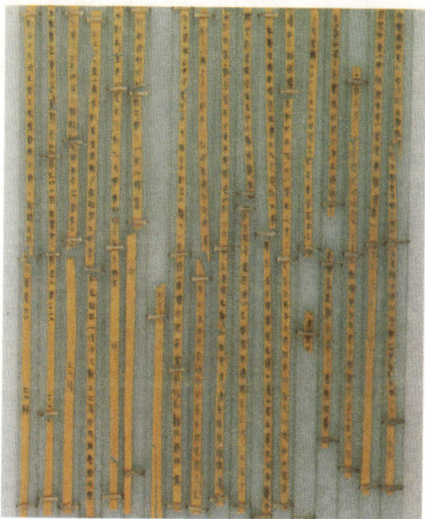

◎ 竹简 秦

韩非的法家思想为秦朝统治阶级采用，这部出土于湖北省云梦睡虎地秦墓的律简，真实生动地记载了秦国是如何以法治国的。

他说："可以。"侍卫于是抢过来吃了下去。楚王为此甚为恼怒，侍卫解释说："我问传递人是否能吃，他说可以，我才拿过药来吃下去，这事我没有罪，有罪的乃是传递人。况且客人所献的是长生不死药，我吃了药大王就杀我，这岂不成了丧死药。大王杀死一个没有罪的臣子，就证明有人在欺骗大王。还不如放了我。"楚王于是就放了他。

《韩非子》行文之中，句句相连，段段相关，有如排兵布阵，金城汤池，铜墙铁壁，其意见相左者，绝难寻其破绽之处，察觉罅漏之误。文章本身之严谨，有如武林高手之绝艺金钟罩与铁布衫，寻常人等难以为敌。说到逻辑严密，最著名的寓言首推"自相矛盾"：楚国有一个人既卖矛又卖盾。有一次他夸耀自己的盾说："我的盾是世界上最坚固的，什么东西也刺不破它。"然后举起自己的矛说："我的矛是世界上最锐利的，任何东西都能刺破。"一个人问："那如果用你的矛去刺你的盾，结果会如何呢？"听了此话后，围观的人都笑了，这个楚国人不知道该说什么才好。

杂家名著——《吕氏春秋》

《吕氏春秋》，又名《吕览》，是战国末年秦相吕不韦令其门客编纂的政治理论散文，是先秦思想文化的总结。此书推崇道家，肯定老子顺应客观的思想，但舍弃了其中消极的成分，同时，融合儒、墨、法、兵众家长处，是杂家的代表作。

门客著书

吕不韦（？～前235年），战国末年卫国人。他原是一位精明的大商人，常往来各地，低价买进高价卖出，积累千金家产。有一次他到赵国都城邯郸经商，见到在赵国当人质的秦国王孙异人，认为"奇货可居"，遂散尽家财帮助他成为秦王的继承人。异人继位后，吕不韦被任用为丞相。异人死后，年幼的太子嬴政即位，尊吕不韦为相邦，号称"仲父"。

在那时，魏国有信陵君，楚国有春申君，赵国有平原君，齐国有孟尝君，他们都礼贤下士，结交宾客，相互争比。吕不韦也招来文人学士，给他们优厚的待遇。与四公子不同的是，吕不韦招揽门客，并不看重勇夫猛士，却十分注重文才。原来吕不韦素来善于谋略，瞧不起那些头脑简单的勇夫。另外，当时许多善辩之士纷纷著书立说，广为流传，令吕不韦眼热。吕不韦于是令门下

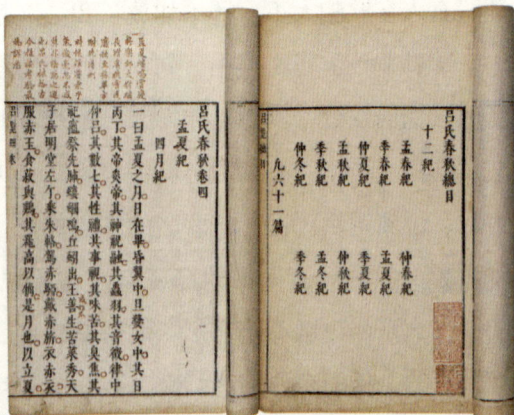

◎ 《吕氏春秋》书影

奇货可居

"奇货可居"指把少有的货物囤积起来，等待高价出售，出自《史记·吕不韦列传》。异人的母亲夏姬不得父亲安国君的宠爱，加上安国君有儿子多达20多人，所以异人被送去赵国为人质，称为"质子"。秦赵两国不时交战，异人在赵国的待遇很差。吕不韦一次到赵国经商，"见（异人）而怜之，曰：'此奇货可居！'"他认为，只要为异人争取到安国君继承人的地位，他日异人为秦王，即可使获利不计其数。于是他一方面照顾异人，加以栽培，把自己宠爱的歌姬赵姬献给异人，得异人钟爱。另一方面，又携重金去秦国，讨得安国君宠姬华阳夫人欢心。华阳夫人并没有子嗣，吕不韦建议华阳夫人收养异人为子，因而成功令安国君以异人为世子，并赐名子楚。安国君即位一年而去世，史称孝文王。子楚继位，史称庄襄王，吕不韦因此从商人一跃成为政治风云人物。

凡能撰文者，把自己所闻所见和感想都写出来。等到文章交上来后，五花八门，写什么的都有，许多文章还有重复。吕不韦又挑选几位文章高手对其进行筛选、归类、删定，综合在一起成书，取名叫《吕氏春秋》。为了慎重起见，吕不韦又让门人修改了几遍，直到确实感到满意为止。

吕不韦对此书十分看重，夸口说该书是包揽了"天地、万物、古今"的奇书。为了扩大影响，他还想出一个绝妙的宣传办法。他请人把全书誊抄整齐，悬挂在咸阳的城门，声称如果有谁能改动一字，即赏给千金。消息传开后，人们蜂拥前去，却没有一人能加以改动。当然，这不一定就证明《吕氏春秋》字字珠玑，达到了尽善尽美的程度，而很可能是因为人们都敬畏吕不韦的威势，没有人愿意出头。不过这样一来，其轰动效应却是巨大的，《吕氏春秋》和吕不韦的大名远播东方诸国。

组织严密，语言生动

《吕氏春秋》分为十二纪、八览、六论，共26卷，160篇，20余万字。十二纪是全书大旨所在，分为《春纪》《夏纪》《秋纪》《冬纪》。

每纪都是15篇，共60篇。《吕氏春秋》是在"法天地"的基础上来编辑的，而十二纪是象征"大圜"的天，所以这一部分便使用十二月令来作为组合材料的线索。《春纪》主要讨论养生之道，《夏纪》论述教学道理及音乐理论，《秋纪》主要讨论军事问题，《冬纪》主要讨论人的品质问题。八览，各览有论文8篇，《有始览》缺1篇，故现存63篇。内容从开天辟地说起，一直说到做人务本之道、治国之道以及如何认识分辨事物、如何用民为君等。六论，共36篇，杂论各家学说。

《吕氏春秋》全书体例一致，文章结构完整，组织较严密，语言也较生动。有的整篇整节都由比喻组成，文字简短，取义贴切。如"譬之若水火然，善用之则为福，不善用之则为祸；若用药者然，得良药则活人，得恶药则杀人"。《吕氏春秋》也常运用寓言故事说理，富有逻辑力量。如有名的刻舟求剑："楚人有涉江者，其剑自舟中坠于水，遽契其舟，曰：'是吾剑之所从坠。'舟止，从其所契者入水求之。舟已行矣，而剑不行，求剑若此，不亦惑乎？"内容丰富含有深刻的哲理，形象鲜明，文学色彩浓郁。

博采众长

在先秦诸子著作中，《吕氏春秋》被列为杂家，其实，这个"杂"不是杂乱无章，而是兼收并蓄，博采众家之长。正如该书《用众篇》所说："天下无粹白之狐，而有粹白之裘，取之众白也。"《吕氏春秋》对先秦各家各派着重审视其优长，偏重于汲取其精粹，力图超出门户之见，它说："老聃贵柔，孔子贵仁，墨翟贵兼，关尹贵清，列子贵虚，陈骈贵齐，阳生贵己，孙膑贵势，王廖贵先，儿良贵后，此十人者，皆天下之豪士也。"它认为，这些不同的思想应当统一起来，"一则治，异则乱；一则安，异则危"。思想统一后，才能"齐万不同，愚智工拙，皆尽力竭能，如出一穴"。

统一的过程，实际上是一个批判吸收的过程。所以，《吕氏春秋》对各家思想都进行了改造、发展与摒弃。例如，儒家主张维护君权，这种思想被《吕氏春秋》吸收了，但是它是以独特的面目出现的。它主张拥护新"天子"，即建立封建集权国家。孔子主张维护周王朝的一统天下，但并没有强调专制问题，《吕氏春秋》却提倡中央集权。又如对墨家思想，《吕氏春秋》对其"节葬"观念是赞同的，所以对当时厚葬的风气进行了批评："愈侈其葬，则心非为乎死者虑也，生者以相矜尚也。"但是，墨子是主张"非攻"的，即反对战争的。《吕氏春秋》便对此进行了批驳，认为一味地反对战争是没有意义，并且是不对的，正义的战争，即"攻无道而伐不义"的战争，不仅可以除暴安良，而且还可以得到人民的衷心拥护。这实际是为秦国进行统一中国的战争做辩护。再如对法家思想，《吕氏春秋》肯定法的重要性和变法的必要性，明确指出："故治国，无法则乱，守法而不变则悖，悖乱不可以持国。事易时移，变法宜矣。"但是《吕氏春秋》对于法家"惨礉少恩"的一面，对于《韩非子》中的种种阴谋权术，是拒斥不取的。

由于《吕氏春秋》有这种兼容并包的眼光，故能取精用宏，融汇百家。因此，《吕氏春秋》可谓"杂而不杂"，具有博综众家的融合倾向。

先秦策谋言论总汇——《战国策》

《战国策》是我国一部优秀散文集，主要记述了战国时期的纵横家的政治主张和言行策略。文笔恣肆，语言流畅，论事透辟，写入传神，还善于运用寓言故事和新奇的比喻来说明抽象的道理，具有浓厚的艺术魅力和文学趣味。

刘向汇编《战国策》

刘向（约前77年～前6年），原名刘更生，字子政，西汉经学家、目录学家、文学家，汉朝皇族楚元王刘交的四世孙。汉宣帝时，他和王褒等人同献赋颂，官至散骑谏大夫、给事中。汉元帝时，因反对宦官弘恭、石显下狱，旋得释。后又以反对恭、显下狱，贬为庶人。汉成帝即位后，得进用，任光禄大夫，改名为"向"，官至中垒校慰。当时，宫廷的密室中藏有很多战国时的史

料，但这些珍贵的史料却错乱残破不全，一些残简上的字只剩下一半，或者全文缺失大半，此类错误屡见不鲜。朝廷便将编校整理这些史料的任务交给了刘向。刘向奉命校正宫廷藏书近20年。在皇家藏书中，他发现了六种记录战国时期纵横家的写本，但是内容混乱，文字残缺。于是刘向按照国别将这些写本编为一书，因其书所记录的多是战国时纵横家为其所辅之国的政治主张和外交策略，因此刘向把这本书命名为《战国策》，沿用至今。北宋时，《战国策》散佚颇多，经曾巩校补，是为今本《战国策》。

《战国策》实际上是当时纵横家游说之辞的汇编，而当时七国的风云变幻，合纵连横，战争绵延，政权更迭，都与谋士献策、智士论辩有关，因而具有重要的史料价值。全书按东周、西周、秦国、齐国、楚国、赵国、魏国、韩国、燕国、宋国、卫国、中山国依次分国编写，分为12策，33卷，共497篇。所记载的历史，上起公元前490年智伯灭范氏，下至公元前221年高渐离以筑击秦始皇，约12万字，是先秦历史散文的杰出代表之作。

长于说事，善于写人

《战国策》的文章长于说事，以苏秦为例，开始游说秦国连横失败，"形容枯槁，面目黧黑，状有愧色，归至家，妻不下纴，嫂不为炊，父母不与言"。后来，游说赵国合纵成功，"父母闻之，清宫除道，张乐设饮，郊迎三十里。妻侧目而视，倾耳而听。嫂蛇形匍匐，四拜自跪而谢"。苏秦曰："嫂何前倨而后卑也？"嫂曰："以季子之位尊而多金也。"苏秦曰："嗟乎！贫穷则不母子，富贵则亲戚畏惧，人生世上，势位富贵，盖可忽乎哉！"寥寥数语，即将苏秦得势前后的不同待遇表现了出来，叙述可谓简洁生动。

此外，《战国策》描写人物形象极为生动，而且善于运用巧妙生动的比喻，通过有趣的寓言故事，增强文章的感染力。全书对战国时期社会各阶层形形色色的人物都有鲜明生动的描写，尤其是一系列"士"的形象，更是写得栩栩如生，光彩照人。纵横之士如苏秦、张仪；勇毅之士如聂政、荆轲；高节之士如鲁促连、颜阖等，都个性鲜明，具有一定的典型意义。由于作者对这些人物心仪不已，颇为倾慕，甚至不

◎ 《战国策》故事：信陵君夷门访侯嬴。

惜脱离史实，以虚构和想象进行文学性描写。

如《齐策一》邹忌讽齐王纳谏，写邹忌看见徐公时"孰视之，自以为不如，窥镜而自视，又弗如远甚"，不仅表现了邹忌内心的活动，而且涉及心理活动的过程，接近人物的心理描写，显系出于作者的想象。夸张虚构不合史著的要求，但却使叙事更加生动完整，更有利于塑造鲜明的人物形象。

直指人心的辩驳争论

在战国那个动乱的年代，为了让当时的掌权者接受自己的政治主张和策略，他们用尽了各种各样的方法：或揣摩心理，抓住弱点；或以理服人，以情动人；或运用比喻，打动人心；或引经据典，阐述道理；或运用寓言故事和逸轶闻掌故，增强辩辞的说服力。这就有了《战国策》里面那些遗传至今世的各种计谋和巧舌如簧的辩论技巧，也形成了《战国策》辩丽横肆的文风，雄辩的论说，尖刻的讽刺，耐人寻味的幽默，标志着先秦叙事散文语言运用的新水平。

如魏王想出兵攻伐赵国都城邯郸，季梁劝说："今天我回来的时候，在太行山上遇见一个人，正驾着他的车往北面赶，他告诉我说：'我想到楚国去。'我说：'你既然要到楚国去，为什么往北走呢？'他说：'我的马好。'我说：'即使你的马再好，但这不是去楚国的路啊！'他说：'我的路费多。'我说：'即使你的路费再多，但这不是去楚国的路啊。'他又说：'我的车夫好。'这几个条件越好，那么就离楚国更加远了！如今大王想要成就霸业，却依仗魏国的强大，军队的精良，去攻打邯郸，来使土地扩充，名分尊贵，大王这样的行动越多，就离建立王业越远啊。这就是成语"南辕北辙"的出处。季梁用"南辕北辙"的故事，形象地向魏王阐述，要想成就霸业应该是取得威信，而不是去靠获取更多的土地来建立霸业。

《战国策》的语言不仅生动形象，而且寓意深刻，耐人回味，具有较强的说服力。其中很多寓言和比喻后来成了著名的典故，如画蛇添足、狐假虎威、惊弓之鸟、鹬蚌相争等，千百年来一直为人们所引用。

◎ 《战国策》中的故事：易水送别。

历史散文——《史记》

《史记》是我国西汉著名史学家司马迁撰写的一部纪传体历史散文，它记载了上自上古传说中的黄帝时代，下至汉武帝共三千多年的历史。它在中国散文发展史上起着承前启后的作用，是古代历史散文的最高成就，鲁迅更称它是"史家之绝唱，无韵之离骚"。

司马迁忍辱著《史记》

司马迁（前145年或前135年～？），字子长，其家族世代都是史官。司马迁从小就刻苦读书，拜了很多名师做老师，打下了深厚的文化基础。父亲司马谈病逝后，司马迁接替父亲做了太史令，开始着手编写《史记》。然而几年后发生的一件事差一点就毁灭了司马迁。

在一次汉与匈奴的作战中，骑都尉李陵虽奋勇杀敌，终因寡不敌众被生擒，最后投降了匈奴。消息传到长安后引起轩然大波，汉武帝愤怒万分，满朝文武官员察言观色，几天前还纷纷称赞李陵，现在却附和汉武帝，指责李陵的罪过。汉武帝询问司马迁的看法，司马迁说："李陵带去的步兵不满五千，他深入敌人腹地，打击几万敌人。在救兵不至、弹尽粮绝的情况下，仍然奋勇杀敌，就是古代名将也不过如此。他之所以投降匈奴，一定是想寻找机会再报答汉室。"司马迁的直言触怒了汉武帝，于是汉武帝把他下了监狱。

不久，有传闻说李陵曾带匈奴兵攻打汉朝。汉武帝信以为真，便草率地处死了李陵全家。司马迁也因此事被判了死刑。据汉朝的刑法，死刑有两种减免办法：一是拿五十万钱赎罪，二是受宫刑。司马迁官小家贫，拿不出这么多钱赎罪。而宫刑在当时可谓是奇耻大辱，污及先人，见笑亲友。司马迁想到自己苦心撰写尚未完成的《史记》，毅然选择了宫刑。

公元前96年，汉武帝大赦天下。这时司马迁50岁，出狱后当了中书令。中书令是一个由"宦官"担任的职位，这又是一次精神上残酷的打击。公元前91年，历时13年，52万余字的巨著《史记》终于完成了。《史记》

◎ 司马迁像

最初没有书名，司马迁将书稿给东方朔看过，东方朔佩服不已，将其命名为《太史公书》，后世称《太史公书》为《史记》。

纪传体史书先河

《史记》共分成《本纪》《表》《书》《世家》和《列传》五个主题。《本纪》是全书提纲，按年月时间记述帝王的言行政绩。《表》用表格来简列世系、人物和史事。《书》则记述制度发展，涉及礼乐制度、天文兵律、社会经济、河渠地理等方面内容。《世家》记述子孙世袭的王侯封国史迹和特别重要人物事迹。《列传》是除帝王诸侯外其他各方面代表人物的生平事迹和少数民族的传记。

至于文章内容，《史记》可分为两个部分：前面的正文是人物的生平描述，这部分皆以代表性事件或逸事衔接交杂而成；正文后面会加上作者的评论或感想，通常以"太史公曰"为起头，内容或有作者的个人经历，或有对人物的评价，或有收集资料的过程，但仍以评论题材人物的性格与行事为主，这也呼应司马迁在自序中"究天人之际"的写作目标。

不同于以往的是，《史记》的写作方式首开纪传体之先河：以描写人物的生平为主，年代先后为副。自此以后，多有《汉书》《三国志》和《后汉书》等史著仿效该体，让纪传体成为汉代以后官方史著所采用的主流写作方式。

◎ 《蔺相如完璧归赵图》　清　吴历
图绘蔺相如见秦王并无诚意以城换璧，于是抱璧欲往柱上撞，秦王急忙展开地图请蔺相如观看。此故事在司马迁的《史记》中有极其生动传神的描写。

写史求实

我国史学有一个优良传统，就是讲求"直书"，讲求"无征不信"，讲求忠实地记载历史事实。作为一部历史散文，《史记》始终坚持这种求实原则，爱不溢美，恶不毁功。

以《吕后本纪》一文为例，司马迁记载了汉惠帝与齐王在宴会上行家人之礼，触犯了吕后的尊严，吕后就怒令酌厄鸩，想把齐王毒死，后来齐王献出一郡为吕后的女儿鲁元公主做汤沐邑，又尊公主为王太后，这才取得了吕后的欢心，使他得以免祸；赵王友不爱诸吕女，吕后听谗而怒，就狠毒地把他活活饿死；吕后惨无人道地把刘邦的戚姬断去手足，挖去双眼，割去双耳，逼其喝下喑药，使其不能发声，还"使居厕中，命曰人彘"，连惠帝都以为"此非人所为"这三件事。可见，就个人感情而言，司马迁是极不满于吕后的惨无人道，所以在传记中特别强调了她为人残忍丑恶的一面，体现了作者大胆而强烈的批判精神。但是，司马迁又不被自己的情感所左右，在揭露挞伐的同时，也充分肯定了吕后的长处和功绩，谓"孝惠、高后之时，黎民得离战国之苦，君臣俱欲休息乎无为。故惠帝垂拱，高后女主称制，政不出房户，天下晏然，刑罚罕用，罪人是希，民务稼穑，衣食滋殖"。

同样，对于自己十分钦佩的西楚霸王项羽、礼贤下士的魏公子、勇武无双的"飞将军"李广、圣人孔子等，司马迁也都坚持了这种"如实描写，并无讳饰"的实事求是态度，摆脱了评价历史人物时"爱则钻皮出羽，恶则洗垢索瘢"的弊病，写出了历史人物的阴阳两面，让人看到了活生生的人物，也看到了活生生的历史。

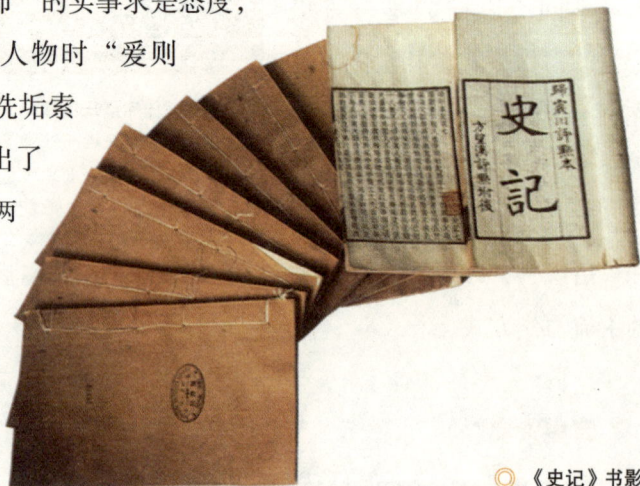

《史记》书影

精湛的语言艺术

古代的散文，从战国诸子的文章、纵横家的游说之辞，到汉代一些代表性作家如邹阳、枚乘、贾谊等人的散文，可以看到铺张排比被作为一种普遍的手段。司马迁在吸取前人经验的基础上，抛弃了铺张排比，形成淳朴简洁、疏宕从容、变化多端、通俗流畅的散文风格。《史记》中极少用骈俪句法，文句看起来似乎是不太经意的，偶尔甚至有些语病，却很有韵致、很有生气。语调有时短截急促，有时疏缓从容，有时沉重，有时轻快，有时幽默，有时庄肃，具有很强的感染力。

如《项羽本纪》中的一些行文走字，已经称得上是登峰造极了："今者项庄拔剑舞，其意常在沛公也"、"竖子不足与谋"、"力拔山兮气盖世，时不利兮骓不逝。骓不逝兮可奈何！虞兮虞兮奈若何"等妙语佳句，至今为人们所传诵，有的已演变成成语，常为后人所用，如："四面楚歌"，"项庄舞剑，意在沛公"等。还有人们常说的"霸王别姬"、"鸿门宴"等剧本也出于《项羽本纪》。

书中还广泛引用了许多民谚民谣，比如说《李将军列传》中的"桃李不言，下自成蹊"，形容李广不善言辞而深得他人敬重，既富于概括性，又富于生活气息。此外，前面说到《史记》写人物对话，常使用日常生活中的口语，也增加了语言的生气。

小 说

绿林豪杰的忠义悲歌——《水浒传》

《水浒传》，施耐庵作于元末明初，是我国历史上第一部用白话文写成的章回体小说，也是罕有的一部描写农民革命斗争的长篇小说。其书取材于北宋末年宋江起义的故事。

施耐庵乱世写水浒

施耐庵（1296年~1371年），江苏兴化人，原名施彦端，字肇端，号子安，别号耐庵。他36岁时中进士，被朝廷委以钱塘县尹之职。因替穷人辩冤纠枉遭县官训诉，愤然辞官，在苏州施家桥办学授徒。他收下了一个商人的儿子罗贯中（也就是日后《三国演义》的作者）为徒。此时他已经开始着手撰写《水浒传》。

1353年，贩卖私盐的张士诚起兵反元。张士诚敬其文韬武略，再

> ◎知识链接
>
> **章回体小说**
>
> 　　章回体小说为中国长篇小说的一种传统形式，其特点是将全书分为若干章节，称为"回"。章回体小说由宋元时期的"讲史话本"发展而来。"讲史"就是说书的艺人们讲述历代的兴亡和战争的故事。讲史一般都很长，艺人在表演时必须分为若干次才能讲完。每讲一次，就等于后来章回体小说中的一回。在每次讲说以前，艺人要用题目向听众揭示主要内容，这就是章回体小说回目的起源。章回体小说中经常出现的"话说"和"看官"等字样，正可以明确看出它与话本之间的继承关系。

三邀请他为军幕，施耐庵抱着建造"王道乐所"的宏远计划欣然前往，为张士诚献了许多攻城夺地的计策。后因张士诚居功自傲，独断专行，施耐庵愤然离开平江。至正二十七年（1367年），朱元璋灭张士诚后，到处侦查张士诚的部属。为避免麻烦，施耐庵在白驹修了房屋，从此隐居，专心于《水浒传》的创作。

《水浒传》成书后，很快民间传抄开来。根据民间手抄本，朱元璋看过后，认为"此倡乱之书也，

施耐庵著《水浒传》图　当代　晏少翔

是人胸中定有逆谋，不除之必贻大患"，密令当地官吏逮捕施耐庵。施耐庵被关押一年多后被释放，但是身体已经不行。虽然有罗贯中的帮助，但是返家途中又染病不起，只好在淮安养病，第二年客死于淮安。

施耐庵去世后，罗贯中将书稿整理后准备去当时刻书中心福建建阳刻印，但是当地无人敢印这本书。罗贯中无奈，只好留在当地等待时机。不久后，他也染病去世。直到明嘉靖年间，由朝廷派去攻打倭寇的宗臣得到罗贯中后人进呈，付诸刻印。

豪杰壮士的理想世界

《水浒传》讲述了北宋末期，朝廷内外奸臣当道，史进、鲁智深、林冲、杨志、武松、宋江等被冤枉陷害，无路可逃。这些人讲究忠和义，爱打抱不平、劫富济贫，不满贪官污吏，最后集结山东水泊梁山，与腐化的朝廷抗争。梁山全盛时足有一百零八个好汉，空前强大。梁山势力的壮大，震惊了朝野上下，奸臣童贯、高俅倾全国各路水陆大

军，讨伐梁山泊，却惨败于梁山的精兵良将手下。宋徽宗无奈，只好派人招安。首领宋江答应了朝廷的招安。但在招安之后，朝廷奸臣屡次找茬陷害梁山好汉。后来，朝廷命梁山好汉出兵镇压叛乱，虽然最后成功平息了叛乱，但梁山好汉也死伤过半。宋江等人被封为功臣，但高俅等人野心未死，他们设计毒死了宋江等人。

《水浒传》第一次热情歌颂了农民起义，它洗去了统治阶级强加在起义者头上的污水，将起义者塑造成大忠大义的英雄豪杰，并描绘了一个全新的异于现实的理想世界：水泊梁山。梁山好汉们并不是出于纯粹的主持正义的目的而"替天行道"的，他们大多本身是社会"无道"的受害者。武松欲为兄伸冤，却状告无门，于是拔刃雪仇，继而在受张都监陷害后，血溅鸳鸯楼；林冲遇祸一再忍让，被逼到绝境，终于复仇山神庙，雪夜上梁山；解珍、解宝为了索回一只他们射杀的老虎，被恶霸毛太公送进死牢，而引发了顾大嫂众人劫狱反出登州……可以说，人民的反抗从未像在《水浒传》中那样得到有力的伸张。

语言刻画人物

《水浒传》是我国历史上第一部用白话文写成的章回体小说，它将白话运用得绘声绘色、惟妙惟肖。108个英雄好汉，每人有每人的语言，通过这些语言，人物的迥异性格被刻画得栩栩如生。

例如写林冲的妻子被高衙内调戏，林冲赶到拽过高衙内就要打，但是"却认得是本官高衙内，先自手软"，只得"一双眼睁着瞅那高衙内"。这两句人物动作的描写蕴含了多少潜台词，林冲愤怒之极但又必须强忍，充分反映了林冲的个性和当时的心情。

再如鲁达自野猪林救了林冲，一路护送到沧州，在与林冲分别时，取了些银子与林冲、两个差人，并警告差人："你两个撮鸟，本是路上砍了你两个头，兄弟面上，饶仔两个鸟命。如今没多路了，休生歹心。"两个差人接了银子，却待分手。鲁智深看着两个公人道："你两个撮鸟的头，硬似这松树么？"鲁智深抡起禅杖，把松树只一下，打的树木二寸深痕，齐齐折了。鲁达率真、洒脱的话和他那豪强、剽悍的行动完全一致，有声有色地表现了他的神勇和潇洒。

又如李逵第一次见宋江，就问戴宗："哥哥，这黑汉子是谁？"戴宗责备他粗鲁，他不服，等戴宗向他介绍了情况，他还说："莫不是山东及时雨黑宋江！"他心里怎么想，口里就怎么说，见人不懂得什么客

◎ 《水浒人物图之黑旋风李逵像》 清

套和应酬之事，不受礼节的约束，他刚上梁山便大发狂言："便造反怕怎地，晁盖哥哥便作大宋皇帝，宋江哥哥便作小宋皇帝……杀去东京，夺了鸟位。"这等话只有李逵才说得出，且是极富个性化的语言。

历史演义小说经典——《三国演义》

《三国演义》，全名《三国志通俗演义》，是历史演义小说的经典之作，作者罗贯中，写于元末明初。《三国演义》由东汉末年黄巾起义末期开始描写，至西晋初期国家重归统一结束。小说在广阔的社会历史背景上，展示出那个时代尖锐复杂又极具特色的政治军事冲突。

擅以乱世为题材

罗贯中（约1330年～1400年），名本，字贯中，山西太原人，号湖海散人，生于元末明初的封建王朝时代。罗贯中生于元仁宗延祐年间，父为丝绸商人。14岁时母亲病故，于是辍学随父亲去苏州、杭州一

《关羽擒将图》　明　商喜

《三国演义》中记载，荆州一战，关羽水淹七军，生擒庞德。图中红面关公长髯伟躯，倚石而坐。周仓持青龙偃月刀，关平握宝剑，侍立在旁。战败者庞德则被二位兵士绑在阶下，怒目而视。

带做生意。但是罗贯中对商业不感兴趣，在父亲的同意下，他到慈溪随当时的著名学者赵宝丰学习。

元惠宗至正十六年（1356年），罗贯中辞别赵宝丰，到农民起义军张士诚幕府作宾。第二年在罗贯中的建议下，张士诚打败了朱元璋的部下康茂才的进攻。同年，张士诚的弟弟兵败被元朝俘虏，张士诚只好投降。降元后，张士诚贪图享乐。到至正二十三年，张士诚看到元朝没落，又再次称王。包括罗贯中在内的许多幕僚都建议暂缓称王，但是不被采纳。罗贯中自此对张士诚失去了信心，离开了张士诚。后来，在河阳山（今江苏省苏州市张家港）他遇到了正在撰写《水浒传》的施耐庵，并拜其为师。此后，罗贯中一直陪伴在施耐庵旁边，帮助抄写书稿。随后自己也开始撰写《三国演义》，并得到了施耐庵的许多指点。

罗贯中是中国文学史上一位有特殊贡献的作家。他所写的小说很多，都是以乱世为题材，中国历史上只有七个分裂的时代，罗贯中就写了其中三个，除《三国演义》外，相传还有《隋唐志传》《残唐五代史演义传》和《三逐平妖传》等著作。

三分虚构，七分写实

《三国演义》描写的是从东汉末年到西晋初年之间近一百年的历史，反映了吴、蜀、魏三大政治集团之间的军事斗争以及各类社会矛盾的渗透与转化。

《三国演义》是根据《三国志》写的。在对三国态度上，尊刘反曹鄙吴是民间的主要倾向，作者也深受这种观点的影响。因而在小说中，他对历史事实进行了再虚构，在《三国志》的基础上进行再发挥，进行夸张、美化、丑化等等。所以清代史学家章学诚说："三国演义七实三虚，惑乱观者。七分写实，三分虚构，让读者迷惑，不知何者为真，何者为假。"

　　为了表现尊刘反曹的思想，他将曹操刻画成一个奸臣的形象，如书中曹操说过一句历来为人所诟病的话——"宁教我负天下人，休教天下人负我"，而事实上，曹操的原话是"宁我负人，毋人负我"，演义里的描述别有用心，实为贬低曹操。为了表现关羽的"威猛刚毅"、"义重如山"，书中安排了他"温酒斩华雄"这一情节，而事实上，华雄是死于与孙坚部队的对抗中。为了表现刘备仁民爱物、礼贤下士、知人善任的仁君形象，书中将"鞭督邮"一事移花接木，安在了张飞头上，事实上督邮拒见刘备，刘备大怒下杖打督邮，并不是张飞所为。

　　《三国演义》虽有不少虚构的情节穿插其间，但就事件的总体来说，基本符合历史，或是历史上可能发生的。这样，就使人不易察觉出

◎ 三顾茅庐年画

三顾茅庐是《三国演义》中非常经典的情节。

有的内容是虚构了，虚构的内容达到乱真的地步。《三国演义》开创了历史演义小说的先河，是"讲演历史，再现历史史实"的范例。自此以后，骚客文人纷纷效仿，使得中国五千年的历史，写成了各色的演义小说，但其成就却远远无法超越《三国演义》。

神魔小说最高峰——《西游记》

《西游记》是一部古典神魔小说，为我国"四大名著"之一，由明代小说家吴承恩编撰而成。此书描写的是孙悟空、猪八戒、沙和尚保护唐僧西天取经、历经九九八十一难的传奇历险故事。

吴承恩科考蹉跎

吴承恩(1501年~1582年)，字汝忠，号射阳山人。他自小勤奋好学，一目十行，过目成诵。少年时代就因为文才出众而在故乡出了名，受到人们的赏识，认为他科举及第，必像探囊取物一般，但事实上却屡试不第。直到嘉靖二十九年（1550年）大约50岁才补得一个岁贡生（明清时，每年或二三年从各府、州、县学中选送生员升入国子监就读，称为岁贡。如此录用的读书人便是"岁贡生"），到北京等待分配官职，没有被选上。六年后，由于母老家贫，得到友人的帮助做了浙江长兴县丞，常与友人朱曰藩豪饮，寄趣于诗酒之间，和嘉靖状元沈坤，诗人徐中行有往来。终

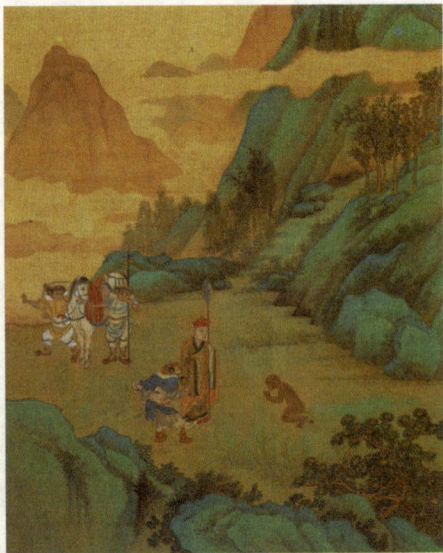

◎ 《西游记》图册 清

因受人诬告，两年后"拂袖而归"。晚年以卖文为生，晚景凄凉。

吴承恩自幼喜欢读野言稗史，熟悉古代神话和民间传说。官场的失意，生活的困顿，使他加深了对封建科举制度、黑暗社会的认识，促使他运用志怪小说的形式来表达内心的不满和愤懑。他自言："虽然吾书名为志怪，盖不专明鬼，实记人间变异，亦微有鉴戒寓焉。"他的巨著《西游记》作于50岁左右，写了前十几回，后来因故中断了多年，直到晚年辞官离任回到故里，他才历时8年最终完成《西游记》的创作。

吴承恩一生创作丰富，但是由于家贫，又没有子女，作品多散失。据记载有志怪小说集《禹鼎记》已失传。

眼花缭乱的神魔世界

《西游记》取材于唐代玄奘西域取经的故事。玄奘逝世后，他的两名弟子慧立、彦悰将其生平以及西行经历编纂成一本《大慈恩寺三藏法师传》，为了弘扬师傅的业绩，在书中进行了一些神化玄奘的描写。此后取经故事在社会流传，神异的色彩越来越浓厚。吴承恩在此基础上，经过艰苦的再创造，完成了《西游记》这部伟大的文学巨著。

《西游记》以唐僧西天取经，途中发生的故事为主线，记述了唐僧、孙悟空、猪八戒、沙僧师徒四人历经千辛万苦，经过九九八十一难，最终扫尽沿途妖魔鬼怪、取回真经的故事，向人们展示了一个绚丽多彩的神魔世界，文学史上很少有一部小说能像它这样创造出一个完整的神话世界，而且描绘得新奇有趣，生动活泼，在这里，天庭地府，龙宫魔洞，仙佛斗法，神魔争战，令人眼花缭乱。

然而，任何一部文学作品都是一定社会生活的反映，《西游记》亦不例外。《西游记》中虚幻的神魔世界，处处可以看到现实社会的投影。而作者对封建社会最高统治者的态度也颇可玩味，在《西游记》中，简直找不出一个称职的皇帝：昏聩无能的玉皇大帝、宠信妖怪的车迟国国王、要将小儿心肝当药引子的比丘国国王，不是昏君就是暴君。

玉皇大帝手下十万天兵天将，竟然抵不过孙猴子一条金箍棒，而让真正的贤才去当不入流的马夫，其统治之昏暗、虚弱，不言而喻。《西游记》一路上妖魔鬼怪，多与神仙有瓜葛，如青牛精是太上老君坐骑，金角大王，银角大王是太上老君的童子，狮驼岭三魔王均与文殊、普贤菩萨甚至如来佛祖有关系，这反映封建社会官官相护的黑暗情景。

成功的人物形象

《西游记》最突出的艺术成就是成功塑造了孙悟空、猪八戒等神话人物形象。

孙悟空是《西游记》中第一主人公，他有着猴性、神性和人性三重特点。他本是天地化育的一个石猴，"毛脸雷公嘴"，罗圈腿，拐子步，喜欢跳跃攀登，这是他的猴性。他会七十二变，一个跟头十万八千里，则是神性。而他勇敢、智慧，有正义感、斗争性强，这又是人的性格和心理状态。与至高至尊的玉皇大帝敢斗，甚至连"'皇帝轮流做，明年到我家'。只教他搬出去，将天宫让于我，便罢了"这种冒犯天威的话也直言不讳；与妖魔鬼怪敢斗，火眼金睛决不放过一个妖魔，如意金箍棒下决不对妖魔留情。与一切困难敢斗，决不退却低头，这就是孙悟空，一个光彩夺目的神话英雄。

猪八戒是天神，因受罚而错投了猪胎，所以也与生俱来的有了猪贪吃懒散的特点，性情粗夯莽撞。他对自己尚有几分自信，曾用"粗柳簸箕细柳斗，世上谁嫌男人丑"的常言为自己的长相解嘲。和孙悟空相比，猪八戒则更多地表现出"凡人"的特点。他憨厚淳朴，吃苦耐劳，对妖魔斗争也很勇敢，但同时他又贪馋好色，无心取经，遇到困难就打算散伙回家。他有时爱撒个谎，可笨嘴拙腮的又说不圆；他还时不时地挑拨唐僧念紧箍咒，让孙悟空吃点苦头；他甚至还藏了点私房钱，塞在耳朵里。

此外，其他一些妖怪也写得活灵活现，千姿百态，如牛魔王、无底洞的老鼠精等。他们既是我们在现实社会中遇到的人，又有经过想象夸张而出现的种种神奇动物；既有生活于社会之中的人的特点，又有某些动物的特点。作品将他们的社会性与神话性、人性和动物性天衣无缝地融合到了一起。

谈狐说鬼——《聊斋志异》

《聊斋志异》，简称《聊斋》，俗名《鬼狐传》，是中国清代著名小说家蒲松龄创作的一部文言短篇小说集。其中多数小说是通过幻想的形式谈狐说鬼的，但内容却深深地扎根于现实生活的土壤之中。所以郭沫若评价说："写鬼写妖高人一等，刺贪刺虐入骨三分。"

落第穷秀才蒲松龄

蒲松龄（1640年～1715年），清代小说家，字留仙，号柳泉居士，出生于败落的中小地主兼商人家庭。十九岁时，蒲松龄以县、府、道三个第一考取秀才，名震一时，但以后屡试不第。他曾写过一首很有名的自勉联："有志者，事竟成，破釜沉舟，百二秦关终属楚。苦心人，天不负，卧薪尝胆，三千越甲可吞吴。"他一生热衷科举，却始终不得志，71岁时才破例补为贡生。由于长期专心读书，家里的田地无人打理，财源枯竭，一家大小陷入

◎知识链接

绿豆汤换故事

传说蒲松龄写《聊斋志异》的时候，为了收集故事，就在大夏天买来绿豆，煮成绿豆汤，放在门前的大柳树底下。凡是在此路过的人，不论是天南海北的，还是男、女、老、少，走累了都可以坐下来喝碗绿豆汤，解解渴。但有一个条件，即在喝完之后，要讲一个稀奇故事给他听。蒲松龄边听边记，边写边讲，在几十年的时间里，不断地听别人聊故事，也不断地给别人讲故事，积累的故事素材越来越多了，最后写成了《聊斋志异》。

◎ 《聊斋志异图》册页之《画皮》

了极度贫困之中。他曾调侃地写下了一首《除日祭穷神文》："穷神，穷神，我与你有何亲，兴腾腾的门儿你不去寻，偏把我的门儿进？难道说，这是你的衙门，居住不动身？你就是世袭在此，也该别处权权印；我就是你贴身的家丁、护驾的将军，也该放假宽限施施恩。"

作为一个落第的穷秀才，蒲松龄一生主要靠教书和作文来维持生活。他长期在有钱的书香人家教书。这样，一方面可以谋生计，一方面又为他读书和写作提供了条件。他从年轻时即着手创作的《聊斋志异》，一直断断续续未能结集，并几度改易原稿，直至死前仍有增添。除此之外，蒲松龄还创作了诗、词、散文、俚曲等，还有一篇长篇白话小说《醒世姻缘传》。

妖言鬼语说人心

《聊斋志异》一书共491篇，内容丰富多彩，故事多采自民间传说和野史逸轶闻，多谈狐仙、鬼妖、人兽。"聊斋"是他的书斋名，"志"是记述的意思，"异"指奇异的故事。

小说中的鬼狐神仙和精怪，并不如人们想象中的那样可怕可恨。恰恰相反，除了极少数恶鬼、淫狐和害人的妖魔之外，多数都是善鬼、仁狐和助人的精灵。例如《王六郎》中，失足落水的王六郎，没有因自己要还阳，而自私地把一位母亲捉去当替死鬼，撇下婴儿不管。在王六郎身上就闪烁着人性的光辉。

而小说中的一些人，却时常露出恶的一面。如《画皮》讲述一个姓王的书生，出门遇见一位年轻漂亮的女子，便把她带回家藏在书房。一天，王生外出碰见一个老道，老道告诫他身上有妖气。王生尽力辩白，道士说："糊涂啊！世上竟然有死将临头而不醒悟的人。"王生回到家后偶然发现那女子竟是披着美人皮的厉鬼，吓得拔腿就跑。厉鬼赶上，挖出了他的心。王生妻子陈氏悲痛欲绝，跪求道士救她丈夫。老道为考验陈氏，百般戏弄陈氏，并从口中吐出东西让陈氏吃。陈氏一心想救丈夫，什么都忍受了。陈氏一到家里，抚着丈夫的尸体大哭时，突然呕吐，所食东西一下子从口中飞出，落入丈夫腔中，丈夫慢慢地苏醒过来。对此，蒲松龄评论说："愚哉世人！明明妖也而以为美。迷哉愚人！明明忠也而以为妄。"

《聊斋志异》谈狐说鬼，也在写真实的人。正如老舍先生所说"鬼狐有性格，笑骂成文章"。多数作品通过谈狐说鬼的手法，对当时社会的腐败、黑暗进行了有力批判，在一定程度上揭露了社会矛盾，表达了人民的愿望。

讽刺文学典范——《儒林外史》

《儒林外史》是由清代吴敬梓创作的长篇小说，是我国古代讽刺文学的典范。吴敬梓对生活在封建末世和科举制度下的封建文人群像的成功塑造，以及对吃人的科举、礼教和腐败事态的生动描绘，使他成为我国文学史上批判现实主义的杰出作家之一。

吴敬梓艰辛一生

吴敬梓（1701年～1754年），字敏轩，号粒民。其一生充满了悲痛、贫苦和艰辛。他出身于书香世家，其家族几辈人都曾是科举考试的佼佼者。1723年，在吴敬梓考上秀才的那一年，他的父亲就病故了。随之而来，他的生活也发生了巨大的变化。

他继承了一笔丰厚的遗产，族人欺他这一房势单力孤，蓄意加以侵夺，亲族甚至冲入家中攫夺其财产。他看到了人情世态的凉薄，并由此产生了对家族的厌恶和反抗的情绪。他由激愤变为任达放诞、放荡不羁。他一面往来于家乡与南京，涉足花柳风月之地，肆意挥霍；一面随意散发钱财给向他求助的人，致使父亲死时留下的财产消耗殆尽，逐步落入贫困交加的境地，因而被乡里视为"败家子"而"传为子弟戒"。在家乡亲友的讥笑和世俗舆论的压力下，他在33岁时，怀着决绝的感情，变卖了祖产，移家南京，开始了卖文生涯。

吴敬梓也曾想走科举荣身之路。可是，他以弱冠之年考取秀才之后，始终不能博得一第。29岁时，他去滁州参加科考，因为他的狂放行为被禀报到试官那里，终以"文章大好人大怪"而落第。沉重的打击，

◎ 《官员打牌图》 法国
在中国游历的欧洲传教士将晚清腐朽的官僚机构用略带幽默和嘲笑的笔触赤裸裸地表现在画面上。

使他对科举制度的怀疑加深了，不愿再走科举仕进的道路，唱出了"恩不甚兮轻绝，休说功名"的心声，甘愿以素约贫困的生活终老。他看透了世态炎凉，把自己几十年看到的科举制度酿成的一幕幕悲剧编成一部《儒林外史》，来抨击这个丑恶的制度。

乾隆十九年（1754年）农历十月二十八日，吴敬梓在扬州与朋友欢聚之后，溘然而逝。"涂殡匆匆谁料理？可怜犹剩典衣钱！"极其悲惨地结束了他坎坷磊落的一生。

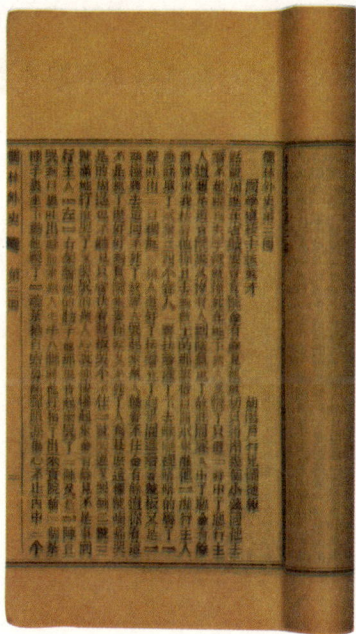
◎ 《儒林外史》书影

科举制度下的文人群像

《儒林外史》由许多个生动的故事连起来，这些故事都是以真人真事为原型塑造的。全书故事情节虽没有一个主干，可是有一个中心贯穿其间，那就是反映科举制度和封建礼教的毒害，讽刺因热衷功名富贵而造成的极端虚伪、恶劣的社会风习。

如书中第二回即写了周进与范进这两个穷儒生的科场沉浮的经历：他们原来都是在科举中挣扎了几十年尚未出头的老"童生"，平时受尽别人的轻蔑和凌辱。而一旦中了举为缙绅阶层的一员，"不是亲的也来认亲，不相与的也来认相与"，房子、田产、金银、奴仆，也自有送来。在科举这一门槛的两边，隔着贫与富、贵与贱、荣与辱。所以，难怪周进在落魄中入贡院参观时，会一头撞在号板上昏死过去，被救醒后又一间间号房痛哭过去，直到吐血；而范进抱了一只老母鸡在集市卖，得知自己中了举，竟欢喜得发了疯，幸亏他岳父屠夫那一巴掌，才恢复了他的神智。

在功名富贵的引诱下，许多士子将八科举考试奉为神明，如鲁翰林说道："八文章若做的好，随便你做甚么东西，要诗就诗，要赋就赋，都是一鞭一条痕，一掴一掌；若是八文章欠讲究，任你做出甚么来都是狐禅，邪魔歪道。"

科举考试不但毒害着当时的知识分子，还造就了一大批贪官污吏和土豪劣绅。科举考试使一部分从这条路来的人做官后放肆地敲诈百姓鱼肉乡里。南昌知府王惠就是一个典型。他上任的第一件事，就是了解当地有什么特产，各种案件中有什么地方可以通融，接着，就是想尽各种办法让大家将钱财归公——也就是传说中的贪污。他本人的信条却是"三年清知府，十万雪花银"。而朝廷考察他的政绩时，竟一致认为他是"江西的第一能员"。

章回小说巅峰作——《红楼梦》

《红楼梦》，又名《石头记》《情僧录》等，被评为中国最具文学成就的古典小说及章回小说的巅峰之作。全书120回，前80回是曹雪芹所作，后40回据说由高鹗续写。全书以贾、史、王、薛四大家族为背景，以宝黛钗的爱情悲剧及大观园中点滴琐事为主线，诉说了豪门大宅里的人事纠葛和矛盾冲突。

◎ 曹雪芹画像

曹雪芹血泪著红楼

曹雪芹（约1724年～1764年），名霑，字梦阮，号雪芹，又号芹圃、芹溪，自小在富贵荣华中长大。其祖父曹寅做过康熙皇帝的伴读和御前侍

◎ 《大观园图》（局部） 清

大观园是《红楼梦》中的主要人物贾宝玉、林黛玉等人活动的场所。此图纵137厘米，横362厘米，展现了在凹晶馆、牡丹亭、蘅芜院、蓼风轩和凸碧山庄5个地方活动的人物173个，是研究《红楼梦》的珍贵资料。

卫，后任江宁织造，兼任两淮巡盐监察御史，极受康熙宠信。康熙六下江南，其中四次由曹寅负责接驾。但就因这个关系，曹寅晚年负债累累，亏空公家白银数余万两，但几次弹劾都不被康熙批准。曹寅病故后，其子曹颙、曹𫖯先后继任江宁织造。他们祖孙三代四人担任此职达60年之久。1722年，康熙驾崩后，雍正即位，受政治斗争牵连，曹家逐渐失宠没落。最终因其解送织物上京师勒索财物被弹劾，雍正批示"本来就不是个东西"。雍正六年（1728年）元宵节前遭到抄家。之后，曹雪芹随着全家迁回京师居住。曹家从此一蹶不振，日渐衰微。

这一转折，使曹雪芹深感世态炎凉，更清醒地认识了社会制度的实质。曹雪芹晚年移居北京西郊，生活更加潦倒，常"举家食粥酒常赊"，靠着卖画和亲友的接济过日子。据一些红学家考证，曹雪芹就是在这样极端困苦的条件下进行了"字字看来皆是血，十年辛苦不寻常"的《红楼梦》创作。这部巨著耗尽了他毕生的心血，但全书尚未完稿，曹雪芹因贫病无医而"泪尽而逝"，只留下了《红楼梦》前80回稿子。后40回不知为何人所作，但民间普遍认为是高鹗所作，另有一说为高鹗、程伟元二人合作著续。

才子佳人的无奈悲剧

《红楼梦》讲述的是发生在一个封建大家庭中的人、事、物，其中以贾宝玉、林黛玉、薛宝钗三个人之间的感情纠葛为主线，将众多的人物，纷繁的事件，有机地组织在一起，全方位多层次地展示了一幅封建末世的历史生活画卷。贾宝玉和林黛玉在贾府初识，在成长中相知，以"木石前盟"为信念相爱，但最后宝玉却终究在半清醒状态下被骗而娶了长辈眼中"金玉良缘"的薛宝钗，而林黛玉终只有落得焚稿断痴魂归离恨天，故事是以宝玉清醒后终还是以出家来断尘缘酬知己，而薛宝钗守空房为结局。

围绕宝、黛、钗的爱情婚姻悲剧，小说还暴露了封建贵族家庭的腐朽和道德沦丧。荣宁二府，所谓"诗礼簪缨之族"，骨子里却龌龊之极。他们大肆挥霍，吃一顿螃蟹就够乡下人过一年的；贾赦一把年纪，却要娶丫环鸳鸯作妾，并扬言逃脱不了他的手心；贾珍与儿媳秦可卿苟且；贾蓉、贾琏之流，即便"热孝在身"，也不忘"狂嫖滥赌"，荒淫无耻到了无以言说的地步，正如焦大所醉骂的："我要往祠堂里哭太爷去。那里承望到如今生下这些畜生来！每日家偷狗戏鸡，爬灰的爬灰，养小叔子的养小叔子，我什么不知道？"家族中因财产和权势而造成的相互仇恨和猜忌，每日都在发生，还是尤氏说了一句实在话："咱们家上下大小的人只会讲外面假礼假体面，究竟作出来的事都够使的了。"这是一具在封建礼教的脉脉温情掩盖下的散发着腐朽气息的僵尸。

诗词歌赋成就突出

小说中间掺入诗词曲赋作为点缀、清品或"攀附"风雅的配角，是我国古典小说传统风格之一。《红楼梦》中诗词曲赋成就十分突出。如"满纸荒唐言，一把辛酸泪！都云作者痴，谁解其中味"、"世人都晓神仙好，惟有功名忘不了！古今将相在何方？荒冢一堆草没了"、"机关算尽太聪明，反算了卿卿性命"、"为官的，家业凋零；富贵的，金银散尽；有恩的，死里逃生；无情的，分明报应"、"想眼中能有多少泪珠儿，怎禁得秋流到冬尽，春流到夏"都是耳熟能详的佳句。

难能可贵的是，《红楼梦》的诗词曲赋不仅仅是点缀，它们对小说故事发展、人物刻画、主题表达有着重要的作用。例如宝玉、黛玉、宝钗都写过一首《螃蟹诗》。宝玉："持螯更喜桂阴凉，泼醋擂姜兴欲狂。饕餮王孙应有酒，横行公子却无肠。脐间积冷馋忘忌，指上沾腥洗尚香。原为世人美口腹，坡仙曾笑一生忙。"黛玉："铁甲长戈死未忘，堆盘色相喜先尝。螯封嫩玉双双满，壳凸红脂块块香。多肉更怜卿八足，助情谁劝我千觞。对斯佳品酬佳节，桂拂清风菊带霜。"

◎《金陵十二钗仕女图之林黛玉像》(上) 清 费丹旭
◎《金陵十二钗仕女图之史湘云像》(中) 清 费丹旭
◎《金陵十二钗仕女图之薛宝钗像》(下) 清 费丹旭

宝钗："桂霭桐阴坐举觞，长安涎口盼重阳。眼前道路无经纬，皮里春秋空黑黄。正叹他人命不长，那知自己归来丧？于今落釜成何益，月浦空余禾黍香。"

这三首诗分别表现了宝玉、黛玉、宝钗的政治主张和生活道路。贾宝玉以螃蟹的特征勾画了一个饕餮横行而又忙于仕途经济的王孙公子形象，并予以嘲讽和批判。林黛玉则从螃蟹的"嫩玉双双满"、"红脂块块香"，表达了对蟹的喜爱，又形象地赞扬了蟹"铁甲长戈死未忘"的斗争精神。宝钗对世情是练达的，她借咏蟹来讽刺现实社会政治中惯于搞阴谋诡计的人，他们总是心怀叵测，横行一时，背离正道，走到斜路上去。结果都是机关算尽，却逃脱不了灭亡的下场。

戏 剧

悲剧代表作——《窦娥冤》

《窦娥冤》全称《感天动地窦娥冤》，是元朝关汉卿的杂剧代表作，取材自"东海孝妇"的民间故事。《窦娥冤》为我国十大悲剧之一，是一出具有较高文化价值、广泛群众基础的名剧，约86个剧种曾经上演过此剧。

元杂剧大家关汉卿

关汉卿（约1220年~1300年），号已斋叟，金末元初大都（今北京）人，元代杂剧代表作家。他生性乐观、幽默多智，同时也狂傲倔强，他曾毫无惭色地自称"我是个普天下的郎君领袖，盖世界浪子班头"，更狂傲地表示"我是个蒸不烂、煮不熟、捶不扁、炒不爆、

◎知识链接

东海孝妇

"东海孝妇"故事的记载见于汉刘向的《说苑》和晋干宝的《搜神记》及《汉书·于定国传》中。《汉书·于定国传》中记载得较为详细，说的是于定国的父亲于公在东海郡当狱吏时，郡里有个寡妇，很孝顺婆婆，为侍奉婆婆，她矢志不嫁，婆婆于是自缢而死，她的小姑因此诬陷她杀人，把她告到官府，审理案件的官也不详察，就冤判了她死刑，于公对此力争，最后却没能为她翻案。寡妇死后，东海郡大旱三年，新来郡守听了于公的话后，洗刷了孝妇罪名，天上立即下起大雨。

响当当一粒铜豌豆"，足见其独特的个性。

关汉卿所在的元朝，将人依职业分为十等，知识分子列为第九等，居于妓女之后、乞丐之前。元政府对知识分子的打击使一大批知识分子不再去求功名，专与市井艺术相结合，关汉卿便是一员。他不满黑暗社会的压抑和摧残，长期"混迹"在勾栏妓院。由于面向下层，流连市井，因而写杂剧撰散曲，能够得心应手地运用民间俗众的白话、三教九流的行话，而作品

◎ 关汉卿像

中那些弱小人物的悲欢离合，也流露着下层社会的生活气息与思想情态，评论家以"本色"二字概括其特色。这在《窦娥冤》中有集中体现。如"没来由犯王法，不提防遭刑宪，叫声屈动地惊天！顷刻间游魂先赴森罗殿，怎不将天地也生埋怨"，是窦娥对不公社会的控诉，读来朗朗上口而又引人深思，强烈地感染着读者。再如"婆婆，那张驴儿把毒药放在羊肚儿汤里，实指望药死了你，要霸占我为妻，不想婆婆让与他老子吃，倒把他老子药死了。我怕连累婆婆，屈招了药死公公，今日赴法场典刑"，朴素无华，从中我们几乎看不到加工的痕迹，就像生活本身那样自然、贴切、生动，正是这些平凡不过的话语，鲜血淋漓地揭示了这个从小就给人做童养媳的小媳妇屈辱的地位与悲惨的命运。

惊心动魄的人间惨剧

《窦娥冤》取材于汉代流传下来的"东海孝妇"民间故事，关汉卿结合自己在现实生活中的体认，精心构制了这个大悲剧。

在高利贷盛行的元朝，穷书生窦天章因为无钱偿还蔡婆婆的债务，就将七岁的女儿窦娥典卖给蔡家做童养媳。窦娥长大后嫁给了蔡婆的儿子，可是两人成亲后不久，蔡婆的儿子就死了。窦娥年轻守寡，与婆婆相依为命。不幸的事情接踵而来，蔡婆婆向赛卢医讨债时，赛卢医无力偿还，就将蔡婆婆骗至郊外，准备将她勒死，正巧被途经该地的张驴儿父子救下。可张驴儿父子是两个更歹毒的流氓，硬要与婆媳两人成亲。软弱的蔡婆答应了，而窦娥坚持拒绝。歹毒的张驴儿就在羊肚汤里放上毒药，企图毒死蔡婆后霸占窦娥。不想，羊肚汤被贪嘴的张驴儿父亲吃了，张驴儿诬陷窦娥毒死他父亲，强拉窦娥进了公堂。昏庸贪婪的太守桃杌，受了张驴儿的贿赂，严刑拷打窦娥，逼她招供，并扬言要对蔡婆行刑。窦娥不忍婆婆受刑，含冤认罪，被判斩刑。临刑的时候，她立下三桩誓愿：一是若她是冤枉的，斩首后一腔血要全飞白练上，不让鲜血沾到肮脏的地面上；第二，六月天要降三尺白雪，遮住她的尸体；第三，老天要惩罚这地方大旱三年。窦娥被杀害后，三桩誓愿一一应验。六年后，窦天章在京城应试高中，奉旨到楚州探察民情。窦娥冤魂遂向老父亲告状，最终处置了昏官桃杌和凶狠的张驴儿。

个人悲剧亦是社会悲剧

《窦娥冤》是关汉卿最杰出的作品，也是元杂剧中最著名的悲剧。窦娥三岁丧母，七岁失去父爱，婚后不久又守寡。面对接踵而至的苦难，她深信一女不嫁二夫的封建教条，服从命运的安排。然而，对于这样一位善良的忍受者，社会却不给她任何出路，就是最基本的"安于现状"也很难在黑暗的世道中得到。

面对张驴儿"官了"还是"私了"的威胁时，窦娥相信自己一身清白，不怕与张驴儿对簿公堂，本以为官府能判个一清二楚。岂料太守桃杌的做官信条竟是："我做官人胜别人，告状来的要金银"、"但来告状的，就是衣食父母"。黑暗的现实却逼得人发出了惊天地、泣鬼神的呼喊："有日月朝暮悬，有鬼神掌着生死权。天地也只合把清浊分辨，可怎生糊涂了盗跖颜渊；为善的受贫穷更命短，造恶的享富贵又寿延。天地也，做得个怕硬欺软，却原来也这般顺水推船。地也，你不分好歹何为地。天也，你错勘贤愚枉做天！"

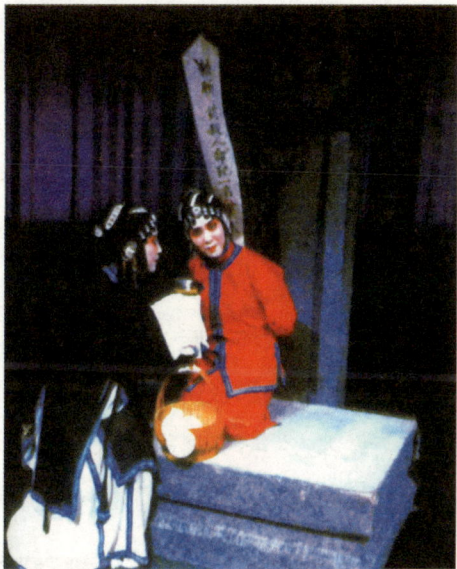

◎《窦娥冤》剧照

窦娥并不想与现实作对，她只是从自身条件出发，提出了能够生存下去的最起码的要求。就是这样简单的愿望，在当时社会都是不可能实现的。当时的社会，政治黑暗、吏治腐朽是史有记载的。比如至元三十一年十一月，仅京师一地就发现犯赃罪的官吏三百人，稍后的大德七年（1303年）又罢免赃污官吏一万八千四百七十三人，审理冤狱五千一百七十六件，再加上没有被发现的，以及发现而由于有政治靠山或其他原因未能处理的赃官、冤狱就更多了，这恐怕是一个骇人听闻的数字。这就是《窦娥冤》产生的社会背景。关汉卿是一个勇于正视现实的剧作家，他是从社会生活中捕捉题材、激发创作灵感的。

所以可以说，窦娥的悲剧，不仅仅是她个人的悲剧，更是那个时代的悲剧，是当时社会底层人民悲剧的一个缩影。

元杂剧压卷之作——《西厢记》

《西厢记》是在我国流传很广、家喻户晓的爱情故事。最早取材于唐代诗人元稹所写的传奇《会真记》（又名《莺莺传》），后被元代王实甫改编为杂剧，被称为"元杂剧的压卷之作"，对中国的语言、文化等各个方面皆颇有影响。

"不务正业"的王实甫

《西厢记》可谓是家喻户晓的一部剧作，在元代就被誉为："新杂剧，旧传奇，《西厢记》天下夺魁。"诞生七百年来，被全国多个剧种演唱至今，久演不衰。可关于《西厢记》作者王实甫的生平史料却极为少见。元末钟嗣成所编纂的元杂剧作家传《录鬼簿》，也只说他"名德言，大都人"等，寥寥数语。虽然如此，王实甫的父亲和儿子却都是元代显赫的官场人物，留下了一些翔实的史料，从中倒可以了解王实甫的一些情状。据《元史》记载，王实甫的父亲王逖勋曾跟随成吉思汗西征至西域，地位显赫。王实甫不仅出身官宦名门之家，而且他自己也做过官。先以县官入仕，因治县有声，后提升为陕西行台监察御史。但总因"与台臣议不合，40岁即弃官不复仕"。回到大都后，他一头扎进关汉卿的"玉京书会"，出入于歌台舞榭之中，厮混于勾栏瓦舍，开始了他的戏剧创作生涯。

王实甫的儿子王结，《元史》中有传，"以宿

◎ 听琴　今人王叔晖绘《西厢记》剧情

卫入仕，官至中书左丞、中书参知政事，地位显赫。"王结对自己有这样一位不务正业的父亲，大概觉得脸上无光，曾劝解父亲不要涉足"歌吹之地"，在家安心养老。但王实甫痴迷于此，乐此不疲，已不可能放弃他的创作了。王结也无可奈何。

王实甫一生共创作了14部杂剧，除《崔莺莺待月西厢记》《吕蒙正风雪破窑记》《四丞相歌舞丽春堂》留有全本外，还有《苏小卿月夜贩茶船》《韩彩云丝竹芙蓉亭》各一折。

有情人终成眷属

《西厢记》讲述了唐贞元年间，前朝崔相国病逝，夫人郑氏带女儿崔莺莺、侍女红娘等回乡安葬，中途在普救寺暂住。此时，书生张生赴长安赶考，途中看望同窗好友白马将军杜确，顺便游览普救寺时与莺莺相遇，产生了爱慕之情，为了追求莺莺，在寺中借住。

张生的住所与莺莺所住的西厢只一墙之隔。一天晚上，张生隔

◎知识链接

西厢记故事的历史沿革

西厢记的故事题材最早来自唐代诗人元稹所写的传奇《会真记》（又名《莺莺传》），描写他自己"以张生自寓，述其亲历之境"。讲述他在普救寺中，和一名叫"莺莺"的美丽女子邂逅，但"始乱之，终弃之"。唐代以后，这个爱情故事的结局，令许多人感到遗憾和不满，斥责张生为"薄情年少如飞絮"。逐渐在民间流传并将结局改变，宋代有赵令畤所作商调蝶恋花鼓子词，其情节基本同于《莺莺传》，但对张生的态度变为谴责。金代出现了董良（一说为董琅）所写的《西厢记诸宫调》，诸宫调是当时的一种说唱艺术，类似现代的评弹，用琵琶和筝伴奏，边说边唱。这本《西厢记》将内容大为增加，加入许多人物和场景，最后结局改为张生和莺莺不顾老夫人之命，求助于白马将军，由其做主完婚。元代时，王实甫基本根据这部诸宫调将《西厢记》改编成多人演出的戏剧剧本。

墙高声吟诗："月色溶溶夜，花荫寂寂春；如何临皓魄，不见月中人？"莺莺立即和诗一首："兰闺久寂寞，无事度芳春；料得行吟者，应怜长叹人。"莺莺对张生即生爱慕之情。这时，叛将孙飞虎听说崔莺莺有"倾国

倾城之容，西子太真之颜"，便率军将普救寺围住，要老夫人交出莺莺。崔夫人四处求救无援，许愿说："谁有退兵计策，就把莺莺嫁给谁。"张生挺身而出，写信给杜确。杜确救兵赶到，孙飞虎兵败被擒。

不料崔夫人言而无信，要二人兄妹相称。张生因此生病，后来红娘牵线搭桥，让莺莺与张生私订了终身。崔夫人怒气冲天，拷问红娘，红娘拒理相争，巧妙地说服了崔夫人。但崔夫人又逼迫张生立即上京考试，如考不中，仍不把女儿嫁给他。张生遂上京应试，中了头名状元，回到普救寺，与莺莺结为连理。

《西厢记》正面提出了"愿天下有情人都成为眷属"的主张，具有鲜明的反封建礼教和封建婚姻制度的主题。同时，它开创的青年男女密约幽期，反抗家长专制，最后走向喜剧大团圆结局的模式，形成后世的一个基本套路。明清以来，以爱情为题材的戏剧受其影响，几乎是普遍的现象。

最惹眼的红娘

《西厢记》中，"家生婢女"红娘聪明、伶俐、热心、正直的形象，给人们留下了深刻的印象，并且在后来的剧作中一再出现，取得了较崔莺莺更为重要的地位。汤显祖说红娘有"二十分才，二十分识，二十分胆。有此军师，何攻不破，何战不克"。可以说，《西厢记》没有红娘，情节将惨淡无光，而崔、张的婚事也可能只是个梦幻泡影罢了。

红娘性格中最能打动人心的是她的心地善良、助人为乐的高尚品质和她的正义感，这也是她性格中最闪光的地方。老夫人的赖婚，激起了红娘的不平和正义感，于是她义无反顾地帮忙，尽一切力量将张、崔两人撮合到一起。当张生绝望不知所措时，红娘主动为其出谋划策，让张生在夜晚趁莺莺在后花园烧香时通过琴声以明心志，并且借口"瞧夫人一会"，有意让出空间让他们充分交谈。当莺莺请她去看望张生，她

此图册根据元代王实甫的杂剧《西厢记》绘成，上图其中的《前候》《后候》二折，用笔纤细，人物动作妙趣横生。

没多作推脱就答应了。在"拷红"一折中，红娘以理驳之："信者，人之根本……既然不肯成其事，只合酬之以金帛，令张生舍此而去。却不当留请张生于书院，使怨女旷夫，各相早晚窥视，所以夫人有此一端。目下老夫人若不息其事，一来辱没相国家谱；二来张生日后名重天下，施恩于人，忍令反受其辱哉？使至官司，夫人亦得治家不严之罪，官司若推其详，亦知老夫人背义而忘恩，岂得为贤哉？"短短一段话，说得老夫人无言以对，充分反映了红娘的能言善辩、通晓大义、机智过人、富正义感。同时，在主仆地位悬殊、礼教严谨的封建家庭中，红娘不畏老夫人的"打下下半截"的威吓，而拒不知罪，镇静自若地晓之以理，实在是非有十分的胆量和强烈的反抗精神所不然的。

浪漫主义杰作——《牡丹亭》

《牡丹亭》，原名《还魂记》，又名《杜丽娘慕色还魂记》，是明代剧作家汤显祖的代表作，描写了大家闺秀杜丽娘和书生柳梦梅的生死之恋，热情歌颂了反对封建礼教、追求自由幸福的爱情和强烈要求个性解放的精神。

东方的莎士比亚

明代最优秀的剧作家当推汤显祖。汤显祖（1550年～1616年），字义仍，号海若、清远道人，晚年号若士、茧翁，江西临川人。他出身书香门第，从小饱读诗书，21岁便中了举人。当时内阁首辅张居正想安排自己的儿子取中进士，为掩世人耳目，欲找几个有真才实学的人作陪衬，于是派人去拉拢汤显祖。汤显祖不为所动，结果可想而知，在张居正当权的岁月里，他两次会试两次落第。直到张居正死后，汤显祖才中进士。新一任的内阁权臣申时行又来招他入幕，汤显祖最终还是拂却了申的"美意"，只去南京做了个闲官。

虽然远离政治中心，但汤显祖却从未放下那颗忧国忧民之心。他目睹官场积弊，痛心疾首，更勇于无情抨击，人称"狂奴"。万历十七年（1589年），太湖沿岸赤地千里。赈灾使臣杨文举借机营私舞弊，申时行居然对其委以重任，加官晋禄。汤显祖再也看不下去了，他奋笔疾书，一气挥就《论辅臣科臣疏》，上奏朝廷。疏中直指申时行等人的误国行径，要求彻查杨文举等一干贪官奸臣。

奏章在京城犹如投下一颗重磅炸弹，震动了整个朝廷。被抨击的官员，有的赌气不来上朝，有的以辞职相要挟。皇上竟不分青红皂白，把他贬到雷州半岛南端的徐闻县做了个编外典史（知县下面掌管缉捕、监狱的属官，不入品阶），后调任浙江遂昌县

◎ 汤显祖像

知县，一任五年，政绩斐然，却因压制豪强，触怒权贵而招致上司的非议和地方势力的反对，终于1598年愤而弃官归里。辞官回家之后，汤显祖潜心于诗文戏剧创作，直至终老。

汤显祖敢于直言，一生不肯依附权贵，他的凛然正气和洁白操守，他的反抗性和斗争性，也融进了他的戏剧创作中。作品中，他满怀激情地将"山也清、水也清、官也清、吏也清"的社会理想，写入了一个个的"美梦"之中，为后人留下了一幅幅带有乌托邦色彩的美丽画卷，被誉为"东方的莎士比亚"。

王思任点评汤显祖刻画人物性格"无不从筋节窍髓，以探其七情生动之微也"。

最后他抛弃了形同鸡肋的官位，在1598年春，不待上级批准，上了辞呈，甘冒"擅离职守"的风险，效法陶渊明，"彭泽孤舟一赋归"，回到了老家临川，在城里构筑了玉茗堂。就在这一年，显祖49岁，完成了《牡丹亭》的写作。

呼唤个性解放

《牡丹亭》是汤显祖最著名的剧作，此剧描写了南宋时期的南安太守杜宝独生女杜丽娘一日在花园中睡着，与一名年轻书生在梦中相爱，醒后终日寻梦不得，抑郁而终。她在弥留之际要求母亲把她葬在花园的梅树下，嘱咐丫环春香将其自画像藏在太湖石底。杜宝升官离任，在女儿的墓地建造了梅花观。三年后，岭南书生柳梦梅赴京应试，借宿梅花观中，在太湖石下拾得杜丽娘画像，发现杜丽娘就是他梦中见到的佳人。杜丽娘魂游后园，和柳梦梅再度幽会，并叫他掘坟开棺，杜丽娘起死回生。随后柳梦梅赶考并高中状元，但由于战乱发榜延时，仍为书生的柳梦梅受杜丽娘之托寻找到丈人杜宝。杜宝认定此人胡言乱语，随即将其打入大狱。得知柳梦梅为新科状元之后，杜宝才将其放出，但始终不认其为女婿。最终闹到金銮殿之上才得以解决，杜丽娘和柳梦梅二人终成眷属。

《牡丹亭》是我国戏曲史上浪漫主义的杰作，通过杜丽娘和柳梦梅生死离合的爱情故事，洋溢着追求个人幸福、呼唤个性解放、反对封建制度的浪漫主义理想，感人至深。所以剧本推出之时，便一举超过了《西厢记》。据记载"《牡丹亭》一出，家传户诵，几令《西厢》减价"。有记载当时有少女读其剧作后深为感动，以至于"忿愧而死"，以及杭州有女伶演到"寻梦"一出戏时感情激动，卒于台上。

华丽的词藻

除了感人的故事，华丽的词藻也是《牡丹亭》一大特色。《牡丹亭》语言浓丽华艳，意境深远。明吕天成称之为"惊心动魄，且巧妙迭出，无境不新，真堪千古矣"！全剧采用抒情诗的笔法，倾泻人物的情感。一些唱词直至今日，仍然脍炙人口，表现出很高的艺术水准。

◎《牡丹亭·游园惊梦》剧照

如"你道翠生生出落的裙衫儿茜，艳晶晶花簪八宝钿；可知我常一生儿爱好是天然，恰三春好处无人见。不提防沉鱼落雁鸟惊喧，只怕的羞花闭月花愁颤"、"原来姹紫嫣红开遍，似这般都付与断井颓垣。良辰美景奈何天，赏心乐事谁家院"、"遍青山啼红了杜鹃，荼蘼外烟丝醉软。牡丹虽好，他春归怎占的先！闲凝眄，生生燕语明如翦，呖呖莺歌溜的圆""花花草草由人恋，生生死死随人愿，便酸酸楚楚无人怨"。这些都是《牡丹亭》中杜丽娘的著名唱词。

《牡丹亭》中诗化的戏剧语言，使得感情真挚，节奏鲜明，饱含"戏"的因素，诗的色彩浓重。这就有助于刻画人物性格，增强戏剧的感情色彩，使剧本产生更大的感染力量。

帝王爱情经典作——《长生殿》

《长生殿》是清初剧作家洪昇的剧本，取材自唐代诗人白居易《长恨歌》和元代剧作家白朴《梧桐雨》，讲的是唐玄宗和杨玉环的爱情故事，但他在原来题材上发挥，既增加了当时的社会和政治方面的内容，又改造和充实了爱情故事。

可怜一夜长生殿

洪昇（1645年~1704年），字昉思，号稗畦。他出生在杭州一个富裕的士大夫家庭，受到良好的文化教育。24岁时，他赴北京国子监学习，旨在求取功名，却未能如愿，一年后便返回了杭州。不久，由于旁人的挑拨，洪昇同父母的关系突然恶化，最后不得不带着妻子与父母分开另过。事情却并没有到此结束，家长的愤怒有增无减，没有办法，洪昇只好躲出杭州，又一次来到北京，怀着痛苦的心情，一住就是十七年，期间屡试不第。

在客居京城的日子里，失去了父母的接济，洪昇的生活异常艰难，甚至不得不靠卖文为生。他在一首《至日楼望答吴搽符》的诗中说此时"负郭田畴无二顷，贫居妻子实三迁"，可见当时的贫穷。贫穷的生活中，他常与北京的文士交往，创作了很多诗词曲赋，《长生殿》便作于此时。

康熙二十八年（1689年）八月上旬，洪昇招来戏班在家中演出《长生殿》，城里很多名人都赶来观看。当时正是康熙生母孝懿皇后的丧期，有人向康熙告状，说在皇后丧期演唱《长生殿》是一种"大不敬"的行为。结果洪昇被革去学籍，连那些看戏的五十多人也都受到了处分。当时北京传颂着"可怜一夜长生殿，断送功名到白头"的诗句。洪昇突遭此难，在京中备受白眼揶揄，不得已返回故乡。然而《长生殿》却未因此遭殃，而是越演越火，北京城中几乎家家会唱其中的唱段，其中片段被各种戏剧剧种改编，梅兰芳的京剧《贵妃醉酒》也是改编于《长生殿》。

康熙四十三年（1704年），江宁织造曹寅在南京排演全本《长生殿》，洪昇应邀前去观赏。据记载，在曹府《长生殿》连续三天才演完，其轰动效果，十分空前。盛会之后，洪昇从南京乘船回家，经过乌镇时却不幸因酒醉失足落水而死。

唐明皇与杨贵妃的爱情故事

《长生殿》描写的是传统的而又为人们所乐道的唐明皇与杨贵妃的爱情故事。唐明皇继位以来，励精图治，国势强盛，但他却从此寄情声色，下旨选美。因发现宫女杨玉环才貌出众，于是册封为贵妃，两人对天盟誓，并以金钗钿盒为定情之物。这年春日，唐明皇与杨贵妃游幸曲江，秦、虢、韩三国夫人随驾，唐明皇因爱虢国夫人不施铅华的淡雅之美，特命她到望春宫陪宴并留宿。杨贵妃知悉后，醋性大发，言语间触怒了明皇，明皇一怒之下，命高力士将她送归相府。此后，唐明皇坐立不安，后悔不已。高力士将此情景报与贵妃。杨贵妃遂剪下一缕青丝，托他献给明皇，明皇见发思情，命高力士连夜迎接回宫，两人和好如初。杨贵妃喜啖荔枝，南海和蜀州使臣为使新鲜荔枝按时送到，驰马狂奔，撞死老人，踏坏田禾，毫无顾忌。杨玉环荣耀及于一门，其兄弟姊妹俱有封赏，哥哥杨国忠做了右相，包庇纵容安禄山，种下了"安史

◎ 《明皇游月宫图》 明 周臣

唐明皇李隆基游月宫的故事在唐代已广为流传。后代的众多文学家、书画家更是将这一故事作为常用的表现题材，唐代白居易的《长恨歌》、元代白朴的《梧桐雨》就是其中的代表作。在清代，洪昇对前代有关的文学作品润色加工并加以创造，衍生成戏剧《长生殿》。

之乱"的祸根。唐明皇还在七月七日的时候，对牛郎织女星发誓"我李隆基与杨玉环情重恩深，愿世世生生，共为夫妇，永不相离"，以表心迹。当他们的爱情达到对天盟誓的高潮时，"安史之乱"爆发了。

安禄山反叛，唐军节节败退。唐明皇奔逃蜀中避难，在马嵬坡军士哗变，杀杨国忠，更逼杨妃。唐明皇无奈，被迫赐杨妃自尽。自此心灰意冷，传位于太子，自己当了太上皇。后大将郭子仪奉旨征讨，大败安禄山，收复长安。唐明皇以太上皇身份自蜀中归来，仍是日夜思念杨妃："朕虽有九重之尊，四海之富，要他则甚！宁可国破家亡，决不肯抛舍你也。"有一天做了一场恶噩梦后，访得异人为杨玉环招魂。临邛道士杨通幽奉旨作法，找到杨玉环幽魂。八月十五夜，杨通幽引太上皇魂魄来到月宫与杨玉环相会，两人在月宫中最终团圆。

唐明皇和杨贵妃的爱情故事在洪昇之前，早已被写滥了，《长生殿》却独辟蹊径，把重点放在两人爱情的发生发展上，将一代君王的爱恨情愁剖析得淋漓尽致，表达崇高的爱情思想，从而成为同类题材中的佼佼者。

一本书读懂

中国传统文化

②

石开航 / 编

中国华侨出版社

·北京·

目　录

CONTENS

华夏文明的史记——文物

天人合一的典范——古建筑

华夏文明的史记
——文物

综 述

中华文明从传说中的三皇五帝传承至今从未中断，这是人类文明史上一大奇迹，而作为文化载体的各时代文物真实地记录了中华文明诞生、延续和发展的整个历史进程。

青铜器是由青铜（红铜和锡的合金）制成的各种器具。我国的青铜器历史从4700年前开始出现，到2000多年前逐渐为铁器所取代，跨越了约3000年的历史长河，是我国夏商周时期文化与科技的代表。早期青铜器主要用做生产工具、兵器和生活用具，形制和种类多种多样。到了西周，周公"击礼作乐"以后，规定了一整套等级森严的礼仪制度，这种制度渗透到当时社会各个角落。作为日用的青铜器演变成了体现当时社会等级的"礼器"，用于祭祀天地先祖。例如鼎的多少，反映了地位的高低；鼎的轻重，标志着权力的大小。部分青铜器上铸刻有文字，称铭文或金文，是研究商周历史文化的第一手资料。

陶器和瓷器是以黏土及各种天然矿物经过粉碎混炼、成型和煅烧而成。在我国，制陶技艺的产生可追溯到公元前4500年至公元前2500年，其中有较为典型的仰韶文化、马家窑文化与齐家文化等。到了汉朝，烧制技术有所发展，较为坚致的釉陶普遍出现，汉字中开始出现"瓷"字。到了唐代，许多精细瓷器品种大量出现，即使用当今的技术鉴测标准来衡量，它们也算得上是真正的优质瓷器。至宋代，陶瓷开始对欧洲及南洋诸国大量输出，以钧、汝、官、哥、定为代表的众多名窑兴起。元明时期，景德镇成为我国陶瓷业中心，其青花瓷达到了登峰造极的地步。

玉器在我国源远流长，有7000多年的历史了。在我国文化中，玉器不仅是一种装饰品，更是一种精神寄托。儒家将仁、智、义、礼、乐、忠、信、天、地、德等传统观念，比附玉在物理化学性能上的各种特点，随之"君子比德于玉"等学说应运而生。由夏商周经秦汉至隋唐，玉器一直是皇公贵族的专有装饰用品。两宋时，由于手工业技术进步，玉器加工变得更方便快捷，出现大量制作精巧，加工细腻，构思奇妙的玉摆饰、玉佩件。明清时玉器制作及玩赏达到顶峰，品种也更为丰富多彩，小到玉头簪、玉纽扣，大到整片的玉屏风、玉山、玉船。

金银器在历史文物中占有重要位置。早在商周时期，已开始出现金制品。略迟的春秋战国时期，则开始了对银制品的使用。早期金银器均为小型装饰制品。随后，金银器在经历了秦汉时期的繁荣发展后，又融入了魏晋南北朝时文化交流所带来的异域风情，最终形成了唐代绚丽多姿、成熟健康、优雅活泼的独立风格。宋元时期的金银器，在装饰上引入了绘画艺术，因而较之前代器物更多地充满了诗情画意，愈发清秀典雅。而华丽浓艳则是明清时期金银器的显著特征。该时期内，金银器造型与制作均讲究美观与精细，以至流之于烦琐，褪尽了唐宋时期的勃勃生机。

青铜器

商文化顶峰之作——后母戊鼎

后母戊鼎，体型巨大，造型精美，除鼎身四面中央是无纹饰的长方形素面外，其余各处皆有纹饰。鼎上有"后母戊"三个铭文。"后母戊"是商王母亲的庙号。后母戊鼎是商代青铜文化顶峰时期的代表作。

"鼎"的文化内涵

鼎是中华文化的标志，有着丰富的文化内涵。它不仅是祭祀礼器，更是国之重器，跟政治有着密切的关系。

传说黄帝铸造了三只宝鼎，然后乘龙升天。后来夏禹把天下分为九州，铸九鼎，成为王权的象征，传国的宝器。"桀有乱德，鼎迁于商"。周灭商，成王又迁鼎于洛邑。西周的用鼎制度规定："天子九鼎"。周定王元年（公元前606年），楚庄王陈兵于洛水时，向周天子派来的使者探问九鼎的"大小轻重"，实则是对周王朝政权的图谋试探。

秦始皇统一中国时，夏禹所铸的九鼎已不知下落，但鼎的巨大影响并未消失。汉武帝得到一个假鼎，高兴地改年号为"元鼎"。诸葛亮为刘备指点江山，有鼎足之论。武则天则更加有气魄，自铸九州之鼎。民国时，后母戊鼎的出土，又为鼎文化增加了一个趣闻。

1946年7月，驻扎在河南新乡县的国民党第31集团军司令王仲廉正在发愁，还有两个月就到蒋介石的六十大寿了，却不知道送什么做贺礼才好。这天，他无意中听到一则消息，说是在安阳找到了一个文物古铜鼎，顿时喜上眉梢。他想，这个古铜鼎正是绝好的寿礼。蒋主席要是受了他的这份贺礼，那还不给他加官进爵？于是王仲廉亲自带着护卫队赶到安阳，连夜用火车把铜鼎运往南京，准备献给蒋介石。但是出乎王仲廉意料的是，蒋介石没有把古铜鼎收为己有，而是指示将它拨交南京中央博物院筹备处保存。

祭祀礼器

在商代，鼎是祭祀礼器，被用来"别上下、明贵贱"，标明身份等级。鼎用得越多，鼎的形体越大重量越重，表明被祭祀的人越受尊敬，身份地位越显赫重要。司母戊大方鼎是目前我国出土的最大最重的青铜器，表明被祭祀者有着极崇高的地位。

据专家考察猜测，后母戊鼎的制造者可能是商王祖庚或祖甲，制作此鼎是用来献祭给他们的母亲"戊"——商王武丁的第二个王后。

武丁的第一个王后是著名的女将军妇好。她是武丁的得力助手，不仅立下赫赫战功，而且掌管着商朝的祭祀。妇好还深得武丁的宠爱。在出土的甲骨文中，

◎ **后母戊鼎**
年代：商代
质地：青铜
规格：通高133厘米，口长110厘米，宽78厘米，壁厚6厘米，重875公斤
文物现状：现藏于中国国家博物馆

有大量卜辞是关于妇好的，其中最细致的是询问妇好的牙齿有没有麻烦和妇好打喷嚏了会不会就病好了。可见武丁对妇好的体贴与关心。可惜妇好很年轻就过世了，为武丁生了一个儿子祖己。

武丁的第二个王后就是"戊"，她没有妇好的功绩，也没有妇好那么得宠，但却为武丁生了两个儿子：祖庚和祖甲。人们根据材料推测说，戊为了让自己的儿子能当商王，有意排挤妇好的儿子祖己。武丁为了保护祖己，同时也作为对他的考验，将其外放。只是祖己不明白武丁的一片苦心，在外放时抑郁而终。武丁死后，戊的儿子祖庚和祖甲相继都做了商王。后母戊鼎就是祖庚或祖甲做商王时制造的。

在父系社会，男尊女卑，女人一生的追求一般只有两样：丈夫的宠爱和儿子的荣耀。商代的这两位王后，一个得了武丁的全心宠爱，一个收获儿子的荣耀，在女人中都是很了不起的了。世上没有完满的事，女人一生的追求虽然简单却又极不容易达成，如果妇好和戊能够满足于自己已得到的，她们也算是历史上最幸福的女人了。

青铜典范——四羊方尊

四羊方尊是商朝晚期偏早的青铜器，属于礼器，用于祭祀，是现存商代青铜方尊中最大的一件。其采用圆雕与浮雕相结合的装饰手法，将四羊与器身巧妙地结合为一体，使原本造型死板的器物，变得十分生动，被称为"臻于极致的青铜典范"。

方尊与酒

青铜器在商周达到鼎盛。据《殷周青铜器通论》，商周的青铜器共分为食器、酒器、水器和乐器四大部，共五十类，其中酒器占二十四类。按用途分为煮酒器、盛酒器、饮酒器、贮酒器。盛酒器具是一种盛酒备饮的容器，其类型很多，主要有以下一些：尊、壶、区、卮、皿、鉴、斛、觥、瓮、瓶、彝等。每一种酒器又有许多式样，有普通型的，有取动物造型的。以尊为例，有象尊、犀尊、牛尊、羊尊、虎尊等。四羊方尊就是著名的羊尊式样。

从商代青铜酒器的繁荣可知，酒与商代的关系非常密切。历史上，商代是酿酒历史飞速发展的一个时代。

传说酒是夏朝一个叫仪狄的女子发明制造的，她把酿出来的酒进献给禹，禹喝了酒后连连称赞，但并没有因此赏赐仪狄，反而疏远了她，还说："后世必定会有因酒亡国的人。"

酿酒经过夏朝的发展，到商代人们已经能成熟地、大规模地制曲和用曲酿酒了。这一进步可以从殷墟发现的酿酒遗址中用大缸酿酒和出土的商代青铜器中酒器之多两方面得到说明。《尚书》上记载商王武丁和他的大臣傅说对话："若作酒醪，尔惟曲蘖。"把傅说比作制酒必需的酒曲，可见当时人们对酿酒的了解已经非常深入。这段话同时也说明，我国早在三千多年前的殷商武丁时期就已掌握了微生物"霉菌"生物繁殖的规律，我国是世界上最早以制曲培养微生物酿酒的国家。

禹在仪狄发明了酒时就担心后世有人因酒亡国，验证他的话的就是商代最后一位王者纣。《史记·殷本纪》称：商纣王用酒注满水池，把肉悬挂在林中，让男女赤裸着在里边追逐嬉戏，他就在其中日夜宴饮作乐。商纣的暴政，加上酗酒，最终导致商代的灭亡。因此，周代官府在商人的聚集地发布严厉的禁酒令。

饮用适量的酒可以兴奋人的神经，可是过量的酒却会让人酒醉，甚至损坏身体健康。商代是酿酒历史上的一个重大发展时期，最终却

因酒而亡，其中的教训值得人们
深思。

羊与吉祥文化

在我国传统文化中，羊往往
被视为吉祥瑞兆、美好兴旺的
象征。在汉字中，许多吉意的
字眼都与羊有关，如"祥"、
"善"、"美"等。

古时候，"羊"字与"祥"
字是相通的。汉代许慎的《说文
解字·羊部》说："羊，祥也。
从羊，象头角足尾之形。"意思
是"羊"有吉祥的意思，属于羊

◎ **四羊方尊**
年代：商代
质地：青铜
规格：通高58.3厘米，重近34.5公斤
文物现状：现藏于中国国家博物馆

部，字形取羊头和头上两只羊角、四只羊腿、一根羊尾巴的组合。而
《示部》"祥"下说："福也。从示羊声，一曰善。"说明"祥"字的
意思是"福"，读音由"示"的声母和"羊"的韵母加声调相拼而得。
"祥"也有善、好的意思。

"善"字与羊的性格很相近。古人认为，羊的个性温驯和善，是
美好品德的典范。而且在古代农耕与畜牧业都不是很发达的情况下，对
饲养的牲畜的追求是个大体肥，所以羊大为"美"。

由于古人对羊寄托了深厚的感情，不少有关羊的神话便流传了下
来。传说周朝时有5位仙人骑着5只五色羊降临楚庭（广州的古称），给
当地百姓5穗仙谷，并祝该地永无饥荒。仙人祝祷完了便腾空而去，留
下5只羊化为巨石。于是羊在当地人心目中成了谷神的化身、吉祥和幸
福的象征，广州也得了个"羊城"、"五羊城"的别名。

羊是美好吉祥的象征，得到古人的喜爱与重视。所以在古代最受

重视的祭祀活动中，不仅用羊作为祭祀的牺牲，而且还经常把祭祀礼器刻上羊的图案，或者制作成羊的形象，典型代表如商朝晚期的青铜礼器四羊方尊。

方罍之王——皿天全方罍

皿天全方罍是商代晚期盛酒器，形体高大、富丽堂皇，器口铭有"皿天全作父己尊彝"八字，故名"皿方罍"。整器雄浑庄重，透出中国古代青铜器铸造鼎盛时期的高超技艺和摄人心魄的气势，是迄今为止出土的方罍中最大、最精美的一件，堪称为"方罍之王"。

都是皿方罍惹的祸

皿天全方罍造型精美，做工精细，早在两千多年前就是古物爱好者的珍爱之一。相传它曾在西汉王室中惹出过一场人命风波。

相传西汉文帝的爱子梁孝王刘武是一位著名的古物爱好者，凭着全国首富的财力收藏了大量有名古董。但他最珍爱的就是窦太后赠给他的皿天全方罍，临死都念念不忘，叮嘱他的李王后和儿子们说："这个方罍价值万金，一定要好好珍藏，千万不能把它给别人。"

刘武去世后，他的儿子刘买继位为梁恭王，一直谨记刘武的遗嘱，妥善保管这个方罍。十年后刘买去世，刘武的孙子刘襄继位为梁平王。梁平王的王后姓任，非常受梁平王宠爱。任王后听说梁王府有一件价值连城的稀世珍宝青铜方罍，便求梁平王送给她。这时仍健在的李王后是梁平王的祖母，被尊为李太后，她对梁平王和任王后说："先王有遗命，不准把方罍给任何人。除了这件东西，府里的其他东西任王后可以随意挑选。"但是梁平王不听，坚持让人从府库里取出方罍，把它给了任王后。李太后大怒，梁平王和任王后因此怨恨她，从此对她很不孝顺。李太后生病，任王后不去请安探病，李太后去世，任王后也不为她

◎ **皿天全方罍**
年代：商代
质地：青铜
规格：通高63.6厘米，器盖通高21.5厘米
文物现状：器盖现藏于湖南博物馆

守丧。

李太后过世后，梁国有一个叫类犴反的人向朝廷告发，详细述说了梁平王和任王后与祖母李太后争罍的事情。朝廷百官要求依法废梁平王为平民。汉武帝刘彻给予了宽大处理，只削去梁国八座城池，但把任王后判处死刑，斩首示众。

"匹夫无罪，怀璧其罪。"为了一个物件，李太后不得善终，梁平王被削城弱国，任王后丢了性命，不得不让人感叹：都是皿方罍惹的祸！

辨识夔龙

夔龙纹是皿天全方罍的重要纹饰之一。在商晚期和西周时期青铜器的装饰上，夔龙纹是主要纹饰之一，形象多为张口、卷尾的长条形，外形与青铜器饰面的结构线相适合，以直线为主，弧线为辅，具有古拙的艺术美感。

有的古籍提到夔是蛇状怪物。"夔，神魅也，如龙一足"（《说文解字》）。"夔，一足，踔而行"（《六帖》）。青铜器上的龙纹常被称为夔纹和夔龙纹，自宋代以来的著录中，在青铜器上凡是表现一足的、类似爬虫的物象都称之为夔，这是引用了古籍中"夔一足"的记载。

《山海经·大荒东经》也有关于夔的描述："在东海有一座流坡山，深入大海七千里。山上有一头兽，形状像牛，仓黑色的身体，没有角，只有一足，出入水时必然伴随风雨，有日月般明亮的光，有打雷般的声响，它的名字叫'夔'。黄帝捕到夔，用它的皮做一面鼓，用雷兽的骨头敲打，声音传到五百里，威震天下。"这里没有说明夔是否有长条形的身体，却把它与音乐联系在了一起，是以有传说把夔龙跟舜时期的乐官夔混在了一起。

《韩非子·外储说左上第三十三》及《吕氏春秋·慎行论之六·察传》记载了同一则故事：鲁哀公有一日问孔子："听说舜时期的乐正夔只有一只脚，是真的

○ 青铜器夔龙纹

吗？"孔子解释说："那时舜想把音乐传播教授给天下的人民，于是命令重黎推举合适的人才。重黎从平民中举荐了夔，舜让他做乐正。夔非常称职地完成了乐正的工作。重黎又想再举荐一个人，舜就说：'在音乐这个领域，夔一个人就足够了。'所以意思是夔一个就足够，而不是夔只有一足。"

根据古籍的记载，青铜器上的纹饰夔龙，与黄帝所杀的神兽夔，及舜时期的乐正夔，都有"夔一足"的描述，但他们是不是同一个人或物，人们却难以断定。孔子对乐正夔的解释，则是把他从纹饰夔龙和神兽夔中区别出来了。由此可见，对于一些看似混乱的现象，要善于找到关键点作出判断，才能发现真相。

记录历史的——何尊

何尊是西周早期的青铜器，因为是贵族"何"所作而得名。腹足有精美的高浮雕兽面纹，角端突出于器表。内底铸有铭文12行，122字，记述成王继承武王遗志，营建东都成周之事，与《尚书·召诰》、《逸周书·度邑》等古代文献相合，具有重要的史料价值。

"中国"铭文首次出现

何尊的铭文中有一句"余其宅兹中国，自兹乂民"，是"中国"两字作为词组，首次在铭文典籍中出现，具有非常重要的历史意义。

古时候，黄河流域的华夏族人称其四境民族为蛮、夷、戎、狄，而自称为"中国"。由于历史发展，"中国"一词随着所指对象不同而有不同的含义。大致可归纳为以下六种概念：一是指京师（首都）而言，如《诗经·民劳》注："中国，京师也。"二是指天子直接统治的地区，如诸葛亮对孙权说："若能以吴越之众与中国抗衡，不如早与之绝。"三是指中原地区，如《史记·东越列传》："东瓯请举国徙中国。"四是指国内、内地，如《史记·武帝本纪》："天下名山八，而三在蛮夷，五在中国。"五是指诸夏族居住的地区，如《论语集解》："诸夏，中国也。"六是指华夏或汉族建立的国家，《史记》、《汉书》经常出现这样的称谓。所以自汉代开始，人们常常把汉族建立的中原王朝称为"中国"。有趣的是，一些入主中原的少数民族政权，为了标榜正统，或为争取民心，也把自己的政权称为"中国"。如鲜卑人建立的北魏自称"中国"，将南朝叫作"岛夷"。又如在宋代，辽与北宋、金与南宋彼此都自称"中国"，且互不承认对方是"中国"。

"中国"一名虽有三千年文字记载的历史，但从夏、商、周开始直至清末，从来没有一个王朝或政权曾以"中国"作为正式国名。1912年元

◎ 何尊
年代：周朝
质地：青铜
规格：通高38.8厘米，口径28.8厘
米，重14.6公斤
文物现状：现藏于宝鸡青铜器博物院

且，中华民国成立，国际上通称Republic of China，简称China（"中国"）。至此，"中国"一名才成为具有近代国家概念的正式名称。1949年中华人民共和国成立，"中国"的概念才完善、充实到今天的含义。

中国的别称很多，其中最为常见和常用的几个是：华夏、九州、赤县神州、中华、中夏等。九州这一别称的传说色彩最浓。相传四五千年前，中国大地上发生过一次大洪水，人民流离失所，舜用大禹治水。大禹治水过程中依照山形水势，把天下分成九州，分别是：冀、兖、青、徐、荆、扬、豫、梁、雍。大禹划分的九州虽然并不是真正的行政建制，但却把九州合为天下的观念贯彻在人们的思想中，使人们从心理上、文化上都认同并接受它。比如南宋大诗人陆游的《示儿》诗："死去元知万事空，但悲不见九州同。"

中国是历史悠久的文明古国，其灿烂而纷繁复杂的历史文化常常让感兴趣的人们不知从何入手。"中国"这一国名源远流长，含义深远，对其进行研究是探索中国历史文化的一个非常好的切入点。

守成之王

何尊的重要史料价值之一，是记述成王营建东都成周的史实。事实上，东都成周的营建计划，早在周武王时便已经做了决定。

周武王带领周朝推翻商纣王的统治，使周王室成为天下的共主，建都镐京。由于镐京地处西北，不利于管理位于中原的殷商遗民，周武王便有了迁都洛邑的打算。洛邑位于伊水和洛水流经的伊洛盆地中心，地势平坦，土壤肥沃，南望龙门山，北倚邙山，群山环抱，地势险要；东有虎牢关，西有函谷关，据东西交通的咽喉要道。伊洛盆地确实是定都的好地方。只是周武王以周代商才四年就去世了，营建洛邑的计划还没有提上日程。

武王去世，周成王登上周天子之位，因为年幼，由武王的弟弟周公姬旦摄政，代行天子之权。这时，管叔、蔡叔和霍叔不满周公摄政，联合武庚叛周，史

称"三监之乱"。周公用三年时间平定了三监之乱，之后着手营建东都洛邑。洛邑的营建，一是为了继承武王的遗愿；二是为了把商朝京畿所在地的贵族遗民强制迁到一处集中管理；三是因为周公认为洛邑位于天下的中心，与东西南北进贡的诸侯国的距离相等，适合做帝都统辖全国。洛邑建成后，周成王举行了隆重的祭祀典礼，将事情禀告文王和武王。只是成王没有遵照周公的意思迁都洛邑，而是把它作为东都，由周公留守，自己返回镐京。因此镐京被称为宗周，洛邑被称为成周。

成王作为西周建立统一封建政权后的第二代君主，在他期间完成了对东方的一系列征伐，巩固了周朝在东方的统治。此外，他继承了武王遗志，在周公的辅助下为周初政权巩固做出了杰出贡献。

成王在位期间的功绩没有武王伐商那样显赫，但他完成了文王和武王所未完成的一统天下的事业，奠定了"成康之治"的开端，是历史上守成之王中较为成功的一位。

晋侯苏编钟

晋侯苏编钟是西周厉王时代一组16件的青铜乐器，该组编钟大小不一，都是甬钟，钟上刻有规整的文字。铭文都是用利器刻凿，刀痕非常明显，连缀起来完整地记载了周厉王三十三年(公元前846年)正月八日，晋侯苏受命伐夙夷的全过程。

被抹去的历史

周厉王是历史上周朝最有名的两个暴君之一，"道路以目"这个成语就出自于他身上。史书记载，周厉王横征暴敛，招致贵族和平民的不满；滥开战端，挑起民族不和。周厉王为压制国人的不满，任用卫巫监视口出怨言的人，发现就立即杀死，人们走在路上都不敢说话，只能以眼神交流。这些引得国内各项矛盾愈来愈尖锐。公元前841年，发生了国人暴动，周厉王在国人的包围袭击下仓皇而逃，后于公元前828年死于彘（今山西霍县）。

史书对周厉王的记载几乎都是他暴虐的一面，但就如人不可能一生只做好事，周厉王也不可能一生只做坏事，他也有做得好的事情。晋侯苏编钟上的铭文就记载了一件周厉王所作的值得称赞的事情。

铭文记载，周厉王三十三年（公元前846年）正月八日，受命于周厉王的晋侯苏

◎ 晋侯苏编钟（一件）

年代：周代

质地：青铜

规格：该组编钟共计16件，大小不一，大的高52厘米，小的高22厘米

文物现状：现藏于上海博物馆

率军从宗周出发，征伐夙夷。三月底，军队抵达一个地方，在大军分成行列，迈向将要攻击的战争目标之前，周厉王亲自向晋侯苏下达命令，让他从左边攻击一邑，从北边攻击另一邑。两邑被攻占后，周厉王前来巡视参战的部队，部署对一座城市的进攻。周厉王的到来，让所有的夷人惊恐而逃，王师大获全胜。这次战争共计斩首480级，俘虏104人，规模之大被纳入周厉王时的四大战役之中。班师返回成周后，周厉王隆重赏赐了晋侯苏。为了报答和颂扬天子的美德，晋侯苏铸造了这套编钟。

从铭文看来，周厉王的功烈，在西周晚期决不亚于之后的周宣王。但在史书中，却没有任何直接或间接的反映，包括司马迁的《史记》。晋侯苏编钟的铭文提醒我们，即使最公正的史书，作者在编写的时候也是有取舍的。只有把那些被抹去的历史事件都找齐了，才有可能对历史人物作出较为全面的评价。

钟鼓雅乐不敌郑卫之音

周武王建立周朝不久，就命周公姬旦制礼作乐，建立各种贵族生活中的礼仪和典礼音乐，使音乐为其王权统治服务。这一部分乐舞就是所谓的"雅乐"，它包含了远古图腾及巫术等宗教活动中的乐舞及祭祀音乐，也包含西周初期的民俗音乐。由于雅乐的重要性，它不仅在形式内容上被固定下来，而且在周朝的礼仪活动中，什么等级场合使用什么音乐，也有严格规定，稍有用错，即为违礼。

编钟是雅乐的主要乐器之一。编钟用青铜铸成，由大小不同的扁圆钟按照音调高低的次序排列起来，悬挂在一个巨大的钟架上，用丁字形的木锤和长形的棒分别敲打铜钟，发出不同的乐音。编钟不仅铸造艰难，而且音色沉着而又清脆、厚实而又绵长，音响富有穿透力，出音从容不迫张弛有度，具有悠闲雍容、矜持华贵的贵族气度。所以编钟具有神圣魅力，是祭祀、朝聘、宴享的主要乐器，被规定为上层社会专用的乐器，成为等级和权力的象征。

鼓也是周朝雅乐的主要乐器之一，以其纯厚绵长的音响，与编钟一起，造成一种庄严、肃穆、安静、和谐的气氛，使参加典礼的贵族受到伦礼教育的感化。

只是在开始时具有浓郁生活气息的雅乐，因为与典礼相匹配而被固定下来，到后来逐渐变得庄严神秘而又沉闷呆板，失去了生命活力。与之不同的，各诸侯国的风俗音乐因为可以自由发

◎ 编钟

展，充满了活力生机。尤其是郑、卫两国的音乐，表达感情奔放、热烈、大胆，具有很强的艺术感染力，被称为"郑卫之音"。正是因为这一特色，精通音乐的魏文侯（前445年～前396年在位）曾对孔子门徒子夏说："我衣冠端正地听雅乐，非常担心会困倦地睡着；听郑、卫两国的民间音乐，则听多久都不会感到疲倦。"魏文侯的评价，代表了新兴地主阶级对僵化凝固的雅乐的厌弃和对活泼、清新的俗乐的热爱。

曾侯乙建鼓底座

曾侯乙建鼓底座系战国时期青铜器，它大体为半圆形，座圆面由八对大龙和上百条小龙纠结穿插而成。这些龙昂首摆尾，以多变的形态和对称的布局，构成了极其复杂生动的艺术形象，龙身互相缠绕，镂空并镶嵌绿松石。乍看这件器物，犹如一团火焰。

书写不背盟誓的佳话

曾国因为曾侯乙墓的发掘而闻名于世，但史籍记载上找不到与之相对应的曾国。史书上有较详细记载的随国，其国君姓氏、疆域范围和活动年代都与考古发现的曾国大致相同，但却没有发现相关文物或遗址。经过考察研究，有专家认为，曾和随是同一个国家，曾是国名，随是它的都城的名字，因为古代有以都城名称呼国名的习惯，所以史书上则把曾国记作随国，曾侯乙就是随国的诸侯王。

曾侯乙墓出土了大量青铜器，代表了春秋战国时期青铜器制造的高超水平。曾侯乙墓出土的许多青铜器都铭记有"曾侯乙"三字，其中有一件镈钟，上面的铭文明确记载了是楚惠王赠予曾侯乙，这让人们好奇随（曾）国和楚国的关系。

自公元前706年始，到公元前690年间，楚国多次伐随，此后50年，随国臣服于楚。公元前506年，吴国大军攻进楚国郢都，楚昭王逃到随国，吴军随即赶到，要求随君交出昭王。作为交换的条件，吴国答应把汉水以东的土地划归随国。局势已经十分危急，楚昭王藏在随国公宫以北，吴军已经进抵公宫以南。但随君不顾吴国威胁利诱，拒绝交出楚王，因此赢得了时间，楚国在秦国的帮助下，打退了吴国军队。镈钟铭文上的楚惠王熊章就是楚昭王的儿子，为了报答救父之恩，

◎ **曾侯乙建鼓底座**
年代：战国
质地：青铜
规格：通高54厘米，底径80厘米
文物现状：现藏于湖北省博物馆

楚惠王才铸造了精美的镈钟送给曾侯乙，以表达两国的友好关系。

随国在吴国大军压境的情境下保护楚昭王的故事，是历史上一个不背盟誓的佳话。虽然随（曾）国最终在政治上成为楚国的附庸，在地域上纳入了楚国的怀抱，其文化染上了楚人的色彩，政体与文化都逐渐地消亡了。但在这之前，江汉一带的姬姓诸侯国全部被楚国所灭，只有随（曾）国独存，可能就是因为随（曾）、楚两国世代友好的原因。可见古人奉行知恩图报的道德准则是较为坚定的。

无法复制的建鼓底座

建鼓，古称足鼓、晋鼓、楹鼓、植鼓、悬鼓，是一种槌击使鼓膜振动产生鸣响的乐器，曾为历代宫廷所用。建鼓历史悠久，三千年前的商代至西周之际已经存在，是我国出现最早的鼓种之一，战国时代已广

泛应用。1978年，湖北随县擂鼓墩曾侯乙墓出土一面建鼓，这是目前所知我国年代最早的建鼓实物，距今有两千四百年的历史。

曾侯乙墓出土的建鼓的鼓框为木制，鼓身长约100厘米，两面蒙皮，鼓面直径80厘米，鼓身中间垂直贯穿一根直径7厘米的木柱，并牢固植于一个青铜盘龙鼓座上。建鼓的打击点有鼓心、鼓边和鼓身，与现在打击鼓的方法差不多。只可惜曾侯乙墓建鼓在出土时鼓身和中间的木柱已腐坏，只剩下鼓座保存完好。

这尊建鼓底座和中原出土的西周青铜器相比，造型神奇、诡异，与其他地方的商周文物完全不一样。它的底座由八对大龙和数十条纠结缠绕的小龙构成，龙身互相缠绕，无数条首尾纠缠的小龙盘在一起，向上攀爬，给人以纷繁缭乱、变幻莫测的奇特感受。迄今为止，还没有一个人能数清上面到底有多少条小龙。湖北省博物馆一位负责人说到一件有意思的事：一个外国朋友参观建鼓底座，在展柜前数了整整一天，到下午闭馆的时候才走，他说他数的结果是108条！但是，不同的人在不同的角度数的结果是不一样的。不过这位外国朋友可以近距离接触真品建鼓，不可不说是一种福分，因为我国对外展出的国宝大多都是仿制品，唯有这件曾侯乙墓建鼓底座至今仍然没有仿制品。究其原因就是至今仍然无法复原当初的制作工艺，做出来的仿制品缺乏那种与生俱来的精、气、神。

◎ 曾侯乙编钟

陶器和瓷器

秦陵文官俑

秦陵文官俑，分为8尊袖手俑和4尊御手俑两大类，都戴红色的"臃颈"（围巾），穿交领右衽长袍，足登方口翘尖长履，做站立姿态。他们全都戴着单板或双板的长冠，都是"当官的"。这12件陶俑没有铠甲，没有战袍，在已出土的六七千件兵马俑中是史无前例的。

秦始皇倚重文官

秦始皇统一六国，其旷世武功是人人都肯定的。秦始皇陵兵马俑展示的就是他武功卓绝的一面。但是作为一个国家的统治者，只会武力征服天下是不够的，还需要懂得权衡之术才能治理国家。正所谓"上马打天下，下马治天下"，秦始皇除了重用王翦、蒙骜等武将打天下之外，也善于任用李斯、王绾等文臣治理国家。

秦始皇从当上秦王以来一直积极招贤纳士，从而身边围满了来自中原各地的有才能之士。秦国设置有博士官，是议政官和礼官，秦始皇统一六国时发展到七十名之多，成员以儒生为主。秦始皇很倚重博士官，但却并不偏信他们。

全国统一后，在一次早朝上，丞相王绾对秦始皇说："现在诸侯刚刚消灭，特别是燕、楚、齐三国离咸阳很远，不在那里封几个王不行，请皇上把几位皇子封到那里去。"博士官们纷纷附议支持王绾的意见，只有李斯提出反对意见。李斯认为："周武王建立周朝的时候，封了不少诸侯。到后来，像冤家一样互相残杀，周天子也没法禁止。可见分封的办法不好，不如在全国设立郡县。"虽然李斯的意见在朝臣中属于少数派，但秦始皇看出了它的正确性，力排众议在全国实行了郡县制。秦始皇把全国分为三十六个郡，郡下面再分县，并且亲自任命各个郡的长官。

秦始皇还采纳李斯等大臣的建议，使"车同轨、书同文"，还把全国的货币和度量衡等都定出了统一的标准，促进了大一统帝国的政治、经济、文化、艺术各方面的快速发展。

秦始皇在治理国家方面其实也是颇有建树的，只是他统一六国的武功盖过了他在这方面的表现。秦始皇陵兵马俑着重渲染了秦始皇的军功，直到2000年出土了12件文官俑，才提醒人们去关注秦始皇"文"治的一面。

残酷的人殉

俑是我国古代坟墓中陪葬用的偶人，是象征殉葬奴隶的模拟品。在用俑殉葬之前，古代实行的是残酷的人殉。人殉就是用活人为死人殉葬，被殉葬者多是死者的近亲、近臣、近侍，以及战争中的俘虏等。人殉是阶级对抗的产物，也是一种残忍而野蛮的宗教行为，它出现于原始社会末期，盛行于奴隶制时代，在封建制时代依然存在。

中国古代人殉现象在殷商时代最为突出，盖因当时用活人殉葬已成为一种制度："天子杀殉，众者数百，寡者数十；将军大夫杀殉，众者数十，寡者数人。"目前考古发掘出的殷商

◎ **秦陵文官俑**
年代：秦代
质地：陶器
规格：高约1.8米
文物现状：现藏于陕西秦陵

◎ 兵马俑

贵族墓葬，几乎座座都有数量不等的殉人，证实了这样的记载。

春秋时期，奴隶制走向崩溃，人殉的做法越来越受到抨击，人殉现象逐渐减少，代之以泥木人形的制品殉葬。秦始皇死后，秦二世逼迫没有生子的宫女全部殉葬，而且将建造陵墓的工匠也封闭在墓内，被害者"计以万数"。秦的一系列暴政导致了秦王朝的覆灭，使得后来的统治者接受了一些政训。从汉朝到元朝，人殉制度基本上被废止了。

然而，明朝建立后，太祖朱元璋又恢复了人殉制。朱元璋的次子秦王死时，由他降旨准以二名王妃殉葬。朱元璋本人死时，更以四十六名妃嫔、宫女殉葬。后来的成祖、仁宗、宣宗、代宗几代都用数量不等的妃嫔宫女殉葬。宣宗有个叫郭爱的妃子，很有文才，入宫不到一个月就被指定殉葬，年仅14岁。死前，她万般愤懑地写下一首绝命词："修短有数兮，不足较也。生而如梦兮，死则觉也。先吾亲而归兮，惭予之失孝也。心凄凄而不能已兮，是则可悼也！"

天顺八年（1464年），英宗朱祁镇临终前特召皇太子至榻前，下遗诏说："用人殉葬，吾不忍也，此事宜自我止，后世勿复为。"这样，最终废止了惨无人道的人殉制度。清朝虽然在入关前实行过人殉制，但入关统治全国后即予废除。所以，严格地说，明朝是中国历史上最后实行人殉制度的朝代。

据说秦始皇本想用真人做皇陵的兵马俑，但因为人数太多，才不得不听从丞相李斯的话，用陶俑代替。

玫瑰紫釉葵花花盆

玫瑰紫釉葵花花盆，呈葵花形，盆身装饰着六条外凸里凹的线条，把花盆均匀地分成六瓣状。它内外施釉，外型优美端庄，曲线起伏婉转，器里的灰蓝色釉与外表的玫瑰紫釉相映成辉，宛如一朵盛开的葵花，富丽典雅，精美绝伦。

给花盆数码编号

宋徽宗赵佶还是皇子时就十分喜爱河北禹县的钧瓷，当上皇帝后立刻建立钧瓷官窑，专门为皇宫烧造花盆、盆奁等陈设贡瓷。官窑设有督窑官，负责日常生产监督和进贡时的押运。

据说有一年，一个姓杨的督窑官负责押运钧瓷去京城汴梁。在进入皇宫前，钧瓷要先经过检验官过目。往常的督窑官都会打点些银钱给检验官，就可以顺利通行。可是杨督窑官是个老实人，检验官不开口要钱他绝不会主动给，结果检验官拖延了一个多时辰都没见杨督窑官有给钱的意思，就暗中使坏，在把花盆送去给宋徽宗看之前，把大小花盆和盆托全弄混了，看上去极不协调。宋徽宗见到搭配得乱七八糟的花盆和盆托便大怒，说要严惩督窑官。幸好有一个在场的大臣站出来求情，让皇上把督窑官叫来问清楚了再罚。杨督窑官在宋徽宗允许下把花盆和盆托重新组合了一遍，完美的匹配让宋徽宗满意了，杨督窑官才躲过一劫。

回到窑场的杨督窑官心里一直发愁，因为今年有贵人相助才保住了性命，

⊙ **玫瑰紫釉葵花花盆**
年代：北宋
质地：瓷器
规格：高15.8厘米，口径22.8厘米，足径11.5厘米
文物现状：现藏于北京故宫博物院

但以后每年的进贡，如果还被人陷害，就不一定有今年的运气了。但杨督窑官想破头脑都想不出解决的办法。

有一天，窑场来了一位流浪老人。杨督窑官见老人很可怜，就好吃好喝地招待他。临走时，老人给杨督窑官写了几个字"一对一，二对二，背朝天，写数字"，并且再三嘱咐杨督窑官说这几个字对他有用处。

杨督窑官把这几个字翻来覆去想了半个多月，才终于弄明白了其中的意思。原来这"一对一，二对二"是说同一型号的花盆配同一型号的花盆托，"背朝天，写数字"是把瓷器翻过来，把数码刻在瓷器底下。有数码为证，花盆、花盆托就不会再混淆了！杨督窑官立即让窑场匠人把数码标上去，第二年再去进贡，检验官想故技重施，看到盆底的数码恨得牙痒痒的，却也不敢再害杨督窑官了。

宋代进贡钧瓷器底下的数码，从"一"到"十"，数字越大，瓷器的尺寸越小。玫瑰紫釉葵花花盆的数码是七，属于小号尺寸的花盆。这个数字同时能证明这个花盆的确是宋代进贡皇家的钧瓷精品。

窑变无双的传奇

钧瓷是我国宋代五大名窑瓷器之一，以独特的窑变艺术而著称于世，素有"黄金有价钧无价"和"家有万贯，不如钧瓷一件"的美誉。关于人们是怎样发明了钧瓷"窑变无双"的秘技，民间流传着一个传说。

相传河南禹州神垕镇有一位姓李的老汉，带着儿子开了一个小瓷窑，烧制民用青釉瓷器。一天，一窑新瓷烧成了，儿子打开窑门时，却被眼前的景象惊呆了！只见在烧好的青釉瓷器中，有一件花盆格外引人注目，釉质晶莹，釉色紫红，犹如一位略施粉黛的仙女，亭亭玉立。

儿子连忙把老汉叫来，老汉也被那梦幻般的釉色惊住了。他烧了一辈子窑，可从来没有烧出过如此漂亮的瓷器，这可是老天送给他的惊喜。老汉和儿子连忙又赶制了一批瓷器，希望能多烧出几件这种好釉色的花盆。可惜得到的只是普通的青釉瓷器。

老汉决心找出釉色窑变的秘密，把小瓷窑里外和每一道工序都检查了个遍，终于在窑棚角落发现了一些铜屑，觉得是可能引起窑变的原因。于是老汉和儿子把铜屑和到坯土里，又制了一批瓷器。经过焦急的等待，老汉和儿子打开烧窑的窑门，终于如愿看到了期待中的窑变釉色。

老汉和儿子发现窑变秘密的传奇虽然虚构的可能性很大，但也说明了这个发现是在民间匠人们的摸索中获得

◎ 宋钧窑玫瑰紫釉鼓钉洗

的。随着技术的发展和试验的深入，河南的钧瓷不仅烧出了迷人的紫红釉色，还烧出了玫瑰红、海棠红、胭脂红、鸡血红、朱砂红、茄色紫、葡萄紫、鹦哥绿、葱翠青等绚丽多彩的颜色。钧瓷"入窑一色，出窑万彩"的效果，使它获得了比玉还珍贵、比金还值钱的身价。

元青花鬼谷子下山罐

元青花鬼谷子下山罐，素底宽圈足，直口短颈，唇口稍厚，溜肩圆腹，主体纹饰为"鬼谷子下山图"。整个青花纹饰呈色浓艳，画面饱满，人物刻画流畅自然，神韵十足，山石皴染酣畅淋漓，笔笔精到，十分完美，正如孙瀛洲先生所说的："元代瓷器，精者颇精。"

鬼谷子下山

鬼谷子是历史上极富神秘色彩的传奇人物。他是春秋时楚国人，精于心理揣摩，通晓纵横捭阖之术，是当时著名的思想家、军事家、纵横家。相传鬼谷子有弟子500多人，其中不少人在当时功成名就、出将入相。战国时期杰出的纵横家苏秦、张仪、毛遂及著名军事家孙膑、庞涓、尉缭子等都是他门下的高徒，而他最爱孙膑的为人诚恳真挚。

鬼谷子年轻时曾做过官，后来隐居鬼谷，一生有史可查的事迹不多，下山救孙膑是其中的一件，而且神话色彩很浓。

据说孙膑因为为人诚恳真挚而最得鬼谷子喜爱。在燕国攻打齐国的战争中，燕国大将乐毅请来他的师父黄伯阳布了一个迷魂阵，把孙膑和齐国的几名大将一起困在了阵中。孙膑在阵中设法突围，齐国军队也在阵外多次营救，但持续了将近一个月也破不了迷魂阵。于是齐国派大臣苏代去请鬼谷子来营救孙膑，希望同是师父级别的鬼谷子能战胜黄伯阳。

苏代见到鬼谷子说明来意，鬼谷子就表示他是楚国人，不是齐国的国民，而且隐居避世很久了，不愿意出去沾染俗世。不过他可以提供一个计策，让苏代回去破阵救孙膑出来。苏代就说，燕国有黄伯阳和乐毅，破了迷魂阵可能还会有其它很厉害的阵法，到时可能还得再来向鬼谷子求救，所以倒不如鬼谷子下山亲自去救人。鬼谷子觉得苏代说得有理，而且他也希望自己最喜爱的徒弟孙膑能被救出来，便答应了苏代，坐着狮子老虎驾的车下山去救徒弟。而鬼谷子不愧是千古奇人，他到了前线没花多少时间，就破了迷魂阵救了孙膑，降服了黄伯阳和乐毅。

鬼谷子有着旷古绝今的智慧和谋略，但他没有自己去建功立业，而是退居深山著书立说，培养了数以百计的弟子。但为了自己最爱的弟子，却又毅然出山。可见他的进与退，并不受世俗成见的限制，而在于自己内心的喜好的决定。

◎ **元青花鬼谷子下山罐**
年代：元代
质地：青花瓷
规格：通高27.5厘米，径宽33厘米
文物现状：漂泊海外

有故事的元青花

在中国古代，瓷器的装饰花纹向来以山水花鸟为主，很少有人物故事情节的。但元代的青花瓷却有不少以古代故事为装饰图案的，它们的产生和流行很可能跟朱元璋有关系。

据资料记录，元末时期，朱元璋很长时间驻扎在景德镇。当时朱元璋率领的明军跟陈友谅的汉军交战，一开始处于劣势，陈友谅号称有六十万军队，他才十几万。打了几次仗，朱元璋都没有占着便宜。曾经有一次，朱元璋被陈友谅追得一直跑到浮梁（曾管辖景德镇）。浮梁有一座红塔，因为是用当地的红土砖砌成的，一下雨，砖一湿就变成微红色，所以得名。红塔有40多米高，里外挂满了蜘蛛网。朱元璋逃到这里发现走投无路，急中生智从蜘蛛网底下钻到塔里，躲到塔顶上。因为他非常小心，没有弄破蜘蛛网，追兵来了没看出有人进入塔里的痕迹，所

元青花龙纹盖盒

以没进入塔里搜查，朱元璋这才逃过一劫。

景德镇当时是朱元璋的根据地，朱元璋一天到晚想的都是怎样才能拿下这个江山。所以，鬼谷子下山这样的瓷器就应运而生。类似的战争题材的元青花图案还有"萧何月下追韩信"、"三顾茅庐"、"周亚夫细柳营"等。

画有人物纹的元代青花罐非常罕见，全世界不足十个，分别藏在博物馆和私人手里。博物馆馆藏的主要有东京出光美术馆藏的"昭君出塞"青花罐、美国波士顿美术馆藏的"尉迟恭救主"青花罐、日本大阪万野美术馆藏的"百花亭"青花罐、英国铁路基金会藏的"锦香亭"青花罐。苏富比在1996年拍卖的"三顾茅庐"青花罐，和"西厢记"、"周亚夫细柳营"两个青花罐，都为私人收藏。

成化斗彩三秋杯

成化斗彩三秋杯，因杯身所画为秋天景物，而秋天历时三个月有"三秋"的说法，所以名为"三秋杯"。三秋杯以青花描绘菊花、草花和飞蝶轮廓，以蛾黄、紫红、姹紫点染飞蝶和花蕊。杯形秀巧，画面雅洁，传世稀少，为明瓷中珍品。

百里挑一的精品

明宪宗成化年间的瓷器非常有名，发展出了自成一家的成化斗彩瓷器。成化斗彩瓷器的精美是明宪宗一手缔造的。

明宪宗和宋徽宗一样，是一个艺术家皇帝。他在绘画上的成就很高，曾经根据"虎溪三笑"的典故，画了一幅《一团和气图》，乍看仿佛一个圆球，画着一个眯眼嬉笑之人，但仔细观看会发现是三个人抱成一团，初看时的一个面孔实际是由三个面孔组成的。明宪宗在绘画上的深厚艺术修养影响着他对瓷器的要求。明宪宗非常喜爱瓷器，对瓷器的制作要求很严格。据说他曾亲自设计瓷器的款式和纹样，再交给景德镇的御窑场制作。明宪宗对瓷器的要求精益求精，如果他要四件贡品，景德镇御窑厂要烧制一百件一模一样的，从中挑四件最好的进皇宫，其余的一律集中打碎、就地掩埋，因此成化斗彩瓷流散在外的非常少。明宪宗本人也曾数次亲临景德镇监督烧造。正是这种不惜工本的讲究，使得成化斗彩受到后世人的极力推崇。

成化斗彩瓷器传世的器件不是很多，尤其是成化斗彩三秋杯，在目前传世及出土的成化斗彩瓷器中绝无仅有，全世界仅有一对，藏在北京故宫博物院。三秋杯的胎体比蝉翼还薄，据说拿过瓷器后，指纹都能从背面看清楚。所以拿捏时都要小心翼

◎ **成化斗彩三秋杯**
年代：明代
质地：瓷器
规格：通高4.3厘米，口径6.8厘米，足径2.6厘米
文物现状：现藏于北京故宫博物院

翼：手既不能太热，也不能太凉，否则杯体就有可能由于冷热微小的变化而炸裂。由于三秋杯的"娇贵"，故宫器物部主任吕成龙曾表示，不愿触碰这个常人难得一见的珍品，每次搬动时都如临大敌，汗不敢出，生怕一不小心毁了国宝，就此"丢了饭碗"。而前上海博物馆的馆长、著名瓷器鉴定专家汪庆正的论断更是惊人：此杯若是拿到市场上拍卖，

起拍价至少是5亿美元！这个夸张的论断所要表达的意思正是：成化斗彩三秋杯乃是无价之宝！

瓷器背后的旷古畸恋

明成化斗彩三秋杯以或淡雅或浓艳的色彩描绘了秋天的乡居野景，纹饰绘画线条简练，犹如一幅美丽的图画，充满自然气息和生活情趣。因为历时三个月的秋季又有"三秋"的说法，所以被称为"三秋杯"。

成化斗彩无大器，三秋杯就是成化斗彩小瓷器中的典型，它高4.3cm，口径6.8cm，足径2.6cm。据说成化瓷器大部分以小器件为主，是因为成化皇帝的宠妃万贵妃喜欢把玩小瓷器。

成化帝朱见深是中国历史上最具传奇色彩的皇帝之一。据说朱见深虽生在帝王之家，童年却生活在随时被杀掉的恐惧之中，所以一直非常依赖从小伺候自己的宫女万贞儿，并发展为对万贞儿的一种特殊感情。朱见深当上皇帝之后，曾想立大他17岁的万贞儿为皇后，但遭到朝廷内外的一致反对，改而立她为皇贵妃。成化帝对万贵妃非常专情，放着年轻貌美的皇后与其他妃子不顾，甚至为了她废掉吴皇后，放任她杀死自己的一个个孩子。万贵妃非常跋扈，但却很喜欢小巧的玩意儿，尤

◎ 明成化斗彩花鸟纹壶

其是瓷器。所以成化帝专门为她制造小杯小碗等小巧的瓷器，来博取她的欢心。万贞儿58岁的时候突然得暴病死了，成化帝觉得自己的依靠不在了，一下子失去了元气，哀叹道："万侍长去了，我亦将去矣。"几个月之后，他抑郁而终，时年40岁。

成化斗彩瓷器多为小器件，很可能是因为当时的制酒技术提高，蒸馏酒的高纯度不再适宜使用大碗来大口喝酒，所以流行了小酒杯。人们之把小瓷器流行的原因附会在成化帝和万贵妃身上，很可能是在通过"成化畸恋"的离奇曲折、惊心动魄来提高成化斗彩瓷器的故事价值。

粉彩蝠桃纹橄榄瓶

粉彩蝠桃纹橄榄瓶，形似橄榄，故称"橄榄瓶"。瓶体以粉彩为饰，瓶身绘制有硕壮的桃枝，桃枝上挂着八只寿桃和盛开的桃花与花蕾。枝干施黑褐彩，寿桃施粉红彩，桃花施白彩，桃子缀挂于枝头，分布得体，色彩淡雅柔丽，两只蝙蝠飞舞其间，平添情趣。

"工作狂"的闲情逸致

清朝的雍正皇帝被后人公认为"工作狂"，据说他平均每天亲笔批阅奏折10件，有的奏折上的批语竟有1000多字，而且时间多在夜间，因为白天另有其他工作。雍正很珍惜时间，从不像他父亲康熙或者儿子乾隆那样下江南巡游。雍正忙里偷闲的消遣有两个，一个是变装画像，另一个是玩赏瓷器。

雍正很喜欢换上汉族文人士大夫的着装，在宫苑里找一处雅致的地方，扮演他想象中的潇洒才子，然后由宫廷画师在旁边暗地里画下来。这种对汉族文人的追慕很可能也影响着他对瓷器的喜爱。

历代帝王中喜爱精美瓷器的不在少数，像五代后周世宗柴荣，一句"雨过天青云破处，者般颜色作将来"，成为千古佳话。但若论对瓷器嗜爱之深、鉴赏品味之高、对后世影响之大，则首推清代雍正皇帝。

雍正对前代名窑瓷器非常向往，所以对宋代五大名窑的瓷器都有仿制。雍正十一年曾下旨仿制一批瓷器，在旨意中还特别指出"其钧窑的要紧"。雍正时期明代成化斗彩也非常受推崇，他下令制作的仿制品非常成功，甚至达到以假乱真的程度。

雍正对珐琅彩瓷器的用心也很大。康熙时期珐琅料都是进口的，往往供不应求，而且色料也比较单一。雍正便组织自制珐琅料，并于雍正六年获得成功。

雍正还对瓷器的式样装饰提出具体要求。档案记载雍正皇帝多次降旨，命戴临在珐琅彩瓷器上题写诗句。例如雍正九年四月，让内务府总管拿出一对白瓷碗，要求在碗的多半面上画绿竹，少半面由戴临选诗句题写。雍正甚至对颜色都提出他的见解，"地章或本色配绿竹，或淡红色、或荷色酌量配合烧珐琅"。

粉彩瓷器在雍正时期得到了惊人的发展。它使用了从国外进口的胭脂红，改变了古彩那种单线平涂的生硬色调，从而使每种颜色都有丰富的层次感，显得更为娇艳，以淡雅柔和而名重一时。粉彩瓷器胎白且薄，达到了"只恐风吹去，还愁日炙销"的底部。粉彩蝠桃纹橄榄瓶便是这一时期粉彩瓷器的杰出代表。

◎ **粉彩蝠桃纹橄榄瓶**
年代：清代
质地：瓷器
规格：通高39.5厘米
文物现状：现藏于上海博物馆

每一个皇帝的兴趣爱好对那个时代都会有深远的影响。乾隆喜欢游山玩水而下江南，耗费了大量民政财收。雍正对瓷器的嗜爱在满足自己的同时促进了瓷器工艺的发展，可谓是良好的兴趣爱好。

"蝙蝠"的文化

蝙蝠是唯一一类演化出真正有飞行能力的哺乳动物，它样子长得像鼠，并不好看，但因为蝙蝠简称"蝠"，"蝠"与"福"谐音，人们以蝠表示福气、福禄寿喜等祥瑞。民间绘画中画五只蝙蝠，意为"五福临门"。但是如果把人比作蝙蝠，就丝毫没有吉祥的意思，这在汉族和某些少数民族中都是一样的。

冯梦龙的《笑府·蝙蝠骑墙》里记载了这样一个寓言故事：凤凰是鸟类中的王，它过寿辰，百鸟都前去朝贺，只有蝙蝠不去，因为它说它不是飞鸟，而是四足动物。后来四足动物中的瑞兽麒麟过生日，百兽都去拜贺了，又只有蝙蝠没去，原因是它这会儿是鸟不是兽了。冯梦龙把蝙蝠的这种行为称为"骑墙"，讽刺地称有蝙蝠这种行为的人为"骑墙派"。

其实从客观来说，蝙蝠捕食有害的蚊虫，是人类的好朋友。只是它身体混合了鸟类与鼠类的特征，让人辨不清它究竟属于哪一类，就像那些随风摇摆的墙头草，没有明确的立场，所以引来了人们对它的误解。在汉族中，蝙蝠因为谐音被赋予了"福气"的含义，常常出现在服饰、器物的图纹上，对它的褒扬因为被强调而凸显。

玉器和金银器

三星他拉玉龙

三星他拉玉龙发现于内蒙古自治区翁牛特旗三星他拉村，龙体蜷曲呈C形，形体酷似甲骨文中象形的"龙"字，是已知红山玉龙中最大的一件，被称为"华夏第一龙"。其造型十分独特，制作工艺非常精湛，显得生气勃勃。同时身上负载的神秘意味，更为它平添一层美感。

原始的猪崇拜

内蒙古三星他拉村出土的玉龙，其头部看起来很像猪，据推测可能是红山文化时期猪的形象，代表的是当时人们对猪的崇拜。

猪在古代称为豕，是原始社会人类最早驯化的家畜之一。汉字"家"的字形表示养有猪的房屋，意指有猪才能称之为家。根据猪的大小，古人对猪还有彘、豨、豚、豵等不同的称呼。可见过去人们非常喜欢猪，对猪的关注不低于对马、牛、羊等家畜。

原始社会，人们的生产能力还较弱，凶猛的野生动物对人们的生活存在极大威胁。在绝对强大的力量面前，人们的崇拜往往更多于害怕。野猪是最凶猛的野生动物之一。它身上有坚硬的鬃毛，皮肉结实坚厚，"青面獠牙"，又长又硬的猪嘴能拱倒参天大树。野猪不仅力气大，而且跑得也快，耐力也非常好。所以即使在已经广泛饲养家猪的春秋战国时代，人们也还把野猪视为勇猛的象征。孔子的弟子子路个性好勇，就曾佩戴猪形玉佩以标榜自己的勇武。

把猪神化的故事在古籍《符子》中有记载。传说有人送了一头大猪给燕昭王，这头大猪有120岁，人称豕仙，要住很大的猪圈，吃人的粪便。燕昭王养了一段时间，看到豕仙大得像一座小山丘，四只猪蹄好像快要撑不住了，就让人称一下它的重量，结果竟然有千钧重。就有大臣进谏说，豕仙大而无用，不如把它杀了分给众人做菜吃。于是燕昭王就让人把豕仙杀了。当天晚上，进谏的那位大臣就梦到了豕仙对他说，上天让它变成一头猪专吃人的粪便，它对这样的生活已经厌倦很久了，有幸得到大臣的帮助得到解脱，成为了鲁津的河神。

图腾与图腾文化

三星他拉C形玉龙首尾分离，其头部具有猪首的特征，口部比较长，鼻端前突截平，上翘起棱，有并列鼻孔，而身子则具备蛇的特征，意味着这种带有猪首蛇身特征的龙是由猪和蛇演变而来的，是"龙图腾"在新石器时代人们头脑中的形象。

图腾一词来源于印第安语"totem"，意思为"它的亲属"、"它的标记"。图腾是原始人群体的亲属、祖先、保护神的标志和象征，是人类历史上最早的一种文化现象。社会生产力低下和原始民族对自

◎ 三星他拉玉龙
年代：新石器时代
规格：高26厘米，剖面直径2.3～2.9厘米
收藏：内蒙古自治区翁牛特旗博物馆

红山文化

红山文化是我国北方地区较重要的新石器时期文化，距今约5000年至6000年前，持续时间约2000年。因1935年首次发现于热河省（今属内蒙古）赤峰市的红山而得名，是一个以农业为主的新石器时代文化。红山文化的社会形态初期处于母系氏族社会的全盛时期，主要社会结构是以女性血缘群体为纽带的部落集团，晚期逐渐向父系氏族过渡。红山文化的居民主要从事农业生产，还饲养猪、牛、羊等家畜，兼事渔猎，细石器工具发达，还有磨制和打制的双孔石刀、石耜、有肩石锄、石磨盘、石磨棒和石镞等。玉雕工艺水平较高，玉器有猪龙形缶、玉龟、玉鸟、兽形玉、勾云形玉佩、箍形器、棒形玉等。

然的无知是图腾产生的基础。原始社会，人们迷信某种动物或自然物同本氏族有血缘关系，相信它有能力庇护本氏族的繁衍发展，因而用来做本氏族的徽号或标志，从而产生了图腾崇拜。

图腾信仰与祖先崇拜有着密切的关系。在许多图腾神话中，人们认为自己是某种动物的后代，并把这种动物当成自己民族最古老的祖先来崇拜。苗族、瑶族、畲族的盘瓠崇拜，就是认为本民族是盘瓠的后代。

中华民族以"龙的传人"自称，把"龙"作为本民族的图腾。"龙图腾"的形成与发展比较复杂和漫长。相传，黄帝在统一中原之前，以"熊"为标志性图案。战败蚩尤统一中原后，它的标志兼取并融合了被吞并的其他氏族、部落的标志性图案，如鸟的标志图案、猪的标志图案、鹿的标志图案、蛇的标志图案、牛的标志图案、鱼的标志图案等，最后拼合成中华民族共同崇拜的形象"龙"，一种虚拟的综合性神灵。这一奇特的形象蕴含着中华民族发展、各民族相互融合、团结的历史，成为中华民族始祖的标志性图案。

龙的形象对各种标志图案的吸收比例是不一样的。中华民族是以农耕为主的民族，所以家畜对其来说是非常重要的。而猪是最早驯化的家畜之一，在古代人们生活中的影响非常大。所以早期龙的形象中猪形象的比例非常大。

图腾是原始人类的精神信仰，在各个民族中的发展程度并不一样。有的民族的图腾并没有成形，有的民族的图腾只是单纯的一种动物或自然物，有的民族的图腾则是一种非常抽象综合的形象。中华民族的龙图腾就是一种非常抽象综合的形象，融合了许多图腾形象的特点，研究起来非常困难。三星他拉玉龙的出现，为龙的形象和龙的图腾文化的研究提供了重要的材料。

嵌松石象牙杯

嵌松石象牙杯是用象牙的根部制作成的，腹腰中空。杯的手柄也是用象牙制成。杯的口部，随象牙的自然弯曲形态，锯掉一半，使杯口部呈舌状长流。杯整体显得别致、高大，图案富丽，工艺精巧，体现了商代象牙雕刻工艺的卓越技巧。

第一位将军王后

嵌松石象牙杯是1976年在河南安阳殷墟妇好墓发掘时出土的，同时出土的陪葬物多达千余件，类型繁多，品质上乘，可见墓主人在当时颇受尊崇。据出土的器物铭文记载，墓主人妇好是商王武丁的配偶，庙号"辛"，故又称"后母辛"。

妇好嫁给武丁之前的身份，应该是商王国下属或周边部落的母系部族首领或公主，有着非同一般的出身和见识。妇好是武丁的第一位王后，也是武丁一生六十多个妻妾中最重要的一位。古语有"国之大事，在祀与戎"的说法，商朝就是一个极度重视祭祀和军事的朝代，而在妇好做武丁王后的时候，她在国家的祭祀与军事上都有着举足轻重的作用和地位。

据殷墟出土的甲骨文卜辞记载，妇好曾多次主持各种类型和名目的祭祀活动。由于她有较高的文化修养，还被商王武丁任命为卜官，刻写卜辞。现存的甲骨文中，有些就是出自妇好手刻。因为商王朝迷信鬼神，国家大事都要经过问卜之后才做决定，所以妇好通过主持祭祀而参与商朝的政治活动，利用神权为商王朝统治服务。

除了是一位优秀的卜官和政治家之外，妇好还是一名优秀的将领，是我国有史可查的第一位女将军。据文献记载，妇好曾多次带兵出征，立下赫赫战功。在讨伐羌军时，妇好在领地征召精兵3000名，又会合了10000多名普通战士，昼夜兼程来到前线。妇好根据地形设下埋伏，自己亲率精兵迂回羌军后方。商军步步为营，引诱羌军进入设伏地，妇好一声令下，伏兵便排山倒海杀将出来。羌军士兵虽然强悍，但终究寡不敌众，且遭遇埋伏乱了军心，

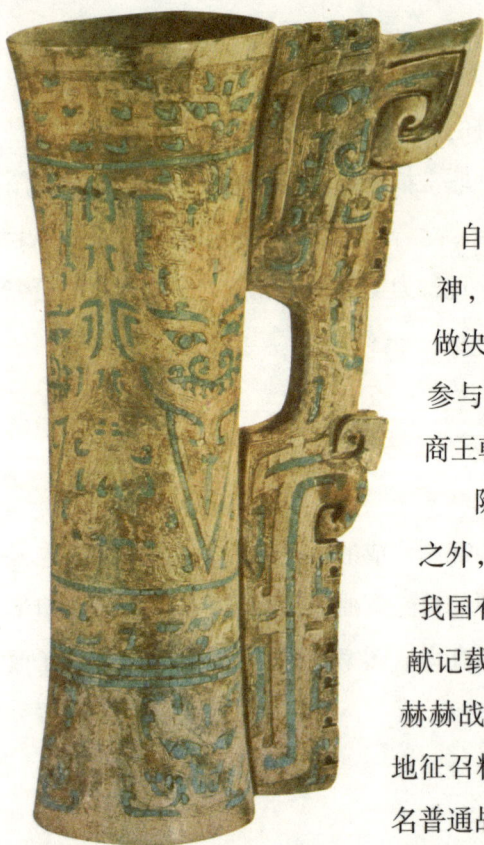

◎ 嵌松石象牙杯
年代：商代
规格：高30.5厘米
宝物现状：现藏于中国社会科学院
　　　　　考古研究所

大败而归。这是中国最早有文字记载的"伏击战"。这次战争动用的兵力在当时是非常罕见的，因为在武丁亲征鬼方、讨伐荆楚时，所率士兵也不过三五千人。妇好能指挥这么庞大的一支军队，既表明她在商朝军事上的重要地位，也表明她有着卓越的军事指挥才能。妇好墓出土的文物中有两把刻有"妇好"二字铭文的铜钺，每把重达八九千克，这是妇好统帅权威的象征物。

妇好虽然只活到33岁就去世了，但她在祭祀、政治与军事上的付出，为武丁中兴商朝作出了巨大贡献。可以说武丁中兴有将近一半的功劳应该属于妇好。

象牙与亡国的关系

象牙是非常昂贵的工艺品原材料，尤其在古代狩猎大象数量不多的情况下，象牙制成的工艺品是非常珍贵的。因为它的珍贵，所以拥有象牙工艺品便是古代一种身份地位的象征。

1976年安阳殷墟妇好墓出土的嵌松石象牙杯，是用象牙根段雕制而成的饮酒器具。象牙杯呈米黄色，通体雕刻瑰丽精细的花纹，杯身和鋬上还嵌了许多绿松石点缀，整体造型独特，纹饰华美。殷墟妇好墓出土的象牙酒杯，是商代极其罕见的艺术珍品。

妇好墓出土的陪葬品一共有1900多件，但象牙器只有3件，可见在当时象牙是非常难得的。但是在商朝末期，商纣王已经用象牙来做筷子，用于日常生活之中。

据《韩非子·喻老》记载，商纣王继位不久，他的叔父箕子见他使用象牙筷子吃饭，便号啕大哭起来。他认为，用象牙筷子肯定不能配瓦器，要配犀角、白玉做的杯子。象牙筷子和玉杯肯定不能盛野菜粗粮，只能与山珍海味相配。吃了山珍海味就不肯再穿粗葛短衣，住茅草陋屋，而要衣锦绣，乘华车，住高楼。国内满足不了，就要到境外去搜求奇珍异宝，这样一

○ 箕子像

来，国家就有灭亡的危险了。箕子从商纣王使用象牙筷子这一小事，看到了他后来亡国的悲剧。而历史也的确如箕子所料的那样发展。

象牙与亡国存在的不是必然联系，而是可能的因果关系。只要不沉迷于奢华的享受，量力而为，像妇好墓中的陪葬品那样，青铜器和玉器储备充足可以各用上几百件，象牙器罕见稀少则3件就足够，那么亡国或卖身的危险就不会出现了。

滇王金印

滇王金印，古代滇国的象征，蛇钮，蛇首昂起，蛇身盘曲，并有鳞纹。钮和印身是分别铸成后焊接起来的。文乃凿成，笔画两边的凿痕犹可辨识，篆书，白文四字，曰"滇王之印"。

古滇国的始与终

1956年，云南考古队对石寨山古墓群进行了一次大规模的发掘。在6号墓的漆棺底部发现了一枚光亮的金印，其上有四个篆字"滇王之印"。滇王金印的发现，证实了《史记》中对古滇国的记载。

据史书记载，早在西汉以前，在滇池、抚仙湖一带居住着的彝族先民，就已经发展了鼎盛的有别于中原文明的青铜文化。大约在公元前339年，楚国欲将势力范围扩展到西南，于是楚威王派楚国大将庄蹻入滇去开疆拓土。庄蹻历经艰辛来到滇池一带时，感觉自己进入了世外桃源一般，于是急忙向楚威王汇报。可是这个时候秦国已经灭了巴国和蜀国，截断了庄蹻与楚国的联系，后来还把楚国也灭了。庄蹻不得已只得在滇池一带定居。为了长久打算，庄蹻与他的部下穿上了当地民族的服装，遵从他们的习俗，以通婚联姻等方式与当地土著民族融为一体。庄蹻还凭借着自己所带军队的武力，在滇池南岸的晋宁建都王国，构筑苴兰城，自封为王。这便是史料中记载的滇国和一代滇王。

虽然庄蹻是从楚国入滇建立滇国的，但他并没有把楚国的文化带入到滇国，后代的滇王对于中原华夏的了解也非常少。滇国在当时是一个极度封闭、孤立的国家。据说曾经有一位滇王很认真地向汉朝的使者问道："汉朝与我谁更大？"在他的眼里，当时的滇国地域已经十分辽阔了。

公元前109年，汉武帝出兵征讨云南。当汉朝军队开入滇国时，滇王选择了降服。于是汉武帝很宽和地赐封他仍为滇王，并赐给他滇王金印，令他继续管理当地百姓。只是与此同时，汉武帝在云南设置了益州郡，派郡守行使管理当地的实际权力。受制于汉王朝的郡县制度，滇王国名存实亡。到公元一世纪，滇国完全退出了历史舞台，不再出现在史料中。

滇王金印的出土，不但确证了"古滇国"的存在，同时也证明了《史记》文献记载的可靠性。

"以夷制夷"的古人智慧

滇王金印用纯金铸成，印钮（印章顶部）是一条盘旋的蛇，背上有鳞纹，蛇头高高抬起，称为"蛇钮"，印面（印章底部，刻字的那一面）用篆字刻着"滇王之印"四个字。

滇王金印是汉武帝对云南实行"以夷制夷"策略的证明。在西汉时期，中央王朝为了统治边疆地区，只要边疆地区称臣纳贡，不对抗中央王朝，一般都以对边疆地区首领赐

◎ **滇王金印**
年代：西汉
质地：金质
规格：印面边长各2.4厘米，印身厚0.7厘米，通钮高2厘米，重90克
文物现状：现藏于中国国家博物馆

印、委派官爵的方式来行使汉王朝对边疆地区的统治和管理。汉武帝

以武力降服古滇国后，也赐给滇王金印和官爵，但他还在当地设了益州郡，从中央政府任命官员去做郡守，掌握当地实际的统治和管理权。汉武帝只是借用滇王在当地百姓中的威信来方便初期的统治管理，并不允许滇王参加到行政管理中去。

滇王的徒有虚名从汉武帝赐给他的金印就可以看出来。汉代的印章是等级分明的，一般从质地来讲，天子是玉印，诸王和宰相是金印，九卿是银印，蛮夷则为铜印；从印钮来讲，诸侯王为驼钮，列侯为龟钮，将军为虎钮，蛮夷则为虺钮。滇王金印从刻字与质地两方面都表明了滇王作为诸王的高贵地位，但其印钮为蛇钮，等同于虺钮，又表明了滇王原是蛮夷的身份，所以不能让其掌有实权。

"滇王之印"前面没有加"汉"字，说明汉王朝把归顺的滇国看做本朝内臣，这有利于滇国人民产生"夷汉本一家"的想法，方便汉王朝摆脱"以夷制夷"的弊端，快速实行直接统治。

经济与政治两手抓

古滇国降服于汉王朝，被赐"滇王之印"，是汉武帝一次经济决策的附带结果。

公元前122年，博望侯张骞从西域归来，向汉武帝禀报了他在大夏（今阿富汗北部）的奇特发现，"居大夏时见蜀布、邛竹杖，问所从来，曰东南身（yuán）毒（dǔ）国（今印度）"。历代帝王的官方记载上从未有过通商记录的西域国土上，张骞居然发现了大量独产于四川的蜀布和邛竹杖，这不能不让人感到奇怪。

原来，早在春秋时期，西南人就在崇山峻岭中开辟了一条通向南亚次大陆及中南半岛的民间"走私通道"。沿着这条"走私通道"，西南人赶着驮着蜀布、丝绸和漆器的马队从蜀地出发，越过高黎贡山后，抵达腾越（今腾冲）与印度商人交换商品。有的马队继续前行，越过亲敦江和那加山脉到印度阿萨姆邦，然后沿着布拉马普特拉河谷再抵达印度平原。"窃出商贾，无所不通。"印度和中亚的玻璃、宝石、海贝以及宗教与哲学也随着返回的马队进入始终被中原认为是蛮荒之地的西南夷地区。此时的中原正陷在与匈奴的连年战争之中，加之航海业不发达，著名的北方丝绸之路和海上丝绸之路尚未开通，这条从西南通往印度的古道便成了当时中国与外面世界的唯一通道。可是当时的统治者对于这条民间的秘密通道全然不知，直到张骞递上奏章那一刻，"蜀身毒道"才第一次出现在帝王的视野里。

张骞带回的西域奇珍让汉武帝看到了实实在在的利益。汉武帝具有世界眼光，他看出如果打通了这条直通身毒、大夏的"国际通道"，将给汉王朝带来莫大的利益。所以，他用军队作为先驱，强行开道，用武力将西南夷道通到滇西洱海地区，直至西南的最边远的郡——永昌郡。在开通这条"蜀身毒道"的过程中，汉武帝"顺便"降服了古滇国，从而有了赐印这回事。

汉武帝着眼于经济利益去开发"蜀身毒道"，在过程中也兼顾了政治利益，把沿途的地方政权收服于汉王朝的麾下。这是一个把握了大局，考虑了多方面利益的决策，显示了汉武帝作为大国之君的雄才大略。

鎏金铜马

鎏金铜马系汉代金器，出土于陕西茂陵地区。此马昂首肃立，两耳前竖，鬃毛稳重，腹部紧收，四肢矫健，浑身充盈着勃勃生机，被认定为西汉时期的"马式"（标准马）。

黄金铸马换汗血马

鎏金铜马于1981年出土于陕西兴平茂陵一号无名冢一号随葬坑，因为与鎏金铜马同时出土的还有大量青铜器，其中很多器物上刻有"阳信家"字样，所以考古工作者推测这个铜马很可能是汉武帝赏赐给他姐

汗血宝马

汗血宝马，又名大宛马、天马，是汉时西域大宛出产的一种良驹，山地马种，抗疲劳、蹄坚硬，甚至可以"日行千里"。汗血马以出汗血而闻名，史记中记载，张骞出西域，归来说："西域多善马，马汗血。"马史专家认为，汗血马其实就是现在还奔跑在土库曼斯坦的阿哈尔捷金马。这种马在平地上跑1000米仅需要1分7秒，速度之快令人惊叹。汗血马皮肤细腻，因其奔跑时脖颈部位流出的汗中有红色物质，鲜红似血，因此称之为汗血马。

姐阳信公主的。

这匹鎏金铜马无鞍无鞯，无拘无束作站立状，情态十分神骏。昂着头，口微张，做工非常精细，就连口中细小的6颗牙齿都看得非常清晰。此马兔颔龙眼，双耳形如劈竹，耳间有鬃毛，颈上也刻鬃毛，仔细一瞧颈上的鬃毛竟然丝丝分明、根根精细。颈上鬃毛根根挺立，显得力量十足。虽说是站立状，但此铜马却给人蓄势待发之势。

汉武帝对于宝马是非常喜爱的，为此还留下了一个用黄金铸马去换大宛的汗血宝马的故事。

据说西汉张骞出使西域后，汉朝使者开始频繁来往于西域诸国。他们在贰师城见到了强壮的大宛马，于是奏知汉武帝。癖好宝马的汉武帝听到汇报后非常高兴，特意铸了一匹金马，命使者送到大宛国，想用金马换一批汗血宝马。可是武帝用金马换汗血马的提议被大宛国王回绝了。汉使归国途中金马在大宛国境内被劫，汉使也被杀害。汉武帝为此大怒，宣称"敢犯强汉者，虽远必诛"，遂作出武力夺取汗血宝马的决定。

公元前104年汉武帝命李广利率领骑兵数万人，攻打大宛。但初战不利，李广利没能攻下大宛国。3年后，汉武帝再次命李广利率军远征，带兵6万人，马3万匹，牛10万头，还带了两名相马专家前去大宛国。此时大宛国发生政变，与汉军议和，允许汉军自行选马，并约定以后每年大宛向汉朝选送两匹良马。汉军选良马数十匹，中等以下公母马3000匹。经过长途跋涉，到达玉门关时仅余汗血马1000多匹。

得到汗血宝马的汉武帝非常高兴，将"天马"的美名赐予汗血宝马。汉武帝还让汗血宝马等西域良马与蒙古马配种，培育出新的优质良马。汉代中原的马种得到改良，大大提高了骑军的威力，为汉武帝建立盖世武功立下了很大功劳。

根据专家考证，这匹鎏金铜马是饲养在上林苑或御厩中的大宛天马的艺术造型，它的原型很可能就是公元前101年长途跋涉后幸存的那一千匹汗血马。

汉唐改良骏马

鎏金铜马的体型，作为一种艺术形象，首见于西汉武帝时期。此后一直到唐朝末年约1000年间，近似于这种体型的马却屡见不乏。除了汉武帝茂陵一号无名冢一号随葬坑出土的鎏金铜马外，在洛阳东郊也出土了一匹唐代的鎏金铜马。

◎ 鎏金铜马

年代：西汉
质地：鎏金铜马
规格：通长76厘米，高62厘米
文物现状：现藏于陕西省博物馆

根据西安兵马俑中的马，可以发现秦朝的马耳朵特别长，马蹄非常小，马鬃特别短，尾巴特别细，这些特征都说明它们不是好马。因为耳朵长影响头部摆动和听力，马蹄小跑不快，马鬃短骑兵不能抓牢，尾巴细影响奔跑时的平衡性。汉武帝茂陵的鎏金铜马在两耳及两耳间的鬃毛以及体态上，还保留有秦俑坑马俑的一些风格，但它双耳形如劈竹，颈上鬃毛根根挺立，马蹄也坚实有弹性，已经进化成比秦马更优良的品种。而洛阳出土的这匹马，马蹄已经很大，腿部也强健有力，马尾巴很粗，显见是比汉马更加优良的品种。

由于古代战争非常依赖骑兵，所以对良马的需求非常大。中原是农耕地区，不产良马，但却非常重视骏马的改良。汉代已经开始重视改良马种，当时主要从国外引进良马。汉武帝为得到乌孙天马，不惜远嫁公主变相交换；为得到大宛王的汗血马，不惜发动一场长达8年的战争。最后，他终于引进多种良马，改良了马匹，装备了强大的骑兵。

唐朝的马质量很高，也是重视改良马种的成果。唐朝是马上得天下，很重视建立强大的骑兵，这必须有养马业做后盾。唐朝开国时经济困难，种马只有三千匹。朝廷将这些种马交给养马专家张万岁，由他负责饲养培育良种。张万岁带人在草原上苦干了几十年，培育出良马，共提供给唐王朝七十万六千匹马，成为当时的世界之最。据说直到今天，中国人都不称呼马多少"岁"，而是说多少"口"，就是为了避张万岁的名讳。

马从来都是人类的好伙伴，但只有优质的良马才是古代征战天下的良驹。从汉武帝的鎏金铜马，可以看到中原人为改良马种所作出的努力。

鸭形玻璃注

鸭形玻璃注是淡绿色玻璃质的鸭形器皿。背上以玻璃条粘出一对雏鸭式的三角形翅膀，腹下两侧各粘一段波状的折线纹以拟双足，腹底贴一平正的饼状圆玻璃。整器重心在前，只有腹部充水至半时，因后身加重，才得放稳。此器造型生动别致，在早期玻璃器中十分罕见。

产自古罗马

鸭形玻璃注出土于北燕天王冯跋的弟弟冯素弗的墓中，它的造型及装饰艺术与风格皆属罗马玻璃系统。而且经检验，其材质更是当时中国尚不能自主生产的古罗马帝国的钠钙玻璃。因为十六国时期，东西方交往十分频繁，所以，专家们推测，这件鸭形玻璃注应是产于今叙利亚至地中海沿岸一带的古罗马帝国，其传入途径是由西域经过草原之国——柔然，再传进冯氏北燕的。

◎ **鸭形玻璃注**
年代：北燕
规格：长20.5厘米、腹径5.2厘米，重70克
宝物现状：现藏于辽宁省博物馆

公元前139年，汉武帝派张骞出使西域，开通了举世闻名的沙漠"丝绸之路"。但在沙漠丝绸之路尚未开通前，古希腊已经称中国为塞利斯（Seres），意为"丝绸之国"。大量的考古发现证实，在"丝绸之路"开通前，早已存在着一条鲜为人知、沟通东西文化交流的天然大道——途经欧亚草原的"草原丝绸之路"。

草原丝绸之路的形成，与自然生态环境有着密切的关系。环境考古学资料表明，在整个欧亚大陆的地理环境中，只有在北纬40度至50度之间的中纬度地区，才有利于人类的东西向交通。这个地区恰好是草原地带，中国北方草原地区便位于这块草原地带的东端。中国北方草原是游牧民族常年居住的地方，由于游牧民族生活的迁移性，更有利于文化、技术的传播。

草原丝绸之路经过长时间的发展，到了三燕时期（前燕、后燕、北燕）已经进入了繁荣阶段。以龙城(今辽宁朝阳)为中心的鲜卑慕容部地处草原丝绸之路的东端，在东西文化交流中起过重要作用。北燕天王冯跋是位贤明的君主，敢于革除后燕的苛政，减轻赋役，使北燕的发展十分迅速。在国泰民安之际，冯跋注意到了丝绸之路的重要性，在自己最信任的弟弟冯素弗的反对之下，毅然将女儿乐浪公主嫁给了柔然首领斛律，而自己也娶了斛律的亲生女儿为妻，建立了稳固的和亲关系，从而使丝绸之路上得来的商品源源不断地进入了北燕。对于丝绸之路上的其他各族，冯跋也不断建立友好联系。可以说，真正意义上的东北亚丝路，是从这个时期开始的。

冯素弗十分反对侄女嫁给柔然首领，因此很多通过丝绸之路传来的商品被冯素弗拒之门外。冯素弗自己可能也想不到，在他去世后，一向节俭的哥哥冯跋对他进行了厚葬，许多通过草原丝绸之路得来的珍宝都成为了他的陪葬品。鸭形玻璃注便是这些陪葬品之一，也是草原丝绸之路存在的证据。

谈敧论道

鸭形玻璃注由于器身的构造而有一个特点：未装水时略向前倾，待灌入少量水后，罐身就竖起来一些。这一特点跟我国古代一种叫敧器的器件很相似。

敧器又被称为歌器，是一种具有警诫作用的器件。它来源于一种灌溉用的汲水罐器，其历史可以追溯到仰韶文化的尖底瓶。在商朝，如今山东青州地区有一个独立方国敧国，以敧器为标志。春秋时期，齐桓公总是在座位右边放一个敧器，用以警诫自己，不要骄傲自满。

鲁国的宗庙里也放有敧器。有一次，孔子带着学生到庙里朝拜，见到这种器皿感到好奇，于是就向庙里管香火的人打听。管香火的人告诉他，这是敧器。孔子于是指着敧器对学生们说："我听说敧器空着的时候就倾斜，把酒或水倒进去，到一半的时候就直立起来，敧器装满了就会倾覆。所以过去齐桓公总是把欹器放在他座位的右侧，用来警诫自己。自满就像欹器里装满了水，必然要倾斜倒覆。"说完，他让学生取来水倒进欹器，果然一切正如孔子所说的，"中而正，满而覆，虚而欹"。孔子禁不住叹道："啊，哪里有自满而不倾覆的呢！"

具有特殊含义的欹器一直被供奉在统治者的宗庙里，也常常被人们作为"座右铭"，用来时刻提醒自己。到汉朝末年，欹器因为战乱而失传，但它的制作原理在史籍中有记载，人们随时能根据它制作出欹器，为需要的人提醒。

鸭形玻璃注是从古罗马国家传到中国的器物，与我国古代的欹器有大致相同的原理。可以推想，古代西方国家也懂得"满招损，谦受益"，应该奉行中庸之道的道理。

舞马衔杯纹银壶

唐舞马衔杯纹银壶，壶身为扁圆形，上面有鎏金的提梁，提梁前有直立的壶口，覆盖着鎏金的覆莲纹盖，盖钮上引着一条细银链，套连在壶提梁后部。壶体两侧的骏马长鬃覆颈，长尾舞摆，颈上系结着彩带流苏飘于颈后。后腿曲坐，前腿站立，全身呈蹲踞姿态，张口衔着一只酒杯。马体鎏金，立体感十足。

善于学习的唐王朝

1970年10月，在陕西西安市南郊出土的唐舞马衔杯纹银壶，是唐朝达到鼎盛的一个记录。

此银壶的造型采用了我国北方游牧民族携带的皮囊和马镫的综合形状。扁圆形的壶身顶端一角，开有竖筒状的小壶口，上面是覆莲瓣式的壶盖。盖顶和弓状的壶柄以麦穗银链相连，壶身下焊有椭圆形圈足。在壶体两侧各锤出一匹骏马的图像，那马长鬃覆颈，长尾舞摆，颈上系结彩带流苏飘于颈后。后腿曲坐，前腿站立，全身呈蹲踞姿态，张口衔着一只酒杯。马体鎏金，由于是锤凸成像，马的形象凸起于银白的壶体表面，具有一定的立体感，显得十分华美。从这个壶可以看出，唐朝是一个善于学习的朝代，而且能够做到青出于蓝而胜于蓝。

扁圆形的银壶造型仿自契丹等游牧民族常用的皮囊，但加以巧妙改造。首先，皮囊用皮做成，虽然实用但观赏性不足。银壶用金银制作则给工匠提供了发挥形象艺术的空间，通过雕刻、锤凸和使用不同材质搭配的方法，使银壶既保证了实用性，又外形美观，价值珍贵。其次，皮囊虽然便于外出骑猎携带，却不便于日常生活使用。此银壶上有弓形提梁方便系挂，下有椭圆圈足便于摆放，居家旅行都非常适合。

银壶两侧的舞马，也是唐朝学自少数民族的。马从来都是游牧民族的骄傲，舞马也是游牧民族的一个强项。虽然中原汉族一直重视马，也很早就开始训练舞马，但直到唐朝，舞马真正发展到巅峰，令少数民族也赞叹不已。有文献记载，唐中宗曾在一次宴请吐蕃使者的宴会上让表演马舞，舞马踩着节奏踢踏起舞就已经让人赞赏不已，当舞马衔杯饮酒，躺下又起来地表演醉酒之态，更是让使者感到震惊。

舞马衔杯纹银壶不管是银壶本身还是壶上展示的舞马，都是唐朝从少数民族那里学来，并且成为青出于蓝而胜于蓝的标记。如果抛开玩物丧志耽于逸乐导致唐朝败落这一点，此银壶可以说是唐王朝善于学习的奖章。

盛唐舞马

据说开元盛世时，唐玄宗的舞马多达四百多匹。这些舞马有专人饲养、训练，非常受重视。唐玄宗天宝十四载（755年）"安史之乱"发生，玄宗仓皇西逃，入蜀避难。皇宫中人人自顾不暇，没有人还有时间和心思去管那些舞马将会如何。安禄山叛军占领长安后，这些皇家舞马便从皇宫马厩中流散出来。安禄山因为曾在宫中观看过舞马表演，十分喜欢，便派人搜寻得几匹，带回范阳豢养。

　　至德二载（757年），安禄山被杀。这几匹舞马辗转易主，最后落到魏博（今河北大名）节度使田承嗣手中。田承嗣没有见过舞马的表演，不知道这是一些经过特殊训练的马，而将它们与一般战马混养在一起。一日，田承嗣设宴犒赏将士，让人高奏乐曲助兴。乐曲声传到不远的马厩里，这几匹很久没听到乐声的舞马立刻兴奋了，当即闻乐起舞。养马的兵士不知缘故，以为马中了妖邪，挥起扫帚便打，而舞马却以为主人嫌舞得不合拍节，越发舞得起劲。管马的军吏急忙将这件怪异的事报告给田

🔶 **舞马衔杯纹银壶**

年代：唐代

质地：银质

规格：高18.5厘米，口径2.3厘米，底径8.9～9.2厘米，重547克

文物现状：现藏于陕西省历史博物馆

承嗣。田承嗣也不懂其中的缘故，把舞马看作妖孽，下令士兵狠加鞭打。哪知道士兵们鞭打得越狠，这几匹马就舞得越整齐越不停歇，最后舞马竟被活活打死了。当时军中也有人知道这些是舞马，所以才会越鞭越舞的，但都惧怕田承嗣的残暴，怕惹祸上身而不敢说出来。

　　舞马衔杯纹银壶记录了舞马最辉煌的时代，它们的辉煌是懂马爱马的唐玄宗给的，它们则以精彩的马舞作为报答。只是舞马们虽然有着高超的舞艺，但在没有眼光的田承嗣眼里却成了中邪的疯马，以至被活活打死。舞马被打死，跟某些天才被愚蠢之人扼杀是同一个道理。

金嵌珍珠天球仪

　　金嵌珍珠天球仪，球面满满地布列着大小珍珠镶嵌的星辰，共计

3242颗，宛若群星闪耀在浩瀚无垠的穹宇。支架由九条姿态各异的行龙组成，行龙錾刻精细，体态轻盈，下有圆形珐琅座，底座中心有指南针，座下有兽头四足承托。天球仪錾雕并用，工艺精湛，极为奢华，是一件绝无仅有的艺术珍品。

康乾两帝的科技消遣

金嵌珍珠天球仪是乾隆下令清宫造办处制作的，它由器座、九龙支架和天球三部分组成。据乾隆年间的《仪象考成》记载，天球仪有3垣（星的区域，古代把众星分为上、中、下三垣）、28宿、300个星座、3242颗星。以大小不同的珍珠为星，镶嵌于球面之上并刻有星座的名称。天球由金片锤成两个半球焊接而成，焊接处镌刻赤道，天球上端有时辰盘，下端有指南针。此天球仪是西方天文学与中国古代天象观相结合的产物。

乾隆对西方天文学的兴趣源于康熙对他的影响。康熙是一个乐于接受新科技的皇帝。他用五六个月的时间就掌握了几何学，能够随时说出他所画的几何图形的定理及其证明过程。他把一本《几何原本》至少读了20遍。西方天文数学的精确与神奇，激发了康熙皇帝对西方天文学的兴趣。为此，他任命精通天文学的西方传教士南怀仁为钦天监。康熙十三年（1674年），康熙令南怀仁为北京观象台铸造了六件天文仪器，并置于北京观象台上。

在康熙的影响下，乾隆对这种新奇的西方科学也产生了浓厚的兴趣。然而在西方科技面前，他更热衷的却是繁复华贵的钟表与灵活奇巧的机械玩具。单看这个金嵌珍珠天球仪，它从外面看只是一个单纯的天球仪，但球体里面实际是钟表的机心，运用了酷似现在的机械座钟的机械原理。在天球仪顶端南部有三个孔，这三个孔放进钥匙之后经过悬拧，天球仪就可以慢慢地旋转。这样不仅可以看到天球仪是一个天文仪器，还能够生动地看到它不断地旋转，演示出天球仪星象活动的景观。

康熙和乾隆虽然都对西方现代科学充满了兴趣，但是这些都仅限于他们自己学习。他们不但不在国内推广这种新知识，甚至是反对百姓尤其是汉人学习的。英国使节斯当东说："据说中国有几位君主从外国传教士方面学习外国丰富的数学知识。但中国政府的政策不使这门学问普及到群众中去。他们怕算学知识普及后，本国人能算出日蚀、月蚀，能制出历本来，皇帝在老百姓中的威信就要降低了。"

康熙和乾隆在学习西方的新科技之后，已经了解了这种科技的威力，但他们依然只把它当作一种消遣，并且不许百姓学习，这是出于愚民政策的需要，是一种不明智的统治手段。

乾隆的天文收藏

金嵌珍珠天球仪，从名字上就能感受到它的所费不赀。它用纯金打造，天球上3242颗星，全是大大

◎ **金嵌珍珠天球仪**
年代：清代
质地：金质
规格：通高82厘米，天球仪的球径约30厘米，底径43.5厘米
文物现状：现藏于北京故宫博物院

小小的珍珠镶嵌而成。这个天球仪内部装有机械，经过旋拧后可以慢慢不断地旋转，演示出天球仪星象活动的景象。虽然金嵌珍珠天球仪在当时来说是一个非常先进的天象仪器，但是从实际上来说,它的华丽观赏性是远远大于实用性的，它的收藏性更大于应用性。

乾隆是一个热衷于收藏的皇帝，不管是古代传下来的文物，还是现代新制造的器物，他都要最好的，最顶尖的。王羲之的《兰亭序》真

迹没有了，那么他就要最受推崇的《兰亭序》摹本，或者是王羲之其他书帖的真迹，如《快雪时晴帖》。现代的天球仪没有什么收藏价值，那么他就让人用黄金打造，用珍珠镶嵌，并且融入当时最顶尖的机械技术，制造出当时世界上最华丽、最高端、独一无二的天球仪。于是他的藏品中就多了一件金嵌珍珠天球仪。

也许乾隆制造天球仪不是为了收藏，毕竟他在康熙的影响下也是对西方科学技术充满兴趣的，对西方天文学也是有一定了解的，偶尔得空了把天球仪拿出来学习学习也是正常。只是作为皇帝他本来就国事繁忙，不会有太多学习消遣的时间，而且他对钟表机械等比对天文知识更感兴趣，所以天球仪如果不造得华丽美观，还真入不了乾隆的法眼，引不起他学习的兴趣。只是如此华美的天球仪又成了稀世珍宝，即使乾隆恐怕也不舍得太频繁地捧在手里，使它遭到磨损吧。就如法国传教士蒋友仁为解答他关于地理方面的询问，于乾隆二十五年进献的《坤舆全图》（世界地图），因为《坤舆全图》图文并茂地介绍了当时最先进的天文学知识——哥白尼日心说、开普勒行星运动三定律等，竟被乾隆当成奇珍异宝锁入了深宫密室之中。

如果是作为藏品，金嵌珍珠天球仪自然是华美高贵的。但是如果作为天文仪器，被披上华丽外衣的天球仪被供奉在藏品堆里，应该会哭泣自己的价值被埋没吧。

◎知识链接

南怀仁

南怀仁，字敦伯，又字勋卿，比利时人，1658年来华，是清初最有影响的来华传教士之一，为近代西方科学知识在中国的传播作出了重要贡献。他是康熙皇帝的科学启蒙老师，精通天文历法、擅长铸炮，是当时国家天文台（钦天监）业务上的最高负责人，官至工部侍郎，正二品。南怀仁曾铸造红夷炮助清帝国。康熙八年（1669年），南怀仁撰写《历法不得已辨》，逐条驳斥杨光先、吴明炫在历法推算方面的错误。这一年他还针对中国传统的观象占候、堪舆占卜等观念，撰著了《妄推吉凶之辨》、《妄占辨》和《妄择辨》。

天人合一的典范
——古建筑

综　述

　　我国古代建筑技术高超、艺术精湛、风格独特，在世界建筑史上自成系统，独树一帜。它们像一部部石刻的史书，让我们重温着祖国的历史文化，同时也是一种可供人观赏的艺术，给人以美的享受。相对于西方古建筑的砖石结构体系来说，我国古建筑是独立的机构体系，其最大的特点有四点：

　　巧妙而科学的框架式结构。这是我国古代建筑最重要的一个特征。我国古代建筑主要是木构架结构，即采用木柱、木梁构成房屋的框架，屋顶与房檐的重量通过梁架传递到立柱上，墙壁只起隔断的作用，而不是承担房屋重量的结构部分。这种结构，可以使房屋在不同气候条件下，满足生活和生产所提出的千变万化的功能要求。同时，由于房屋的墙壁不负荷重量，门窗设置有极大的灵活性。此外，这种框架式木结构形成了我国古代建筑特有的一种构件，即屋檐下的一束束"斗拱"。它是由斗形木块和弓形的横木组成，纵横交错，逐层向外伸出，形成上大下小的托座。这种构件既有支承荷载梁架的作用，又有装饰作用。

　　庭院式的组群布局。我国古代每一处建筑都是由若干单座建筑和一些围廊、围墙之类环绕成一个个庭院而组成的。家中主要人物，或者应和外界隔绝的人物，就往往生活在离外门很远的庭院里，这就形成一院又一院层层深入的空间组织。古人曾以"侯门深似海"形容大官僚的居处，就都形象地说明了我国建筑在布局上的重要特征。同时，这种庭院式的组群与布局、一般采用均衡对称的方式，沿着纵轴线与横轴线进行设计。比较重要的建筑都安置在纵轴线上，次要房屋安置在它左右两侧的横轴线上，这是我国封建社会"长幼有序，内外有别"的思想意识的产物。

　　丰富多彩的艺术形象。我国古代建筑对于装修、装饰颇为讲究，凡一切建筑部位或构件，都要美化，特别是绘画、雕刻、工艺美术等造型艺术，创造了丰富多彩的艺术形象。彩绘具有装饰、标志、保护、象征等多方面的作用。油漆颜料中含有铜，不仅可以防潮、防风化剥蚀，而且还可以防虫蚁。彩画多出现于内外檐的梁枋、斗拱及室内天花、藻井和柱头上，构图与构件形状密切结合，绘制精巧、色彩丰富。雕饰是我国古建筑艺术的重要组成部分，包括墙壁上的砖雕、台基石栏杆上的石雕、金银铜铁等建筑饰物。雕饰的题材内容十分丰富，有动植物花纹、人物形象、戏剧场面及历史传说故事等。

　　注意跟周围自然环境的协调。我国古代建筑不仅考虑内部各组成部分配合与协调，而且特别注意与周围大自然环境的协调。我国古代的设计师们在进行设计时都十分注意周围的环境，对周围的山川形势、地理特点、气候条件、林木植被等，都要认真调查研究，务使建筑布局、形式、色调等跟周围的环境相适应，从而构成一个大的环境空间。

皇家宫苑

南方的"故宫"——木府

木府，是纳西族木氏土司的宅院，建于元末明初。它一反中原王城"居中为尊"的传统，建于城南一隅，座向未按"坐北朝南"为佳的中原风水理论，而是朝向太阳和东方。木府的最大价值在于，能够查阅到一个在西南地区曾经辉煌一时的大土司家族的兴衰史。

朱元璋赐姓

木府是丽江纳西族木氏土司的府邸。木府这一名称，是在明太祖朱元璋赐姓之后才有的。

明代以前，纳西人没有固定的姓氏，取名字采用的是父子连名制。明洪武十六年（1383年）纳西首领阿甲阿得归顺明朝。因其帮助攻打南诏梁王、大理段氏有功，受到朱元璋的赏识，宣他入朝觐见。相传在觐见时，朱元璋得知他的名字是由父名加上自己的名字组成，就想赐个姓给他。阿甲阿得一高兴马上直率地说要跟皇上一个姓。旁边的官员连忙给他使眼色，他才急忙改口说请皇上赐姓。朱元璋反常地没有计较，大度地说："你的心意我明白。从朱字中分出一个木，表明你是朱家骨干，木字上加人字就是朱，表明你是朱家人。就赐你姓木吧。"从此纳西族有了第一个汉姓木。土司府也才称为木府。

纳西首领得了木姓后很开心，决定在纳西群众中推行汉族的姓名制度。但他认为，木姓是皇帝所赐，尊贵无比，只能为贵族专有。对百姓之姓，就仿照朱元璋的做法，统一赐了个"和"姓，表示"木"上添一撇，为戴上木家草帽，旁边加一口，为背上木家筐篮，意即奴仆、劳者。于是形成纳西人"官姓木，民姓和"之说。

纳西族在逐步接受汉文化影响后，对姓氏也有了忌讳。在建堡城时，木氏不愿筑城墙，怕四周高筑墙变成"困"字。

朱元璋赐姓虽然只有一个小小的"木"字，但它代表的，是汉族文化对纳西族文化的影响和渗透。

万两金银"换"来忠义坊

"大理三塔寺，丽江石牌坊"，这是民间对云南两大著名建筑的说法。其中的丽江石牌坊指的就是木府大门前的忠义坊。

忠义坊是一座结构宏伟、雕刻精湛的石雕建筑，所用的汉白玉石采自下虎跳金沙江边。它高11米，全仿木结构式样，斗拱石檐，皆为通

◎ 忠义坊

天石柱，前有四尊石狮支撑守护，后有成对鳌鱼。据说像忠义坊这么大而气魄的石牌坊，在北京都难以找得到与之匹敌的。

忠义坊乃是明朝皇帝敕建的。据说明朝万历年间，木增土司曾用马帮驮上万两金银，千里迢迢到京城进贡。明神宗大受感动，并亲赐"忠义"二字，并敕建这忠义石坊。

与石坊上的"忠义"二字应和的，是木府院内遍挂的"诚心报国"（1383年）、"辑宁边境"（1543年）、"乔木世家"（1560年）、"西北藩蓠"（1574年）、"益笃忠贞"（1622年）等题字。这些题字都出自明朝历代皇帝手书，是对木氏土司效忠明朝的嘉奖。

"穿府"而过的过街楼

作为一个好的地方官，上当精忠报国，下当体恤民情。过街楼便是木氏土司体恤百姓的见证。

木府分为前后"两院"：从仪门进去，议事厅、万卷楼、护法殿在"前院"；光碧楼、玉音楼、三清殿一直到狮子山，则属于"后院"。前后院通过过街楼连通，过街楼下是一条宽敞的人行通道。据说这条通道一开始是没有的，当地百姓无论是上街集贸还是下田劳作，都得环木府绕一个大圈子，十分不方便。木氏土司了解到这个情况，便不惜将府院分开，建此通道。这条通道让出来后，人们再不用绕府而行，可以一直"穿府"而过，非常便捷。同时，木氏土司还可以站在过街楼上体察民情，了解民意。

能够盛贯明朝始终，在丽江称雄一方，木氏土司凭借的就是对国家的忠义和对百姓的爱恤。

木府拒绝"游圣"参观

木府是丽江木氏土司衙门的俗称。鼎盛时期的木府占地一百多亩，有近百座建筑，是八百年大研古城的心脏所在。尽管它只是一座土

◎ 气势恢宏的木府议事厅

司的宅院，但它的奢华与恢宏，并不亚于任何一座王公贵胄的官邸。据《丽江府志》记载，从前的木府殿堂巍峨、布局严谨，仅中轴线就有369米长，中轴线上分别有议事厅、万卷楼、护法殿等大殿，两侧房屋罗列，楼台亭阁，数不胜数；花园回廊，风格别致。当时的木府，可以说是丽江古城中的"紫禁城"。

木府在明末达到鼎盛。崇祯年间的木府，被"游圣"徐霞客称赞"宫室之丽，拟于王者"。只是徐霞客的这个称赞，仅是凭借他从外部观看木府和从人们对木府的评论得来的。徐霞客一直都没有机会进入木府参观。

明崇祯十二年（1639年）正月二十五日，徐霞客在土司木增的盛情邀请下进入丽江，在丽江驻留了15天。木增把徐霞客待为上宾，请他住到芝山的解脱林（这个建筑已移

◎ 知识链接

父子连名制

父子连名制是我国许多少数民族曾使用过的命名制度，即父名与子名相连的命名制度。主要包括三种形式：正推顺连法，即父名最后一个或两个音节与子名最前的一个或两个音节相重。如父为阿甲阿得，儿子则为阿得阿元，孙子则为阿元阿吉，以此类推。逆推反连法，与正推顺连法相似，但顺序相反，即子名在前、父名在后。如父为康更，子则为猛康，孙子则为克龙猛。冠姓连名法，即父名与子名相连的同时，在名字之前（或之后）还冠以姓氏。如创立大理国的高氏世系为高智升——高升泰——高泰明——高明清。

至现在的黑龙潭公园内），设盛宴款待，每日与他交流诗文，两人俨然成为了知己。在此期间，徐霞客参观了玉栏朱木盾、金碧辉煌的木氏庄园等大小建筑。可是当他提出想进入木府参观时，却始终遭到拒绝。后人猜测，木土司是因为自己的宫室过于华丽，怕被徐霞客诉诸笔端而流传到皇帝耳中，引起皇帝对其忠诚的怀疑，所以才拒绝的。

虽然徐霞客无缘进入木府，但他从外部观察木府所得的结论，成为木府的辉煌见诸史册的最有力证明。

皇权的象征——北京故宫

故宫位于北京市中心，旧称紫禁城，于明代永乐十八年（1420年）建成，是明、清两代24位皇帝的皇宫，也是世界现存最大、最完整的木质结构古建筑群，位于世界五大宫殿之首。

午门前行使皇权

故宫是古代最高权力的象征，而作为故宫正门的午门，是故宫的门面，更将皇权的威严诠释得淋漓尽致。午门庄重高大，平面呈"凹"字形。它有五个门洞，正面有三个，另外两个掖门开在两侧。在古代，

◎ 自午门入故宫，可见一条弧形的内金水河横亘东西。

这五个门洞各有各的说法，各有各的用法，如果进错了门，那可是要杀头的。正中间那个最大的门洞，平时只有皇帝才能出入，而皇后一生也只能走一次，那就是她与皇帝结婚的时候。此外，通过殿试选拔的状元、榜眼、探花，在宣布殿试结果后亦可从中门出宫。在清代，文武大臣出入左侧门，宗室王公出入右侧门。左右掖门平时不开，举行大型活动时才开启。五个小小的门洞，将封建的等级制度发挥到了极致。

明时，午门还成为皇帝行使皇权的地方。如果大臣触犯了皇家的尊严，便以"逆鳞"之罪，被绑出午门前御道东侧打屁股，名叫"廷杖"。起初只象征性地责打，后来发展到打死人。如正德十四年（1519年）正德皇帝朱厚照要到江南选美女，群臣上谏劝阻，皇帝发怒。大臣舒芬、黄巩等受廷杖者130人，有11人被当场打死。朱厚照死后，因他没有子嗣，又是单传，因此皇太后和内阁首辅杨廷和决定，由最近支的皇室、武宗的堂弟朱厚熜继承皇位，这就是嘉靖皇帝。嘉靖皇帝继承皇位后，想追封他的生父兴献王为帝，遭到大臣们的抵制。群臣100多人哭谏于午门左侧门，皇帝下令施行廷杖惩罚，当场毙命17人。

保和殿里最后的殿试

保和殿是北京故宫外朝三大殿最后一殿，从乾隆五十四年（1789年）开始，科举考试的最后一关殿试就在这里举行。

1904年7月4日清晨，在礼部会试中选拔出来的273名贡士，从中左门进入保和殿，参加殿试。考试结束，主考大臣经过认真挑选，把入选的十份试卷按名次排列，呈请慈禧太后"钦定"。当时内外交困，忧心忡忡的慈禧太后正准备做七十大寿，想从科举之中得到一点吉兆。她首先翻开主考官列为头名的试卷，字迹流利清秀，文词畅顺华丽，内心颇喜。但当她看到"朱汝珍"这个名字时，一股阴云陡然升起，"朱"与"诛"同音，"珍"字又让她想起了支持光绪皇帝改良的珍妃。再一看朱汝珍的籍贯是广东，慈禧心中更是大动肝火：太平天国的洪秀全，维新派的康有为、梁启超……这些人都出自广东。在慈禧看来，广东是出"逆贼"的地方。

慈禧将朱汝珍的试卷扔到一旁，接着翻开了第二份试卷——直隶（今河北省）肃宁人刘春霖的试卷时，心头又不禁高兴起来："春霖"、"肃宁"

◎ 保和殿内皇帝宝座，其上方匾额"皇建有极"为乾隆御笔。典出箕子《洪范》"皇建其有极"。

都含有吉祥之意。刘春霖因此由原来的第二名成了头名状元。后经过主考官的保奏，为照顾社会舆论，朱汝珍的名字虽然没有抹去，也只得屈居刘春霖之后了。

第二年，清廷就废除了科举考试，高中状元的刘春霖戏称自己为"第一人中最后人"。科举制度虽不开始于保和殿，却由此地结束了它一千多年的寿命。

乾清宫里的宫变

乾清宫是故宫内廷正殿，明朝的十四个皇帝和清朝的顺治、康熙两个皇帝，都以乾清宫为寝宫，在这里居住，也在这里处理日常政务。因为它的特殊地位，这里发生了许多不寻常的大事，最有名的要数"壬寅宫变"——历史上罕见的一起宫女谋杀皇帝的事件。

嘉靖二十一年（壬寅年，1542年）十月二十一日凌晨，嘉靖皇帝熟睡之际，十几个宫女摸进乾清宫寝宫内，准备将其勒死。她们一拥而上，七手八脚，混乱中将绳套打成了死结，勒了半天，皇帝还在有气无力地挣扎。这时有个胆小的宫女见事不成，就慌神儿了，连忙跑去坤宁宫告知方皇后。皇后急忙带人赶来解救，嘉靖帝的龙命才得以保住，但由于惊吓过度，一直昏迷着。于是方皇后主持，将十几名宫女全部拿下，追究凶犯。当时，朱厚熜最宠爱曹端妃，方皇后乘机让宫女供出端妃曹氏与宁嫔王氏等也涉案参与合谋。最后，十几名宫女、端妃曹氏与宁嫔王氏等俱被处死。嘉靖帝病愈后，不敢再住乾清宫，于是搬到当时的西苑居住，20多年没有回故宫。直到病危时，他才从西苑回到故宫，当天就在乾清宫驾崩了。

关于"壬寅宫变"的真相，由于涉宫闱隐私，事后统治者极力包掩此事，史籍资料也很少记载，因此至今成了一个谜团。有说嘉靖帝迷恋长生不老之术，常以宫女试药，宫女不堪忍受，遂发动起义，有说是一场后宫争宠事件，也有说是一场政治斗争，众说纷纭。

匾额背后的立储制度

乾清宫正殿的宝座上方悬挂着一块匾额，上有"正大光明"四个字。这块匾额说来一点都不简单，它和我国一项立储制度有着莫大的关系。

在我国历史上，历代王朝解决皇位继承问题，基本上采取公开建储制，即预先公开册立皇太子，以备承嗣皇位。所选太子的原则是立嫡立长。清朝原没有明确的立储制度，也不实行汉族皇帝的传统立长制，因此多次发生诸皇子争夺储位的事情。康熙十四年（1675年）下诏册立嫡长子胤礽为皇太子。康熙帝多子，在位时间又长，过早地公开册立太子，造成了康熙帝和太子间、太子和诸皇子间的矛盾和纷争。矛盾激化到不可调和的地步，使皇权受到了威胁，政局也因此动荡不宁，康熙不得已两次废皇太子。虽然最后四皇子雍正成为康熙的接班人，但却留下了众多历史疑团，有说他篡改了遗诏，有说他毒死康熙假传遗命，等等。

无论历史真相如何，争夺战的严重后果给予雍正的教训都是深刻的。因而即位后的第一年，他就在乾清宫西暖阁，召见百官，断然废弃了公开建储制，宣布实行秘密建储：即皇帝生前不公开立皇太子，而秘密写出所选皇位继承人的文书，一份放在皇帝身边；一份封在"建储

匾"内，放到"正大光明"匾的背后。皇帝死后，由顾命大臣共同取下
"建储匣"，和皇帝秘藏在身边的一份对照验看，经核实后宣布皇位的
继承人。秘密建储与公开建储相比较，避免了皇子之间为夺取皇位而发
生的残酷争斗，对稳定政局具有一定作用。

承德避暑山庄

　　承德避暑山庄位于河北省承德市北部，是清代皇帝避暑和处理政务
的场所。始建于康熙四十二年(1703年)，历经康熙、雍正、乾隆三朝，
耗时89年建成。它的最大特色是山中有园，园中有山。

政治活动的附属产物

　　承德避暑山庄始建于康熙四十二年（1703年），原名热河行宫，
是从北京到木兰围场之间的二十一座行宫之一，因为山庄周围地理环境

◎ 避暑山庄正殿澹泊敬诚殿是清代举行重大庆典、接见少数民族首领和外国使节的地方。乾隆曾在这里接见厄鲁特蒙古杜尔伯特台吉策凌、策凌乌巴什、策凌孟克。

优越，在康熙、雍正、乾隆三朝不断得以增建，最后形成由皇帝宫室、皇家园林和宏伟壮观的寺庙群所组成的庞大帝王宫苑。

康熙朝前期，沙俄乘清廷忙于平定"三藩之乱"之机，挑唆厄鲁特蒙古准噶尔部首领噶尔丹起来叛乱。三藩平定后，康熙多次亲征噶尔丹。这几次战役让康熙感受到来自北部边境地区的威胁，同时也发现八旗军入关以后战斗力不断下降。为了培养八旗部队的战斗素质，同时也加强对蒙古地区的管理，巩固北部边防，康熙在距京师东北三百五十多公里的蒙古草原建立木兰围场，每年秋季在那里行围狩猎，即木兰秋狝。因为路途遥远，为了休息和补给，沿途修建了二十一座行宫，避暑山庄的前身——热河行宫就是其中的一座。

木兰秋狝带有强烈的政治目的。作为其附属产物，避暑山庄凭着优越的地理环境条件受到青睐和重用，不断得到扩建，并且逐渐成为清前期处理重要的政治、军事、民族和外交等国家大事的场所。有历史记载的就有：乾隆在这里接见并宴赏过厄鲁特蒙古杜尔伯特台吉三车凌、土尔扈特台吉渥巴锡，以及西藏政教首领六世班禅等重要人物，还在此接见过以特使马戈尔尼为首的第一个英国访华使团。

因为承德避暑山庄是接待蒙、藏等少数民族首领和外国使节的主要场所，为了显示清王朝对蒙、藏民族的包容与宽待，山庄内的建筑带有浓重的蒙、藏少数民族特色。整个避暑山庄就是清王朝在民族事务和外交事务上的历史见证。

蒙上国耻的烟波致爽殿

烟波致爽是康熙题的三十六景中的第一景，因其"四围秀岭，十里澄湖，致有爽气"而得名。

烟波致爽殿位于避暑山庄正殿之后，是清朝皇帝在山庄的寝宫，建于康熙四十九年（1710年）。其建筑风格及形制与前朝各殿保持一致，面阔七间。正中为明间，设有宝座，是皇帝接受贵妃朝拜之地。西次间是佛堂，东次间是皇帝和御前大臣们议事的场所。西暖阁是清帝的

◎ 避暑山庄湖区景观

寝宫。此殿外表淡雅，而殿内陈设富丽堂皇，各代金、银、玉、瓷、钟表、古玩、挂屏等达1000余件，满目琳琅。入夏，这里晴无酷暑之感，夜无风寒之忧。因此，康熙、乾隆、嘉庆每至山庄必居于此。烟波致爽殿东西各有一个小跨院，有侧门与烟波致爽殿相通。

咸丰十年（1860年），英法联军进入北京。咸丰以木兰秋狝为名，带皇后和懿贵妃及五岁的载淳仓皇逃至热河，留下恭亲王奕䜣留守京师，督办和局。奕䜣在英法俄的武力逼迫和恫吓挟持下，被迫签订了中英、中法、中俄《北京条约》。咸丰帝就在西暖阁的炕几上批准了丧权辱国的不平等条约。仅中英《北京条约》，就将香港、九龙割给了英国，使中国丧失了大片的领土和主权，香港经受了百年的屈辱。

烟波致爽殿原来只是风景秀丽、布置奢华的皇帝寝殿，因为咸丰的所为，从此蒙上了国耻。

"万园之园" 圆明园

圆明园坐落在北京西郊海淀区北部，它始建于康熙四十六年（1707年），由圆明、长春、绮春三园组成，是清朝帝王在150余年间创建和经营的一座大型皇家宫苑，被誉为"万园之园"。1860年10月，圆明园惨遭英法联军野蛮的劫掠焚毁，遗址由国家政府辟为圆明园遗址公园。

中西合璧的十二生肖兽首铜像

十二生肖兽首铜像原为圆明园海晏堂外的喷泉的一部分，是清乾隆年间的红铜铸像。它是清代中西文化合璧的杰作。

据说有一天，乾隆皇帝闲来翻阅图书，看到一本绘有西方宫殿的图书。书上所绘的西洋石造建筑宏伟大方，尤其是那喷水池，设计精巧奇妙，乾隆皇帝一下子就被深深吸引了。作为当时最大帝国的皇帝，乾隆认为自己应该拥有世上最好的东西，西方国家的这种喷水池自己不但

要拥有，而且还要比它们的更好。于是乾隆皇帝就任命当时任宫廷画师的意大利人郎世宁为设计师，负责在圆明园内设计建造一座西洋式的宫殿和喷水池。由于工程任务浩大，郎世宁又找来了两个"老外"——法国人蒋友仁和王致诚来协助他。蒋友仁精通水力学知识，他设计了一座别具西洋风格的报时喷泉，当时人们称为"水力钟"。以水报时是一个非常精妙的设计构思，在当时绝无仅有。但是当"水力钟"的设计方案交到乾隆手里时，立时便被驳回了。原来他们设计的喷泉口部分是有浓郁西方特色的裸体女性雕塑。在乾隆眼里，这样的设计是与中国传统伦理道德相违悖的，绝对不容许出现在代表最高皇权的皇家园林中。于是经过多番琢磨和修改，又花费了许多时间，三个老外才想到用中国的十二生肖铜像来代替人体雕塑。

当时的大清虽然国力强盛，十分繁荣，但是却找不到一个懂得青铜器制作法的工匠。后来郎世宁和众工匠查阅典籍，又经过多番努力才找到青铜器的制作方法，制作了这十二个生肖兽首。

十二生肖兽首由法国人设计，拥有西方造型艺术的特点。由专门为皇帝服务的宫廷造办处工匠们精心制作，铸工精整，是中国青铜制作工艺的精湛体现。它们是西方喷泉的组成部分，运用了现代力学知识，却存放在中国传统园林中，与周围的山水景致和谐统一。十二生肖兽首铜像是中西方建筑美学艺术的高度融合，在世界享有盛名。

1860年，十二生肖兽首被英法联军掠夺后流落四方。目前鼠首与兔首被法国人收藏；牛首、猴首、虎首、猪首和马首铜像已回归中国，收藏在保利艺术博物馆；龙首、蛇首、羊首、鸡首、狗首则下落不明。

大宫门配大铜狮

圆明园三园包含众多小园，因此有许多园门。其中圆明园的正宫门被称作大宫门，是当年清帝出入的最重要通道，是各座园门中规格最高、规模最大的。因为大宫门是御园的正门，所以门前的饰物特别讲究。

雍正初年，圆明园扩建升格为御园时，大宫门外摆置有一对石麒麟。这对石麒麟，不管是材料还是制作工艺，都是石雕中的上乘之作。但它在大宫门前只摆了不足20年。原因是乾隆嫌它不够大气，即位不久就趁着新建的皇家祖祠安佑宫前面需要安设一对饰物的机会，把这对石雕麒麟移到了安佑宫前。乾隆专门为大宫门铸造了一对造型雄伟、铸工精良的铜麒麟。

只是这对铜麒麟的命运也只比石雕麒麟好一点点，在大宫门前只摆放了22年，就被乾隆嫌弃它们不够气魄，用一对镀金大铜狮给换掉了。这对镀金大铜狮，共用34378斤黄铜铸造而成，重达17吨，铜狮高243厘米（七尺六寸），宽176厘米，长227厘米。再加上

◎ 圆明园绮春园新宫门是在原址按照原样修复而成的。

070

高约80厘米的石雕巨座，的确比原铜麒麟更为雄伟和壮观。

从乾隆对大宫门前饰物的几番更换，不难看出他当年对经营圆明园之煞费苦心，以及作为一个超级大国的皇帝，他那种不可一世的超大气派。

只可惜在1900年八国联军入侵北京之后，这对大铜狮不知被何人运走，至今下落不明。我们只能从史料的记载和描述中，去领略乾隆皇帝在大宫门前所展示的那种豪情和气魄。

"纪恩堂"纪念的祖孙三代

圆明园的镂月开云殿内有一幅匾额叫"纪恩堂"，它铭记的是康、雍、乾祖孙三代的首次相会。

康熙六十一年（1722年），当时康熙常住的地方是畅春园，圆明园也还只是他赐给皇子胤禛的一座普通园林。圆明园中有一处叫牡丹台，因为园中种满了牡丹而得名。因为康熙非常喜爱牡丹，这年的三月二十五日，康熙专程驾临圆明园的牡丹台观赏牡丹。当时除胤禛陪侍外，时年12岁的皇孙弘历（后来的乾隆皇帝），也在这里首次谒见他的祖父。康熙共有20个成年的儿子，孙子就更多，加起来据说有150多个。他由于忙于政务和巡游，弘历长这么大他还是第一次见到。康熙非常喜欢这个孙子的机敏和聪慧，破例传旨将弘历养育宫中，并立即让其随居于畅春园，接着又跟随去避暑山庄，扈侍左右，"日承提命，历夏阅秋"达5个月之久。回京后弘历又随往南苑习猎，其后五六天，康熙皇帝就病逝于畅春园寝宫。

康熙病逝后，胤禛继位，是为雍正。雍正传位给弘历，即为乾隆。至此，牡丹台的祖孙三代相会，变成了康熙、雍正和乾隆——大清朝最有名的三个皇帝的第一次相聚。弘历即位之后，特意在由牡丹台发展而来的镂月开云殿内增题了一幅匾额叫"纪恩堂"。这一则是弘历对其祖父康熙皇帝感恩戴德，同时也表明他念念不忘自己的发迹之地。

有人说，雍正之所以在牡丹台种满牡丹，就是为了取悦喜爱牡丹

◉ 圆明园盛时鸟瞰复原图

花的康熙。而牡丹台中三代人的相聚，其实是雍正别有用意的安排。康熙传位给雍正，很大原因是因为偏爱皇孙弘历。无论这种说法对不对，能够确信的一点是，如果没有牡丹台相会，康熙可能到死都不知道自己有一个如此机敏聪慧的皇孙弘历，而中国的历史很有可能在康熙去世的那一刻，走上与现在完全不同的发展道路。所以镂月开云殿内悬挂的那块匾额，意义非同寻常。

皇家园林博物馆——颐和园

颐和园位于北京市海淀区，是中国现存规模最大、保存最完整的皇家园林，其前身清漪园在1860年被英法联军焚毁，慈禧于1888年挪用海军军费对其进行修复，并改名"颐和园"。颐和园利用昆明湖、万寿山为基址，以杭州西湖风景为蓝本，汲取江南园林的某些设计手法和意境建造而成，被誉为皇家园林博物馆。

世界上最长的画廊

在颐和园万寿山南麓和昆明湖北岸之间，有一条长长的走廊。它东起邀月门，西至石丈亭，全长728米。廊间的每根枋梁上都绘有彩画，共14000余幅，人置身其中，每走一步就能欣赏到不同的景致。

长廊彩绘属于"苏式彩画"，是中国木结构建筑上的装饰艺术。它的特点是：主要画面被括在大半圆的括线内（称为"包袱"）；无固定结构，全凭画工发挥，同一题材可创作出不尽相同的画面。长廊彩画题材广泛，山林、花鸟、景物、人物均有入画。而其中最引人入胜的当数人物故事画，如中国古典四大名著（《红楼梦》、《西游记》、《三国演义》、《水浒传》）中的人物故事情节。

1990年，长廊以建筑形式独特、绘画丰富多彩，被评为世界上最长的画廊。大家可能料想不到，这种一步一景的奇思妙想，竟是出自慈禧太后的奇想。

颐和园是慈禧为了"颐养天年"才修建的，所以，

颐和园长廊

颐和园修建好以后，慈禧每年有一大半的时间都是在园中度过的。如画的山水，精美的楼台，一开始就获得了慈禧高度的喜爱。她每天都要从寝宫乐寿堂出来到湖边散步，在路上看一看左边的水，右边的山，还有远近的楼阁亭台。只是人总是容易产生厌倦，再美的景色，只要长时间没有变化，就会失去它的新鲜劲儿，不再吸引人。在慈禧眼里，颐和园也难逃被厌倦的厄运。于是她便在心里想：一眼望去山水全在眼前，四季不变，真是没意思。如果在湖边建造点儿什么，让我走一步就看一个景色该多好。那建造点儿什么呢？她一时也没有想好。

一日，心情烦闷的慈禧又要出去散步，身边的臣仆们忙顺从并一路小心侍奉着。当一行人走到万寿山下的南坡时，老天爷突然下起了雨，太监李莲英慌忙上前撑起雨伞并顺势观察了一下慈禧的脸色。没想

到，此时慈禧的脸竟由阴转晴了。李莲英正在纳闷，慈禧说话了："雨伞真好，不仅可以遮风挡雨，还让我看到了另外一番景致。"众人这时都还想不明白她话中的意思。

回到寝宫后，慈禧立即召见了工匠，将自己的想法告诉了他。不久，在万寿山的南坡与昆明湖之间出现了一条长长的走廊，其上花鸟虫鱼，传奇故事，一步一换。众人此时方才惊叹这构思的奇妙。

巧夺天工的十七孔桥

十七孔桥坐落在宽阔的昆明湖上，它西连南湖岛，东接廓如亭，飞跨于东堤和南湖岛之间，不但是前往南湖岛的唯一通道，而且是湖区的一个重要景点。桥身长150米，宽8米，由17个桥洞组成，是颐和园内最大的一座桥梁。为什么要建17个桥洞？因为桥正中的大孔，从桥两端数来正好是"9"，而"9"被称为极阳数，是过去封建帝王最喜欢的吉利数字，所以将桥建成17孔。十七孔桥也因此而得名。十七孔桥是仿照卢沟桥而建的，每根汉白玉栏杆上也都雕刻有狮子，总数比卢沟桥的还

◎ 十七孔桥

多，有544只。

十七孔桥很美。有四时之美，有晨昏之美，更有站在园中各处看桥和站在桥上看园中各处的不同的美。十七孔桥的美是巧夺天工的，因此关于它的建造也就有了神话般的传说。

传说在乾隆年间修建十七孔桥的时候，工地上来了一个卖龙门石的老头儿，连续叫卖了三天，见没人理他就走了。老头儿后来在东边六郎庄一个王大爷家住了一年，临走前把他的那块龙门石送给了王大爷。颐和园里修建十七孔桥的工程快完工了，皇帝还发话要来"贺龙门"。可是桥顶正中间最后那块石头怎么也凿不好，砌不上。在工程总监急得不得了时，有人想起了老头儿卖的那块龙门石。经过打探，总监花一百两从王大爷手上把龙门石买了回来。这块龙门石砌在十七孔桥上，不偏不斜，严丝合缝，龙门合上了！在众人为终于松一口气而欢喜时，一个老石匠醒悟过来跟大家说："这是鲁班爷下界，帮咱们修桥来啦！"

鲁班帮助修桥的传说告诉人们，十七孔桥的建造工艺之精美，用巧夺天工、直追鲁班来形容也绝不为过。美丽的故事虽然只是神话传说，却是对设计者和建造者最贴切的赞美。

极致的囚室玉澜堂

玉澜堂其意为湖光潋滟之堂。它紧靠昆明湖，是一组建筑别致、环境幽静的三合院式的建筑，也是光绪来颐和园时的寝宫。正殿玉澜堂坐北朝南，东配殿霞芬室，西配殿藕香榭。三个殿堂原先均有后门，东殿可到仁寿殿，西殿可到湖畔码头，正殿后门直对宜芸馆。如今我们看到东西配殿的门窗是被砖砌得严严实实的，正殿玉澜堂的门窗也有被砖砌死过的痕迹。人们可能会猜想，这些应该是后人的"杰作"。事实上，光绪皇帝的确曾生活在这样一个被堵死了所有出路的殿堂里。

对中国历史稍有了解的人都知道，光绪皇帝是极力支持"百日维新"的。为了推行变法，1898年9月16日，光绪皇帝在玉澜堂正殿召见握有兵权的袁世凯，令其助行新政。岂料袁世凯阳奉阴违，转而告密。五天以后，慈禧太后发布"上谕"，说皇帝有病，她要再次"训政"。从此，慈禧每年住园时都把光绪皇帝带到园中，并将他囚禁于玉澜堂。为防止光绪皇帝与外界接触甚至逃遁，慈禧命人砌了多道墙壁，把玉澜堂东、西、北三面的通道都堵死，还派其亲信太监日夜监视正面。被软禁在颐和园玉澜堂中的光绪皇帝，完全失去自由。

今天的玉澜堂，虽然已经打通大部分封死的通道，但仍能见到用砖砌死过的痕迹。东西配殿内现仍保留有当年所砌的砖墙。这是历史的见证。对于这段本来不该发生的史事，陈志岁《玉澜堂》诗无不明知故问地写道："咫尺霞芬与藕香，万般无奈玉澜堂。到今人议前清事，为底幽囚光绪皇。"

顶着皇帝的头衔，过着囚徒的日子，极致的身份，过着极致的人生。玉澜堂见证了一代年青君王壮志难酬的无奈。

◎ 颐和园主要由万寿山和昆明湖两部分组成，将人工建筑与自然山水巧妙结合，是中国园林艺术顶峰时期的代表。

民居民宅

独一无二的民居——福建土楼

福建土楼主要分布在福建省的龙岩和漳州，总数约三千余座，是世界独一无二的大型民居形式。它以生土作为主要建筑材料，具有完善的防御功能，其外墙厚一至二米，一、二层不开窗，仅有的坚固大门一关，紧急时楼内居民还可从地下暗道逃出。土楼高可达四五层，供三代或四代人同楼聚居。

被误认为是军事建筑的民居

20世纪80年代，美国卫星发现中国福建的西部布满了无数个大小不一、成圆或方的不明建筑物，而且规模庞大，数量惊人。这些"发现"立马引起了美国当局的高度注意，他们猜测这些建筑可能是核反应堆，也可能是导弹发射井。于是派遣会说闽南话的美籍华人，佯装游客，前往闽南地区实地调查。调查结果令他们虚惊一场，原来所谓的"核反应堆"、"导弹发射井"不过是历史悠久的土楼罢了。

福建土楼的形成与历史上中原汉人几次大的南迁有关。西晋时期，中原一带战祸频繁，天灾肆虐，百姓被迫南迁，拉开了千百年来中原汉人不断举族迁徙入闽的序幕。他们在离乡背井、流离他乡的过程中，经历了千辛万苦，深切体会到：不论是长途跋涉的流离失所，还是新到一处人生地不熟的居地，许多困难都得依靠自己人团结互助、同心协力去

◎ 福建土楼依形状分为圆楼、方楼、五凤楼，另外还有变形的凹字型、半圆型与八卦型。其中，以圆楼与方楼最常见，也常常并存。

解决，共渡难关。因此，他们每到一处，本姓本家人总要聚居在一起。当时他们居住的地方大多是偏僻的山区或深山密林之中，野兽出没，盗匪四起，加上惧怕当地人的袭扰，于是他们将各家单一的小屋建成连屋大楼，并就地取材，用当地的泥土夯建高大厚实的土墙，形成一个相对封闭的土楼。

土楼从外部看来，是一圈厚实高大的封闭土墙（仅有一个大门供出入，外人不能轻易入内。若需御敌，只需将大门一关，几名青壮年守护大门，土楼则像坚强的大堡垒，妇孺老幼尽可高枕无忧），形如天外飞碟，然而走进去却是一个热闹的小社会。楼内的水井、厨房、仓储、卧室、粮食加工房、柴火间、猪牛舍、厕所等设施一应俱全。整个宗族居住在一起，大的土楼最多可有600多人居住，小的也可住80人。每一个小家庭或个人的房间都是独立的，一圈圈的公用走廊连系各个房间，形成一个富有人情味的"中庭"。住在土楼里，有事情大家会互相帮忙，邻里和睦。这种集体生活方式一直延续到今天。

与西方的个人主义不同，中国人重家庭，重血缘。土楼既是闽南人躲避风雨的居所，更是他们深深依恋的精神家园；既是聚集力量、共御外敌的现实需要，也是中华民族家庭观、血缘观的最佳诠释。

"落户"秘鲁的福建土楼

福建土楼土墙的原料以当地黏质红土为主，掺入适量的小石子和石灰，经反复捣碎，拌匀，一些关键部位还要掺入适量糯米饭、红糖，以增加其黏性。这些独一无二的山区民居建筑，将源远流长的生土夯筑技术推向极致。夯筑时，要往土墙中间埋入杉木枝条或竹片为"墙骨"，就像现代水泥墙里配置钢筋一样，增加墙身的整体性，形成整体弹性和向心力，因而坚固异常，所以有"枪炮轰不倒，地震震不倒，水浸浸不倒"一说。

1985年11月，联合国教科文组织在北京召开国际生土建筑学术研讨会，会后秘鲁籍的拉美生土建筑研究中心主席西尔维亚·马图克女士和她丈夫副主席阿兰·海斯先生（法国籍）等人到福建永定县考察土楼，由于时间仓促，未能尽兴，但是福建土楼却给他们留下了极其深刻的印象，激发起浓厚的研究兴趣。1990年夏天，海斯和马图克夫妇不远万里又一次来到永定，想解开心中有关福建土楼夯土技术的种种疑团。当他们看到筑墙用的"墙枋"是直的模板时，大惑不解地问："你们怎么筑成圆形的土楼？"楼主告诉他们，筑圆楼的"墙枋"比筑方楼的短，一段段短折线自然可以围成圆形，他们才恍然大悟。临走时还装了一袋夯墙剩下的"熟泥"和一袋旧楼墙的泥巴回国进行认真分析研究，

◎ 土墙的薄弱点是入口，加强措施是在硬木厚门上包贴铁皮，门后用横杠抵固，门上置防火水柜。这些全部出于防御要求。

并还花了很长时间培训了一批夯土楼的技术工人，在秘鲁的马卡村用夯土墙方法建起了土楼式的学校。1993年7月23日，马卡村遭遇一次4.8级地震，震中距离该村只有10公里，整个村庄都遭到破坏，一座古老的教堂也倒塌了，而这所土筑的学校却完好无损。村民们都十分惊讶，当地报纸立即报道了这个消息。永定土楼在秘鲁"落户"并显示了它卓越的抗震性能，使太平洋彼岸的人们惊叹不已。

最大的圆楼承启楼

1986年，中国邮电部发行了一套"中国民居"邮票，其中福建民居是一座环环相连的土楼，这座土楼就是如今闻名遐迩的承启楼。承启楼有"圆楼王"之称，位于龙岩市永定县高头乡高北村，它从明崇祯年间破土奠基，至清康熙年间竣工，历世三代，阅时半个世纪，其规模巨大，造型奇特，古色古香，充满浓郁的乡土气息。承启楼有四层高，三环主楼层层叠套，中心位置耸立着一座祖堂。所以有"高四层，楼四圈，上上下下四百间；圆中圆，圈套圈，历经沧桑三百年"之说。

关于承启楼，还流传着一个有趣的故事。一个阳光和煦的冬日，永定某山村的一幢客家土楼里张灯结彩，到处洋溢着浓浓的喜庆气氛，原来是楼主在为儿子举办婚礼。客人们一边喝着醇香的家酿美酒，吃着可口的美味佳肴，一边随意地和同桌的人海阔天空地闲聊起来。其中

◎ 承启楼

一张酒席上的两个年轻女子越谈越亲热，越谈越投机，于是互相打听起对方所住的土楼来。其中一个女子乘着酒兴，故意卖了个关子，不无得意地笑着说："我住的楼很大，你听'高四层，楼四圈，上上下下四百间，一个房间住一晚，够你住上一整年'。"另一个女子不甘示弱，也笑着说："我住的楼比你住的楼更大，你听'又像蘑菇又像城，楼里住哩六百人；楼东日出楼西雨，三年不识全楼人'！"双方为此争执起来，等到她们说出各自的楼名后，逗得在场人哄堂大笑——原来她们都住在承启楼里，只不过一个是未出阁的姑娘，住东楼，一个是刚过门的媳妇，住西楼，彼此还不相识。其实，这也难怪，承启楼人丁最兴盛时曾住有800多人，一年到头时有生丧嫁娶，人员常有进出，要想认识全楼的人又谈何容易？

画里乡村——宏村古民居

宏村位于安徽黄山西南麓，是一座有着大量明清时期历史建筑的古村落。整个村落枕雷岗面南湖，山水明秀，享有"中国画里的乡村"之美称。村中还构建了完善的水系和颇具特色的"牛"形布局，是徽州民居的典型代表。

牛形村落

宏村的选址、布局都和水有着直接的关系，是一座经过严谨规划的古村落。相传宏村的汪氏祖先先后在歙县唐模、黟县奇墅湖村居住，但都曾遭遇火灾。后来汪氏举家迁到雷岗山下，最初建十三楼，取名弘村，取弘广发达之意。鉴于以往教训，宏村在规划时十分注重人工水系的安排，提高预防火灾的能力，后历经400余年、几代人的努力，特别是明永乐年间宏村76世祖汪思齐请风水先生勘定环境，对建筑重新布局，宏村的设计、构造最终实现。

◎ 月沼

当时风水先生勘定后，认为宏村的地理风水形势乃一卧牛，必须按照"牛形村落"进行规划和开发。首先利用村中一天然泉水，扩掘成半月形的月沼，作为"牛胃"；然后，在村西吉阳河上横筑一座石坝，用石块砌成有60多厘米宽、400余米长的水圳，引水入村庄，南转东出，绕着一幢幢古老的楼舍，并贯穿"牛胃"，这就是"牛肠"。沿途建有踏石，供浣衣、灌园之用。"牛肠"两旁的民居里，大都有栽种着花木果树的庭院、砖石雕镂的漏窗矮墙、曲折通幽的水榭长廊和小巧玲珑的盆景假山。弯弯曲曲"牛肠"，穿庭入院，长年流水不腐。然后在村西虞山溪上架起四座木桥，作为"牛脚"。

据说开挖月沼时，很多人主张挖成一个圆月形，而汪思齐的妻

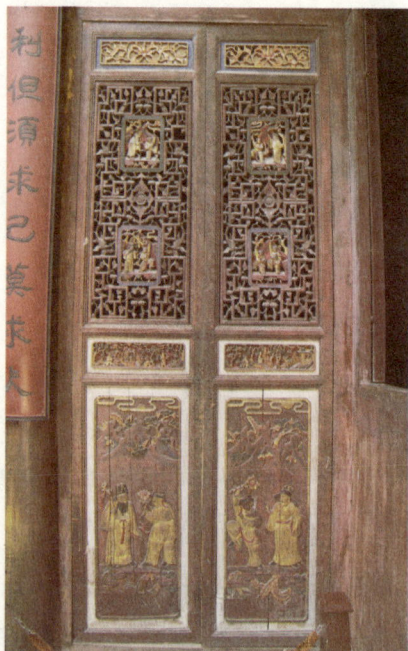

◎ 承志堂规模宏伟，雕刻艺术精美绝伦，木雕上都有大量贴金，据说整个房子共贴了100两黄金。

子重娘却坚决不同意。她认为"花开则落，月盈则亏"，只能挖成半月形。最终，月沼成为"半个月亮爬上来"。

后来的风水先生认为，根据牛有两个胃才能"反刍"的说法，月沼作为"内阳水"，还需与一"外阳水"相合，村庄才能真正发达。于是明朝万历年间，又将村南百亩良田开掘成南湖，作为另一个"牛胃"。历时130余年的宏村"牛形村落"设计与建造告成，被称作"山为牛头树为角，桥为四蹄屋为身"。

宏村人独运匠心开仿生学之先河，建造出堪称"中国一绝"的人工水系，围绕牛形做活了一篇水文章。"牛形村落"科学的水系设计，为宏村解决了消防用水，调节了气温，为居民生产、生活用水提供了方便，创造了一种"浣汲未妨溪路连，家家门前有清泉"的良好环境。

宏村里的"民间故宫"

承志堂是宏村标志性建筑，也是徽州现存最精美的古建筑。它位于宏村牛肠水圳中段，建于清咸丰五年（1855年），是清末大盐商汪定贵的住宅。这座宅子豪华奢侈，有皖南的"民间故宫"之誉。

暴发户汪定贵是一个非常注重享乐的人，他的大宅内偏厅众多，不仅有一个精巧别致的钓鱼厅，享受主人足不出户在家里优哉游哉地当起姜太公的乐趣；还有打麻将的排山阁、吸鸦片的吞云轩。排山阁中有一个小小的暗室，据说那时的大人们通常带着侧室出门应酬，如果不慎与家中的大夫人相遇，小妾就会藏身在暗室之中，避免了一场面对面的尴尬。吞云轩的陈设很简单，一炕一桌，妙的是屋顶有艳丽的彩绘，恰恰适合吸食鸦片后，在半醉半醒中卧于榻上观赏。

前厅是承志堂最为精华的部分，大门后面耸立着一幅威仪的中门。据说，汪定贵在经商发财之后曾捐了个"五品同知"的官衔，有了这个荣誉之后，汪定贵便觉得自己已跳出了原属的那个阶层，于是便增设了一道具有官家威严的中门。一般只有在重大喜庆日子或达官贵人光临时才大开中门以示欢迎，而普通客人只能从中门两侧的边门入内，边门的上方还别出心裁地雕了一个"商"字形图案。汪定贵虽然经商发了财，而且捐了官，但经商在古代仍是一种划分在九流之外的贱业，这使得他心里愤愤不平，于是想出此策，意思是说从边门出入的人，不管你从事何种职业，到我家来，都要从我"商人"的脚下过，此举或许是一种自欺欺人的心理罢了。但在中门的上方，主人是不敢打任何主意的，而是高挂一个"福"字，因为在他看来，为官的毕竟要比经商的地位高，这就是为什么众多徽商在发财之后，仍不惜花费重金捐官的原因。

承志堂的华美，也折射出一种痛苦的历史现象，那就是自闭的徽商在外面辛苦挣来一定的银两之后，不想投入扩大再生产的经营中，而是多消耗于自身享乐，这种观念最终导致在中国历史上盛极一时、富甲一方的徽商，在历史的长河中渐渐陨落了。

南湖书院

历史上，徽商不仅很会做生意，而且不乏好读书者。他们有的是在实践中雅好诗书，好儒重学，"贾名而儒行"，抑或老而归儒，甚而至于在从贾致富使"家业隆起"之后弃贾就儒。与此同时，不少徽商还毫不吝惜地输金捐银，资助建书院兴私塾办义学，以"振兴文教"，宏村的南湖书院

◎知识链接

汪康年

汪康年（1860年～1911年），中国近代资产阶级改良派报刊出版家、政论家。清朝在甲午战争中战败后，汪康年思想上受到很大冲击，开始转向维新，光绪二十一年（1895年）与梁启超、黄遵宪创办《时务报》，理念与梁启超不和，后来矛盾日益尖锐。1897年10月，梁启超出走，《时务报》由汪一人掌握。为了突出新闻时效性，汪康年在1898年5月于上海又创办《时务日报》。汪康年在戊戌政变后被清廷通缉，出逃至上海租界。为躲避官府追究责任，汪康年聘请英商杜德勤做《中外日报》的发行人，开始"挂洋旗"。《中外日报》得以在政变后在上海继续出版，并发表文章，详细报道政变情况。

就是很好的例子。书院宽敞明亮，雄伟华丽；选址于宏村风景最秀美的地方，坐北朝南，视野开阔；建筑选材考究，不亚于家族中心——祠堂，如梁柱精选白果、香樟树实木制成，因为有香气可驱除蚊虫，近两百年来没结过蜘蛛网。

南湖书院初建于明末，原是南湖北畔的六所私塾，称为"依湖六院"。清嘉庆年间（1814年），宏村汪氏花了四年的时间，将六院合并重建为一所规模极大的私塾。六所私塾之所以能够合六为一，和一个叫汪以文的人有关，所以书院建成后取名"以文家塾"，因它紧邻南湖，所以后来又名"南湖书院"。

汪以文从小饱读诗书，然而命运不济，屡试不第，只得随族人汪授甲在杭州学习经商，虽是当伙计站柜台，却每日手不释卷。汪授甲知其不是经商的料，于是通过关系，举荐他到杭州知府家里做个账房，专事银钱往来。

知府50大寿时，杭州富商大贾纷纷送上厚礼，汪授甲别出心裁送上两坛寿酒，其实坛里装的全是金元宝，知府心知肚明，着汪以文将酒坛收进库房。不料天有不测风云，知府因贪赃受贿被朝廷查办。因为害怕汪授甲受牵连，汪以文赶到钦差查封账房之前，将两坛金元宝换成两坛清水，并将写有"君子之交淡如水"的木牌放入坛中。钦差查封库房

○ 宏村最早称"弘村"，取宏广发达之意。据《汪氏族谱》记载，当时因"扩而成太乙象，故而美曰弘村"，清乾隆年间为避"弘历"名讳更为宏村。

时，见汪授甲送的寿礼竟是两坛清水，认定汪授甲是一正直商人，上奏朝廷给予嘉奖，而杭州城里其他商人却因行贿知府而受到重罚。汪授甲在官府看到酒坛里的木牌，认出是汪以文的笔迹，方恍然大悟。而此时，汪以文早已回到家乡宏村。

汪授甲赶回宏村，原本打算邀汪以文重回杭州共同经商，不想汪以文对商界毫无兴趣。时值浙江闽道学政使罗文聘来宏村拜访汪以文，在南湖游玩时，建议汪以文出面集资将南湖畔六所私塾合并建成一书院。此言一出，汪授甲立即赞同，表示自己可以承担建造书院的全部费用，但学院建成后必须定名为"以文家塾"。书院建成以后，汪以文便留在家乡教书授业。年复一年，南湖书院为宏村培养了一批又一批贤能的后人，诸如清末内阁中书汪康年、民国初年代理国务大臣汪大燮、徽商巨富汪定贵等均在此受过启蒙教育。

堡垒式庄园——康百万庄园

康百万庄园，坐落于河南省巩义市康店镇，始建于明末清初，背依邙山，面临洛水。它依"天人合一、师法自然"的传统文化选址，靠山筑窑洞，临街建楼房，濒河设码头，据险垒寨墙，建成了一个各成系统、功能齐全、布局谨慎、等级森严，集农、官、商为一体的堡垒式庄园。

因慈禧而名闻天下的"康百万"

"康百万"不是特指某一个人，而是明清以来对河南巩义康氏家族的统称。康家财大气粗，民间称其"头枕泾阳、西安，脚踏临沂、济南；马跑千里不吃别家草，人行千里尽是康家田"，因而后来有了"康百万"的绰号。

1900年，八国联军攻入北京，慈禧太后带着光绪皇帝和一小股军队仓皇逃离。第二年，李鸿章代表清政府与八国联军签订了丧权辱国的

◎ 康百万庄园是十七、十八世纪华北黄土高原封建堡垒式建筑的代表。

《辛丑条约》，慈禧又"风光"地从西安经河南向北京驶去。这一下可急坏了河南的大小官员。当时河南连年遭灾，财政亏空，根本没有余钱来招待慈禧一行。于是数十个县的知县来到康家南大院，商议资金的问题。说是商议，其实就是希望康家出资接驾。康家爽快地答应了，在今康百万庄园内修建了一座行宫。慈禧一行到巩义，只在行宫里住了一个晚上。第二天慈禧临走前，当时庄园主康家第十七代掌门康鸿猷通过李莲英向慈禧捐献了100万两白银及价值连城的"一桶（统）江山"。慈禧非常高兴，就说了句："不知此地尚有百万富翁。"此后"康百万"这个民间绰号就借慈禧的金口而名扬天下了。

在封建社会，商人虽然腰缠万贯，但社会地位并不高，于是就有了巴结高官的现象，一来获得现实利益，二来也为了提高自己的声望。康家不惜向慈禧捐献巨银，也是这个原因。无奈当时社会动荡，战乱频仍，康家虽得以钦赐御封，但终免不了败落的结局。

留余匾上的致富秘诀

"进入康百万，先看留余匾。"留余匾是中华名匾之一，也是康

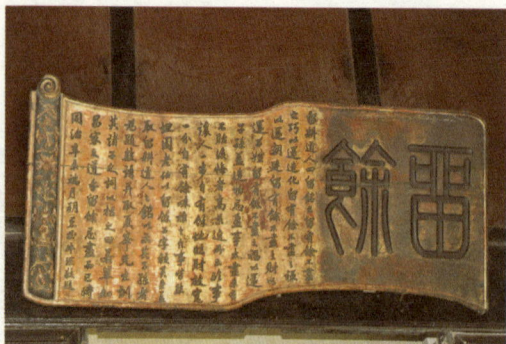

百万庄园的文化象征。它造型独特，与一般匾额不同，形似一面展开的上凹下凸型旗帜。上凹意为：上留余于天，对得起朝廷；下凸意为：下留余于地，对得起百姓与子孙。匾额上写着：

留耕道人《四留铭》

◎ 留余匾是当时巩县著名文状元牛瑄所写，他的父亲牛凤山是武状元，父子齐名，当时被传为佳话。

云："留有余，不尽之巧以还造化；留有余，不尽之禄以还朝廷；留有余，不尽之财以还百姓；留有余，不尽之福以还子孙。"盖造物忌盈，事太尽，未有不贻后悔者。高景逸所云："临事让人一步，自有余地；临财放宽一分，自有余味。"推之，凡事皆然。坦园老伯以"留余"二字颜其堂，盖取留耕道人之铭，以示其子孙者。为题数语，并取夏峰先生训其诸子之词，以括之曰："若辈知昌家之道乎？留余忌尽而已。"

留余匾告诫人们凡事要留有余地，忌盈忌满，过犹不及。秉此理念，康家在赈灾济贫、捐资行善等方面的做法，一向为人所称道。比如康家第十四代传人康应魁，在他75岁生日那天，族人和乡亲来为他祝寿。在寒暄祝贺、酒过三巡之后，康应魁当众一把火烧掉了族人和乡亲欠债的账目。再比如康家第十七代传人，为康店义塾捐了五十亩地。从那时起，康店村开始有了免去学杂费的学校，孩子们只要向学校报个名，排个班，到书店或书社买本老师指定的课本，便具备入学上课的资格了。

这种"崇尚中庸、低调内敛"的风范，正是康家得以延续四百余年、富而不衰的重要精神支撑，也体现着豫商"留余"的独特个性，是豫商精神的集中体现。

石屏窑里的石碑

康百万庄园寨上主宅区里院西北角，有一孔坐西向东的砌砖窑洞，叫石屏窑。窑分里外两间，外间南北窑壁上各镶嵌着八块青石雕刻石屏。这16块石屏的来历与清末捻军起义有关。

捻军是19世纪初发源于安徽北部及河南、山东、江苏等省部分地区的一支农民起义军，以反抗封建压迫、寻求生活出路为宗旨，队伍逐渐扩大，势力范围波及到大半个中国，严重威胁着清王朝的统治。咸丰十一年（1861年），张乐行率领一支捻军长驱河南，由汜水攻陷巩县县城，兵锋直指康百万庄园。康道平为保自身平安，组织民工，摊派钱粮，在五圣顶修建了金谷寨。康家人躲进金谷寨，组织了一支地方武装与捻军对抗。捻军撤退之后，康家便请来各地达官显贵和书法名流，用真、草、隶、篆各种书体写了16幅诗赋，为自家歌功颂德。后来这16幅诗赋被刻在石碑上，立在了石屏窑。

单从书法角度来看，这些碑文书体遒劲挺拔，潇洒隽逸，流畅明快，风格各异，实为中原地区书法之荟萃。就内容来说，虽是歌功颂德，却为研究捻军起义提供了可靠的资料。

北方民居的明珠——乔家大院

乔家大院位于山西省祁县乔家堡村，又名在中堂，是清末富商乔氏家族的宅院。它始建于乾隆年间，乔致庸接管家族生意后，又进行了两次增修，一次扩建，于民国初年建成一座宏伟的建筑群体。大院为全封闭城堡式建筑群，从高空俯视院落呈"囍"字形。综观全院布局严谨，设计精巧，所以被专家学者誉为"北方民居建筑史上一颗璀璨的明珠"。

两副对联中的传统美德

乔家大院大门坐西向东，黑漆大门扇上镶嵌着李鸿章题赠的一副对联："子孙贤族将大，兄弟睦家之肥。"大门对面是一块砖雕"百寿图"影壁，其两侧是左宗棠题赠的一副意味深长的对联："损人欲以复天理，蓄道德而能文章。"楹额是"履和"。两副对联相互应和，字里行间透露着乔家人以和为贵的中庸思想。

乔致庸本是一个读书人，因为兄长早逝，才弃文从商。也许因为这个缘故，他在经商处世之中，将儒家以和为贵、诚信守义的思想贯彻始终。他经常告诫儿孙要以"信"为重，以信誉得人；其次是"义"，不哄人，不骗人，不掐昧心钱；第三才是利，利取正途。因此，乔家一向是欠人的一文不少，外欠的随他自便，只有免欠，从不催账。有一个叫杨志武的财主，因经营不善欠下乔家6.5万两白银无法偿还，上门向乔家哭诉。乔家竟将其欠银全部免去。杨志武磕头谢恩德，留下了"磕一个头值六万五"的佳话。

在对待乡邻上，乔家扶危资困，能舍钱财，不结冤家。如乔家当年逢年过节都让佣人轮流回家团聚，临走时叫他们拿上米、面、肉、蛋、菜。至于拿多少数量不限，谁的劲大就多拿，谁的劲小就少拿。乔家的说法是："谁的劲儿大，谁平时干的活儿多，谁就多拿；谁的劲

儿小，谁平时干的活儿就少，谁就少拿。"在乔家堡村，不论谁家婚丧
嫁娶，起房盖屋，只要有求于乔家，乔家总要资助他。他家的牲口就在
街上拴着，谁家磨面、碾米就拉去用。

　　也许正是因为恪守礼貌待客、诚信守义、和气生财的传统美德，乔
家才会在社会动荡、兵荒马乱的晚清，能够一跃成为闻名全国的金融商
业大户。

一块匾额下的反清复明往事

　　乔家大院第四院的东房内有一块"丹凤阁"匾额，是大院众多匾额
中最有价值的一块。它不仅历史悠久（距今已有三百多年的历史了，比
乔家大院的历史还要早一百多年），还承载一段反清复明的往事。

　　清顺治十七年（1660年）九月，著名文人、反清义士戴廷栻在祁
县城内兴建了一座三间四层规模宏大的"丹枫阁"，作为明朝遗民秘密
活动的据点。戴廷栻还写了篇《丹枫阁记》（现藏于山西博物馆）。
《丹枫阁记》语言晦涩，颇令人费解，其大意是：戴廷栻有一天做了一
个梦，梦见和几个穿古代服饰的人在城外同行。忽然发生了一场大的变

动，回头看时，已无平坦之路可行，前面是悬崖峭壁，崖上长满枫树和青松，中间还有一小阁，匾上写"丹枫"二字……他醒后就按梦中的式样建筑了"丹枫阁"。其实戴廷栻梦见穿古装的人出行，是对故国的怀念；发生了一场大变动，是指政局变化。《丹枫阁记》的真正含义是：国家灭亡，国难当头，方建"丹枫阁"，以寄托亡明之痛。著名思想家傅山与戴廷栻志向相同，惺惺相惜，便为丹枫阁亲笔题了匾，同时也为《丹枫阁记》加了跋语。

然而当时清室日趋巩固，戴廷栻和傅山也知复明无望，遂志于学问，常于丹枫阁与众文人学士切磋、研习学问。丹枫阁一时名满天下，学者仰之如泰山北斗。后来丹枫阁被一场大火焚毁，傅山提笔的"丹枫阁"匾额却奇迹般地留存了下来，几经流转，最后落户乔家大院，也让乔家大院多了一份历史的厚重和沧桑。

巧夺天工的民俗雕刻

乔家大院处处可以看到雕刻精美的木雕、砖雕和石雕，这些雕刻作品技艺精湛，是不可多得的艺术佳品，而且每件作品都有其特殊的民俗寓意。比如葡萄多粒，象征多子多福；喜鹊寓意吉祥、喜庆、好运的到来。有的图案取自神话人物，如"三星高照"图中刻着福禄寿三位神仙，象征富贵、官运亨通和长寿；"和合二仙"图中二仙蓬头笑面，一持荷花，一捧圆盒，取"和谐合好"之意。

还有的图案取自民俗故事，比如麒麟送子、五子登科、七夕乞巧、渔樵耕读、辈辈封侯、麻姑献

◎ 电影《大红灯笼高高挂》的拍摄场地山西乔家大院之静怡院

寿等。传说麻姑是十六国时期北赵将领麻秋的女儿，麻秋生性暴虐，在麻城（今湖北省麻城市）役使百姓筑城时，昼夜不让休息，只有在鸡叫时才让百姓稍作休息。麻姑同情百姓，常常学鸡叫，这样别的鸡也就跟着叫，民工就可以早早休息。后来被他的父亲发现，麻姑因为害怕便逃到山中，其父大怒，放火烧山。正巧王母路经此地，急忙降

◎知识链接

傅山

傅山（1607年～1684年），山西太原人，明清之际思想家，于经学、理学、医学、佛学、诗、书画、金石、武术、考据皆有涉猎。明亡后，傅山写出"三十八岁尽可死，栖栖不死复何年"的诗句，拜寿阳县五峰山的还阳子郭静中为师，出家为道士，道号"真山"，以避剃发令。由于他经常穿着红色外衣，所以人称"朱衣道人"。顺治十一年（1654年），傅山因有人供出其曾接受南明的任命而入狱，被拷打，绝食九日。出狱后又去南方云游。康熙年间皇帝下诏举行博学鸿词科举考试，傅山被强拉到北京。他故意服食过量大黄造成腹泻以逃避。后来康熙帝授予他中书舍人的官职，傅山推脱不受。傅山终生拒绝与清朝合作，然而终老林泉。

下大雨，将火熄灭，并收下麻姑作为弟子，带她去南方的一座山中修炼。麻姑用山中十三泓清泉酿造灵芝酒。十三年酒乃成，麻姑也修道成仙，正好王母寿辰，麻姑就带着灵芝酒前往瑶台为王母祝寿。麻姑献寿图即来源于这个故事，有祝人长寿的含义。

这些含有吉祥寓意的雕刻作品，是精美的艺术品，更是民俗文化的载体，它展示了民间祈求平安祥和的心理，体现了中华民族的人文精神和文化创造力。

乔家大院的"镇宅之宝"

在古代，人们常常会在居住的地方摆设一些物品，作为驱邪避灾之用，称为镇宅之宝。当时的大户人家，镇宅之宝更是不可缺少之物，而且制作精美，价值不菲。乔家大院的镇宅之宝是一面镜子，叫做犀牛

望月镜。它高两米重一吨，采用东南亚的铁梨木雕刻而成，由三部分组成：上面是直径一米左右的圆形镜面，代表圆月，祥云缭绕在圆镜下方如彩云拱月，祥云下方的犀牛回顾上瞥，似在痴望明月。

传说犀牛原是天上的一位神将，受玉帝的指派，向下界传达起居规范，要求人们"一日一餐三打扮"。玉帝的意思是要人们注重礼仪，少食甘味。然而犀牛到花花世界后被扰乱了心神，将旨意传达成"一日三餐一打扮"，把玉帝的意思全弄反了。玉帝大怒，将它罚到人间，为百姓造福。为了尽快解除人间疾苦，以便早日回到天宫，每当月圆之夜，犀牛就会回天庭请求玉帝派财神爷光临人间，助它一臂之力。民间因此有了"犀牛镇家灵，望月回天庭，虔诚月儿圆，财神来光临"的顺口溜。当年乔家就是根据这个民间传说制造了犀牛望月镜，将它视为生财镇宅之宝。

现在看来，"镇宅之宝"虽然含有迷信色彩，却也反映了人们追求平安、祈求家和的美好心愿，是中华民族精神的一种表现。

◎ 乔家大院黄檬木浮雕九龙壁

中西合璧民居——开平碉楼

开平碉楼位于广东省开平市，是中国乡土建筑的一个特殊类型，是一种集防卫、居住和中西建筑艺术于一体的多层塔楼式建筑。它们是开平政治、经济和文化发展的见证，不仅反映了侨乡人民艰苦奋斗、保家卫国的一段历史，同时也是活生生的近代建筑博物馆，一条别具特色的艺术长廊。

被混乱的治安逼出来的建筑

自明朝以来，开平因位于新会、台山、恩平、新兴四县之间，为"四不管"之地，土匪猖獗，社会治安混乱；加上河流多，常有台风暴雨，洪涝灾害频发，当地民众被迫在村中修建碉楼以求自保。碉楼形似碉堡，坚固高大，在防匪害、防洪灾方面起到了一定的作用。但直至鸦片战争之前，碉楼数量都还不多。

鸦片战争以后，清政府统治更为颓败，开平人民迫于生计，开始大批出洋谋生，经过一辈乃至数辈人的艰苦拼搏渐渐有些产业。到了民国战乱更为频仍，匪患尤为猖獗，而开平因山水交融，水陆交通方便，同时侨眷、归侨生活比较优裕，所以成了土匪集中作案的地带。据粗略统计，1912年至1930年间，开平较大的匪劫事件约有71宗，杀人百余，掳耕牛210余头，掠夺其他财物无数，曾3次攻陷当时的县城苍城，连县长朱建章也被掳去。当时稍有风吹草动，开平百姓就收拾金银细软，四处躲避，往往一夕数惊，彻夜无眠。华侨回乡，常常不敢在家里住宿，而到墟镇或亲戚家去，且经常变换住宿地点，否则即有家破人亡之虞。

◎ 碉楼林立是侨乡开平的一大特色，最多时达3000多座，现存1833座。

1922年12月，一伙劫匪劫持开平中学，押着校长和师生20多人，途经鹰村时，被鹰村碉楼的更夫发现。更夫立即拉响了警报器，并将碉楼内的探照灯打开。强烈的灯光照得那些劫匪头昏眼花，脚步一下深，一下浅。四处乡团和村民们也闻讯赶来，截回校长及学生，还活捉了十多个劫匪。此事轰动全县，海外华侨闻讯也十分惊喜，觉得碉楼在防范匪患中起了作用，因此，在外节衣缩食，集资汇回家乡建碉楼。

开平第一楼的典故

中西合璧是开平碉楼最有特色的地方。古希腊的柱廊，古罗马的柱式、拱券和穹窿，欧洲中世纪的哥特式尖拱和伊斯兰风格拱券，葡式建筑中的骑楼，文艺复兴时期和17世纪欧洲巴洛克风格的建筑等在开平随处可见。

蚬冈镇锦江里的瑞石楼，是中西建筑风格完好结合的典型。瑞石楼全部是钢筋混凝土结构，外部总体造型呈现出中世纪意大利城堡风格，在立面上运用西洋式窗楣线脚、柱廊造型；而内部的布置、用具则表现出十足的传统格调，几案、椅凳、屏风，用材讲究，做工精致，格调高雅。特别是用篆、隶、行、草、楷等多种中国书法刻写的屏联，更具传统风韵。

瑞石楼的主人叫黄璧秀（号瑞石），清朝末年漂洋到美国谋生。后来，生意做大后，又在香港经营药材和钱庄。由于年迈的父母及妻子都在锦江里的老家，为了家人的安全，1921年，黄璧秀回乡建碉楼。在兴建碉楼的过程中，黄璧秀与父亲黄贻桂由于观念不同多次产生冲突。当时，锦江里周围的碉楼都是4屋至6层高。黄贻桂发现，当自家的碉楼建到第6层时，还没有封顶的迹象。朴实的老人不希望太张扬，于是要黄璧秀就此封顶。黄璧秀没有听从父亲的劝言，碉楼继续向上施工。老父亲气愤不已地指着楼骂他突破常规，是要触犯天庭，要遭天惩。黄璧秀则告诉父亲，他就是要在全村、全乡、全县建最高、最壮观的碉楼，

◎ 瑞石楼的顶部凸现西方建筑风格，其中以四周用承重墙接托的罗马穹窿顶和以支柱支承的拜占庭穹窿顶造型最为显著，给人以异于常态的美感。

让人们远远就能看到黄家的碉楼，无人可比。最后，一幢9层高、中西合璧的碉楼傲然矗立在了锦江里。

开平碉楼大规模兴建的年代，正是中国传统社会向近代社会过渡的阶段。外来文化对传统文化的冲击方式各不相同，国内一些沿海大城市的西式建筑，主要是被动接受的舶来品。而黄璧秀敢于冲破传统观念，充分体现了开平人对西方文化所表现出的从容、自信、大胆接纳，以及洋为中用、兼容并蓄的心态。

碉楼内勇抗日军

开平碉楼尽管在用材、建筑、装饰形式上各有差异，但在防御功能上都是一样：碉楼都为多层建筑，远远高于一般的民居，便于居高临下地防御；墙体比普通的民居厚实坚固，不怕匪盗凿墙或火攻；窗户比民居开口小，都有铁栅和窗扇，外设铁板窗门；碉楼上部的四角，一般都建有突出悬挑的全封闭或半封闭的角堡（俗称"燕子窝"），角堡内开设了向前和向下的射击孔，可以居高临下地还击进村之敌；同时，碉楼各层墙上开设有射击孔，增加了楼内居民的攻击点。这些特点在和平时代可能是多余的，在战乱时代却发挥着重大的作用。

1941年，三埠沦陷以后，日军、伪军、汉奸三五成群，经常到三江、幕村一带乡村骚扰，劫掠粮食、首饰、布匹等物品，然后运回三埠驻地。当时正值收割时期，日伪军到各村口、晒场、稻田去抢稻谷，农民挑着稻谷躲躲闪闪才能回到家里。为此，抗日自卫队以和安村碉楼为基地，派几个小组埋伏在附近村子的主要村口，阻止日伪军抢粮食。和安村碉楼堵住要塞，被日伪军视为眼中钉、肉中刺。一个晚上，日寇一个小队和伪军第三师一个团100多人，气势汹汹地包围了驻在碉楼的伍安小分队，发起了猛烈的攻击。伍安小分队凭借碉楼坚固的楼墙掩护屹然不动，一弹不发。等到日伪军距碉楼20多米远，才发起猛攻。由于自卫队在楼上居高临下，楼下日伪军的行动被看得一清二楚，便于掌握有利战机，所以队员越战越勇，打退日伪军多次进攻。第二天早上，日伪军又频频向楼上开火。伍安小分队凭借碉楼坚固的优势，坚持固守。战斗持续了一天两夜，日伪军始终未能攻占碉楼，精疲力竭，死伤多人，只好退了回去。

方氏灯楼"逮"土匪

开平碉楼除了供生活居住外，还有一种楼专门用来放哨，叫更楼。更楼主要建在村口或村外山岗、河岸，高耸挺立，视野开阔，多配有探照灯和报警器，便于提前发现匪情，向村民预警。楼内有团防队员负责打更和巡逻，如发现有土匪来打劫，守卫的人就开探照灯照射土匪，然后打锣或鸣枪通知邻近的村民提高警惕或采取反击行动。更楼的存在对保障村民的人身安全起到了重大作用。

有一次，一伙土匪准备趁着下大雨的好时机，到塘口圩的一户富

○ 方氏灯楼

裕人家抢劫。因为要经过塘口北面山坡上的更楼——方氏灯楼，他们担心全副武装，会被灯楼的团防员发现，于是偷割村民的稻谷，把枪支盖住，打扮成农民，想瞒天过海。可是他们怪异的行为还是引起了楼内团防员的警觉。他们一面打开探照灯，一面派几个队员手拿武器去盘问。这伙土匪见团防员过来，就谎称自己刚收割完稻谷。团防员早就发现了他们的异常，反问道："下这么大的雨，怎么能收割？搜查！"这伙土匪慌了手脚，不小心把其中一只箩翻倒过来，埋藏在稻谷里的枪支露了出来。队员们早有防备，不容他们反抗，就将他们全部拿下。

更楼多为周边几个村村民联合出资修建，也有各村富户出资修建的，是周边村落联防需要的产物，也是开平人民团结合作、共抗敌害的见证。

私家园林

中小型园林典范——网师园

网师园位于江苏苏州葑门附近的带城桥南阔家头巷，始建于南宋淳熙初年（1174年），始称"渔隐"，几经沧桑变更，至清乾隆年间（1765年前后），定名为"网师园"，并形成现状布局。网师园面积不大，总面积还不及拙政园的六分之一，但小中见大，布局严谨，主次分明又富于变化。建筑虽多却不见拥塞，山池虽小却不觉局促。全园清新有韵味，因此被认为是我国江南中小型古典园林的典范。

网师园的"渔隐"之意

南宋淳熙年间，身为朝廷重臣的吏部侍郎史正志，面对南侵的金兵，一味贪生求和，因而被罢了官，流落到苏州，于1174年请人建了一座宅园，自誉藏万卷书，取园名叫做"万卷堂"，并在大门对面造圃，意思是泛舟五湖，自号"渔隐"，这便是网师园的前身。

从宋朝到元明及清初的500多年间，这座花园的主人换了又换，到清代乾隆中期（1785年左右），光禄寺少卿宋宗元隐退，购万卷堂故址，重新规划布置，更名网师园。传说这个名字和渔翁王思父女有关。宋宗元晚年才得一子，取名双喜。双喜从小聪明活泼，有一次，到瞻台钓鱼，不小心掉入湖中，全亏渔翁王思和女儿桂芝将他救起，又摇船送他回家。宋宗元为了报答王思父女对儿子的救命之恩，特用渔翁的尊称——"网师"给花园命名。其实这只是后人附会加上的一个故事。

"网师"乃渔夫、渔翁之意，网师园意为渔父钓叟之园。宋宗元自比渔人，号网师，并以此为花园命名。一方面借史正志花圃"渔隐"的原义，有隐居之意；另一方面因为园旁边有巷名王思，取其谐音。园内的山水布置和景点题名也处处显示这主人的"渔隐"之意，蕴含着浓郁的隐逸气息。

殿春簃里的人虎佳话

　　殿春簃为网师园西北一个独立小院，曾是张善孖、张大千兄弟的画室。他们在这里豢养了一个老虎，留下了一段养虎、画虎的佳话。

　　1932年，张善孖、张大千兄弟因与网师园已故园主之子张师黄相交甚密，乃借寓园中，含毫命素，于清风明月、远水近山间抒情写意。张善孖也是一位著名的画家，尤以画虎著名。因其画虎精纯逼真，被称为"画虎大师"。他自号"虎痴""虎髯"，时人称他为"虎公""张老虎"。张善孖与弟弟借住网师园后，常为姑苏无虎、仅凭印象画虎而烦恼。1935年，他从友人那里抱养了一只小虎，特取汉代班超"不入虎穴，焉得虎子"之语意，先命名为"虎子"，后因"子"字仄声，叫起来声音不响，于是便改名为"虎儿"，更显亲切。

　　张善孖将虎儿养在网师园中，不加栏锁，让它自由自在地在园中玩耍。网师园幽雅娴静，

◎ 网师园突出以水为中心，环池亭阁与山水错落映衬，疏朗雅适，廊庑回环，移步换景，诗意天成。

101

○ 网师园

建筑、山石、池水、花木巧构佳景，在这样的环境中，虎儿似乎也通了人性，既驯良又乖巧。每当张善孖作画之时，就呼虎儿当模特，虎儿便在殿春簃的假山花木之中或蹲或卧，或腾身直立，或扭身回眸，或撒欢于当庭，或窜奔于山巅，悉从人意。张善孖通过对虎儿朝朝暮暮地细致观察，虎儿卧、伏、跃、啸、舔、怒、嬉各种姿式，都被一一写生下来。由于长期养虎研习虎性，因而张善孖深得其妙，画出了众多以虎为题材的传世之作。林语堂在《善孖的画》一文中曾经赞誉道："他画的虎，一肩、一脊、一筋、一爪，无不精力磅礴，精纯逼真……"

后来，虎儿不幸得了重病夭折。张善孖很感哀伤，将其葬于殿春簃西墙侧。如今这里嵌有碎石一方，镌刻"先仲兄善孖所豢虎儿之墓"，为张大千书于台北，寄来立碑。

明代王府——南京瞻园

瞻园位于江苏南京市瞻园路，又称大明王府和太平天国历史博物馆。明初，朱元璋因念功臣徐达"未有宁居"，特给中山王徐达建成了这所府邸花园，清代乾隆皇帝南巡时，题书"瞻园"二字。太平天国时期先为东王杨秀清王府花园，后为夏官丞相赖汉英私家官邸，再后为幼西王萧有和王府。南京瞻园是唯一保存最完好，也是唯一开放的明代王府，已逾600多年。

出自汉奸之手的第一"虎"字

瞻园的观鱼亭入口处右边墙壁上有一巨形草书"虎"字碑。这块碑宽约两尺，高一米半。碑上的虎字乃一笔挥就，一气呵成，字是虎，形也似虎，犹如一虎端立雄视生威，虎头，虎嘴，虎身，虎背，虎尾，清晰可辨，仿佛仰天长啸，堪称"天下第一虎"。

不过令人惋惜的是，如此虎虎生威的"虎"字，竟出自大汉奸江亢虎之手。江亢虎（1883年～1954年），原名绍铨，是民国时期的著名文人，文采斐然，书法水平也很高。可惜在1940年，被汪精卫收买当了汉奸，任职于汪伪政府，还曾一度为日军侵华"歌功颂德"。1943年10月5日，日本"兴亚院"顾问小幡八郎来到了江亢虎的私宅。原来，小幡八郎希望江亢虎站在所谓"客观公正"的立场上谈一谈1937年日军攻入南京后的大屠杀，即要江亢虎公开为日军暴行辩护和开脱。作为一个中国人，昧着良心为日军暴行开脱，这可是要背负千古骂名的！江亢虎

◎ 瞻园是清朝乾隆皇帝以欧阳修诗"瞻望玉堂，如在天上"而命名。

很是犹豫，沉默了半晌，最后表示自己要考虑考虑。

对江亢虎知根知底的日本人告辞后的第二天，就派人给江亢虎送来了10根金条和一厚沓伪币，外加一叠所谓的当时的事实真相资料。江亢虎收下了，没几天，为日本法西斯开脱的《"南京惨案"之我见》、为"大东亚共荣圈"合理性辩解的《国际的孔子与孔子的国际》等一系列匪夷所思、臭名昭著的奇文陆续在中国、日本发表。江亢虎的助纣为虐、颠倒黑白激起了国人的无比愤慨。

也许是深知自己臭名昭著，江亢虎在瞻园写"虎"字碑并没有署真名，而落款为"劢道人"。不过话说回来，不署真名也算是聪明的举动，如果下面落了江亢虎的款，这块碑也许今天就不会立在这里了。

世界上最早的空调建筑

瞻园的西假山上有一座亭子，它形同打开的折扇，因而得名扇亭。扇亭是目前已知世界上最早的空调建筑。著名文学家吴敬梓在《儒林外史》中用较大篇幅对瞻园进行了绘声绘色的描绘，其中就有一段关于这个铜亭的描述：徐达的第十一世孙徐咏，邀请其表兄陈木南来家中雪夜赏梅。那天正是"积雪初霁，园内红梅次第将放，园里高高低低都是太湖石堆的玲珑山子……"表兄弟俩坐在山顶的亭子上，一边饮酒，一边赏梅。陈木南只觉得越坐越暖，不觉连脱两件外衣，并诧异地问道："尊府虽与外面不

◎ 瞻园以山石取胜，假山为全园的主景和骨干。

同，怎会如此暖和？"徐九公子答到："四哥，你不见亭子外面一丈之内雪所不到？这亭子是先国公在世时造的，全是白铜铸成，内中烧了炭火，所以这般温暖。"

扇亭是一座铜亭，其四柱中空，亭下假山有一空洞，洞内可放置木炭，冬天木炭点燃后通过亭子的四根铜柱散热，因而会出现"亭外雪花飞舞，亭内温暖如春"的奇观。这种利用建筑构件取暖的方法，在我国园林建筑史上实属罕见。

落入瞻园的"奇石"

瞻园素以假山著称，全园面积仅8亩，假山就占了3.7亩。全园有南、北、西三座假山：北假山陡峭雄峙，西假山蜿蜒如龙，南假山巍峨雄浑。三座假山各具特色，又与园中景色浑然一体。其中最为出名的要数宋末年花石纲中的遗物仙人峰了。

北宋皇帝宋徽宗爱石成癖，他在东京（今河南开封）建御花园"寿山艮岳"，专门搜集奇花异石。最初，他只命人取江浙花石进呈，后来设了一个苏杭应奉局，特派宠臣朱勔主持，专为皇帝搜罗奇花异石等物，运往东京开封。宋徽宗的个人喜好劳民伤财。凡民家有一木一石、一花一草可供玩赏的，应奉局立即派人以黄纸封之，称为供奉皇帝之物，强迫居民看守，稍有不慎，则获"大不恭"之罪。有的人家被征的石头高大，搬运起来不方便，兵士们就拆房子，毁墙壁，总之想尽办法、不计民力千方百计都要搬运出来。有一回，安徽灵璧县产的

◎知识链接

花石纲

花石纲是我国历史上专运送奇花异石以满足皇帝喜好的特殊运输交通名称。宋代陆运、水运各项物资大都编组为"纲"，"纲"也就指一个运输团队，如运马者称"马纲"，运米的称"米饷纲"，马以五十匹为一纲，米以一万石为一纲，而运输花石纲的，往往是十艘船称一纲。

巨石用大船运到京师后，因个头太大进不了城，徽宗竟下令拆毁城门。巨石入城之后，徽宗大喜之余，御笔赐名"卿云万态奇峰"，并悬金带于其上。宋徽宗的个人喜好给东南人民造成极大的灾难，终于激起了方腊起义。

运送"仙人峰"的这批花石纲在运送途中，正遇上江南地区的梅雨季节，道路泥泞，无法成行，注定要延误运送了。按当时规定误期就要斩首，同样是死，民工们索性揭竿而起，加入了方腊农民起义队伍，这批湖石也因此散落在江南各地。明万历年间，徐达的第九世孙嗣国公徐维志开始在瞻园大兴土木，引流为沼，挖池叠山，建堂造亭，并"收购四方奇石"，仙人峰便是在那个时候落户瞻园的。

中国园林之母——拙政园

拙政园位于江苏苏州市东北街，初为唐代诗人陆龟蒙的住宅，由明嘉靖年间御史王献臣买下并开始设计建造，历时16年建成，并借用西晋文人潘岳《闲居赋》中"是亦拙者之为政也"一句取名。它是苏州园林中面积最大的古典山水园林，亦是江南园林的代表，为中国四大名园之一，素有"中国园林之母"，"天下园林之典范"等称号。

屡易其主仍不变本色

明正德四年（1509年），御史王献臣因官场失意而归隐苏州，以大弘寺址拓建为园，聘吴门画派代表人物文征明参与设计蓝图，历时16年建成，取名拙政园。王献臣死后，他的儿子以拙政园为赌注，一夜之间输掉了园子。此后的四百余年里，拙政园屡易其主，平均每十年便要换一次主人。每位主人一接手，都会对它进行或大或小的修补改建，其中规模最大、最为彻底的一次修建要数王永宁接手以后，而他也是拙政园诸位主人中最具传奇色彩的。

王永宁是明末清初人，本是名门望族，无奈家道中落，而立之年已潦倒成为乞丐。一日，他正在街头乞讨，一位老头认出了他："你这么潦倒，何不去投靠岳父吴三桂呢？"原来这位老者是王永宁祖上仆人，曾听说王永宁与吴三桂之女有指腹之婚约。吴三桂正是朝廷红人，显赫一时。王永宁半信半疑回到家中，果然找到了姻帖。他奔波数千里，赶到云南昆明去找吴三桂。经过一番考察和确认后，吴三桂很快认下了他，并将拙政园买下送给潦倒的女婿。

王永宁骤然变成了平西王的乘龙快婿，身价顿增。他携妻子回到苏州后，便对拙政园进行了一次前所未有的大建设。清毛奇龄的《西河杂笺》中提到："园内建斑竹厅、娘娘厅，为三桂女起居处，又有楠木厅，列柱百余，石础径三四尺，高齐人腰，柱础所刻皆升龙，又有白玉龙凤古墩，穷极奢丽。"这番大肆改造彻底抹去了文征明所绘拙政园的最初格局。

王永宁和妻子在这座园子生活也不过十年。一日，他正在园子里的卅六鸳鸯馆听昆曲。突然，一位仆人从外面疾奔过来，告之吴三桂谋反的消息。王永宁听后脸色煞白，当场就被吓死了。他因吴三桂而显赫

◎ 拙政园的小飞虹是苏州园林中唯一的廊桥（有顶的桥）。

一时，亦因吴三桂而命丧黄泉。

王永宁之后，拙政园又数次易主，它最初的格局已很难寻觅，但它蕴含诗情画意的文人意境没有变过。它的修建和改建始终以"自然美"为主旨，在设计构筑中，采用因地制宜，借景、对景、分景、隔景等种种手法来组织空间，在都市内创造出人与自然和谐相处的"城市山林"，被胜誉为"天下园林之典范"。

拙政园里的才子和名妓

拙政园与颐和园、承德避暑山庄、留园被誉为中国四大名园。拙政园位列首位，它的知名度如此之高，除了无与伦比的园林建筑，还因为在它建成后的几百年里，曾为许多在历史舞台上叱咤风云的人物提供了活动场所，最有名的莫过于明末清初的大诗人钱谦益和名妓柳如是了。

柳如是是当时"秦淮八艳"中声名最显赫的一位，才色双绝。钱谦益是当时诗坛领袖，大柳如是三十六岁。崇祯十二年（1639年），因贿赂上司而丢官的钱谦益偶然得见柳如是《西湖八绝句》诗，对"桃花得气美人中"句赞赏不已，于是邀柳如是与之同游西湖。数年后，两人再次相遇，交谈甚欢。钱将柳比作卓文君，而柳则把钱比作"才高博洽"、"博通经籍"的东汉大才子马融，说："天下惟虞山钱学士

> **◎知识链接**
>
> ### 秦淮八艳
>
> 明末南京旧院（高级烟花巷）名妓辈出，盛极一时。秦淮八艳就是对南京秦淮河畔八位色艺才气俱佳名妓的合称，她们是柳如是、顾横波、马湘兰、陈圆圆、寇白门、卞玉京、李香君、董小宛。她们八人有几个共同点，首先都具有爱国的民族气节；秦淮八艳除马湘兰以外，其他人都经历了由明到清的改朝换代的大动乱。当时好多明朝的贪官贪生怕死，卖国求荣，而和他们形成鲜明对比的是：秦淮八艳虽然是被压迫在社会最底层的妇女，在国家存亡的危难时刻，却能表现出崇高的民族节气。她们在诗词和绘画方面也都有很高的造诣，个个能诗会画，只是大部分已经散失，只有柳如是作品保留下来较多，她们创作勤奋，努力表达自己的生活感受。

◎ 拙政园总体布局以水池为中心，亭台楼榭皆临水而建，有的亭榭则直出水中，具有江南水乡的特色。

始可言才，我非才如学士者不嫁。"钱则答道："天下有怜才如此女子者耶，我亦非才如柳者不娶。"这一老一少，终于顶住非议结为连理。

然而动荡的时局打破了他们宁静的生活。崇祯帝自缢于煤山，明福王朱由崧在南京建立了南明小朝廷。钱谦益利用夫人柳如是与南明兵部尚书阮大铖的关系，谋就了礼部尚书的职位。不久，清兵南下，兵临南京城。柳如是劝钱与其一起投水殉国，钱以手探水，最后说："水冷，奈何？"柳如是"奋身欲沉池水中"，却给钱谦益拉住了。柳如是只好退让二步，说："隐居世外，不事清廷，也算对得起故朝了。"钱谦益唯唯表示赞同。没几天，钱谦益就投降了清廷，连额发也剃了个精光。钱谦益入了新朝，仕途之路依旧不顺，几升几落，最后又受黄毓祺反清案牵连入狱。柳如是四处奔走，救出了钱谦益。几经沉浮，钱谦益看破了红尘，不再谋求政治地位，与柳如是来到苏州，寄寓拙政园。

柳如是与钱谦益，一个是才高八斗却饱受争议的才子，一个是才色俱佳又颇有气节的名妓，在拙政园不过是短暂的居留，却给这座姑苏第一园林留下了一抹无比绚丽的痕迹。

大观园的影子

据史载，《红楼梦》作者曹雪芹的祖父曹寅，曾出任苏州织造，织造衙门设在葑门，曹寅便购下拙政园的一部分供家眷居住。曹寅升迁江宁织造时，推荐妻弟李煦接替，家眷住在园内达二三十年之久。曹雪芹的母亲怀孕后途经苏州，在李煦家生下了曹雪芹。少年时的曹雪芹常随家人到苏州小住，拙政园的亭台楼阁、花草树木也深深地根植于曹雪芹的脑海里。因此有人相信，曹雪芹有关大观园的描写，灵感就来自于拙政园。当然这不是凭空猜测，因为拙政园与大观园确实有很多相似之处。

比如走出拙政园的"兰雪堂"，迎面可以看到一座名为"缀云"的假山，巨大的山峰，状如云朵，就像一个巨大的屏风挡住了人们的视线。西侧形状怪异的湖石名叫"联璧"，两石中间夹着碎石子铺就的羊肠小道。这种"开门见山"的传统造园手法，被称做"碍景"，起着引人入胜的作用。而《红楼梦》第十七回"大观园试才题对额，荣国府归省庆元宵"中也有相似的情景。书中写到贾政带着宝玉和一班清客去游大观园，开门进去"只见一带翠幛挡在面前。众清客都道：'好山，好山！'贾政道：'非此一山，一进来园中所有之景悉入目中，更有何趣？'……往前一望，见白石崚嶒，或如鬼怪或似猛兽，纵横拱立。上面苔藓掩映，其中微露羊肠小径"。

再比如从中园的"荷风四面亭"经"柳阴路曲"廊，转北即至"藕香榭"（又名"见山楼"）。藕香榭建在池中，楼上三间，四周配以合窗；楼下前后有落地长窗，两侧为月洞门；左右有回廊，北临水

◎ 拙政园形成的湖、池、洞等不同的景区，把风景诗、山水画的意境和自然环境的实境再现于园中，富有诗情画意。

流，有曲桥相通彼岸。到了夏天，四周一片"莲叶何田田"的景致。而《红楼梦》第三十八回"林潇湘魁夺菊花诗，薛蘅芜讽和螃蟹咏"里描写湘云请贾母等赏桂花，贾母带了王夫人、凤姐、薛姨妈等进园来，凤姐因为"山坡下两棵桂花开得又好，河里的水有碧清"而将宴席安排在了藕香榭。书中写道："原来这藕香榭盖在池中，四面有窗，左右有回廊，也是跨水接峰，后面又有曲折桥。"两处不仅名字一字不差，就连建筑风格也是惊人的相似。

拙政园究竟是不是《红楼梦》里的大观园，恐怕红学专家也无法给出一个确切的答案。其实答案并不重要，拙政园和大观园，一个是存在于现实世界的园林瑰宝，一个是存在于曹雪芹笔下的文学奇葩，其对世人的影响都一样源远流长。

以石取胜的留园

留园位于江苏苏州阊门外，原是明嘉靖年间太仆寺卿徐泰时的东园。到了清嘉庆年间，刘恕以故园改筑，名寒碧山庄，又称刘园。同治年间由盛旭人购得，重加扩建，取留与刘的谐音，始称留园。留园以园内建筑布置精巧、奇石众多而知名。它是我国著名的古典园林，与苏州拙政园、北京颐和园、承德避暑山庄并称中国四大名园。

好石成癖的园主人

留园的第一任主人名叫徐泰时，1593年，他因官场失意回到苏州，建造了留园（当时叫东园）。古时大凡有文化的人，都有点小嗜好，徐泰时也不例外。他好石头，于是广搜奇石置于园内，最有名的就是从湖州岳父那里运来的宋代花石纲遗物瑞云、冠云等五峰。徐泰时之后，徐家中落，留园渐渐荒废，然而石头却未从留园消失，反而成了铸刻在留园身上的一枚文化印记。

○ 留园的建筑在苏州园林中，不但数量多，分布也较为密集，其布局之合理，空间处理之巧妙，皆为诸园所莫及。

1798年，刘恕购得留园。在好石上，刘恕与徐泰时相比有过之而无不及。他千方百计罗致奇石十二峰，按石之形态题名为奎宿、玉女、箬帽、青芝、累黍、一云、印月、猕猴、鸡冠、拂袖、仙掌、干霄，并请名士作画、题诗。兴喜之余，他还自刻闲章"寄傲一十二峰之间"，又自号"一十二峰啸客"。这些印章至今还能在留园历代书法石刻上看到。后来，刘恕又在书馆庭院内散布了独秀、段锦、竟爽、迎辉、晚翠五峰，以及拂云、苍鳞二支石笋，称这里为石林小院。刘恕自称园中之石"虽不足尽石之状，备岩麓之幻，亦足以侈我观矣"、"虽然石能侈我之观，亦能惕我之心。易曰：介于石。诗曰：他山之石，可以攻玉。易言其德，诗言其功"。观赏奇石时，"嶙峋者取其棱厉，矶碡者取其雄伟。嶻嶪者取其卓特，透漏者取其空明，瘦削者取其坚劲。棱厉可以药靡，雄伟而卓特可以药懦，空明而坚劲可以药伪"。

刘恕的好石为后人留下了一份宝贵遗产，园中三百多方书条石和大大小小几十石峰石也形成了园林中一道特殊的风景线。而他以石峰的棱角分明、挺拔与坚强作为治疗软弱、怯懦与虚伪的良药，更是我国石文化中的一段精妙绝伦。

留园的"宠儿"

刘恕好石，然而有一块石头——冠云峰，他想尽办法，却终不能将其占为己有。

冠云峰是留园内最为著名的一块石头，高六米有余，乃太湖石中绝品，齐集太湖石"瘦、皱、漏、透"四奇于一身。冠云峰不但峻峭雄拔，风韵不凡，从不同角度观看还能看到不同的景致：它的峰顶如同一只雄鹰兀立其上，鹰头在西，向下盯着一只向上攀爬的老龟；从西北方向望去，冠云峰又宛如一尊送子观音，怀抱婴儿，脚踩鳌鱼，亭亭玉立。

刘恕修葺留园时，冠云峰正在园林东侧围墙外（其地也是留园故址）

○ 冠云峰

，他十分仰慕和喜爱这块峰石，但当时为修葺留园已花费了大量财力，无力再征地扩园，这件事便成了他一桩心病。后虽经努力，终因峰石四周"曩有民居数百家绕之，虽大力者不能从"，以至"尝欲移至庄中未果"。刘恕之孙懋功承其祖"石癖"遗风，为满足观赏冠云峰的愿望，过痴石之"瘾"，竟别出心裁地在留园东侧围墙边、邻近冠云峰的地方筑了一幢小楼，供自己在楼上和冠云峰朝夕相对，并将这幢小楼取名"望云"。

庚申之劫（1860年）后，盛康从刘氏买得留园，当时冠云峰周围因战乱而"数百家亦化为荒烟蔓草"，唯有冠云峰岿然独存。盛康将冠云峰周围土地也一并买了去，围绕峰石构筑亭台楼阁，均以"冠云"命之，以便从不同的角度来观赏石峰，冠云楼、冠云亭、冠云台由此而来。冠云峰如同宠儿一般，因着它的缘故，园内多了好几处建筑，它们虽然分布密集，空间上的处理却很巧妙，绝没有拥挤、散乱的感觉，倒让留园多了几处观景赏玩的地方。

奇秀甲江南——上海豫园

豫园位于上海老城厢东北部，始建于嘉靖、万历年间，距今已有四百余年历史。原是明代四川布政使上海人潘允端为了侍奉他的父亲——明嘉靖年间的尚书潘恩而建造的，取"豫悦老亲"之意，故名为"豫园"。它也是上海市区内唯一的明式园林，素有"奇秀甲江南"之美誉。

昆曲表演的大舞台

豫园原是潘允端为父亲所建，然而园子没有造好，父亲就仙逝了，结果豫园就成了潘允端的退隐享乐之所。当时的士大夫对戏曲十分雅好，潘允端亦不例外。为满足闲情逸致，他不惜投入大量资产蓄养私家乐班。由于他最为喜好清丽婉转的昆山腔，因而他的戏班

◎ 豫园内楼阁参差，山石峥嵘，湖光潋滟，素有"奇秀甲江南"之誉。

从角色行当到人员组成、演出剧目，大部分都是昆山腔。潘家班"串戏小厮"入班考试必要进行"堂试新声"。这里的"新声"即是昆山腔。

潘允端的家班一经建成，立即投入演出，演出活动主要在乐寿堂（今豫园三穗堂）进行。且事无巨细，席无大小，乃至闲暇无事一律均需"小厮串戏"。就是家里死了人，还要唱戏。潘允端的长子死了，白天祭祀，晚上仍然"串戏"；潘妻顾氏死了，刚满三七，便要家班演"杂剧一折"。每到潘允端生日前后，豫园内更是处处飘着歌舞管弦之声，有时竟连演十多天。潘允端不仅自家成立戏班，他的二儿、五儿和住在南门的大兄弟均蓄有"戏子"。四叔家还有"女戏"，互相都可借用。而潘允端的家班力量最强，戏工最佳，生旦净丑俱全，共二十余演员，可以演出大型的剧目，曾被上海县令多次借用。除了听戏，潘允端还一度在豫园养了一名叫朱谆化的文人，专门从事剧本创作，半个月里创作了《昼锦记》等五部传奇之戏。

正是因为潘允端的这种热情，让豫园成为昆曲表演的大舞台，为昆曲在最初形成阶段的传播和发展起到了推动的作用。潘允端也因此成为昆曲初创时期，有史料记载的有重大影响的历史人物之一。

小刀会起义的指挥所

点春堂是豫园内一座五间大厅，堂名取自宋代文学家苏东坡词句"翠点春妍"，有青翠之色点出了春天的妍丽之意。清末这里曾是上海小刀会起义军的城北公署（城北指挥部）。

1853年，上海小刀会响应太平天国起义，在刘丽川、陈阿林等人的领导下，发动了起义，迅速占领了上海县城。起义军最初不过千人左右，几天之内发展到万人以上。他们成立了小刀会政权，将总部设于文庙，另设城北指挥部于豫园点春堂，小刀会领袖之一陈阿林在此办公，发布政令，称"点春堂公馆"。整个豫园成了起义军的大本营，名震一时，当时还有一首民谣唱道："东校场，西校场，兵强马又壮，欲投小

◎知识链接

上海小刀会起义

小刀会是清代民间秘密团体，最初是一些平民自备小刀，以求互保，与反清复明无关。后成为天地会的一个分支，主要成员为农民，城市中有手工业工人、水手、搬运工人、游民及少数工商业主。1853年9月7日，上海小刀会在刘丽川的领导下发动了武装起义，占领上海，建立"大明国"革命政权，提出"剿灭贪官，以除残暴"的口号，痛斥清政府的罪恶，起义军发展到1万多人。在清朝政府和外国势力的共同打击下，1855年2月17日，起义军被迫突围，刘丽川牺牲，部分突围起义军加入太平军，小刀会起义至此即告失败。

刀会，去到点春堂。"

清廷大为惊恐，急调江南大营军队前来镇压。陈阿林在点春堂指挥作战，多次打退了清军的进攻。清廷于是提出让上海海关和租界权益的卖国条件，换取了英、美、法的支持。后来在清廷和英、美、法联军的双重打压下，起义最终以失败告终。

如今点春堂内悬挂着郭沫若1961年游览豫园时挥毫写下的诗句："小刀会址忆陈刘，一片红巾起海陬……坐使湖山增彩色，豫园有史足千秋。"小刀会的英勇业绩可歌可泣，点春堂也因凝聚着中国人民光荣传统的革命意志而受到世人的敬仰。

"逾制"的龙墙

豫园有五堵用巨龙装饰的围墙，它们散布于园内各处，是豫园的标志性建筑。这些围墙蜿蜒起伏，顶上饰以龙头，并用瓦片组成鳞状修饰墙体，象征龙身，一垛墙如巨龙游动一般，称为龙墙。

龙在古代被作为帝王和王权的象征，为帝王所专有。任何对龙的冒犯，都会被视为对专制皇权的冒犯，都可能招致大祸。明代画家盛著善画山水花鸟人物，名重一时，洪武年间供事内廷，为皇帝服务。他奉旨为一寺院画影壁，画了一幅"水母乘龙背"。朱元璋看后很生气，说："龙是用来骑的吗？"结果以"不称旨"为罪名下令将盛著处死。清代乾隆二十年（1755年），内阁学士胡中藻主持广西学政，出试题取《易经》中"乾之爻不像龙说"一句，结果被控为诋毁乾隆。因为"隆"与"龙"同音，是暗指乾隆不是真龙天子，因而获罪。在查抄胡中藻家时，又发现了一诗"一把心肠论浊清"。乾隆帝看后说："加'浊'字于国号'清'字之上，是何肺腑？"遂下令将其处死。

◎ 龙墙把园林30多亩的地方分隔成不同的景区，以虚隔作幛景，似隔非隔透出园林丰富的景层，成为豫园内一大特色。

龙如此"不可冒犯"，豫园作为一家私家园林，为何会公然用龙来装饰呢？其实这五堵龙墙是清末才建立的，当时清王朝风雨飘摇，已经顾不上民间"滥"用龙了。而且龙墙上龙的爪子不是四个，就是三个，与皇帝专享的"五爪金龙"有别。因而这五堵"逾制"的墙才存留了下来。

龙是中华民族、中国文化的象征，然而很长一段时间内，它都被帝王霸占着，这五堵龙墙的存世，也昭示着源于民间的龙文化正在回归民间。

匠心独具的扬州个园

扬州个园，由清代嘉庆年间两淮盐业总商黄至筠在明代"寿芝园"的旧址上扩建而成。因主人爱竹，且竹叶形似"个"字，因而得名。园虽不大，但处处体现出造园者的匠心独具，该园最富盛名的是以笋石、湖石、黄石、宣石叠成的春夏秋冬四季假山，叠石艺术高超，以石斗奇，融造园法则和山水画理于一体，令人叹为观止。

五路豪宅次第开

汉、唐直至明、清，扬州一直是两淮（泛指现在的江苏东部）盐业的中心。明清以后，产盐地区虽在两淮，盐业管理却在扬州，扬州成为全国盐业集散中心，据估计，当时在扬州集散的盐达到10亿公斤。因为卖盐具有垄断特权，所以盐商十有八九都发了大财。"乾嘉间扬州盐商豪侈甲天下，百万以下者皆谓之小商"。元代杨维帧曾在《盐商行》中写道："人生不愿万户侯，但愿盐利淮西头。"

大盐商们盘踞在扬州，过着歌舞升平、挥金如土的浮华生活，由此开创了扬州私家园林大放异彩的鼎盛时期，也为扬州的园林以考究和奢华著称的风格特色奠定了基调。黄至筠的个园便是典型的代表。

个园鼎盛时期，有五路豪宅，分别以"福、禄、寿、财、喜"为主题，一字儿排开，显尽一代盐商的气派。据说这五座大门各有各的用途，平时并不全开。逢众商户解送盐款的日子，是黄府财源滚滚的时候，开财门；逢家里有人过生日、做寿，开寿门；家中有人及第或加官晋级，开禄门；大小红白喜事时，就开喜门；而福门则常开，供平时出入，以求福气时时刻刻陪伴左右。久而久之，周围百姓只要看个园开了哪座门，就大致知道黄家今天将会发生什么事。

如今五路豪宅只剩下东、中、西三路，但一厅一堂，一梁一柱无不显示出主人的家居生活考究与奢华，印证着扬州盐商财力的雄富。

◎知识链接

盐商

清初盐法沿袭明制，基本上实行封建的引岸制度。盐商运销食盐，必须向盐运使衙门交纳盐课银，领取盐引（运销食盐的凭证），然后才可以到指定的产盐地区向灶户买盐，贩往指定的行盐地区销售。但领取盐引则须凭引窝（又称窝根、根窝），即证明拥有运销食盐特权的凭据。盐商为了得到这种特权，须向政府主管部门认窝。认窝时，要交纳巨额银两。握有引窝的盐商就有了世袭的运销食盐的特权。此外，朝廷还允许盐商"加价"、"借帑"（即从国库里借钱营运）等。有了这样的保证，盐商可以说是坐收暴利。

个园之"个"

个园的名字颇值得寻味。"个"本是一个量词，黄至筠为何拿它来为园子命名？其实"个"最早的意思是"竹竿"，古书便有"竹曰个，木曰枚"的说法。这一点不奇怪，因为汉字原本就是象形文字，而"个"看上去不正是竹叶的形状吗？清代大才子、大诗人袁枚有"月映竹成千个字"的诗句，物象鲜明，意境空灵，可谓深得竹的神韵。

黄至筠"性爱竹"，又附庸风雅，信奉"宁可食无肉，不可居无竹，无肉使人瘦，无竹令人俗"，于是园内遍植翠竹，将一个偌大的个园渲染得翠盈盈、绿油油。而"个"字既点明了园林主题，又将主人的情趣和心智都包含在内，含而不露，耐人寻味。

"无竹令人俗"，尽管个园遍植翠竹，但黄至筠始终未能超凡脱俗，凭借"富傲王侯、财堪敌国"的富有，在青青个园中过着纸醉金迷、一掷千金的奢靡生活。只在吃这一项上，即可体现出来。黄至筠爱吃竹笋，但不吃个园里的，最爱吃黄山笋，还要吃刚挖出土的那一股子新鲜劲儿。黄山距离扬州路途遥远，但这对黄至筠并不构成什么障碍。有人专门为他设计了特殊的火炉，在黄山采到竹笋后立刻洗净切好，与肉一起焖到锅里。然后，让脚夫挑着火炉一路狂奔至扬州。人到之时，那竹笋和肉也就煨到火候了。他们家用

◎ 个园中四季假山各具特色，表达出"春山艳冶而如笑，夏山苍翠而如滴，秋山明净而如妆，冬山惨淡而如睡"和"春山宜游，夏山宜看，秋山宜登，冬山宜居"的诗情画意。

◎ 个园内遍植竹子。

人参喂鸡，每吃一个鸡蛋相当于吃掉1两白银。豪门浮华从中可见一斑。

"竹"历来也为中国文人所爱，不仅是因为竹子姿态清雅，色如碧玉，更主要的是因为它"高雅、正直、虚心、有气节"的品格。比如张九龄的"高节人相重，虚心世所知"；郑板桥的"一枝一叶总关情"。黄至筠爱竹，却始终没有体会"竹"的精髓，没有跳出世俗的窠臼。

黄氏有佳儿

个园清颂堂抱柱上，有一副楹联："几百年人家无非积善，第一等好事只是读书。"黄至筠虽身为盐商，仍深受儒家影响，认为读书是天下的第一等好事，非常重视子女的教育。

黄至筠初到扬州时，扬州的文人、名流因为他是个商人，大多不屑与他为伍。黄至筠亦不与他们往来。但他每年都要花重金聘请安徽的名宿来家教子，并且天天晚上亲自检查孩子的学习情况，发现还有不精之处，就会立刻派仆人陪着到书房，重新请老师讲解，必须完全领悟才可以去睡觉。二十年如一日，从未间断。有一天，扬州的一位名士在黄家与黄锡庆（黄至筠长子）的老师谈话，偶然涉及到《汉书》，这位名士有些不解的地方。老师指着黄锡庆对他说："伊尚熟悉。"要锡庆回答。黄锡庆起立，背诵如流，解释详尽。这位名士出来后对人说："黄氏有佳儿，勿轻之也！"严格的要求，优秀的老师，加上自身的努力，黄至筠的四个儿子黄锡庆、黄奭（原名黄锡麟）、黄锡麒、黄锡禧都工诗词，善书画，有深厚的文学造诣，而且都有著作流传于世。尤为突出的是次子黄奭，在古书辑佚方面颇有建树，著有《汉学堂丛书》等十余部学术著作，名字也被载入史册。

郑板桥的《墨竹图》

一本书读懂

中国传统文化 ③

（全4册）

石开航 / 编

中国华侨出版社

·北京·

目 录
CONTENS

乐而不淫的气韵——音乐和舞蹈

舞　蹈

舞台之上的生活——戏剧和曲艺

戏　剧

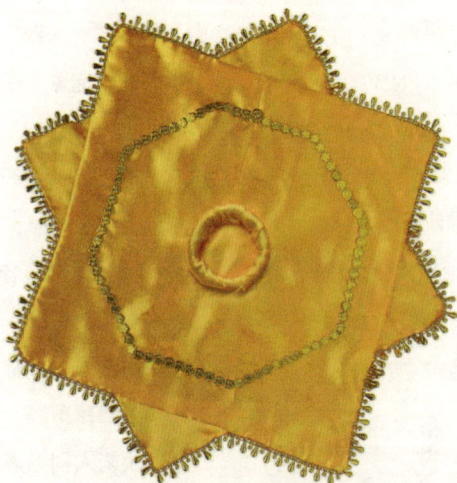

乐而不淫的气韵
——音乐和舞蹈

综 述

中国音乐可追溯至7000多年前。我国古代"诗歌"是不分的，即文学和音乐是紧密相联系的。《诗经》中的诗篇当时都配有曲调，为人民大众口头传唱。这个传统一直延续下去，比如汉代的官方诗歌集成，就叫《汉乐府》，唐诗、宋词当时也都能歌唱。甚至到了今天，也有流行音乐家为古诗谱曲演唱，如苏轼描写中秋佳节的《水调歌头》，还有李白的《静夜思》。中国古代的音乐理论发展较慢，在"正史"中地位不高，没能留下更多的书面资料。但音乐和文学一样，是古代知识分子阶层的必修课，在古代中国人的日常生活中无疑有着重要地位，民间则更是充满了多彩的旋律。

我国古代音乐属于五声音阶体系，五声音阶上的五个级被称为"五声"，即宫（do）、商（re）、角（mi）、徵（sol）、羽（la）。乐器主要有埙、缶、筑、排箫、箜篌、筝、古琴、瑟等，乐曲一般缓慢悠扬，主要是为了适合宫廷生活或宗教的需要。到汉朝和唐朝以后，通过西域和国外的频繁交流，国外音乐和乐器大量流入，汉唐时统治者奉行开放政策，勇于吸收外地文化，源于外国的乐器如琵琶、胡琴等大量为中国音乐所采纳，并被改良发展。

我国舞蹈的历史和音乐一样源远流长。舞蹈是适应巫术和原始宗教仪式的需要产生的。这可以从"舞"的原始意义中得到理解。早期甲骨文中，"舞"与"巫"的形状十分相似。在早期社会"舞"、"巫"指同一事项，即女巫师的巫术仪式以及巫师祈祷神灵时的姿态。后来，用"舞"指称巫师的姿态，用"巫"指称巫师这一类人员，其意义才渐渐分离。

在古代，舞蹈多使用于各种仪式性场合。大到国家的祭祀、朝会、出战、庆功、王室更替，小到百姓婚丧嫁娶、往来聘问、播种收割等均有若干的仪式内容。古代根据舞蹈的使用场合和社会功能将宫廷舞蹈分为雅舞、杂舞两类。雅舞在后来的历代王朝宫廷中皆是最重要的舞蹈，虽然各代帝王皆制作自己的舞蹈，名称也各不相同，以示不相袭用，但是仅改歌词而舞曲依旧不变，其祭祀的仪式性功能也没有改变。没有进入宫廷的传统舞蹈则在民间流传称杂舞，多在重大节日活动中进行，显示出舞蹈强烈的仪式性特征。

同时，中国舞蹈也渗透了中华文化的精髓。舞蹈掺入了戏曲舞蹈的曲线和武术相应的内容，它与其它艺术有着内在相同之处：对比或相生相克的表现手法；取自民间对神佛的敬仰。舞蹈中，始终贯穿着"静中有动、动中有静"，或"逢冲必靠、欲左先右、逢开必合、欲前先后"等对比的手法，好似中国的园林艺术，始终有着"小中见大、大中见微"的做法。中国舞蹈有"欲右先左、欲左先右、欲上先下、欲下先上"的法则，缔造了中国舞蹈不同的韵律与美感。舞蹈者必须掌握刚柔并济、虚实相生才能展现中国舞蹈精髓，形成了中国舞的独特之处。

器　乐

"圣人之器"——古琴

古琴又称"琴"、"瑶琴"，是中国最古老的弹拨乐器。其音域宽广，音色深沉，余音悠远，深具东方文化特色。古琴历来为文人阶层重视，被尊为"国乐之父"、"圣人之器"。琴乐寄寓了中国几千年的正统思想和文化。

圣人也学琴

古琴是我国最古老、最受推崇的乐器之一。它被赋予君子的品格，代表着儒家最正统的思想与文化。

古琴本身就充满着中华传统文化的象征色彩。它长3尺6寸5分，代表一年的365天。琴面是弧形，代表天；琴底为平，象征地；合起来即"天圆地方"。古琴有13个徽（抚琴的标记），代表着一年有12个月及闰月。最初古琴只有五根弦，象征金、木、水、火、土。据说周朝文王、武王各加一根弦，分别代表君、臣。

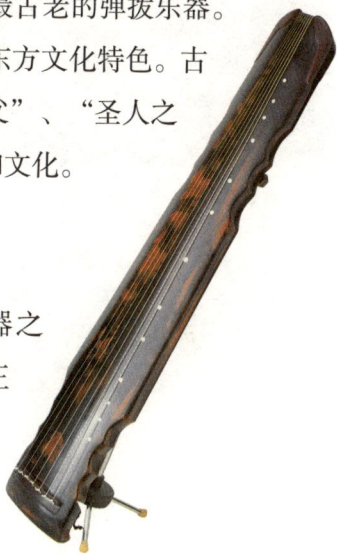

◎ 古琴

古琴的形制包含了天地君臣等象征，其弹奏的声音又分外深远悠长，符合古代君子追求的清、微、淡、远的审美意境和艺术精神，所以"圣人"孔子对它也极为提倡，认为操琴通乐是君子的最高修养。

《杏坛弦歌图》　明　诚意

图绘孔门弦歌不辍盛况。图中杏林环绕，枝梢蓓蕾初绽，初春之气扑面，众儒生环立周围，夫子端坐中央，身后屏风兀立，身前左右各有一弟子俯案抚琴。众人专心致志，神与乐驰。

为此，他不仅经常抚琴吟唱《诗三百》，还特地向鲁国的乐官师襄学琴。

孔子学琴，不是简单地学习抚琴的技巧，而是深入地领悟琴音之中，人物的品格与思想。据说他向师襄学琴时，师襄先教了他一首曲子，准备十天后再教新曲。但是孔子认为自己没有领会透彻，一直拖了很长时间。终于，他通过抚琴体会出，曲子的作者"肤色黝黑，身材高大，目光明亮而深邃，似是一个统治四方诸侯的王者，除了周文王又有谁能够如此呢"！当孔子向师襄说出自己的体会时，师襄也非常惊叹，说："这就是《文王操》啊！"

良木偶得成"焦尾"

古琴的琴身分为面板和底板两部分，面板一般用桐木或杉木制，底板则用梓木或楠木。因为琴身材质是影响古琴音色的首要因素，所以制琴最重要的就是找到上好的琴身木材。

焦尾琴是我国古代四大名琴之一，它的琴身用的就是上好的桐木。关于它的身世，还有一个非常传奇的故事。

据说东汉名士蔡邕，在音乐上有很高的造诣，对各种声音也很敏感，能从木料的爆裂声里辨别出木料材质的好坏。

蔡邕曾隐居江苏溧阳，有一天，他正在独坐看书，不远的厨房母

伯牙袒胸坐石上，子期侧身叠腿坐石上，双
手合掌，一足微跷，似随琴声打着节拍。

亲在烧火做饭，不时传来噼里啪啦的声音。突然，蔡邕听到一声清脆的
爆裂声，便大叫着"不好"冲进厨房，二话不说就把灶里烧得正旺的桐
木扒拉出来，扑灭了上面的火。母亲大感奇怪，蔡邕就告诉她，这是一
根制琴的上好桐木，他愿花重金将它买下来。

蔡邕得到桐木后，将它细心雕制成琴，果然琴音不凡。因为琴的尾
部还留有烧焦的痕迹，所以人们就叫它焦尾琴。

焦尾琴乃琴中之精品，蔡邕去世后，便成为皇家内库的珍藏。然
而，琴固然贵重，琴身上体现的蔡邕对美好事物的执着追求，却是比琴
更显得的珍贵，可惜历朝历代的统治者都不懂得珍惜。

琴之悲剧"广陵散绝"

古琴自问世以来，成就了许多名曲，《广陵散》便是其中一支。人
们说到古琴，都会情不自禁地提到它和它的弹奏者嵇康。

《广陵散》又名《广陵止息》，是古代一首大型琴曲，演变自
《聂政刺韩王曲》。《广陵散》描写了战国时代铸剑工匠之子聂政为报
杀父之仇，刺死韩王，然后自杀的悲壮故事。整首曲子刚劲有力，感人

中国古代四大名琴

齐桓公的"号钟"、楚庄王的"绕梁"、司马相如的"绿绮"和蔡邕的"焦尾"。

肺腑，越听越令人慷慨激昂。

然而这么优秀的一支琴曲，到了魏晋时，据说只有名士嵇康一人会弹。嵇康是著名的"竹林七贤"之一，他精通音律，认为在众多乐器中，琴的形制最端正，声音最醇正，乐曲思想最正统，所以"琴德最优"。嵇康在当时就以耿直不阿的性情和擅弹《广陵散》而闻名。可是，正因为他这种坚持做一个"比德于零"的正人君子的作风，得罪了当道的奸臣钟会，最后被钟会残忍杀害。

在东市临刑前，无愧于心的嵇康神色不变。他让人拿来一张琴，从容地坐在刑台上，弹了最后一遍《广陵散》。全曲贯注一种愤慨不屈的浩然之气，令闻者为之动容。然而当最后一个琴音消失时，嵇康不是为自己的命运伤心，反而为这首曲子难过。他感叹地说："《广陵散》于今绝矣。"

嵇康死时年仅39岁，他以短暂的一生履行了"琴德"的要求。在当时，《广陵散》成为绝响是琴的悲剧，嵇康的早逝也是琴的悲剧。

古雅丰美的古筝

古筝又名秦筝、哀筝，是一种中国传统弹弦乐器，深深地植根于中国民间音乐文化。筝有两千多年的历史，可谓繁花丛中最秀丽的一朵，曲目丰美，音韵古雅。古筝音域宽广，音色清亮，表现力丰富，一直深受大众喜爱。

分瑟为筝

关于古筝的起源，历来有多种传说，最著名的便是"分瑟为筝"。

据说在先秦时期的秦国，有一个人只有两个女儿，临终前他分派遗产，每样东西都是一个女儿一份，只有一张瑟，他同时给了两个女儿。由于秦地文化，对义礼观念比较淡薄，所以两个女儿都互不相让。在争执中，有人出了个馊主意，就是将瑟一分为二，两姐妹一人一半。

当刀斧准确地把瑟一刀劈开时，两姐妹都心里一痛，猛然醒悟，父亲传瑟给两人，就是希望她们能姐妹一体，互相扶持。两姐妹后悔不迭，想把瑟还原却已经不可能了。姐姐抱过属于自己的那一半瑟，弹拨几下，竟然声音清亮婉转，比完好的瑟更胜一筹。从此，姐妹两人再不鼓瑟，而只弹奏半瑟。她们还给半瑟取名字叫"筝"，意思是让自己记住此次争吵的教训。

由于筝的声音确实美妙，而且两女争瑟的故事又具有教育意义，所以筝在秦国很快流传开来。

筝音救吕布

古筝自问世以来颇受人们的喜爱，到了东汉末年军阀混战的时代，古筝更是凭借它的动人曲音，救了千古名将吕布一命。

话说吕布杀了东汉大奸臣董卓后，几经辗转，投靠到军阀袁绍的麾下。一开始，吕布因为勇猛善战，屡立战功，所以很得袁绍的重用。但是没多久他就恃功而骄，态度傲慢起来，惹得袁绍对他颇为不满。吕布察觉到袁绍对自己的防备，知道自己在这里不可能有所作为了，便要求离去。

◎ 古筝

○ 古筝筝柱

　　而袁绍也不是笨蛋，他知道像吕布这样的猛将，如果不能为自己所用，就必须把他除掉，否则会成为大患。于是他以护送为名，派了精勇士兵三十人给吕布，让他们在路上见机行事。

　　一天晚上，吕布设宴款待追随自己多年的手下将领，那三十名士兵便趁机埋伏在他们宴饮的帐篷外面，准备等吕布喝醉了就行动。觥筹交错间，喝得有点儿忘形的吕布亲自弹起古筝来。人们久闻吕布擅弹古筝，现在一听，果然技艺高明，都陶醉在他那如流水般的筝声里。那些埋伏的士兵也不例外。

　　古筝一直弹到夜深，饮宴的人都走光了，周围的虫鸣也开始安静下来，埋伏的士兵才突然惊醒。他们疾步冲进帐篷，可是除了一个蒙着头弹古筝的乐伎，哪里还有吕布的影子。原来吕布早就料到了今晚的一切，先是利用筝声迷惑他们，然后易容改装，随着散去的客人大摇大摆地就离开了。

　　人们都说吕布有勇无谋，却不料在这生死关头，也能玩一回金蝉脱壳的诈术。当然，如果没有醉人的筝声迷住了埋伏的士兵，他这难得的巧计恐怕也救不了他的命。

何故名"哀筝"

　　古筝别名哀筝，它常常与表现伤苦愁闷的主题有关。也许是因为古筝流行的年代恰好是战火纷飞的岁月，人们弹奏古筝，多是用来表达自己的离愁别绪、哀怨苦闷。所以，古代流传的筝乐总是凄婉哀怨，让人黯然心碎，悲伤感怀。

古往今来，不知有多少人用古筝来表达自己的哀思和苦闷，虽然

古筝弹拨方式

古筝弹拨方式有两种：肉甲（真指甲）触弦和义甲（仿制指甲）触弦。肉甲触弦是以真指甲的指盖兼指肉拨弦，使演奏者手指与乐器直接接触，出音浑厚温和，音量较小；义甲触弦是演奏者戴上仿造真指甲盖的假指甲拨弦，出音华丽清脆，音量较大。在古筝演奏史上，这两种弹弦法一直交替并行，直到今天。

我们今天已经无法再听到当初那些愁肠百结、让人潸然泪下的筝曲，但从古代文人对当时情境的描述中，古筝的哀婉便可见一斑。

"汝不闻秦筝声最苦，五色缠弦十三柱。怨调慢声如欲语，一曲未终日移午。红亭水木不知暑，忽弹黄钟和白纻。清风飒来云不去，闻之酒醒泪如雨。汝归秦兮弹秦声，秦声悲兮聊送汝。"唐代大诗人岑参的这首《秦筝歌》，一改边塞诗的豪壮，以古筝的哀婉悲切之声，来表达自己的离愁别绪。古筝最早流行于西北的秦地，正是唐代京城长安一带。外甥萧正要归京，岑参为他送别，便写了这首《秦筝歌》。只是在他想象的筝声里，不知有多少是离别的哀苦，又有多少是对京都的思念之苦？

"土地的灵魂"埙

埙是古代用陶土烧制的一种吹奏乐器，是我国民族乐器中最古老的乐器之一，大约有七千年的历史。圆形或椭圆形，有六孔。以陶制最为普通，也有石制和骨制等。

曾一度失传的古老乐器

埙的历史久远，是我国特有的一种空腹吹奏乐器，有石制、陶制、骨制、玉制、木制等多种，但以陶制最为普遍，因而也被称为陶埙。

⊙ 陶埙

埙产生于我国原始先民长期生产劳动的实践中。当时的人们以狩猎为生，狩猎工具中有一种叫做石流星，是一种球形石头飞弹。很多石流星上有自然形成的空腔或空洞，当先民们用这样的石头掷向猎物时，空气流穿过石上的空腔，形成了哨音。这种哨音启发了古代先民的灵感，埙就这样产生了。后来，先民们又发现埙能够模仿鸟兽的叫声，便将它应用于狩猎中，用来诱捕猎物。至今我国北方少数民族鄂温克人，在每年八九月间的季节里，都会用一种木制的哨吹出母鹿的叫声，附近的公鹿听到后，会以为在发出声音的地方有母鹿走来，于是人们便可以伺机捕杀它们。这种木哨就具有原始埙的功能。

此后，人类从原始生活进入文明社会，埙从石制、骨制改为陶土烧制，埙也因其优美的声音从狩猎工具中脱离出来，成为一种乐器，用于宫廷音乐中。到了隋唐时期，由于丝弦乐器以及外来乐器的高速发展，再加上埙的音较小、音域窄，不能适应当时的音乐艺术表演，埙在乐队中的地位逐渐被其他乐器所替代，它只是作为一种自娱的小玩意儿或是儿童玩具散落于民间。到了宋元时期，戏剧、曲艺迅速崛起，它们清新活泼，没有固定的套式，无论从内容和形式上都与普通市民百姓的生活紧密相连，而埙的古雅似乎离人们的审美要求越来越遥远，埙逐渐淡出了人们的视线，淡出了人们的记忆。到了明清时期，埙便沉寂了。

20世纪初，一些民间艺人为埙的复出做了一些尝试，但效果并不明显。直到20世纪80年代，随着人们对民族音乐和民族乐器的兴趣越来越浓，埙又回到人们的视线中。特别是1984年洛杉矶奥运会开幕式上，我国青年音乐家杜次文用古埙演奏了一首古曲《楚歌》。这是埙乐首次登上世界舞台。动人的旋律在广场上空回响，人们吃惊于一个以土为之的乐器，竟有如此丰富动人的表现力。从此"中国魔笛"便成为埙的别称，埙也走向了世界。

立秋之音，怀古之乐

有一种声音能唤起人们灵魂深处的回音，在心底泛起涟漪。埙就是这样一种穿越远古的回音。古人将埙的声音誉为"立秋之音"。埙音幽深、悲凄、哀婉、绵绵不绝，具有一种缠绵苍凉的音乐品质，使

○ 埙的种类很多，除了传统的卵形埙，还有葫芦埙、握埙、鸳鸯埙、子母埙、牛头埙等多种类型，样式美观，工艺精细。

人体会到一幅朦胧而令人神往的艺术画面：秋天是金黄色的，是冷静的，是令人深思的，时光流逝，又有一种淡淡的悲凄和感伤，而秋风扫落叶的现实，又使人平添几分愁绪。也许正是埙的这种特殊音色，促使古人在长期的艺术感受与比较中，赋予了埙和埙的演奏一种神圣、典雅、神秘、高贵的精神气质。

《诗经》云："伯氏吹埙，仲氏吹篪。"埙与篪的组合是古人长期实践得出的一种最佳乐器组合形式，由于埙篪合奏柔美而不乏高亢，深沉而不乏明亮，两种乐器一唱一和，互补互益，和谐统一，因此被后人比作兄弟和睦之意。埙篪之交也象征着中国古代文人之间那种高尚、高贵、纯洁、牢不可破的友谊。

中国古人吹埙，吹了几千年，其声浊而喧喧然，寄托了古代文人雅士面对时光长河流逝如斯的失落感，但时光仍在无情地推进；中国古人吹埙，吹了几千年，其声悲而幽幽然，融汇了古代墨客骚人们对封闭而沉重的中国历史无可奈何的批判精神，但历史仍然在按既定的轨迹运

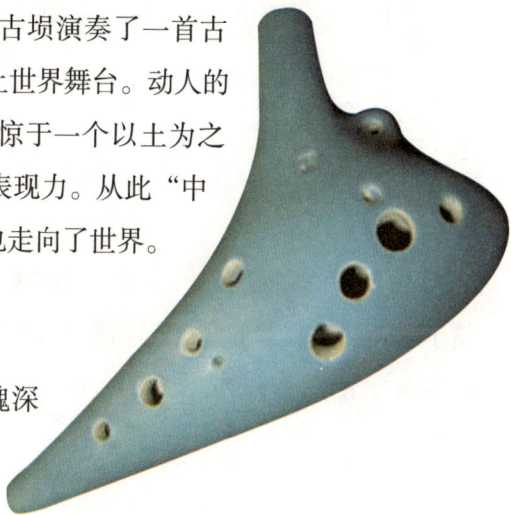

行。从某种意义上说：埙，不是一般用来把玩的乐器，埙是一件沉思的乐器，怀古的乐器。

"荡涤之声"——笛子

笛子是中国传统音乐中常用的横吹木管乐器之一，多用竹子制作。笛子的表现力非常丰富，既能演奏悠长高亢的旋律，又能表现辽阔宽广的情调。笛子发音动人、婉回，古人谓曰"荡涤之声"，故笛子原名为"涤"。

拆亭制笛

笛子起源于七千多年前的骨笛（用鸟禽肢骨制成）。到了黄帝时，黄河流域生长着大量的竹子，于是黄帝命乐官伶伦用竹子制笛。以竹为材料是笛子制作的一大进步，因为竹比骨振动性好，发音清脆，而且竹子便于加工。所以后世普遍用的都是竹笛。

竹子虽然材料广泛，但并不是任何一根竹子都适合制笛，所以选料对于制笛来说非常重要。历史上就有这么一个人，为了一根制笛的竹子，不惜拆掉一座亭子。这个人就是东汉名士蔡邕，他制作的这管笛子叫做柯亭笛。

话说蔡邕因得罪了宦官和奸臣，受到打压后，不得不流浪于江南一带。这期间，他曾在会稽高迁小住。那里有成片的竹子，让他萌生了制一管笛子，以消解旅途困乏和愁闷的想法。

这天午后，蔡邕在房东王大哥的陪同下，到竹林里挑竹料。可是走遍整个林子，也

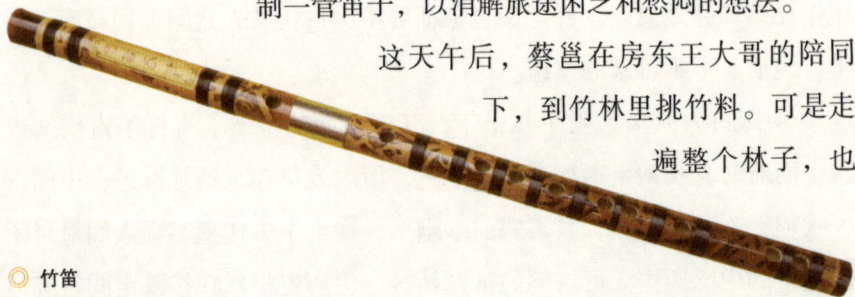

○ 竹笛

没找到合适的，只好扫兴而回。信步而行间，不觉来到一个亭子里。只见这个亭子小巧玲珑，竟全是由竹子盖成，亭檐上挂着"柯亭"二字匾额。蔡邕在亭子里一边走一边仔细打量，忽然仰头对着屋檐那排竹子数了起来。他数到第十六根时，眼睛大放异彩，扭头对房东说："王大哥！王大哥！请把这第十六根竹子给我拆下来吧。"房东不解地说："亭子昨天才盖好，拆不得啊！你要的竹子，后面竹林有的是，我给你去砍来。"

蔡邕一听就急了，说："我要的并非普通的竹子，而是丝纹细密，又圆又直，不粗不细的竹子。林子里的竹子我都看遍了，没有合适的，只有亭檐上光泽淡黄又略有黑色斑纹的这根竹子，正好符合我制笛子的要求。请你还是给我拆下来吧！"房东听蔡邕这么一说才最终同意了。

笛子制成后，音色果然不同凡响，能把方圆十里的鸟儿都吸引过来。因为它取材于柯亭的缘故，人们就叫它为"柯亭笛"。柯亭笛的诞生，是蔡邕对艺术执着追求的结果，同时也是他正直处事、不随意改变人生态度的一个侧面写照。

独一无二的膜孔

竹笛由一根竹管做成，里面去节中空成内腔，外呈圆柱形，管身上开有一个吹孔、一个膜孔、六个音孔。吹孔是笛子左端第一个孔，气流由此吹入，使管内空气振动而发音。管内位于吹孔上端的位置有一个用软木制成的塞子。管身的第二个孔是膜孔，专用来贴笛膜。膜孔下是六个音孔，分别开闭这些音孔，就能发出高低不同的音。

笛膜是我国笛子非常重要的一个特色。笛膜在这里起着变化音色的作用。借由笛膜的震动，能产生比原本笛子更为明亮、透明的音色。没膜孔，笛子也能吹奏，但是得不到有膜孔笛子的那种独特的音色。笛膜一般用芦苇膜做成，经揉纹后取一小方块使用。我国竹笛是世界笛子大家族中唯一具有膜孔且靠笛膜助声的乐器。由它发出的声音悦耳动听、明亮而清脆，这些都得益于笛膜的功劳。

◎《奏乐图》 永乐壁画 元

图中供案旁，有5名道士作乐，所奏乐器为横笛、笙、云锣、细腰鼓、拍板。其中的云锣由10面小锣组成。

古人十分追求美观和典雅，对于笛子，除了要求音质好以外，还对它进行了一番装饰。如在笛子的助音孔上系上丝带编制的装饰品，给人飘逸的美感；用丝弦缠于笛身外面，共有21道至24道，起保护笛身以免破裂的作用；在笛身左端（或两端）镶以牛骨、牛角、玉石或象牙。

《梅花三弄》君子交

蔡邕制成的柯亭笛，在东晋时，传到了名将桓伊的手里。为什么一个将军会收藏一管笛子呢？原来桓伊不仅有大将之才，他还是一位著名的音乐家，尤以擅吹笛闻名。至今流传的千古名曲《梅花三弄》，就是根据他创作的笛曲《梅花三调》演变而来的。而关于《梅花三调》，民间还流传着一个有趣的故事。

据说有一次，桓伊坐车从清溪渡口经过，突然被岸边一艘船上的人叫住了。原来船上坐的是以狂野放诞著名的书法家王徽之，他早就听说桓伊吹笛非常有名，但因为素不相识，一直没有机会听到。恰好他船上有个朋友认得桓伊，于是就派了人去请他上船，为他们吹奏一曲。

这时的桓伊，名气和地位都已经很显贵，但面对不相识的王徽之，却一点儿架子也没有。他爽快地为他们吹了一首《梅花三调》。曲子吹完，桓伊就离开了，自始至终与王徽之没有一句交谈，甚至不知道听之演奏的是什么人。

桓伊吹奏的这曲《梅花三调》，歌颂梅花的高风亮节，其实也正是桓伊、王徽之等晋代名士的品格写照。他们在一曲笛声里，品味到了对方的君子风骨，所以都不需要言语来赘述彼此的交情。

空灵悠远的箫

箫是中国最古老的乐器之一，是直吹的气鸣乐器，为文人所爱好。箫的音色饱满清幽，尤其适合演奏空灵悠远的曲子。

横吹为笛，竖吹为箫

箫与笛同源，都源于远古时期的骨哨，新石器时期，也都开始以竹为原料。所以很长一段时间内，箫和笛是不分的。这种状况到唐代发生了改变。唐代，笛子有了笛膜，笛、箫概念基本分开，横吹为笛，竖吹为箫。

箫由一根竹管做成，上端留有竹节，下端和管内去节中空。吹口开在上端边沿，由此处吹气发音。在箫管中部，正面开有五个或七

◎ 知识链接

吹箫引凤

"吹箫引凤"是我国古代一个家喻户晓的爱情故事。

相传"春秋五霸"的秦穆公有一个女儿名叫弄玉，擅长吹笙，其声宛如凤鸣。有一天夜里，弄玉在窗前吹笙。忽听远处有箫声飘来，其音美妙如游丝不断。弄玉心生奇怪，便停止吹笙而静心聆听，那空中的乐声也就停止，而余音依然袅袅不绝。此后弄玉茶饭不思。秦穆公知道后派人找来了那个吹箫的少年，他名叫箫史，只要他的箫声一起，就会引得金凤飞舞，百鸟歌唱。秦穆公很高兴，让他和弄玉成了亲。箫史和弄玉志趣相投，天天在凤台合奏笙箫。某天夜里，两人正在皎洁的月光下合奏，忽然有一龙一凤应声飞来。箫史说："我本是天上神仙，天帝看人间史籍散乱，命我下凡整理。但天庭有命，我不能久恋尘世，今龙凤来迎，我们可就此离去。"于是，箫史乘龙，弄玉跨凤，离开凤台，翩翩而去。这个故事也是成语"乘龙快婿"和"龙凤呈祥"的出处。

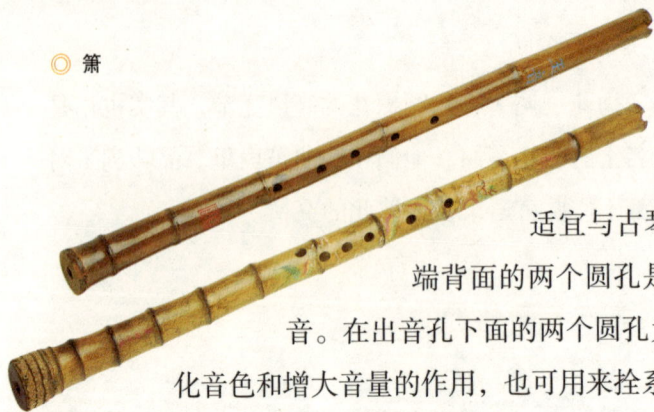

○ 箫

个音孔，背面开有一个音孔。八孔箫音量比六孔箫小，适宜与古琴合奏。平列在管下端背面的两个圆孔是出音孔，可用来调音。在出音孔下面的两个圆孔为助音孔，它起着美化音色和增大音量的作用，也可用来拴系箫穗等装饰物。

竹箫属于低频率（低音）类乐器，其孔距比竹笛相对来说要大些，所以手指较短的人练起来比较吃力。有些人的手指甚至还够不到相应的音孔，也就无法奏出所有的旋律了。

箫的道家风韵

箫因其音色空灵，倒与道家思想中的无为有着某种共通之处，因而箫常常与道家的仙风道骨联系在一起。道教传说中的八仙之一的韩湘子，就擅于吹箫。在历代的画作中，常能看到他手拿长箫在山川中吹奏。

传说韩湘子本名韩湘，是唐代文学家韩愈的侄子。他自幼丧父母，叔祖父韩愈将其抚养长大，希望他能攻读儒学。但他生性放荡不羁，不好读书，只好饮酒。他20岁时去洛下探亲的时候，倾慕山川之趣而一去不返，后经吕洞宾点化成仙。20年后，他才重返长安。正逢天下大旱，皇帝命韩愈去南坛祈天降雨。韩愈祈求多次，终不见雨从天降，因此面临着被罢官的危险。韩湘子装扮成一位道士，在街头立了一招牌，上面写着：出卖雨雪。有人见此，马上通报韩愈。韩愈即派人请他一起代为祈祷。韩湘子登上祈坛，拿出他的箫就吹了起来。此曲一响，众人皆惊叹不已。箫声柔和、甘美、幽雅，不似人间音乐。瞬间，天上降下瓢泼大雨。因为这个传说，民间流出了一句"韩湘子吹箫——不同凡响"的歇后语。不同凡响，字面指韩湘子吹箫，其响声与凡人的不同。

传说虽然不可信，但从中我们也可窥出箫声的与众不同。笛子横吹音量大，再加上笛膜的作用，因而笛声音色清脆、明亮。箫与之不同，它适于演奏低沉委婉的曲调，寄托宁静悠远的遐思，表现细腻丰富的情感。对当今快节奏的现代都市生活来说，箫无疑是我们追求宁静、回归质朴的绝佳选择。

◎ 《吹箫引凤图》　明　仇英

能文能武的琵琶

琵琶由唐代直到现代，经久不衰，历代琵琶演奏家、作曲家和制作大师在实践中不断改进，使其表现力极强。它能文能武，能古能今，能中能西，尤其是其典雅的一面，更能使人产生共鸣，倍感亲切。

波斯传来的乐器

在古代，右手向前弹出曰"琵"，向后弹进曰"琶"，琵琶的读音则是模拟两种弹法发出的"噼啪"之声。在唐代之前，凡是用这两个手法抱在怀中弹奏的乐器，都泛称为琵琶。这种琵琶与现在的不同，其形状为直颈，圆形音箱，音位和弦数不固定，被称为直项琵琶。实际上它就是今天我国民乐器中阮的前身。

现今意义上的琵琶由曲项琵琶演变而来。南北朝时，通过丝绸之路与西域进行文化交流，曲项琵琶由波斯经今新疆传入中原。曲项琵琶为四弦、四相、无柱、梨形，横抱用拨子弹奏。到了隋唐时期，琵琶空前发展。当时上至宫廷乐队，下至民间演唱都少不了琵琶，而且在乐队处于领奏地位。同时，琵琶从演奏技法到制作构造上都得到了很大的发展。在演奏技法上最突出的改革是由横抱演奏变为竖抱演奏，由手指直接演奏取代了用拨子演奏。它的颈部加宽，下部共鸣箱由宽变窄，便于左手按下部音位。

琵琶传统上是五声音阶。目前标准的琵琶已有八相三十品，原来用的丝质弦改成了尼龙钢丝弦，有的甚至采用银弦，加大了琵琶的音量和共

◎ 载乐驼俑　唐三彩

三彩是唐代盛行的美术陶瓷。图中骆驼张口长鸣，驼峰上覆盖毛毯，上置驼架，架面呈一平台，平台上环坐乐俑6人，中间立一舞者。乐俑所持乐器为笛、笙、排箫、琵琶、竖箜篌、筚篥。所有乐俑都是西域人装束。

鸣，使其表现力和适应力大大加强。

琵琶名曲《十面埋伏》

琵琶传统乐曲，能文能武，表现力非常丰富，留下了许多脍炙人口的名曲。如《十面埋伏》、《霸王卸甲》等武曲，《汉宫秋月》、《昭君出塞》等文曲，《阳春白雪》、《高山流水》等文武曲。

《十面埋伏》是一首历史题材的大型琵琶曲，取材于项羽和刘邦的垓下之战。公元前202年，汉王刘邦率韩信、彭越等各路诸侯围追项羽，在垓下将项羽军队重重包围。为了动摇和瓦解楚军，一天夜

里，刘邦命汉军四面唱起楚歌。楚军听了，愈发怀念自己的家乡。项羽大惊失色地说："汉军把楚地都占领了吗？不然，为什么汉军中楚人这么多呢？"项羽惶惶然不能入睡，深夜在军帐里喝酒。他一面喝酒、一边激昂慷慨地唱起歌来："力拔山兮气盖世，时不利兮骓不逝！骓不逝兮可奈何？虞兮虞兮奈若何！"他的爱妾虞姬也起而和唱，唱罢，拔剑自刎而

◎ 琵琶最初是横抱着用拨子演奏。

死。项羽见大势已去，带了八百骑兵连夜突围南逃。第二天天亮时，刘邦发觉项羽突围而去，便派灌婴带领五千骑兵追赶。项羽领兵且战且退，退至乌江。项羽不肯渡江，感叹道："上天要亡我，我还渡江干什么？况且我项羽当初带领江东的子弟八千人渡过乌江向西挺进，现在无一人生还，即使江东的父老兄弟怜爱我而拥我为王，我又有什么脸见他们呢？或者即使他们不说，我项羽难道不感到内心有愧吗？"遂自刎而死。此曲一开始便是两军决战垓下，一时鼓声、剑弩声、人马声此起彼伏，然后一阵沉寂，此时胜负已见分晓，一片哀怨的"楚歌声"响起，英雄末路的项羽发出"悲歌慷慨之声"、"别姬声"，后"至乌江有项王自刎声"、"余骑蹂践争项王声"等。

琵琶带来的灵感

唐朝以来，琵琶逐渐在民间流传开来。从民居庭院到边塞驿馆，或是行船上，或在军旅中，无论是欢乐还是忧愁，琵琶都伴随人们的生活，处处都留下了琵琶艺人的足迹。而琵琶或悲切愤慨、或活泼跳

跃、或激情奔放、或风光无限、或列队行进、或
刀枪拼杀的声音，也更能激发文人志士的创作
灵感，留下了许多优秀的诗词书画。传世名
作《琵琶行》即是其一。

《琵琶行》作于唐宪宗元和十一年
（816年）秋，时白居易45岁，任江州司马。
元和十年六月，唐朝藩镇势力派刺客在长安街头
刺死了宰相武元衡，刺伤了御史中丞裴度，朝野
大哗。藩镇势力在朝中的代言人又进一步提出
要求罢免裴度，以安藩镇的"反侧"之心。白
居易情急之中上疏请捕刺客，触犯了权贵的利
益，被指责越职奏事，贬为江州刺史，而后
权贵又诬陷他作《赏花》、《新井》诗"甚
伤名教"，又被贬为江州司马。江州当时
被看成是"蛮瘴之地"，加之州司马实
际上是一种闲散职务，这对白居易来说
是一种莫大的嘲弄。连遭打击的白居
易心境凄凉，满怀郁愤，次年送客湓
浦口，遇到琵琶女，创作出这首传世
名篇。

◎ 琵琶

生于民间、盛于民间的三弦

三弦因为只有三根弦而得名，是一种用途很广的弹弦乐器，它不
仅可以独奏和参加民族乐队合奏，还多用于说唱和戏曲的伴奏，尤其在
说唱音乐的伴奏方面，演奏技巧已发展到较高水平。

繁重劳役中的调剂

早在公元前214年，秦始皇灭六国完成统一后，就征发黎民百姓去边疆修筑有名的万里长城。为了调剂繁重的劳役，我国北方各民族人民曾把一种有柄的小摇鼓加以改造，在上面拴了丝弦，制成了圆形、皮面、长柄、可以弹拨的乐器，当时称为"弦鼗"。这就是三弦的前身，最早在北方边疆的军队中使用。唐时，"三弦"的名称开始出现。到了元代，三弦因音色粗犷、豪放，盛传于中原地区，成为元曲的主要伴奏乐器。明清以来，三弦极为盛行，主要用于说唱曲艺伴奏。

明初，朝廷派遣福建三十六姓人迁徙琉球。他们到琉球的目的，是帮助琉球办理海上航运。因为他们中有不少人才，如木工、瓦匠、教师、裁缝等，当然也有乐家。三弦由此传入琉球。琉球人称它为"沙弥弦"。后来，沙弥弦从琉球传入日本，并发展成为日本本土的民族乐器三味线。在日本音乐界，传统上仍有把"三味线"称为"三弦"的习惯。

真真正正的人民乐器

三弦，这件流传普遍、性能广泛、为我国人民所喜闻乐见的国乐乐器，由于长期受封建社会的束缚和历代统治阶级的不重视，上无提倡下无阐扬，习修所学多以师承面授、言传手教的方式辗转流行于民间。然而这并不能阻碍它的发展，而且正是这样的束缚，让它更能接近底层老百姓琐碎却又酸甜苦辣五味杂陈的平凡生活，也更能

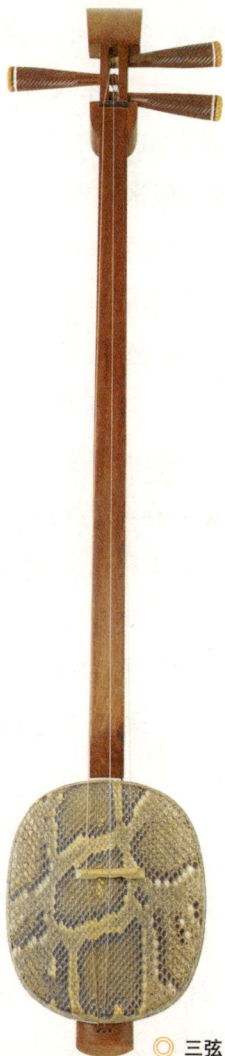

◎ 三弦

诉说普通大众的心声。这让它有了独特的亲民性，因而它也更受老百姓的欢迎。可以说，三弦生于民间、盛于民间，是真真正正的人民乐器。

三弦发展到现今主要分为大三弦和小三弦两类。

大三弦又叫"大鼓三弦"或"书弦"，全长约115厘米左右。它是中音乐器，也可作低音乐器使用，音色浑厚而响亮，多用于北方说唱音乐如鼓书、弹词、单弦之伴奏和曲剧、吕剧等地方戏曲伴奏，并可独奏或参加器乐合奏。

◎ 《金瓶梅》故事图　清

此是清初人依据《金瓶梅词话》第六十三回所绘的图画。画面中央艺人正在表演海盐腔，右下方的伴奏乐队有提琴、三弦、笙、笛、云锣等乐器，两旁是饮酒看戏的宾客，左上方是掀帘看戏的女眷。

小三弦又称"曲弦"，全长约90厘米。因为流传在南方，又有"南弦"、"南三弦"之称。它是高音乐器，音色明亮而清脆，多用于南方的评弹等说唱音乐的伴奏和江南丝竹、十番锣鼓、潮曲、南管、等器乐合奏，并适于为昆曲、京剧、豫剧等地方戏曲伴奏。

马三疯子的贡献

说起三弦，就不能不提到清末民间说唱艺人马三峰。

他生于保定高阳教台村，原名马大河，15岁随母亲改嫁到安新县端村。马大河自幼家贫，无力求学，但生性爱唱，看戏学唱戏，听书学说书，天资聪颖，一听就学，一学就会，学会后就当众说唱。村里的新闻事件和道听途说的趣闻逸事，都能现编现唱。村里人看他真是个说书的材料，就建议大河的母亲，让他去学说书。不久，他就拜当地有名的说书艺人田东文为师学习。学成后与师兄马瑞林搭档说书。此时的马大河已经改名叫马瑞河。他的演唱风格泼辣、奔放，唱起来不要命，像疯子似的，而且妙趣横生，引人入胜，人们送他绰号"马三疯子"。

◎ 知识链接

三弦书

三弦书又称铰子书、腿板书，是形成于河南南阳的一种较为古老的说唱艺术，因用三弦、铰子（小铜钹）为主要伴奏乐器而得名。三弦书的总体表演风格质朴谐趣，火爆泼辣。因有文段子和武段子之分，唱表中则各有侧重。唱才子佳人，针线筐箩类的曲（书）目为文段子，其唱表如小溪潺潺缓流，似闺秀描云，活泼风趣，朴素细腻。唱侠义类、公案类的曲（书）目为武段子，其唱表如大河奔流、蛟龙出水，豪放激烈、泼辣洒脱。一些炽热的武段子，其动作幅度大、架式硬、节奏强、力度重，表演起来，那拳脚的辟啪声、铰子红绫的鼓动声、架口的呼应声，交织在一起，往往惊心动魄，气势磅礴，此风格实为河南其他曲种所难以比拟。

而他的师兄马瑞林也当仁不让，表演稳重、深沉，人送绰号"马大傻子"。这"三疯大傻"联袂演出，相得益彰，轰动当地。

当时说唱艺人所用的三弦都是小三弦。有一次，马三疯子在说书过程中结识了雄县韩西楼村的韩云甫、韩云亭兄弟俩。两兄弟琴棋书画、吹拉弹唱样样皆通，特别喜欢马三疯子的说书艺术并与他结为挚友。马三疯子经常住在韩家，通宵达旦地与韩氏兄弟切磋说书艺术和技巧。他越来越觉得小三弦音域窄、音量小，不适合农村街头、广场的演出。于是他在前人的基础上，对小三弦进行了大胆的改进，将小三弦改造成大三弦。大三弦音域宽广、音色悦耳，受到北方说唱艺人的欢迎，从此流传开来。

声 乐

吴越清音——江南小调

江南小调是流行于江南城市和乡村的俗曲时调，主要是在江苏、浙江、安徽、上海等长江以南的省市传唱。江南小调的旋律轻灵娇婉，歌词含蓄细腻。由于经过艺人的长期加工，其形式在民歌中显得异常的规整匀称。

由来已久吴歌声

原汁原味的江南小调，是用如莺啼婉转的吴语演唱的。它的优美旋律和精致歌词，是吴歌的精华。

吴歌是江南地区用吴语演唱的民歌的总称。早在春秋时期，越王勾践为了打败吴国，使用美人计，选了美貌的西施准备送给吴王夫差。在送去之前，越王宠爱的一个宫女说："真正的美人必须具备三个条件：一是美貌，二是善歌舞，三是体态。西施只具备了第一个条件，还缺乏其他两个条件。"于是，西施接受了三年时间的训练，其中

◎ 《西施浣纱图》

很重要的一项就是唱吴歌。

当西施终于符合要求被送去吴国时，她的歌声如涓涓流水一般，清新亮丽，一波三折，柔韧而含情脉脉，活泼而温婉缠绵，把吴王夫差迷得再也不愿听朝臣谈论政治的聒噪声。

西施那迷倒吴王夫差的歌声便是吴歌的原始之音。在悠久的历史中，有不少吴歌逐渐失传，但有些经典形成格式规整的小调后，却是历经好几个朝代依然传唱不衰。例如《月子弯弯照九州》这支小调，流行于南宋时期，直到今天仍然深受人们喜爱。

"月子弯弯照九州，几家欢乐几家愁，几家夫妻同罗帐，几家飘零在他州。"相比无情的文字，江南小调的旋律婉转，脉脉含情，更能传达千年前人们的离乱之苦。

劳动歌曲换新词

江南小调里的曲调，大多来源于劳动歌曲。因为小调的演唱时间是在休闲时，为了适应唱歌时的情境，人们在传唱好听的劳动歌曲时，便自觉地改编新词。有的新词产生后，曲调的劳动痕迹会逐渐消失。但也有的曲调，在新词产生后，劳动时的唱词也同样保存了下来。传唱非常广泛的《紫竹调》就是保留了劳动唱词的一支江南小调。

最初的《紫竹调》，是磨豆腐劳动时唱的一首歌。因为过滤豆浆的布兜是用两根斑纹竹竿支撑，这种竹竿叫"紫竹"，所以得名《紫竹调》。它的歌词是："一根紫竹瘦苗条，早早起来豆腐搅，豆腐水涝涝，百叶薄枊枊，盐卤点化滋味实在好，问嫂嫂，豆腐百叶好不好？春季天，王孙公子到处摇，叫嫂嫂，腰儿弯，手儿操，豆腐水涝涝，百叶薄枊枊，手儿酸，磨子牵得折断腰。"

虽然磨豆腐的劳动繁重而枯燥，但《紫竹调》却是活泼明快，旋律起伏爽朗，所以即使不是劳动时，人们也爱唱。在不断的流传中，《紫竹调》也慢慢填上了新词："一根紫竹直苗苗，送与吾郎做管箫。

《宋扇面画白茉莉图》

箫儿对着口，口儿对着箫，箫中吹出鲜花调。问郎君呀，这管箫儿好不好？问郎君呀，这管箫儿好不好？小小鲤鱼粉红鳃，上江游到下江来，头摇尾巴摆，头摇尾巴摆，我手执钓杆钓将起来。我个小乖乖，清水游去混水里来。我个小乖乖，清水游去混水里来。"

三花裁成一花笑

历史悠久的江南小调，有无数著名的曲子。如果要从中选出一支流传最广、受欢迎度最高的，毫无疑问必然是《茉莉花》。

说起《茉莉花》，大家可能都知道，它不仅在全国各地传唱，而且还作为中国民歌的代表，扬名世界。不过，它由普通民歌蜕变为世界著名民歌，其中有一个关键性的事件，知道的人恐怕就不多了。

据说1942年冬天，著名军旅作曲家何仿年仅14岁，随剧团来到南京六合金牛山脚下演出。他听说当地有一位艺人，不仅吹拉弹唱是一把好手，更有一肚子的歌，便急忙找到他采风。这位艺人很热情，知道何仿没有听过好听的《鲜花调》，便主动拉着琴唱给他听：

好一朵茉莉花，好一朵茉莉花，满园花草也香不过它，
奴有心采一朵戴，又怕来年不发芽；
好一朵金银花，好一朵金银花，金银花开好比勾儿牙，
奴有心采一朵戴，看花的人儿要将奴骂；

好一朵玫瑰花，好一朵玫瑰花，玫瑰花开碗呀碗口大，奴有心采一朵戴，又怕刺儿把手扎。

　　悠扬动听的《鲜花调》一下子把年轻的何仿迷住了，他很快学会并用简谱记下了这首歌。

　　回去后，何仿细细品味，觉得这首歌借用赞花来表达少女的细腻感情，手法很妙，只是有的旋律和歌词粗糙了些。而且一首歌里写三种花，感情的表达显得不够凝聚。于是他给这首《鲜花调》做了个"手术"，把歌唱三种花裁减为只赞一种花，把整首歌变得更加秀美韵致，名字最后也改成了《茉莉花》。

　　1957年，在一次文艺会演中，经过何仿多年修改的《茉莉花》一炮打响，很快在全国各地传唱开来。两年后，《茉莉花》更是唱响维也纳歌剧院。

　　三花裁成一花笑，《茉莉花》经过专业人士修改而声名鹊起，其实也正是许多著名的江南小调成功的经验。

黄土高歌——信天游

　　信天游是最富特色的西北民歌之一，主要流行于陕西和山西北部。它的曲调有两种，一种高亢奔放，另一种平和细致。信天游的内容多以反映爱情、婚姻、日常生活，反抗压迫，争取自由为题材。

把历史唱进信天游

　　流行于西北的信天游，最初是脚夫们自娱自乐的随口歌唱。过去，西北地区交通不便，生产和经贸都靠驴、骡驮运，脚夫就是专门从事这种劳动的人。他们长期行走在山川沟壑间，有时候长途跋涉，许久见不到人烟，为了排遣寂寞，便唱起了信天游。

　　第一首信天游唱的也许只是寂寞，后来的信天游唱的内容就丰富多

◎ 黄土高坡

彩了。至少，明清时期的重大移民潮"走西口"，就唱进了信天游里。

"西口"真名叫杀虎口，是长城上的一道关隘，位于山西、内蒙古交界处的右玉县。从明代中期开始，一方面因为山西人多地少生活困难，另一方面由于内蒙古边防的需要，许多山西人经由西口迁往内蒙古，被称为"走西口"。清朝时，山西商人到内蒙古经商，民国初年陕西大饥荒，陕北人纷纷前往内蒙古谋生，也都被称为"走西口"。

中国人最在意"安土重迁"，不得不"走西口"的悲与苦，西北人用信天游唱了出来：

哥哥你走西口，小妹妹我实在难留，手拉着哥哥的手，送哥送到大门口。

哥哥你出村口，小妹妹我有句话儿留，走路走那大路的口，人马多来解忧愁。

紧紧地拉着哥哥的袖，汪汪的泪水肚里流，只恨妹妹我不能跟你一起走，只盼哥哥你早回家门口。

哥哥你走西口，小妹妹我苦在心头，这一走要去多少时候，盼你也要白了头。

紧紧地拉住哥哥的袖，汪汪的泪水肚里流，虽有千言万语难叫你回头，只盼哥哥你早回家门口。

除了寂寞和悲苦，信天游也唱欢乐与喜悦。在漫长的发展过程中，信天游逐渐唱遍西北人生活的方方面面。

黄土地养出高亢歌声

信天游的歌声，大多数时候都是高亢而悠长的。它的这种特色，是黄土高原的独特地貌造就的。

黄土高原上，山连着山，沟接着沟，这许许多多的沟都横亘在山与山之间。所以即使站在两座山上的人相互看得见，大声说话听得清，但要从自己的山头走到对方的山头，却往往要花上好几个钟头。在这种情况下，人们都选择了远距离的交流。于是，说话的声音都是拉长的，放大的。唱信天游的歌声，即使是要表达对情人的思念，也都是高亢的，悠长的，嘹亮的。

例如《上一道坡坡下一道梁》这首歌，就是小伙子高声表白的情歌。小伙子在深沟里

◎ 信天游剪纸

劳作，抬头望见自己的心上人站在对面山梁上，心里慌慌的，想与对方温柔地说说话、拉拉手，却被高高的山梁分开，而地里的活计又丢不下，于是便对心上人招一招手，仰首高歌：

> 上一道坡坡下一道梁，
>
> 想起了那个小妹妹哎好心慌。
>
> 你不去掏菜菜崖畔上站，
>
> 把我们的年轻人心扰乱。
>
> 你在山上，我在沟，
>
> 看不见小亲亲，好心伤。

听到歌声的小妹妹会怎样回答这个小伙子，歌里没有说，人们也无从猜测。但不管怎样，敢于用这么高亢的歌声大胆表白的，恐怕也只

有黄土地滋养的这些西北儿女了。

乘着长诗的翅膀走世界

信天游是西北民歌，但它的影响却不只于西北这一块土地。早在1946年，信天游就被诗人李季介绍到了全国，不过不是以唱的形式，而是以长篇叙事诗的方式。

李季是我国现代著名诗人，他本是河南人。抗日战争期间，李季长期在陕西的延安和靖边等地工作，接触、搜集了大量民间歌手传唱的信天游。在搜集整理过程中，他发现，信天游虽然多以七字为一句，两句为一首，但句子可长可短，字数可增可减，而且很多时候还可以把几段词连在一起，用一个曲调反复咏唱。信天游的形式如此灵活，很适合用于现代诗歌的创作，于是李季便有了用信天游写诗的想法。

当时靖边有个女干部，家里受地主压迫剥削，非常穷，自己也从小被父母许配了人家。但是接受了新思想的她不愿意就此委屈一生，不但勇敢地冲破封建婚姻的枷锁，还跑出来斗地主、闹革命。李季便以这个女干部为原型，用信天游塑造了一个叫李香香的艺术形象，完成了长篇叙事诗《王贵与李香香》。

◎知识链接

《信天游》扇起西北风

1987年的春节联欢晚会上，歌手程琳演唱的歌曲《信天游》，以浓郁的西北民歌风味，在全国流行乐坛扇起了一阵"西北风"。此后，《山沟沟》、《黄土高坡》、《十五的月亮十六圆》、《心中的太阳》等北方民歌的风作品相继涌现。

不过令今很多人意想不到的是，这首以陕北民歌命名的歌曲《信天游》，最开始是广东歌手王斯用粤语演唱的。1992年，王斯移民澳大利亚，同时带去了粤语版的《信天游》。

《王贵与李香香》自1946年在《解放日报》副刊上连载后，得到了郭沫若等著名文学家的高度赞扬，后来还被译成外文在国外发行。随着它的成功，信天游的名字不仅在全国被叫响，同时也走向了世界。

喊出一身胆的川江号子

川江号子是川江船工们传唱的一种民歌。它由号子头领唱，众船工帮腔、合唱，目的是为了在艰险的行船过程中壮胆，统一动作和节奏。川江号子的旋律时而舒缓，时而急促，内容涵括了当地的地理山川、风物人情。

川江号子壮胆闯险滩

川江号子传唱于川江船工之间，有的是为了解闷消乏，有的是为了统一劳动节奏，但最具特色的是那些闯险滩时自己给自己壮胆的号子。

川江是长江水道最艰险的一段，从四川宜宾到湖北宜昌，全长1000多公里。川江一共有多少险滩没人数得清，但船工们清楚的是，只有193公里的三峡段，主要险滩就多达二十余个。所以有俗谚说："西陵滩如竹节稠，滩滩都是鬼见愁。青滩泄滩不算滩，崆岭才是鬼门关。"

到底崆岭有多险？据一些老船工回忆说，崆岭滩又叫空滩，因为这个滩太急太窄，过去所有的船到了这里都要卸空了才敢过。可是有时候甚至空船也不安全。以前的船都是木船，一个急流打过来，瞬间就被打成碎片沉入江底，实属稀松平常。

所以，每当过崆岭滩时，船工们就要唱一首叫

◎ 崆岭滩

《船过西陵峡》的号子来壮胆："船过西陵峡呀，人心寒。最怕是崆岭呀，鬼门关！一声的号子，我一身的汗！一声的号子，我一身的胆！"

面对稠如竹节、惊魂摄魄的川江险滩，面对随时可能被撕扯入江底的死亡威胁，也只有这种仿佛能洞壁穿云、裂石惊天的壮胆号子，能给船工们增添一些闯滩的胆量和勇气。

川江号子的"轻重缓急"

川江号子的演唱方式，是由号子头领唱，所有船工一起合唱。号子头由经验丰富的船老大担当，也称驾长。他会根据江河水势水性的不同，根据明滩暗礁对行船存在的危险性，根据摇橹扳桡的劳动节奏，编创出一些不同节奏、不同音调、不同情绪的号子，带领船工们一起唱。

例如船刚开动，还在平水中行驶时，号子头就会带大家唱音调悠扬、节奏舒缓的号子，像"莫约号子"、"桡号子"、"二流摇橹号子"等。当船行到急流暗礁处时，号子头就换上"懒大桡号子"、"起复桡号子"、"鸡啄米号子"，因为这类号子音调雄壮激烈，适合船工

◎ 川江号子

032

们强烈劳动的节奏特点。而如果遇到的是非常凶险的险滩，号子头则带大家唱"绞船号子"、"交加号子"，以更加激烈、雄壮的音调为大家鼓气壮胆。当终于过完险滩了，号子头就又唱起平缓的"莫约号子"、"桡号子"，以便船工们在紧张劳累之后能放松下来。如果船是逆水上行的话，唱的号子又不同。因为这时船工们要长时间地拉纤会很累，为了缓解紧张情绪、统一脚步和集中着力点，号子头会唱旋律性强的"大斑鸠号子"、"幺二三号子"等。

不同的时间和河段，诞生出轻、重、缓、急各不同的号子，而当这些节奏不同的号子唱出来时，人们即使没有见过，也能想象到那些或紧张或放松的行船场景。

川江号子"打广告"

川江号子的唱词内容非常丰富，其中有一类反映沿江两岸的风土民情和古迹物产，非常有意思。

例如娓娓道来的《说重庆》，前面部分如数家珍般地叙说重庆城十七门中的九道主门，一一点出它们的功能及其引人注目的集市贸易特色：

四川省水码头要数重庆，开九门闭八门十七道门："朝天门"大码头迎官接圣，"千厮门"花包子雪白如银，"洛江门"买木柴树料齐整，"通远门"锣鼓响抬埋死人，"南纪门"菜篮子涌出涌进，"金紫门"对着那镇台衙门，"储奇门"卖药材供人医病，"太平门"卖的是海味山珍，"东水门"、"白鹤亭"香火旺盛，正对着真武山古庙凉亭……

而另一首《说江湖》则是站在船工的角度，用中国画中散点透视和大写意的手法，描述百姓喜闻乐见的各地名物产，让你听了也恨不得跟着他们走一遭：

手提搭帕跑江湖，哪州哪县我不熟；"隆昌"生产白麻布，"自

◎知识链接

川江上的第一艘轮船

1898年2月15日，英国人阿奇博尔德·约翰·立德经过十余年酝酿，在宜昌登上"利川"号轮船，起航驶向川江航道。22天后，"利川"号驶抵朝天门码头，成为川江上航行的第一艘轮船并获成功，开创了历史先河。

1900年，立德投资的"肇通"号商轮于7月16日抵达重庆，为川江航行的第一艘商轮。

1908年2月，官商合办的"川江轮船股份有限公司"成立，并在英国订购"蜀通"号轮船，拟经营宜渝航线。1909年12月19日，"蜀通"号从宜昌出发，10天后驶抵重庆南岸码头，为中国自营商轮第一次航行川江。

流贡井"花盐出；"合川"桃片"保宁"醋，"金堂"柳烟不马虎；"五通"锅盐红底白口，"嘉定"曾把丝绸出；"宜宾"糟蛋豆腐乳，"柏树溪"潮糕油嘟嘟；"牛屎镉"的矿糕当烛用，"泥溪"板姜辣乎乎；"内江"白糖"中江"面，"资中"豆瓣能下锅；"南溪"黄葱干豆腐，"安定桥"的粑粑搭鲜肉；"泸州"有名大曲酒，"爱仁堂"的花生胜姑苏……

这种把地域名称和主要物产串联而成的号子，既能让人放松心情，又能帮助船工们熟悉航行路线，增强记忆。而且，这些地方和物产经号子这么一唱，无疑打了一回免费广告，真可谓一举数得。

汉唐遗声——客家山歌

客家山歌是用客家方言吟唱的山歌，主要流行于广东、江西、福建、台湾等地和国内外的客家社会群体中。客家山歌多是口头即兴创作，擅用朴素生动的语言和隐喻、比兴、双关等手法，反映客家人的劳动、生活、爱情和理想。

中原古乐的活化石

客家山歌特别出名，首先就出名在它是唐宋时期中原音乐的活化石。

很多第一次听说"客家人"的人，都会误以为他们是少数民族。但事实上，"客家人"是正宗的汉族人，"客家人"是中原汉族的一个特殊传承支系。

"客家人"的祖先，主要是唐末宋初中原地区的汉人。当时社会战乱频繁，致使许多士族大家庭为了自保，先后举家迁往没有战乱的南方，计划着等战争结束后再回来。这批中原人一直走到了江西、福建、广东三省交界的地方才停下来。因为这里原来住着叫做百越的南方少数民族，所以后到的他们就被当地人称为"客家人"。而他们也想着自己只是暂时客居，迟早要回中原的，所以并不反感"客家人"这个叫法。

因为惦记着要回去，所以在新的家园里，"客家人"顽强地坚持着中原的生活方式：他们坚持诗书传家，所有男子都要在读书上发奋努力；他们只在中原人之间通婚，只说中原话，只唱中原歌……然而由于种种原因，"客家人"传承了一代又一代，却都没有再回到中原去。而他们坚持的生活方式使他们形成了一个特殊的群体，人们称之为"客家民系"。

◎ 美丽的客家乡村——梅县南口侨乡村

"客家民系"坚持的文化传统几百年不变，被认为是最正统的唐代中原文化。以音乐为例，唐代及以前的中原音乐，都是以诗歌配乐演唱的，客家音乐的代表客家山歌就很好地体现了这一点。它每一首都是七字四句，第一、二、四句的最后一个字押韵，每一句的节奏都是2、2、3，完全符合唐代七言绝句的创作要求。而且，客家山歌常常一曲多词，也符合唐代多首诗歌套用一个曲子演唱的习惯。

"等郎妹"的史歌

客家山歌是中原古乐的活化石，它的创作也很大程度上继承了《诗经》和汉乐府的风格，那就是"感于哀乐，缘事而发"。所以，深刻的感情和影响深远的事情，都会在客家山歌中被记录传唱。

客家地区曾经有一种畸形的婚姻形式，就很鲜活地反映在客家山歌中。过去，一些婚后期待生男孩的客家妇人，先行抱养别人的幼女，等待自己生子，长大后配为夫妻。被抱养的女孩儿人称"等郎妹"，通常要等好几年，等到"郎"出生后，就要负起抚育的责任。

据说从前广东的梅县就有个等郎妹，等了十六年郎才出生，白天操劳家务，晚上象抚育孩子般服侍"丈夫"，生活过得非常苦闷委屈。所以半夜睡不着时，等郎妹就忍不住将心事化作山歌唱出来：

十八娇娇三岁郎，夜夜睡目揽上床。（睡目，客家话，意思是睡觉。）

睡到半夜思想起，唔知系子还系郎。

十八娇娇三岁郎，夜夜屎尿屙满床。

唔系看你爷娘面，三拳二脚踢下床。

隔壁叔婆听到了这山歌，便好心唱山歌劝慰她：

隔壁侄嫂你爱贤，带大老公只几年；（爱，客家话，意思是要。）

初三初四娥媚月，十五十六月团圆。

　　然而等郎妹听了，心里更不是滋味。她觉得叔婆作为过来人，应该比自己更能体会其中的苦楚。于是，她又接口唱道：

　　　　隔壁叔婆你也知，等得郎大妹又老；

　　　　等得花开花已谢，等得月圆日落西。

　　隔壁叔婆一听，回想起自己做等郎妹的苦楚，心里一酸，也就唱不出山歌来了。

　　客家山歌像史书一般，记录了"等郎妹"的生活，为我们了解旧时代客家人的生活情况提供了材料。不过我们还是要庆幸，新社会里，山歌中的"等郎妹"不会再有。

皇帝禁不了的山歌

　　客家山歌有很多男女对唱的情歌，大胆抒发自己的情感和渴望，所以被官府、士大夫和大家宗族认为是淫邪。清乾隆年间，官府甚至贴出告示禁唱山歌。

　　然而，客家人对山歌的喜爱与热情，即使面对皇帝的禁令，也丝毫不改。他们用山歌去批驳禁歌的无理：

　　　　乾隆登基古怪多，官府出来禁山歌。

　　　　我个山歌禁得绝，你个皇帝台难坐。

传说当时的广东嘉应州镇平(今梅州市蕉岭县)长潭一带，有个县太爷就很想管一管客家山歌屡禁不止的现象，为此贴出了更加严厉的禁歌告示。

这位县太爷是副榜(科举考试中非正式录取的附加榜)出身，为人非常贪婪，于是就有歌手随口编唱了三条山歌，专门讽刺他，请人抄贴在官府的禁歌牌上：

衙门不正官吏苛，官府出来禁山歌。

长潭山歌禁得绝，副榜老爷唔成科。

副榜老爷唔成科，狐狸唔知尾下臊。

我也不是风流女，因为愁切唱山歌。

县官告示确是严，多言就话我长谈（潭）。

耳朵出气是闲管，白布落缸想贪蓝（婪）。

县太爷看到山歌巧用比喻、双关，把自己讥讽得入木三分，害怕得也再不敢提禁歌的事。

面对过去官府禁唱山歌的外来压力，客家人丝毫不惧。但是在现代，娱乐形式发达，年轻人逐渐远离山歌，导致客家山歌生存忧虑反而比禁歌时代还强。

一听钟情的哩哩美

哩哩美是海南临高沿海乡镇的渔歌，因为每一首都有衬词"哩哩美"而得名。哩哩美起源于渔姑卖鱼的叫卖声，唱腔相对固定，旋律优美动听，别有风味。哩哩美可以独唱、合唱和对唱。唱歌的人需要即兴发挥，创作新词。

源起千年叫卖声

哩哩美是临高人最爱唱的民歌，关于它的起源，当地有一个传说。

据说在南宋绍兴年间，临高的新盈港有一个姑娘长得非常漂亮，歌喉也特别好，人们都称她为哩哩美（意思是姑娘漂亮）。有一个叫阿马的青年，从小机智勇敢，村民都叫他"乃马哩"（是对方美如茉莉花的意思），是年轻一代中最优秀的渔民。阿马非常喜欢哩哩美，可是因为害羞一直不敢向哩哩美表白。

在新盈港的附近有一个渔霸，垂涎哩哩美的美貌，扬言要在八月十五强娶她为妾。听到这个消息，阿马立刻招集一群年轻人，把渔霸狠狠地教训了一顿，使他再不敢打哩哩美的主意。在庆祝胜利的晚会上，帅气的阿马终于赢得了哩哩美的芳心。

他们结婚的那天，人们纵情高歌，每一首歌唱的都是哩哩美和乃马哩。因为哩哩美排行最小，当地方言叫妹雷，所以有的歌又唱"妹雷爱"（是女方爱男方的意思）。这些歌流传下来就成了今天的渔歌哩哩美了。这也是为什么每一首哩哩美的最后，都有一句衬词"哩呀哩哩个美，哩哩个美雷爱，雷爱"的原因。

传说非常美好，但毕竟当不得真。关于哩哩美的真正起源，有专家考证，应该是来源于古代卖鱼的叫卖声。因为南宋绍兴年间，临高县令谢渥治理有方，当地渔民的生活都富裕起来。所以渔姑在卖鱼时，叫卖声也特别甜，韵律悠扬。人们爱听这种叫卖声，就学着用它的旋律唱歌，久而久之，便形成了哩哩美。

渔歌唱尽渔民苦

哩哩美自形成以来，传唱了千年，已经成为临高渔民生活的一部分。他们的欢乐与悲伤，都会用哩哩美来表达。流传下来的每一首哩哩美，都是渔民生活的点滴记录。

天苍苍来海茫茫，求求龙王行善心，求得船儿驶得稳，求得我夫得平安。哩呀哩哩个美，哩哩个美雷爱，雷爱……

这一首哩哩美，是渔家男子出海时，妻子为丈夫祈求平安而唱的。平静的海面其实瞬息万变，向大海讨生活，就等于拿了自己的性命去作交换。丈夫在海上受着风吹日晒的苦，妻子在岸上也并不好过，日夜都会提心吊胆，担心丈夫的安危。

而她的这种煎熬，在人斗不过自然的过去，只能化作哩哩美的歌声，向上天祈祷。

与妻子一样，在海上飘荡着的丈夫也会记挂家里的一切。渔民们在海上作业十分单调，所以，在面对大海风浪时，在撒网捕鱼时，在海上苦闷时，他们都会唱上一段哩哩美，怀念一下家里的美好：

渔姑亮丽又聪明，挑水下船勤织网，阿哥开船掌稳舵，捕鱼满舱船归来。哩呀哩哩个美，哩哩个美雷爱，雷爱……

贫穷渔民的生活真的很苦，可是哩哩美的歌词却只写那美好的一面，因为人们需要它赋予自己继续奋斗的勇气。

每到渔船回港，做妻子的都会在岸上眺望，盼着丈夫归来，也盼着渔船丰收。而按照当地的习俗，每当丰收时，船上的旗都会被升得高高的，好让岸上的人早一些看到。鱼满舱来歌满港，每到这时，整个渔港都会飘荡着欢快的哩哩美，也只有这时的哩哩美是真正发自内心的欢快。

对歌成姻缘

渔歌哩哩美的对唱形式特别受年轻人喜欢，这跟当地的一个特殊风俗有密切关系。

在临高，青年男女不是盲婚哑嫁，他们有一个特别的谈情说爱的地方，叫女子馆。过去，姑娘们长到16岁左右，就可以和年龄相仿的三五个好姐妹一起住进女子馆。晚上，小伙子们结伴来逛馆，机智地用歌声结交中意的姑娘。

例如，姑娘出谜："什么生果像鞋底？什么结果弯像梳？什么开花成双对？"小伙子马上就回答："丝瓜生果像鞋底，扁豆结果弯像梳，夫妻拜堂花一对。"姑娘如果对答案满意，小伙子就可以发出邀约："妹呀！要唱就唱今晚，邻居听你唱；要和就和今夜，邻居捐银牌。"如果姑娘也有意，就会大胆地与小伙子对唱下去。随着对歌气氛越来越融洽，互相中意的男女可以大胆表白："海水清澈当镜照，妹坐船边好梳头；哥站后面收鱼钩，两颗心儿看得透。"

在哩哩美的歌声帮助下，许多青年男女由互不相识，到相交、相知，最后成为一生的伴侣。因为在对歌中相互了解得透彻，所以通过唱哩哩美缔结的婚姻特别牢固。临高新盈港就有一对80多岁的老人林同修和黄金奎，他们通过对歌认识，交往两个月就结了婚，一起生活了60多年依然恩爱如昔。

如今，女子馆在临高虽然已几乎不存在，但哩哩美以其广泛的爱情题材和活泼的对歌形式，仍旧是人们相互表达爱意的好助手。

◎ 海南临高角

舞　蹈

舞蹈活化石——傩舞

傩舞，又叫"大傩"，俗称"鬼戏"或"跳鬼脸"。它渊源于上古氏族社会中的图腾信仰，为原始文化信仰的基因，广泛流传于各地的一种具有驱鬼逐疫、祭祀功能的民间舞蹈。傩舞非神非鬼，却有神的庄重肃穆、鬼的怪诞离奇，是土生土长、源远流长的乡间文化，是古代舞蹈的活化石。

信仰与娱乐的结合

傩舞是上古时期驱鬼逐疫的仪式，自秦汉至唐宋一直沿袭下来，并不断发展，至明、清两代，傩舞虽古意犹存，但已发展成为娱乐性的风俗活动，信仰与娱乐已经完全融合为一体了。

傩舞一般在大年初一到正月十六期间表演。舞者配戴形象狰狞的面具，装扮成传说中的神灵和鬼怪，神灵一手持戈、一手持盾，边舞边"傩、傩……"地呼喊，奔向各个角落，跳跃舞打，搜寻和驱除鬼怪，祈求一年平安。表演由一些民间故事串联而成，比如：二郎开山、钟馗戏鬼、群仙大会等等。傩舞的舞蹈动作反复、大幅度且程式化。整个舞蹈中没有音乐，也没有戏词，只有铿锵的锣鼓伴奏，极具原始舞蹈风格。"跳傩"仪式是由傩舞班表演一些民间故事串联而成的，比如：二郎开山、钟馗戏鬼、群仙大会等。

傩舞一般有起傩、演傩、驱傩、圆傩等基本程序。"驱傩"是整个仪式重点，傩人戴着狰狞面具，拿着武器，在火把照耀下沿门驱疫，将危害人类的邪魅赶走。这种仪式各地表现并不相同：南丰石邮村"搜傩"，开山持铁链与钟馗、小神进入各家厅堂、房间搜索，保留了古傩"索室驱疫"的原生形态特征；婺源长径村"追王"，村民沿着田野小径追赶"八十大王"，请其用"开山斧"在头上刮几下祛邪逐疫，表现了人们对健康长寿的渴求；乐安流坑村驱疫，一边傩人装扮神灵入室搜索"行靖"，一边村民打扫巷道，清理污垢，并洒上石灰和硫黄等物"行净"，反映了乡民文明程度的提高。

摘下面具是人，戴上面具是神

傩面具是傩文化的象征符号，它是傩舞中各种角色的载体。摘下面具，表演者是活生生的人；戴上面具，又成了形态各异、性格迥然的艺术形象。面具形象多取自民间神话和传说故事。

如面容狰狞的方相氏。传说方相氏原名嫫母，是黄帝时期一位长相十分丑陋可怖的女人，所以人们在逐疫驱鬼的仪式中，就按照她的形象制成面具，以此吓跑妖魔鬼怪。后来方相氏就演变成为神话中逐疫驱鬼的神了。

如慈眉善目的傩公、傩婆。传说傩公、傩婆原系兄妹二人。在

◎ 傩舞

◎ 傩舞面具

很早很早以前，天下发大水，兄妹俩人因逃到一座很高很高的山上，才幸免于难。为了繁衍子孙后代，重建人间的美好生活，兄妹俩人干脆结为夫妻。可是，世上没有兄妹结为夫妻的规矩，怎么办呢？兄妹二人商量了一个办法，每人抱一扇石磨，从东西两边滚下山去，如果二人滚到一起，两扇石磨相合，就结为夫妻；如果滚不到一起，说明无缘，不能成亲。于是兄妹二人各抱一扇石磨从山上滚下，滚到山下平地时，恰好两人滚在了一起，石磨也完整相合，说明老天爷赞成他们的婚事（后人释为"天作之合"），兄妹便毅然成亲。从此，二人耕地种田、纺纱织布、生儿育女，一代又一代地繁养生息，人间大地，又是一派生机。所以，后来人们奉傩公和傩婆为人类始祖，是人类救星，为人类带来平安、五谷丰登、儿孙满堂、凡事兴旺的福星，而信奉倍至。依照当地习俗，凡婚久未育子女者，便向傩公、傩婆祈求，并许下愿信，以后身怀有孕或生了子女请端公做法事一堂，或演戏酬谢。如遇家有凶事或遇猪瘟、鸡瘟、家人多病，便祈求傩公、傩婆佑福，年终隆重祭祀。在农村，此种酬神方式，人们统称"还傩愿"(演出之戏叫"傩愿戏")。

如滑稽可笑的歪老二和烟壳壳：传说歪老二是朱元璋远征贵州、云南时，在当地寻找的内线与向导。在明军与番邦交战中，他往返于其间为明军传递信息。其面具造型，歪嘴皱鼻，呲牙咧嘴，斜眉扯眼，鬓上斜插一把木梳，面部多涂为红色，也有的涂为蓝色。整个形象非常滑稽。烟壳壳是近代才出现的面具。他是个受鸦片毒害的典型。艺人抓住鸦片鬼毒瘾发作时的丑态，以夸张的手法刻画了这一人物形象，给人留下极其深刻的印象。

工匠用拙朴的民间造型手法赋予了面具以新的生命活力，形象地刻画出了民间神话中的神灵、鬼怪及传说中各类人物的喜、怒、哀、乐，表情丰富，性格鲜明，令人叹为观止。

百变不俗的秧歌

秧歌是我国最具代表性的一种民间集体舞蹈。每逢春节庙会、民间社火，广场上穿红戴绿的秧歌队、丰富多彩的舞姿、热烈红火的气氛总能引来万人围观。

秧歌起源

说到秧歌的起源，最早应该与古代祭祀农神的活动有关。那时候，人们模仿田间劳动的动作，编成一种原始舞蹈，在农闲或年节时间表演，以祈福禳灾。在宋代，秧歌成为了元宵节"社火"里一项固定的表演。到了清代，秧歌已经在全国各地广泛流传，并不断吸收各地农歌、民间舞蹈、杂技戏曲等技艺，分化形成了许多特色鲜明的地域秧歌，其中最有名的如陕北秧歌、河北昌黎地秧歌、山东鼓子秧歌等。

"大秧歌"和"踢场子"

陕北秧歌，也叫"阳歌"，大约源自于古代的祭社活动。翻开《延安府志》，其中便有"春闹社，俗名秧歌"的记载。在陕北的绥德、米脂等地，每年春节，各村都要组织秧歌队，先到庙里拜神献舞，然后到

◎ 陕北秧歌

村内逐户表演，俗称"排门子"，以此祝贺新春送福到各家各户。

从风格上看，陕北秧歌大致可以分为"大秧歌"和"踢场子"两类。所谓"大秧歌"，就是在广场、街院等场合表演的一种集体秧歌，规模宏大，气氛热烈。参加扭秧歌的有男有女，人数从数十人到近百人不等，大家在"伞头"的率领下载歌载舞。所谓"伞头"，指的是秧歌队中的领头人，往往一手持伞，一手持"虎撑"。伞，寓义庇护众生，风调雨顺；"虎撑"的来历则与唐代名医孙思邈有关。据说当年孙思邈曾为老虎治病，为便于观察，便用一个铁圈将老虎的嘴撑开，这铁圈就是"虎撑"。所以"伞头"手中的"虎撑"，寓意着消病去灾。"踢场子"的规模相对较小，分二人场、四人场，八人场。其中二人场又有"文场子"、"武场子"和"丑场子"之分。"文场子"表演的内容多为生活中的爱情故事，男角色潇洒俊秀，女角柔美飘逸；"武场子"，即"功夫场子"，男角粗犷刚健，女角秀美大方；"丑场子"又叫"顺

◎ 《走会图》之地秧歌　清
在这支秧歌队伍中，有着形形色色的人物，每个人手中都拿着道具。

风场子"，蛮汉、蛮婆一类的丑角都属于这一类，表演滑稽幽默，妙趣横生，深受百姓们的喜爱。

"妞"、"扭"、"丑"、"公子"

河北昌黎县被称为"中国民间艺术之乡"，这一带扭秧歌的历史至少可以追溯到元代，甚至更远的辽金时期。据《昌黎县志》记载："正月朔日前清时代，十四、十五日名为元宵节，凡城乡村中，多搭秋千为嬉，夜则张灯演唱秧歌戏。"可见到了清朝，扭秧歌在昌黎已经空前活跃了。

昌黎秧歌之所以称为"地秧歌"，是为了与"高跷秧歌"相区别的。在长期的实践中，昌黎地秧歌逐步形成了"妞"、"扭"、"丑"、"公子"四个齐全的行当。在产生之初，各行当均由男子来扮演，这也反映出当时女子社会地位低下的现实状况。所谓"妞"，类似于戏剧中的旦角，表演时要眉目含情，以媚为妙；"扭"，类似于戏剧中的彩旦，以俏为美，表情要善变，动作要机敏；"丑"角的亮相多为扮丑逗人，往往在脸上画上黑点，甚至将整个脸抹黑，脚下又踢又蹬，蹦跳不停；"公子"，则相当于戏剧中的小生，步子稳，体态轻，手持花扇，风流潇洒。在秧歌场上，由于"妞"、"扭"、"丑"三角经常搭档配合，表演风趣诙谐，因而往往成为表演中最引人注目的组合形式，称为地秧歌的"铁三角"。

值得一提的是，昌黎地秧歌至今还保留着当初受蒙古族文化影响的痕迹。比如，表演中的抖肩、搓肩、晃肩等动作，都具有十分明显的蒙古族特点。再如"丑"角所戴的"缨子帽"就是从蒙古族服饰发展而来的。

"三弯九动十八态"

山东的胶州秧歌有230多年的历史。相传在清朝时候，胶州东小屯有姓马、姓赵的两家人，都依靠卖包烟（一种加工的土烟）为生。

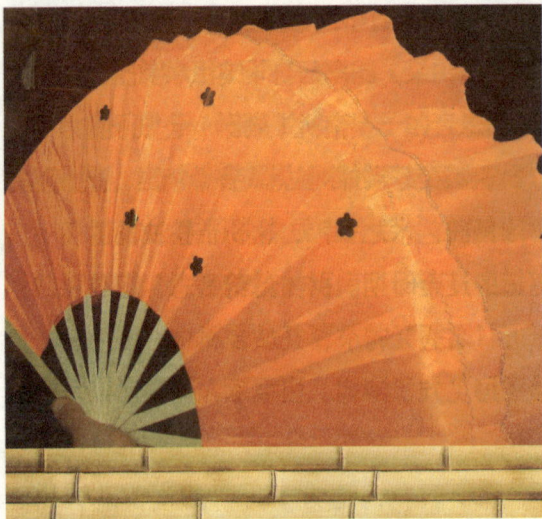

秧歌折扇

有一年，东小屯发生了灾荒，马、赵两人一起逃荒别处，一路上卖唱乞讨，而后改为边唱边舞，逐渐形成了一些简单的舞蹈动作。后来，两人返回家乡，对当年的乞讨舞蹈进行提炼加工，经过不断地完善，慢慢形成了今天的胶州秧歌。

在胶州秧歌中，女性的角色尤其受重视，很多步法、动作都以展现女性柔美娇媚为要。比如老艺人们所说的"抬重、落轻、走飘"，指的就是女性步法要轻盈婀娜，再如"三弯九动十八态"的说法。"三弯"，指的是颈、腰、膝三个部位要向外适当弯曲，突出形体的韧性和曲线美。在我国民间舞蹈中，"三弯"的体态并不少见，比如柔弱无骨的傣族舞、潇洒利落的安徽花鼓灯，但胶州秧歌的"三弯"更侧重通过形体来刻画人物的内在心理。"九动"，即强调头、胸、胯、大臂、小臂、手、腿、膝、脚九个部位要朝着不同的方向和谐运动。"十八态"，指的是通过多方向、多角度、有秩序地展开延续运动，浑然一体地将女性楚楚动人的一面呈现出来。

生动活泼的高跷

踩高跷，俗称"缚柴腿"、"扎高脚"，是一种十分独特的民间文化活动，它集舞蹈、杂技、戏曲于一体，生动活泼，又简单易行，因此深受百姓的喜爱。

踩高跷的由来

踩高跷，据说来源于古代先民的一种谋生手段。上古时期，人们以渔猎、采集为生，野果是重要的食物来源。可是，有些树木长得太高，野果没法摘到，于是有人开始在双腿上绑两根长棍子，这样不仅不影响活动，还可以轻易摘取高处的野果。后来，随着农业种植的发展，这种谋生手段渐渐没有了用武之地，但它并没有就此消失，而是发展演变成了一种表演艺术——踩高跷。

春秋时期的《列子·说符》中记载了这样一个故事：宋国有个流浪汉，自称身怀绝技，求宋元君任用。于是宋元君将他召入宫中，请他表演绝技。只见这个流浪汉把比自己身体一倍还长的木杆绑在腿上，然后踩着木杆飞快地奔跑，两手还不停地抛接七把剑，让人眼花缭乱。宋元君看了之后大为惊讶，立刻赏给了他很多钱财。由此可以看出，早在公元前五百多年，高跷就已经盛行了。从汉代起，踩高跷被列为宫廷"百戏"之一。南北朝梁武帝时，宫廷举行了一次盛大的"百戏"表演，节目单上有"设长跷伎"一项。所谓"跷伎"，指的就是高跷。唐宋时期，高跷进一步发展，甚至加入了宫廷舞队的行列。清末民初，高跷的表演形

◎ 高跷秧歌舞

式有了新变化，表演者往往穿上古代的戏服，扮演戏曲人物，连说带唱，十分受百姓的喜爱。

高跷说类

在我国山西一带，踩高跷的历史十分悠久。从高度上来看，有低至几厘米的高跷，也有高至两三米的，而最常见的大约一米。一米左右的高跷可以表演如跃起、飞跨、跳凳、过桌一类的动作。有的表演者滑稽诙谐，常常做出不慎将要摔倒的样子，吓得观众一身冷汗。两三米的高跷则主要侧重人物造型，表演者装扮成《水浒》、《三国演义》、《西游记》中的人物，表演各种故事或动作。

此外，高跷还可以分为"双跷"、"单跷"、"文跷"、"武跷"。"双跷"多绑扎在小腿上；"单跷"则以双手扶住木杆的顶端。"文跷"讲究造型别致、动作优美、表情丰富，着重于身段的扭逗、队

◎ 《天后宫过会图》

图中生动地描绘了各种走会节目的表演形象。《燕京岁时记》载过会（走会）者乃京师游手，扮作开路、中幡、扛箱、官儿、高跷、秧歌之类，随地演唱，观者如潮。

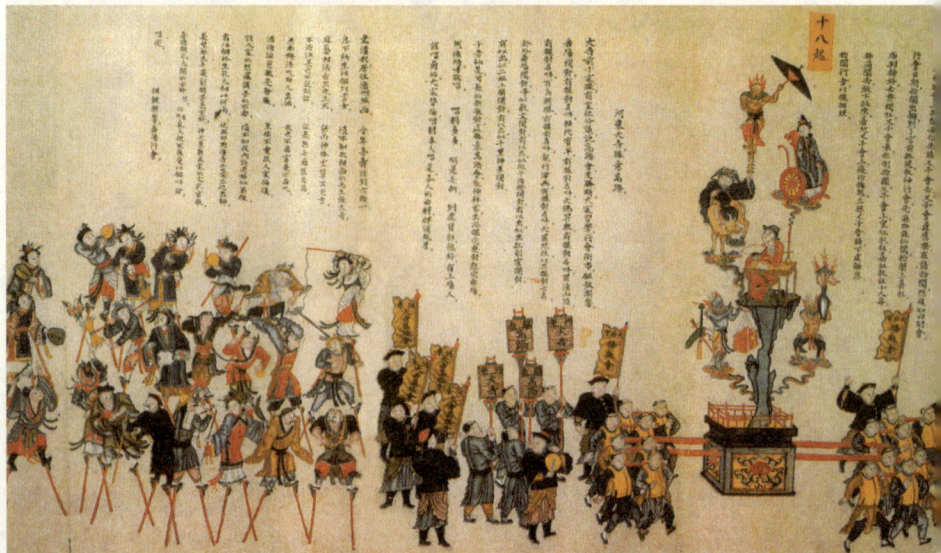

形的变换和歌词说唱；"武跷"以表演各种惊险动作为特点，有劈叉、打旋风腿、翻跟头、拿大顶、鹞子翻身等许多名目，风格强悍骁勇，豪迈英武。

山西晋南稷山、新绛一带，还流行一种"走兽高跷"。这是一种连体高跷，即由多人同踩高跷，扮成一只巨大的野兽，其上再一人做骑兽状。演员负重荷，在乐鼓声中列队前进，气势宏伟，十分壮观。

神气的舞狮

根据我国的民俗，每逢盛大节日、婚嫁迎娶、新张庆典等，人们都会敲锣打鼓，舞狮助庆。舞狮，源自中国，又随着华人的迁移被传播到了世界各地。至今在马来西亚、新加坡等地，舞狮依然相当盛行。

舞狮从何来

关于舞狮的起源，我国民间有许多说法，其中在国际上得到广泛认同的是广东佛山起源说。相传在远古的时候，佛山镇出现了一种奇兽，身长八尺，头大身小，眼若铜铃，青面獠牙。这奇兽来去如风，专门破坏田间庄稼。村民不胜其烦，于是商议着如何除去这个祸害。有人建议用竹篾和纸扎成奇兽的形状，引它出来，再集合数十名勇士埋伏在一旁，敲锣打鼓，将奇兽吓走。这一招果然奏效，奇兽受到了惊吓落荒而逃，从此销声匿迹。村民们为了庆祝这件事，将扎成的奇兽头拿出来要弄，舞狮一习由此而来。

还有一种说法认为，我国古代中原地区本没有狮子，汉章帝时，西域大月氏国向汉朝进贡了一头雄狮，金毛曲卷，威风凛凛。大月氏使者在朝廷之上扬言：汉朝若是有人能驯服这头狮子，大月氏国便继续向汉朝进贡，否则断绝邦交。为此，汉章帝先后挑选了三位武艺高强的勇士驯狮，但都没有成功。有一次，金毛雄狮突然狂性发作，宫人在一片

◎ 《走会图》清

"走会"是清代常见的民间艺术形式，此图表现的是耍狮子的情景。

慌乱之中将它乱棒打死。为了应付大月氏使者，宫人最后想出了一个办法：将狮皮剥下，披在人身上，由人来假扮狮子起舞逗乐，大月氏使者信以为真，只得履行诺言，继续向汉朝进贡。后来，这件事传出了朝廷，老百姓认为舞狮为国争了光，是吉祥的象征，于是舞狮逐渐在民间流行了起来。

南狮子，北狮子

舞狮的传统形成之后，在我国大江南北广为流传。随着各地民俗的改变，逐渐形成了特色鲜明的南狮子和北狮子。南狮子，顾名思义，主要在华南一带流行。总体来讲，南狮子的造型都很威猛，有"醒狮"之称。狮头多以戏剧脸谱作鉴，有"刘备狮"、"关羽狮"、"张飞狮"之分，三种狮头色彩艳丽，装饰有所不同。从这一点上来讲，南狮子看起来不太接近真狮子。然而，南狮子的造型动作有很多，一般二人舞一头，舞者透过不同的马步，做出奋起、疑进、抓痒、惊跃、酣睡、采青等动作。所谓"采青"，就是把青菜（多为生菜，意寓"生财"）

悬挂起来，狮子在青菜前起舞数回之后，一跃而起，把青菜一口吃掉，然后咬碎吐出，象征着生意兴隆。

北狮子全身金黄，连舞狮人的裤子、鞋子都会被金毛覆盖，未舞动起来的时候酷似真狮子，惟妙惟肖。北狮子的狮头较为简单，上有红结者为雄狮，绿结者为雌狮，成对出现，有时还会配上一对小北狮，小狮戏弄大狮，大狮弄儿为乐，尽显天伦，看起来与南狮子的威猛颇有不同。从动作上来看，北狮子十分灵活，除了常见的扑、跌、翻、滚之外，还能展示"耍长凳"、"跳桩"、"360度拧弯"、"前空翻"、"后空翻"等高难度技巧。在京钹、京锣、京鼓的配合声中，北狮子的表演更接近杂耍。

形式多样的灯舞

人们对灯的特殊情感，来源于人类从远古时期就开始的对火的崇拜。彩灯从人类运用火、发明灯、制造灯具等发展而来，并形成了各地形式多样的灯舞。

由"闹花灯"而来的民间舞蹈

灯舞源自"正月十五闹花灯"的习俗，而当花灯的制作水平发展到一定水平的时候，人们就不满足于只把灯挂起来欣赏了，于是就有了灯舞。到了明清时期，灯舞已经很盛行了。灯舞不仅是群众喜闻乐见的娱乐活动，也成为皇室贵族庆祝节日的重要内容。《檐曝杂记》记载：乾隆年间元宵节时，有多达三千名的灯舞表演者为乾隆皇帝献艺；他们手持彩灯，口唱"太平歌"，脚下变换队形，依次排成"太、平、万、岁"等字。

灯舞，在本质上就是以彩灯做道具的一种舞蹈形式。艺人们手持彩灯，作出种种舞蹈动作。灯舞多为群舞，且多在夜晚表演，或边舞边

○ 正月十五闹花灯

摆出各种图案队形，或摆成"吉祥"、"天下太平"等字样，或在变化与穿插中表现各种意境，场面大，气氛热烈。表演中见灯不见人，图案有动、有静，又有高低不同多种层次的变化，神秘奥妙，引人入胜。龙灯是灯舞中比较精彩的形式，龙灯从龙头、龙身到龙尾可多至二十几节，每节燃点蜡烛，一人举珠戏弄。其表演有"戏珠"、"穿浪"、"金龙蟠玉柱"等内容，进行中群众多燃烟火、花炮助兴，气氛热烈。

高洁的荷花灯舞

相传王母娘娘身边的一个美貌侍女，名叫玉姬。玉姬看见人间双双对对，男耕女织，十分羡慕，因此动了凡心，在河神女儿的陪伴下偷出天宫，来到杭州的西子湖畔。西湖秀丽的风光使玉姬流连忘返，到天亮也舍不得离开。王母娘娘知道后将玉姬打入湖中的淤泥里，永世不得再回天宫。从此，天宫中少了一位美貌的侍女，而人间则多了一种玉肌水灵的鲜花——荷花。在中国传统文化中，荷花具有特殊的意义，它是高洁的君子，是和平、美满的象征。

因为荷花的文化意义，荷花灯舞深为我国人民所喜爱，是民间灯舞中最常见的表演形式。荷花灯舞流行于全国各地，甚至在泰国也有莲花灯舞。荷花灯舞的形式和动作简单而富有情调，通常表演者上身穿短衣，下身穿长裙，裙脚下装一个直径约一米的底盘，盘边插着荷花、荷叶，舞者迈着细碎快速的舞步，上身保持平稳，像是春风吹拂湖面荷花，舞蹈优美且清新典雅。另外，也有手执荷花灯翩翩起舞的形式。例如《九莲灯》由八洞神仙为王母娘娘拜寿的故事演变而成，八位舞者各持一对荷花灯，后场有一对立体水帘洞花果山的模型灯，称山灯。每场跑完，后台山灯突然分开，放出一把烟火，跃出几个"猴"，耍一套猴拳，翻几个跟头，将鲜果抢吃一空，然后跳入洞内。八对花灯加一对山灯，合为九莲灯。

与倭寇有关的鱼灯舞

鱼灯舞是我国沿海地区传统的民间灯舞，深受渔民喜爱。相传明初，朱元璋派胡大海到浙东驱逐倭寇，保民平安。胡在浙东沿海筑城设寨，练兵抗倭。倭寇仗着船坚器利，又有武士道精神，趁着涨潮，顺势向明军冲来。明军初习海战，又逢潮涨逆流，难以抵抗。胡大海哀叹："我胡大海，尸体就要浮（谐音胡）在大海里了。"突然，狂风大作，巨浪滚滚，潮水由涨变退，汹涌的巨浪朝倭船冲来，冲得敌船人仰马翻，纷纷落水。水中又游来一群坚牙利齿的鲨鱼、马鲛、海鳗，撕咬倭寇。胡大海抓住战机，顺势拼命冲杀，杀得倭寇损兵折将，仓惶败退。胡大海战后向当地老渔民询问潮水由涨变退的缘由，渔民说："鳖鱼主宰潮水涨落，保船只平安出入。这次潮水突然返退，那是鳖鱼帮助大明朝。"此后，每逢过节或重大喜庆祀典，渔民都会手持扎制的鱼灯翩翩起舞，庆祝抗倭成功。

这只是一个传说，但鱼灯舞的出现确实与倭寇有关。明清时期，我国沿海地区常遭寇盗劫掠，然而朝廷无能，难平寇祸。渔民苦不堪言，为了表示对海盗恶行的抗议，人们以海洋中各种鱼类形象创造出鱼灯舞，以艺术的形式反映对海盗恶行的控诉，企盼妈祖降福施恩解救渔民。

◎ 龙灯舞

舞台之上的生活
——戏剧和曲艺

综　述

戏剧与曲艺是中华民族文化的重要组成部分，堪称国粹。

戏剧起源于原始歌舞，经过汉唐的发展，从娱神逐渐演变为娱人，并在其中穿插了故事、动作等艺术形式。到了宋代，作为当时重要商埠和口岸的温州产生了南戏。到了元代，元蒙统治者废除科举制度，知识分子失去跻身仕途的可能，只有到勾栏瓦舍去打发光阴、寻求生路。于是，新兴的元杂剧意外地获得一批又一批的专业创作者。到了明清两代，在宋元南戏的基础上，吸收元杂剧的优点，同时，戏剧表演也呈现出地方化的特点，各地方戏既竞争又交融，形成了如今中国戏剧百花齐放的局面。

唱念做打是戏剧表演的四种艺术手段，也是戏剧演员的四项基本功。唱指歌唱，念指具有音乐性的念白，二者构成戏剧表演的歌；做指舞蹈化的形体动作，打指武打和翻跌的技艺，二者构成戏剧表演的舞。戏剧装束中，脸谱最有特色。脸谱是演员脸上的绘画，用来表现人物的性格和特征，如红色脸象征忠义、耿直、有血性，如三国时的关羽；黑色脸既表现性格严肃、不苟言笑，如包拯，又象征威武有力、粗鲁豪爽，如张飞；白色脸表现奸诈多疑，如曹操。行当也是中国戏剧独有的表演体制。剧种不同，行当也有所差别，但大部分都有生、旦、净、丑四个行当。生泛指剧中男主角，多为正面人物。旦是女角色的统称。净俗称花脸，以面部化妆运用各种色彩和图案勾勒脸谱为突出标志，扮演性格、气质、相貌上有特异之点的男性角色。丑则为喜剧角色，由于面部用白粉在鼻梁、眼窝间勾画小块脸谱，又叫小花脸，其扮演人物种类繁多，有的心地善良，有的则奸诈刁恶、悭吝卑鄙。

同戏剧一样，曲艺的历史也是源远流长。早在古代，我国民间的说故事、讲笑话，宫廷中俳优的弹唱歌舞、滑稽表演，都含有曲艺的艺术因素。到了唐代，讲说市人小说和向俗众宣讲佛经故事的俗讲的出现，大曲和民间曲调的流行，使说话伎艺、歌唱伎艺兴盛起来。到了宋代，说唱表演有了专门的场所，也有了职业艺人。明清两代，曲艺表演日臻成熟，新的曲艺品种，新的曲目不断涌现，不少曲种已是名家辈出，流派纷呈。我们今天所见到的曲艺品种，大多为清代至民初曲种的流传。

曲艺是一种说唱艺术，由不装扮成角色的演员，以"一人多角"的方式，通过说、唱来塑造人物、叙述故事、表达思想感情并反映社会生活。因而曲艺表演比之戏剧，具有简便易行的特点：只要有一两个人，一两件伴奏的乐器，或一个人带一块醒木，一把扇子，一副竹板儿，甚至什么也不带，走到哪儿，说唱到哪儿，与听众的交流，比之戏剧更为直接。正是因为这样简便易行的特征，使得曲艺对生活的反映较为快捷。曲目、书目的内容多以短小精悍为主，因而曲艺演员通常能自编、自导、自演。

戏　剧

最古老的戏曲——昆曲

昆曲发源于14～15世纪的苏州昆山，被誉为中国戏曲的"百戏之祖"。昆曲糅合了唱念做表、舞蹈及武术，以鼓、板控制演唱节奏，以曲笛、三弦等为主要伴奏乐器，抒情性强、动作细腻，歌唱的节奏与舞蹈的身段结合得巧妙而和谐。

魏良辅创昆曲

昆曲的形成和明代一个名叫魏良辅的人有关。魏良辅是江西豫章（今南昌）人，熟悉音律。当时戏曲有南北之分，魏良辅初习北曲，因不及北人王友山，于是钻研起了南曲。为此，他来到了当时南戏北曲十分活跃的太仓。在当地驻军中，有很多人通晓音律，魏良辅常与他们切磋技艺和商讨乐理。

魏良辅博采众长，为了学习南曲，他还认一个罪犯当老师。张野塘是一个犯罪后被发配太仓的"戍卒"。一次，魏良辅听他唱曲，竟一口气听了三天三夜。两人谈得非常投机，相见恨晚。那时候，魏良辅已经50多岁了（比张野塘大8岁）。他有一位貌美善歌的女儿，许多富贵人家争相求婚，魏良辅都不同意，后来竟然把女儿许配给张野塘为妻。从此，张野塘成了魏良辅创立昆曲的得力助手。

经过数十年的苦心钻研和请教，魏良辅终于"尽洗乖声，别开堂奥"。他吸取海盐腔、弋阳腔等南曲的长处，发挥昆山腔自身流丽悠远的特点，又吸收了北曲结构严谨的特点，造就"水磨调"，通称昆曲。水磨调幽雅婉转，细腻舒徐委婉，就好像江南人的水磨漆器、水磨糯米粉、水磨年糕一样细腻软糯，柔情万种，因而得名。

○ 魏良辅《曲律》书影

轿夫都会唱的昆曲

魏良辅改革后的昆山腔，"其排腔、配拍、榷字、厘音，皆属上乘"。然而此时的昆曲，仍旧以清唱为主，真正将它推上舞台的，是魏良辅的学生梁辰鱼。梁辰鱼是昆山人，他编写了第一部昆腔传奇《浣纱记》。这部传奇的上演，扩大了昆腔的影响，文人学士，争用昆腔创作传奇，习昆腔者日益增多，历史上有名的陈圆圆就会唱昆曲。

明清两代，昆曲受欢迎的程度非想象所能及，简直到了痴迷的程度，康熙、乾隆南巡途中，每到苏州必看昆曲，还选演员带回北京；外派的贵族高官都带家庭戏班，致使甘肃、云南、广东等地也都有昆班演唱，甚至有些官僚犯法，充军宁古塔（黑龙江境内），竟也会带几个演员过去。

不仅宫廷、官府、士大夫迷恋昆曲，市民百姓也同样热爱它。清初传奇作家袁于令夜间坐轿回家，经过一家大户门口，听见里面在唱《霸王夜宴》。一个抬轿子的摇头说："这么好的月夜，为什么不唱'绣户传娇语'，却唱什么霸王！""绣户传娇语"正是袁于令名作《西楼记》的唱词。且不说袁于令该有多高兴，单从一个轿夫能如此通晓昆曲唱词，就可知昆曲在民间的流行程度。

文人搭台，昆曲打擂

昆曲之所以如此受欢迎，与它文人化的特征不无关系。

昆曲与京剧不同，它的曲文继承了唐诗、宋词、元曲的文学传统，称为曲牌体（京剧为板腔体）。所谓曲牌体，即以曲牌作为基本结构单位，将若干不同的曲牌联缀成套，构成一出戏或一折戏。由于曲牌是由宋词、元曲发展而来，在文字上是长短句式，写作就是填词。一个曲牌有多少字，几句，每个字的平仄声，都有严格规定。这无形中也增加了昆曲写作和演唱的难度，同时也为昆曲打下了良好的文化基础。

由于昆曲的写作对文学素养的要求更高，激发了大批文人墨客的创作热情，由此创作出了大量经典剧目，如《鸣凤记》（无名氏）、《牡丹亭》（汤显祖）、《玉簪记》（高濂）、《燕子笺》（阮大铖）、《风筝误》（李渔）、《桃花扇》（孔尚任）等。

另外，昆曲的唱腔柔和、舒缓，委婉动听的乐曲，巧妙地体现了东方人的情感特征，许多难以表述的情感，水一般地在委婉悠长、顿挫抑扬中汩汩流注，与文人士大夫阶层的生活情趣、艺术趣味一脉相承。昆曲自然而然受到他们的推崇。

当时的文人士大夫，只要有精力有钱财的，几乎家家都会蓄养家班，家班成为当时一支阵容强大的演出队伍。如《红楼梦》作者曹雪芹的祖父曹寅，在任江宁织造郎中时，就在织造府里蓄养了家班，经常演唱。康

◎知识链接
太平军中"同春班"

清末太平军中，有一支名为"同春班"的戏班。戏班演出的剧目，各种声腔都有，其中最主要的，是连台本戏《洪杨传》，全部用昆曲演唱。戏班里全都是健壮少年，一边习武，一边演戏。"同春班"既是科班，也是"文工团"。遇到有仗打，大家奋勇杀敌；等到胜利归来，就粉墨登场，演戏慰劳兄弟们。

一次，苏州黄土桥乡绅马健庵，组建团练，杀害了不少太平军。他洋洋得意，摆酒庆功，还召来戏班助兴。"同春班"混入其中，趁丝竹悠扬、觥筹交错之际，杀了马健庵。这是军中优伶的奇功！

熙四十三年（1704年），曹寅组织了一次盛大的《长生殿》演出，特地把作者洪昇请来，奉于主座。"置《长生殿》本于其席，又自置一本于席，每优人演出一折，凡三昼夜始阕。"正由于昆曲家乐兴盛的局面，所以曹雪芹在《红楼梦》的创作中，曾用文艺笔调描写了梨香院家伶大演昆曲的盛事。

除了演出，各家班也常会随主人去各地切磋比试。

◎ 《明代昆山腔演出图》

如明万历二十八年（1600年），惠州人潘之恒就在安徽黄山脚下搭起了三十六座戏台，文学家袁宏道带领苏浙一流演员，前来登台献艺。三天三夜的对台赛，让演员们的技艺发挥到了极致。可谓是文人搭台、昆曲打擂。

那时，它是宫廷相府中的常客，是文人雅士的时尚。由于文人士大夫的推崇，昆曲迅速流行于全国，开始独霸梨园。下层百姓，即使不懂曲文的意思，也会随口哼上两句来。

中国戏曲的鼻祖——秦腔

秦腔是中国戏曲四大声腔中最古老、最丰富、最庞大的声腔体系，是最早的板腔体声腔，也是梆子腔系统的母体。秦腔以枣木梆子为击节乐器，表演风格高亢激越，粗犷朴实。秦腔因发展壮大于关中地区而得名。

魏长生的秦腔旋风

秦腔作为独立剧种，在明万历以前就已经形成。明代万历间《钵中莲》传奇抄本中，有一段注明用"西秦腔二犯"的唱腔演唱的唱词，可作证明。秦腔的鼎盛时期是在清乾隆年间，这个时期，一个叫魏长生的秦腔艺人带着他的秦腔旋风，由西往东进入北京，再从京城席卷江南。

魏长生原是四川人，小时候因为家贫，辗转流落到陕西，进入秦腔戏班并学得了一身本事。乾隆三十九年（1774年），魏长生第一次率领秦腔戏班进入京师。当时，戏曲史上的"花雅之争"已经开始，"花部"的京腔（源出弋阳腔）战胜"雅部"的昆腔，盛行于北京的戏曲舞台。所以，魏长生的到来，将要面临的是一场"京秦之争"。

魏长生率领的秦腔班，行当整齐，基本功扎实；演出剧目具有深厚的生活气息，且有改进。魏长生创造的西秦腔，"以胡琴为主，月琴应之"，有别于"以梆子为板"的传统秦腔，"善于传情"，所以魏长生艺帜高举，一鸣惊人。他的《滚楼》在北京一上演，"举国若狂"

◎ 秦腔《三滴血》场景雕塑

（《日下看花记》）。其时皇族权贵礼亲王昭木连在所著的《啸亭杂录·郑八》记述道："魏长生甲午岁入都，名动京师，凡王公贵位，以至词垣粉署（即翰林院），无不倾掷缠头数千百，一时不得识交魏三者，无以为人。"

魏长生刮起的这股秦腔旋风，在北京戏曲界造成了极大的影响。魏长生工演旦角，他的表演，以细腻见长，讲求形神兼备；唱腔上，"善于传情，最是动人倾听"；化妆上，改"包头"为梳水头；曲词通俗易懂，科白谐谑风趣；音乐慷慨激越，血气为之动荡。由于"京秦之争"中秦腔胜出，京腔的许多班社和艺人便纷纷学习魏长生的秦腔，形成京、秦不分而以秦腔为主的局面。

魏长生的秦腔旋风在北京造成巨大影响后，又随魏长生来到江南扬州，在大江南北掀起一股秦腔热。魏长生的脚步去到哪里，秦腔的唱腔艺术、伴奏艺术、化妆艺术便影响到哪里。

唱戏吼起来

秦腔的特点是高昂激越、强烈急促。尤其是花脸的演唱，更是扯开嗓子大声吼，当地人称之为"挣破头"。外地人开玩笑说："唱秦腔，一是舞台要结实，以免震垮了；二是演员身体要好，以免累病了；三是观众胆子要大，以免吓坏了。"所以，"唱戏吼起来"便成为"关中八大怪"其中之一。

为什么秦人要"吼"秦腔呢？著名作家路遥分析过其中的原因。他认为，传唱秦腔的陕西、甘肃、宁夏等省份地处我们国家的大西北，气候干燥，地域辽阔，土地贫瘠，人烟相对稀少。自古及今，这里广阔的天地塑造了西北人宽广的胸怀，同时，环境的残酷又练就了他们坚硬的骨骼。而历史上，这里曾经是许多民族和王朝开疆拓土、流血生杀的舞台，所以这里的人们天生血液里就流淌着慷慨悲壮的人生情怀。秦人乃至西北人为什么"吼"秦腔？秦人以及西北人为什么对秦腔如此

声腔

声腔是戏曲中的一个专用名词，一般是把戏曲中某些音乐和演唱相类似的腔调称为一种声腔，或归为一个声腔系统。中国古典戏分北杂剧和南戏两派，由于流传地域不同，逐渐形成昆山腔、弋阳腔、皮黄和秦腔四大声腔。

地钟情？因为只有这样"吼"才能把凝结在心中的郁和闷、苦与悲痛快淋漓的抒发出来。因为也只有这样"吼"才能把这些忠臣良将、节妇烈女的忠义情仇酣畅痛快地表达出来。

也许正是被这"吼"背后所蕴含的意义所感动吧，1924年7月，鲁迅先生前往西安讲学时，曾连续三天观看秦腔表演，并给予极高评价。而在此之前，鲁迅先生是极力反对戏曲的，认为那是旧文化，是糟粕。能得鲁迅先生的破格欣赏，可见秦腔的含蕴深远。

其实秦腔也不是真"吼"起来的，只不过演员表演起来确实很卖力气。秦腔也不是乱吼，秦腔的唱腔有欢音和苦音之分，欢音腔欢乐、明快、刚健、有力，苦音腔深沉哀婉、慷慨激昂，它们都是随戏剧情节的递变而合理运用的。

弄影迷人的皮影戏

皮影戏，旧称"影子戏"或"灯影戏"，是一种用灯光照射兽皮或纸板做成的人物剪影以表演故事的民间戏剧。表演时，艺人们在幕布后面操纵戏曲人物，并用当地流行的曲调唱述故事，同时配以乐器伴奏。

借假人的影子迷人

我国的皮影戏起源于陕西，历史非常悠久。根据当地人的说法，陕西的皮影戏"始于汉，兴于唐，盛于宋"。关于皮影戏起源的故事，还跟方士招魂有关。

相传，西汉武帝刘彻非常宠爱妃子李夫人，可惜她得病早逝了。武帝对她想念不已，方士李少翁就进言说，他能够为武帝招魂相会。当天晚上，武帝果然在李少翁预设的帷帐上看到了李夫人，神情容貌惟妙惟肖，武帝顿时龙心大悦。

李少翁难道真的能招魂？当然不是。他只是预先用棉帛裁成李夫人的影像，涂上色彩，并在手脚处装上木杆。待到晚上，点上灯，他站在帷帐后面用木杆指挥影像行动，映在帷帐上就仿佛是李夫人真人似的。

这个故事《史记·孝武本纪》和《汉书·外戚传》中都有记载，被认为是皮影戏最早的渊源。

虽然仅凭这个故事并不能判定皮影戏起源于西汉，但其可能性还是很大的。首先，皮影戏的最大特点就是真人借假人的影子迷人，而李少翁的所谓"招魂"就是如此。其次，战国的庄子有"愚人畏影"的故事，韩非子有利用小孔成像原理制成世界上最早的"幻灯片"的故事，成语"形影相随"、"立竿见影"等，都说明古人对光和影的关系和作用早有研究，所以到汉代是有可能发展出同样利用光影配合而成的皮影戏的。

戏曲中的轻骑兵

古代关于皮影戏的记载，除了汉武帝让方士"招魂"的故事，直到宋代才再次看到。根据宋代史料记载，两宋京城的皮影戏表演都非常兴盛。元灭宋时，俘虏的一百多名戏剧艺人中，就有皮影戏表演者。但戏曲文化空前繁荣的元朝却很少有关于皮影戏

◎ 皮影《西厢记》

◎ 女子提水景片（皮影）

的记载。

难道皮影戏在元朝绝迹了？事实上不但没有绝迹，皮影戏还在这个时期传到了外国。1955年，山西省孝义县出土的一个元代古墓，墓口的壁画和文字说明墓主人是一个皮影戏艺人。而14世纪波斯的史学家拉施爱丁（1247年～1318年）曾说："当成吉思汗的儿子继承大统后，曾有中国的戏剧演员到波斯，表演一种藏在幕后说唱的戏剧。"这里说的就是皮影戏。

那么，皮影戏是怎么跑到波斯去的呢？众所周知，元代是我国军事扩张最厉害的一个朝代，其军队不仅横扫中亚和西亚，甚至远到欧洲。而那时候，皮影戏是军队中比较流行的一种随军娱乐，所以也随着元朝的骑兵到达了波斯。

但是，元朝军队为什么不选最流行的元杂剧随军，反而选择了皮影戏呢？我们都知道，元朝以骑兵取天下，很大一个优势就是快。一般的杂剧戏班，人员多，道具多，搬挪极为不易。只有皮影戏的戏班，人数不到十个(俗称七紧八忙九消停)，少的

◎知识链接

皮影戏传至希腊

1965年，我国文化部副部长吴雪访问希腊，他们以中国传去的皮影戏《龙的故事》招待，并说这是唐代传去的。但根据皮影戏发展的历史来看，皮影戏传至希腊应该是在元代。由于盛唐在世界的影响，外国人常错把后世入的中华文化认为是由唐代传入的。

时候甚至两个人就可以，道具加起来也才一个木箱就装完了，所以随军辗转流动最为方便。完成一场皮影戏表演的真人虽少，戏中的生末净丑等角色却一个不少，演出的故事又是熟悉的家乡传奇，说唱用的又是听惯的乡音、腔调，所以皮影戏在元朝军队中特别受欢迎。

由于皮影戏的轻便，它在元朝就已经传到了中亚，随后又由西亚传到欧洲各国。它就像戏曲中的轻骑兵，灵活轻捷，攻略迅速，最早踏出国门，在全世界流传。

逼真如电脑特效

元以后的明清两朝，是皮影戏发展的鼎盛期。不仅皇宫、王府十分重视京城的皮影戏班社，而且这些贵族们还常以自设影箱、雇用艺人来争相炫耀豪华。康熙五年，礼亲王府内就有八个食五两俸银而掌管皮影戏箱的人，可以想见当时人们对皮影戏的追捧有多么火热。

皮影戏之所以这么流行，自然与它自身的优点分不开。因为封建社会里的女子是不能随意外出，也不能随便跟陌生男人见面的，所以不但不能出门看戏，就是大户人家请戏班到家里演戏，也是一件不容易的事。虽然盲人说书是一个很好的娱乐选择，但正所谓"耳听为虚，眼见

关中皮影《秦香莲》

为实"，纯粹的说唱再怎么精彩，也比不上眼睛看的更吸引人。如此一来，在幕后表演的皮影戏就成为最好的选择。

但光有女子捧场，没有社会的顶梁柱男人的支持，皮影戏也不可能那么流行的。那么，皮影戏的亮点在哪里呢？这就是它的特效。皮影戏由于通过光影展现，能够营造出超过戏曲舞台的独特艺术效果，其逼真程度不亚于现代影视使用的电脑特效。

在戏曲舞台上，演员要通过许多舞姿、身段，才能够表现腾云驾雾。但在皮影戏中，只要把影偶提起，再加上一片彩云，就立刻驾云而起。《白蛇传》中，戏曲演员不可能变成蛇，但皮影戏里的影偶却可以瞬间完成白素贞与蛇的互变。孙悟空的七十二变，在皮影戏里也真能像文学描写一样，摇身一变，即可出现。所以，电影史家乔治·萨杜尔称中国皮影戏为"电影的先驱"，绝对恰如其分。

戏曲中的南国明珠——粤剧

粤剧是广东的地方代表戏曲之一，其渊源可以追溯到明朝嘉靖年间。剧目众多、"南派武功"和粤语演唱等是粤剧的最大特色。粤剧曾被周总理誉为"南国红豆"。

戏神是怎么炼成的

我国传统戏曲界有奉祀戏神的习惯。粤剧有五位戏神，其中前四位都是传说中的神话仙人，只有排在最末位的张先师，是真实存在的教戏师傅。大文豪郭沫若曾有一句诗专门赞扬张先师的功绩："昔有名伶摊手五，佛山镇上立戏班。"这里的"摊手五"就是张先师生前的绰号。那么，张先师这位戏神是怎么炼成的呢？

相传张先师原叫张五，是清雍正年间在北京享有盛名的艺人。他因为反清复明的言论遭到官府缉捕，不得已逃到广东佛山。在佛山，张五与当地粤剧艺人结交，建立起很好的关系。

因为张五是北京来的戏曲行家，粤剧艺人们便都像得到宝似的，围着他不断请教有关戏曲唱腔、念白、动作、武打等方面的技艺。也还好张五算得上是个万能艺人，不管是生旦净丑，还是文唱武打，他都能提出建设性的意见，让粤剧艺人们收获颇丰。

张五对粤剧的最大贡献，是传授了经典剧目"江湖十八本"。"江湖十八本"是当时全国流行的由一至十八领头的十八个剧目，如《一捧雪》、《二度梅》、《三官堂》等。它们是外省戏班的保留剧目，粤剧艺人们一直想学而未得。张五很慷慨地把"江湖十八本"倾囊相授，使粤剧艺人们为之振奋，粤剧表演也从此焕然一新。粤剧一下子红火起来，不但本地演出增多，而且连湖南、湖北等省份都有人慕名邀请表演。此后，"江湖十八本"在粤剧舞台中常演不衰，被列为艺人必修的基本课程。

此外，张五还对粤剧的行当角色作了调整，确立了沿用到清末的十大行当。张五的这些贡献，就像万丈高楼的地基，是现代粤剧成长壮大的根本。

真功夫入戏

中国武术界有"南拳北腿"之说，其实在戏剧武打中也分南北派。北派以京剧为代表，注重武打表演的好看；南派武打的代表则是粤剧，它以少林武技为基础，一招一式都很实用而非只有花架子，称为"南派武功"。

少林武技是怎么传入粤剧的？相传清乾隆三十二年（1767年），福建南少林派的至善禅师和洪熙官等人因为反清遭到镇压，逃到广东后隐姓埋名，藏身在粤剧戏班中。

那时候的粤剧多在农村的露天戏棚演出，根据场地条件和乡民的喜好，所演剧目多为历史题材的武打戏，所以艺人多爱吹嘘自己武艺超群，却没想到因此惹来事端。有一次，戏班正在演出时，一伙人冲进来说要比武，结果把演员们都打伤了。躲在后台的洪熙官看不过去，不顾暴露身份的危险，施展少林武术挺身而出，才救了戏班。

事后，艺人们为自己的三脚猫功夫感到羞愧，纷纷向洪熙官拜师学艺。自此，至善和洪熙官开始在粤剧戏班中传授少林武技，并将它化为固定的程式，运用到粤剧武打表演中。

据说清末粤剧演员贼仔叶擅长六点半棍，其棍风能使没有明火的香瞬间燃起熊熊烈焰。民初以前，粤剧舞台上所用的兵器，都是真刀真枪。"南派武功"以真功夫入戏，是粤剧全行性的武打基础，在戏剧行业中独具一格。

粤剧原来不用粤语唱

粤剧就是用粤语演唱的戏剧，很多人会这样认为。这种说法其实并不完全正确，因为早期的粤剧并不是用粤语演唱的，而是用一种称为"戏棚官话"的语言演唱的。粤剧用官话演唱的历史比用粤语演唱长得多，从明代中期直至清朝末年粤剧一直用官话演唱。

早期粤剧为什么会用官话演唱呢？很简单，因为粤剧是从外来戏剧发展起来的，外省戏剧被奉为正统，而且根据古人尊重传统的美德，粤剧的声腔语言也就都沿用了外省的官话。

那么粤剧又是为什么改用粤语的呢？这就跟孙中山先生的辛亥革命

有关了。

据说，著名粤剧剧作家黄鲁逸是孙中山反清革命的追随者，他经常在报纸上发表文章和歌曲，以宣传革命。1907年，为了给辛亥革命做思想准备，让粤语地区的人们更快地吸收革命精神，他在澳门组织了一个"志士班"，自编自演"改良粤剧"。

把官话唱词改为粤语唱词，就是黄鲁逸在"改良粤剧"中的首创。这一改革消除了语言障碍，使粤语地区的人们都能听懂戏里表达的意思。另外，黄鲁逸还把广东的特色民谣粤讴引入到粤剧中，用人们熟悉的曲调传唱他的革命思想。他还让演员尝试用真嗓唱戏取代假嗓唱戏，把戏剧演唱变得更加平实容易。

经过时间的考验，黄鲁逸的粤剧改良得到了人们的广泛接受，并演变为粤剧的主要特色，奠定了现代粤剧的基础。

最神奇的戏曲——川剧

川剧是流行于我国西南地区的重要戏曲剧种。它由多种声腔构成，却以高腔的"帮、打、唱"特色闻名；它的表演蕴含许多特技，尤以变脸绝技独领风骚。

看戏也会晕船

川剧的历史可以追溯到两汉的角抵百戏甚至更早以前，但它的真正形成是在清乾隆年间，而直到1912年三庆会成立，使昆曲、高腔、胡琴、弹戏和灯戏五大声腔融汇一炉，川剧才进一步被人们确认，趋于定型。

在川剧的众多声腔中，高腔是最具特色的，其独特的艺术表现形式是"帮、打、唱"。帮指后台帮腔，打指打击乐伴奏，唱指除帮腔之外的角色之唱。我们可以从其最具代表性的剧目《秋江》中去领略它的魅力所在。

《秋江》改编自明代传奇剧本《玉簪记》中的《秋江》一折，描

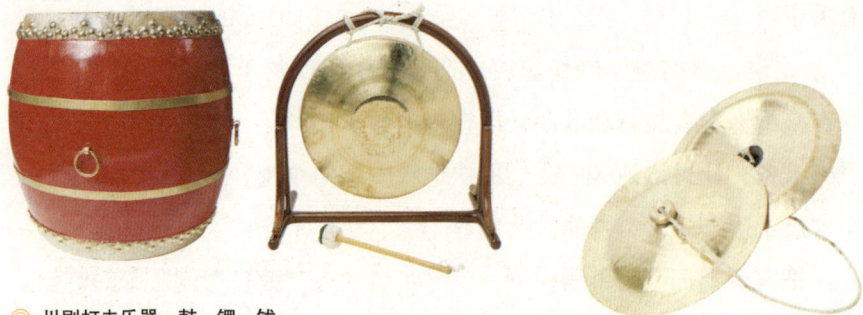
◎ 川剧打击乐器 鼓 锣 钹

写书生潘必正被迫离观后，道姑陈妙常至江边乘舟追赶。当陈妙常得知潘必正被逼走后，唱"青衲袄"唱段，帮腔先起："冷清清，潘郎今何在，离情别绪系心怀。"妙常唱："无端惹下了——"帮腔又起："风流债。"妙常接唱："恨观主将一对凤凰两分开，郎去也，何日再来，怕只怕——"帮腔再起："相思病儿离不开。"这一段唱词中，帮腔支撑唱腔，就像电影里的画外音，代替剧中人讲话，反映角色不便启齿而又不能不说的内心独白。如果没有帮腔，由陈妙常一个人唱完这整段，就显得她过于大胆直白，少了许多韵味。

在川剧高腔中，打击乐伴奏也是非常有特色的。打击乐不仅要打出舞台节奏，制造气氛，模拟风、雨、雷、水等自然声音，还要能打出人物情感，打出人物心灵的搏动。川剧《秋江》把故事环境替换为奔流湍急的川江，加上女主人公陈妙常追舟的迫急心情，就非常考验打击乐师的功力。京剧大师梅兰芳讲过一件事，说他的一位亲戚看完川剧《秋江》，赞叹说："太好了，就是看了有点头晕，因为我有晕船的毛病，我看出了神，仿佛自己也坐在船上。"其实舞台上老艄公手上只有一把桨。

神奇的川剧变脸

三庆会的发起人之一，人称"戏圣"的康子林大师，对川剧还有一大贡献，就是促进了川剧变脸的发展。

说起川剧变脸，那是人人叫绝。但要说到它的历史恐怕就没几个人清楚。其实变脸并不是川剧独有，只是川剧的变脸最具特色。变脸的历史也不短，明杂剧《灌口二郎斩健蛟》中就有"变化青脸"的记载。只是那时候的变脸是演员进入后台改扮了再出来，远没

◎ 川剧绝活变脸

有后世的当场变脸来得神奇刺激。

究竟变脸是什么时候由后台改扮转变为当场变脸？因为没有史料记载，我们不得而知。不过我们可以知道的是，现代川剧变脸绝技源自传统戏《归正楼》。在《归正楼》中，义盗贝戎因为劫富济贫遭到官兵追捕，需要变换容貌才能脱身，所以川剧先辈们就在这个角色身上创造性地使用了变脸绝技。最初，演员用纸绘脸谱依次粘贴在脸上，表演时以烟火或折扇掩护，层层揭去。脸谱一般为3张，故称"三变化身"。

《归正楼》正是康子林最擅长的戏之一，据说他的变脸不用烟火也不假道具，变化神速干净，倾倒全场。那时候大米一元一斗（折合15公斤），猪肉两角一斤，康子林的一场《归正楼》票价高达一元五角，但观众还是趋之若鹜，不少人就是冲着他的变脸绝技来的。

川剧变脸被说得神乎其神，那它究竟是怎么变的呢？现代广泛使用的是一种叫"扯脸"的手法。它是事前将制好的脸谱一张张贴在脸上，每张脸谱上都系一把丝线，另一头系在衣服的某个顺手而又不引人注目的地方（如腰带上）。随着剧情的进展，在舞蹈动作的掩护下，演员一张一张地把脸谱扯下来。康子林在《归正楼》里的变脸就是用的"扯脸"。现代"变脸王"王道正在《白蛇传》里演的紫金铙钹，有八变、九变之能，也是用"扯脸"的手法。

变脸的手法除"扯脸"之外，还有"抹脸"和"吹脸"，但因为手法比较粗糙而逐渐被弃用。

值得注意的是，变脸的根据是"相随心变"，角色的情绪发生激烈变化才要用到变脸去夸张表达，所以变脸的使用必须依据剧情的需要。如果只把变脸技巧拿出来表演，脱离故事情节发展，那就沦为一般的特技表演，而失去川剧变脸的艺术内涵。所以，川剧变脸成功的奥秘在于它与戏剧发展的完美结合。

影响最大的戏曲——京剧

京剧又称"皮黄"，源于"四大徽班进京献艺"，真正形成于1840年前后，盛行于20世纪三四十年代，时有"国剧"之称。京剧行当全面、表演成熟、气势宏美，是近代中国汉族戏曲的杰出代表，是中国的"国粹"。

生日派对上崭露头角

说到京剧的发展史，人们最耳熟能详的就是四大徽班进京献艺。事实上，一开始进京并引起人们关注的只有三庆班，它是扬州盐商江鹤亭(安徽人)为庆祝乾隆八十大寿而专门组建的一个徽戏戏班。

清乾隆五十五年（1790年），北京举行了盛况空前的皇帝生日派对。其中单单戏剧表演，就从西华门到西直门外高梁桥，每隔数十步设一戏台，南腔北调，四方之乐，荟萃争妍，往往前面还没有歇下，后面又已开始。在这场高手林立的艺术竞赛当中，三庆班是怎样崭露头角，引人注目的呢？这就得说到徽班的特色了。

当时昆曲是戏剧的主流，但因为秉持清雅端庄的特色，而少了些生动活泼。其他地方戏剧则要么全学昆曲，要么只凭地方特色为优势，都不能成气候。只有徽班不同，它虽以唱徽戏为主，但也唱昆曲和其他地方特色声腔如秦腔、梆子等，诸腔并奏，花雅结合，让人耳目一新。而且三庆班以进京祝寿为目的，选演的剧目既有艺术气息，又充满民间生活的新鲜逗趣。曲调优美，剧本通俗易懂，整个舞台演出新颖而具有浓郁的生活气息，三庆班的表演因此受到北京观众的热烈欢迎。

◎ 慈禧像

三庆班极力推捧的戏剧明星高朗亭也是它成功的原因之一。那时候京城捧旦之风盛行，年仅16岁的高朗亭，工演旦角，技艺精湛，"宛然巾帼，无分毫矫强。不必征歌，一颦一笑，一起一坐，描摹雌软神情，几乎化境"（《目下看花记》），故一登台便大受追捧。

三庆班的成功，吸引了四喜班、和春班、春台班等徽班的相继入京。而这雄踞京华剧坛的四大徽班不断吸取其他声腔的特长，为京剧的形成孕育了良好条件。

为京剧不惜丢官

四大徽班进京并没有立刻形成京剧，过了半个世纪的清道光年间，徽戏的二黄腔与湖北汉剧的西皮腔合流，成为京剧的基本唱腔，京剧才初步确立。

二黄的曲调温和平稳，凝练严肃，擅于表达沉郁缠绵的感情；西皮的唱腔则明快高亢，刚劲挺拔，适合表现欢乐、激越、奔放的情绪。二者互补结合，相得益彰，成为京城人人爱听爱唱的腔调。

既细腻又豪迈的唱腔使得京剧流行于各个阶层，不少朝廷官员都爱听爱唱。有个叫张二奎的都水司经承（管水利方面的官），就特别喜欢唱京剧。他擅长唱京剧老生，空闲时常在戏班里客串一些龙套角色以过戏瘾，得到过不少好评。

有一次，"四大徽班"中的和春班请他参演《取成都》，虽然还是票友的身份，但他饰演的刘备一角已不再是龙套而是整部戏的主角。张二奎体貌轩昂，仪表英伟，面美如冠玉，更兼有一副天赋奇高的好嗓，能高入云端，"字字坚实，颠扑不破"。他的这些优势在演出中充分呈露，其艺术水平已不是寻常职业演员所能比拟，因而受到观众异乎寻常

◎《徽班进京图》

的热烈欢迎，轰动京师。

张二奎这次的演出本是游戏成分居多，但是在他还沉浸在成功的巨大欢喜中时，却惹来了不小的灾祸。因为那时候演戏被视为"贱业"，清廷还有条文规定

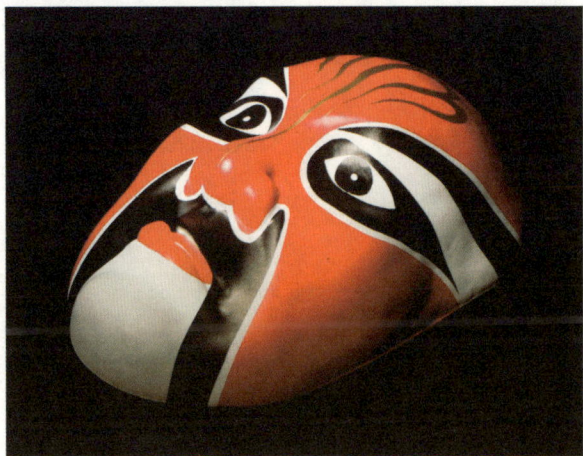

◎ 京剧红脸脸谱

"凡官宦不得演戏"，所以就有嫉恨张二奎的人把他告发了。24岁的张二奎因为粉末演戏而被罢去官职，革除了功名。

不过祸福相依，张二奎虽然因为被罢官才迫于生计正式加入戏班演戏，但他凭借极高的天赋和自身的努力，成为了京剧第一批著名演员，其历史成就远胜过做清朝廷的一名闲官。

京剧第一票友

票友是戏曲界的行话，是指会唱戏而不以专业演戏为生的爱好者。这里说的京剧第一票友，是清朝历史上鼎鼎有名的慈禧太后。"第一"是指她的影响第一。

清咸丰年间，京剧虽然已经非常流行，但作为上不得台面的"乱弹"，依然争不过昆曲的正统戏剧的地位。直到慈禧掌权的同治、光绪年间，慈禧不但让升平署（清代掌管宫廷戏曲演出活动的机构）搬演京剧，而且还屡屡宣召民间的京剧戏班进宫表演，昆曲在宫廷中的地位已所余无几。

慈禧不仅爱听京剧，有意抬高它的地位，而且她还懂戏，常在看戏的过程中发出旨意，对京剧表演严加要求。清宫的旨意档案中就有

不少她对京剧演员的要求，如"孙菊仙承戏词调不允稍减。莫违。钦此"。"春喜奉旨，再唱升帐高台之戏，添开门刀，多派龙套……《上路魔障》着改二簧，多跳鬼卒，著龚云甫、谢宝云学"等。

事实上，京剧发展过程中非常关键的一步，就是在慈禧的鼓励下完成的。过去，京剧演出比较粗糙，工唱的行当只管捧着肚子唱，工做的行当就只管翻跟头打把式，后来有通天教主称号的王瑶卿首先开始改革，将表演动作融进了演唱当中，"演得跟真事似的"，在社会上的一片反对声中，慈禧却肯定了他，说"王大演得好"(王瑶卿行大)。从此京剧由老生独挑大梁进入了一个生旦同挑大梁的新阶段。

"上有好者，下必甚焉。"因为有慈禧的欣赏、支持和倡导，京剧在清同治、光绪年间达到鼎盛，成为压倒其他戏曲的国粹。

民族歌剧——黄梅戏

黄梅戏是中国五大剧种之一，是安徽省的主要地方戏曲剧种，来源于民间小戏采茶戏。黄梅戏用安庆语言念唱，唱腔淳朴流畅，以明快抒情见长，具有丰富的表现力。黄梅戏崇尚情感体验，充满了清新的乡土风味。

大水冲出来的黄梅戏

关于黄梅戏的起源，很多人认为是湖北黄梅一带的采茶歌流传到安徽的安庆而形成的。那么，湖北的民歌是怎么跑到安徽去的呢？毛泽东的一句话概括得非常形象："原来你们的黄梅戏是大水冲到安徽去的啊！"这究竟是怎么回事呢？

原来，湖北黄梅一带因为地势原因，水灾频繁。每次水灾过后，人们的生计都成了问题。还好当地流行唱采茶歌，每次灾后就有很多人到外地唱采茶歌卖艺为生。乾隆二十九年，黄梅又发大水，当地唱采茶歌最好听的姑娘邢绣娘也走上了外乡卖艺之路。

邢绣娘不但唱腔甜美，音韵悠扬，而且她还苦心钻研演唱技巧，把采茶歌发展成可以在舞台上表演的小戏。邢绣娘的采茶戏深受人们的欢迎，她所到之处，便都流行着一句话："不要钱，不要家，要看绣娘唱采茶。"

邢绣娘的采茶戏流传到很多地方，其中安庆地区继承得最好，在此基础上才形成了全国闻名的黄梅戏。之所以以"黄梅"命名，就是为了纪念其鼻祖邢绣娘。

1958年，毛主席在武汉观看黄梅县黄梅戏剧团演出的黄梅戏《过界岭》，在得知黄梅戏的发展渊源之后，才发出前面提到的那个结论。

不管黄梅戏到底是不是被大水冲出来的，其源于民间小曲，风格活泼轻快，长于抒情，戏里戏外充满淳朴清新的乡土风味，这些却是大家都认可的特点。黄梅戏有不少内容是表现农村劳动者的生活片段的，如《点大麦》、《纺棉纱》、《卖斗笠》等，这也是其来源于民间小戏的特色。

风靡电影界

在我国，第一个涉足电影界的戏曲是京剧，但第一个风靡电影界的戏曲却是黄梅戏。1955年，由严凤英、王少舫主演的黄梅戏电影《天仙配》摄制完成，立刻风靡全国。据1958年底统计，仅祖国大陆的观众就多达一亿四千万人次之多，创造了当时票房的最高纪录。这股黄梅戏"电影热"还波及香港和台湾地区，使香港在后来很长一段时间内，都以拍摄黄梅戏电影为流行时尚。

◎ 《天仙配》剧照

《天仙配》能取得这么大的成功，与它拥有大量优美动听的唱段分不开。黄梅戏本来就是以唱为最大特色的戏曲，它的花腔和平词两大唱腔，一个灵变活泼，一个委婉悠扬，让人过耳不忘，回味无穷。《天仙配》采用的是平词唱腔，大篇幅的叙述和抒情使得曲风如行云流水，听起来很有感染力。

"树上的鸟儿成双对，绿水青山带笑颜。随手摘下花一朵,我与娘子带发间。从今再不受那奴役苦，夫妻双双把家还。……"这段《夫妻双双把家还》是《天仙配》里最为人所熟知的唱段，至今传唱不衰。它的最大特色是，前两句是黄梅戏对白的唱法，后两句则借鉴了西洋歌剧二重唱的手法。据电影《天仙配》的编曲时白林介绍，这个改法是严凤英坚持的。严凤英能够如此恰当地作出改造，得益于她擅于博取京剧、昆曲、越剧、评剧等戏曲的优势特色，以他山之石来攻黄梅戏唱腔这块玉的习惯。

作为黄梅戏一代宗师的严凤英，深谙黄梅戏以唱为主的表演特色，所以对自己的演唱艺术是非常苛求的。黄梅戏行内流行一句话，叫"男怕《会网》，女怕《辞店》"，因为这两出戏里的唱段特别多，令演员望而生畏，如《小辞店》这个戏，光女主角一人就要唱50多分钟。但严凤英不仅能唱下来，而且每次演完总要找剧场后面卖香烟、瓜子的小贩，询问他们是否听得清。只有得到肯定的回答后，她才会露出笑容。

严凤英的努力成就了她清亮甜美、委婉飘逸的演唱艺术。而她的演唱，不仅成就了《天仙配》风靡电影界，而且也成就了黄梅戏风靡全国。

阴柔之美的典型——越剧

越剧起源于清末浙江嵊县的落地唱书，是中国汉族五大戏曲种类之一。越剧长于抒情，以唱为主，声腔清悠婉丽优美动听，表演真切动人，极具江南灵秀之气，多以"才子佳人"题材的戏为主，艺术流派纷呈。

大胆的舞台尝试

1906年被认为是越剧正式诞生的年份，因为在这一年，越剧的前身——落地唱书的艺人们，首次登上舞台尝试戏剧化表演。

落地唱书形成于1851年前后，是一种只唱不演的曲艺形式。到20世纪初，落地唱书发展了近半个世纪，在不断向其它地方曲艺和戏剧学习之下，也日益向演戏的表演形式靠拢。

1906年清明节前，家住东王村的艺人高炳火、李世泉等人到乐平乡外伍村唱书。这个村是他们的老根据地，所以与村民的关系打得火热。一天唱完书后，有村民赞他们唱书"活灵活现"，像在做戏，便要求他们尝试演戏。演戏是这些"忙时种田，闲时唱书"的农民艺人们从来没有尝试过的，便急忙推却。可是高炳火等人好说歹说都推不掉，又怕把关系搞僵了以后少个唱书的地方，只得无奈答应。因为是毫无准备地上台，他们甚至做了最坏的打算：如果演砸了，就脚底抹油——溜走。

高炳火他们试演的第一出是小戏《十件头》，整场戏没有音乐伴奏，人物也只有两个。因为不会走台步，不会做手势，角色的念白唱词有时还产生你抢我夺的情况，结果演得乱糟糟，台上台下哄堂大笑。

小戏带来的"笑果"让艺人们又大胆地试演了大戏《赖婚记》。这次，他们要么抢台词，要么出现你等我唱、我等你唱的冷场，更加洋相百出。艺人们心知演砸了，戏完后不等天亮就逃回了家。

这次越剧史上的第一次登台试演，虽然没有成功，却打开了从曲艺转化为戏曲的大门，为日后越剧的正式诞生迈开了第一步。回到家的东王村艺人们也没有气馁，甚至还组建了第一个越剧戏班，形成了"小歌班"。因为落地唱书的艺人都擅长说唱而不擅长舞台表演，所以后来的越剧受此影响，也以唱为主，以抒情见胜。

眼光独到创女子越剧

经过小歌班的一段时期发展后，越剧改称绍兴文戏，已经能在上海这样的大都市与其它戏曲竞争了。根据传统习惯，绍兴文戏的演员是清一色的须眉男子。但那时候，上海等地的京剧戏班已经流行由十多岁的小女孩儿来演戏，称为"髦儿戏"。与"髦儿戏"相比，绍兴文戏无疑又落后了。

这时，一个叫王金水的嵊县商人眼光独到，他清楚发展绍兴文戏女

◎ 绍兴小百花越剧团表演剧照
现今的越剧团继承了传统越剧的艺术精华，又大胆创新，形成了独树一帜的艺术风格，创造了不少精品力作。

班会很有前途，便立即着手办戏班。

王金水请来男班艺人金荣水当教习老师，在家乡四处贴发广告，招收女学生办戏班。一开始，人们思想观念转不过来，不但不愿送孩子去学习，还骂他们为了赚钱坑害家乡的女孩子。顶着各种压力，王金水开出了优厚的报名回报：学艺三年内包食宿，每人发100大洋，学完后还送一份大礼。为了做表率，王金水还把自己的女儿送进科班做第一个学生。

在王金水和金荣水的努力下，他们终于招到50多个女学生。为了表示郑重，他们特别选定1923年农历五月二十七日"龙虎日"正式开班，这一天便成了女子越剧的诞生日。在这第一个越剧女班里，小生屠杏花，小旦赵瑞花、施银花，小丑施小彤，老生王香珠等一批著名女演员茁壮成长，才一年多就前往上海表演了。

越剧女班的创立，在越剧史上有着划时代的意义。越剧唱腔基本曲调之一的四工调，就是施银花新创的。因为男女角色都由女人扮演，促使越剧向典雅优美发展。相比男子越剧和其它男女合演的戏剧，女子越剧的音乐唱腔更委婉柔和，悦耳动听；表演风格更飘逸洒脱；体现人物感情更细腻缠绵，贴切感人。

一个调发展一个剧种

继施银花新创四工调之后，越剧又先后出现了两个重要的唱腔：尺调腔和弦下调。

尺调腔是越剧的主要唱腔之一，在越剧史上有"一个调发展一个剧种"的崇高地位。据说在1943年11月，袁雪芬表演《香妃》，在一场哭戏中，她没有根据原来的唱腔和戏词演，而是从胸中发出一声高叫，哭出了一个唱腔。这时，在琴师周宝财的配合下，台下的观众被感染得泣不成声。两人的这一即兴创作，便是后来的"尺调腔"。

不同于四工调的活泼明快，尺调腔抒情、细腻、柔婉，被认为最具吴越清音的特征。它把徵调的音列稍稍进行了改动，突出了5、7、2

三个支点音，使曲调更加缠绵，与唱字更加融合。正是在尺调腔旋律的支持下，越剧的另一个重要唱腔弦下调才发展了出来。

弦下调因伴奏常高于唱腔八度，使唱腔处于"弦下"而得名。它是范瑞娟和琴师周宝财合作，以"六字调"为基础，吸收融合京剧"反二黄"的某些音调，同时运用"尺调腔"的旋律，而形成的一种哀伤、悲沉的唱腔。弦下调幽怨凄切，悲愤激越，那低沉悲戚的旋律，特别能把人眼泪勾出来，如《山伯临终》、《黛玉焚稿》等。

民间"蹦"出来的戏曲——评剧

评剧是清末在河北滦县一带的小曲"对口莲花落"基础上形成的，它虽然只有一百余年的历史，却成为我国五大戏剧之一，发展极为迅速。评剧的最大特点是唱词浅显易懂，善于表现当代人民生活。

行乞的艺术

评剧的历史不长，只百余年，但它的前身"莲花落"却有着上千年的历史。在这漫长的历史中，莲花落是一种行乞的艺术。

莲花落原指盲人乞讨时唱的戏文，宋代开始流行于民间。因为盲人演唱时总是用一枝常青树枝来打节拍，树枝上缀着许多莲花形的红色纸花，所以得名"莲花落"。

莲花落的内容多是扬善惩恶、因果报应、拜求施舍、吉祥口彩等。但它的价值不只在于帮助乞讨，更多的是警世、劝世作用。佛教有个故事，说宋朝的金陵，有个叫俞道婆的妇人，虔诚信佛，却一直没有悟道，直到有一天，她在街上听到乞丐唱的莲花落"不因柳毅传书信，何缘得到洞庭湖"，才终于大彻大悟。

由宋至清，莲花落已经发展成为一种平民喜闻乐见的说唱曲艺，一遇到灾荒年月，莲花落便成为人们行乞的工具。光绪二十一年（1895

年），河北滦县发生饥荒，而且瘟疫紧随而来，百姓无以为生。有个叫成兆才的贫苦农民就是靠演唱莲花落行乞，才得以度过那段艰难岁月的。

如此"苦其心志，劳其筋骨，饿其体肤"，正是因为"天将降大任于斯人也"。"斯人"成兆才不负上天期望，把乞讨时唱的戏文发展成全国闻名的评剧，为中国戏曲史谱写了一首传奇。

"东来顺"的不顺

成兆才是评剧的创始人，他在28年里写了108个剧本，被认为是"支笔托评剧"。可以说，成兆才的艺术生命，就是早期评剧的生命。

年轻时的成兆才以演唱莲花落成名，并赢得了"东来顺"的艺名。只是"东来顺"并不顺，成兆才的艺术生命曲折多舛。

光绪二十六年（1900年），成兆才为解决莲花落节目单调的问题，借鉴其他剧种的剧本，编写出《乌龙院》等多个剧本。这些剧本表现了清末农村生活的某些侧面，反映了农民朴素的道德观念和对美好、友善、和睦家庭的向往，因而受到农村观众的欢迎。第二年，成兆才与几个莲花落班社进入天津演出，却被官府以"有伤风化、永干力禁"的禁令驱逐出天津。这次打击令成兆才歇业好几年，只在农村偶尔演出，险些导致评剧夭折。

"东来顺"的第二次不

◎ 评剧《秦香莲》剧照

顺是在1922年，著名评剧演员月明珠陨落奉天（今沈阳）。月明珠由成兆才一手培养，他的音色洪亮，唱腔圆润甜美，是评剧史上第一个最能完美地表现成兆才剧本中典型形象的旦行演员。月明珠善于刻画人物，注意揣摩女性的心理，表演深切动人，连京剧大师梅兰芳都称赞他的表演出色。月明珠的演唱和成兆才的剧本珠联璧合，促使评剧名扬京津唐，誉满东三省，成为可以与京剧相媲美的剧种。月明珠因为日夜赶场而积劳成疾最终病逝的结果，不管对成兆才还是对评剧来说，都是一个巨大的损失。

政府的打压和优秀演员的离去，是成兆才艺术生涯的两大磨难，也是早期评剧的艰难命运。

"草根儿"特色

评剧是民间"蹦"出来的戏曲，所以它展现民间老百姓的喜怒哀乐和审美情趣，有着浓郁的"草根儿"性。"草根儿"特色是评剧的生命力的源泉。

评剧"草根儿"特色表现在哪儿？首先看它的内容题材。评剧是一个贴近生活，善于从生活中取材的剧种。评剧的第一个剧作家成兆才，1919年编写的《杨三姐告状》，就是取材于发生在河北滦县的一个真实案件。因为它是以真人真事为素材，所以久演不衰。

评剧的"草根儿"特色还表现在它的语言上。很多戏曲因为讲究文雅和端正，所以用词都偏向书面化，规范化。可是老百姓平时生活中并不是那样子说话的，偶尔看一两出还能理解，经常看的话就容易失去真实性，就像"之乎者也"的文言文所给人的感觉。评剧却反其道而为之，它大量采用老百姓生活中的语言，甚至插科打诨的逗趣话儿也被选入其中。

例如《朱痕记》中的《讨饭》一折，女主人公赵锦堂带着婆婆来到席棚讨饭，可是早饭已过，午饭未到，赵锦棠只得哀求两位军爷，他们

◎ 《十不闲莲花落》 绘画

清乾隆朝后在北京、天津等地的莲花落与"十不闲"合流，称"十不闲莲花落"，并出现专业演员，演唱内容多为民间传说。

展开了这样的对白：

> 赵锦棠（白）：哎呀，大老爷啊！我有八十岁的老母亲一日三餐未曾用饭，大老爷有那吃不了的残茶剩饭周济我们一碗半碗的。
>
> 小军（白）：老伙计，听见了吗？他家有八十岁的老母鸡。
>
> 老军（白）：什么呀？是八十岁的老母亲。
>
> 小军（白）：有三年没下蛋了。
>
> 老军（白）：是有三天没吃饭了。

很显然这里两位军爷的插科打诨是为了取悦观众而设置的。戏文中通过谐音把"老母亲"听成"老母鸡"，把"没吃饭"听成"没下蛋"，既是老百姓在生活中容易犯的语言失误，也是打哈哈时惯用的民间智慧。这些不登大雅之堂的语言正是民间艺术的独特生命力所在。

◎ 评剧《红高粱》剧照

曲 艺

打鼓走四方的凤阳花鼓

凤阳花鼓以手拿花鼓、一边击鼓一边歌舞为特色，是一种集曲艺和歌舞为一体的民间表演艺术，形成于明代的安徽凤阳。旧时凤阳旱涝灾荒不断，许多人家唱着花鼓外出乞讨为生，凤阳花鼓就成为一种贫穷乞讨的象征。

◎ 凤阳花鼓雕像

曾经的"讨饭歌"

凤阳——明朝开国皇帝朱元璋的故乡，新中国农村联产承包责任制的策源地，同时它还有一个身份，就是凤阳人的绝活——凤阳花鼓的故乡。

花鼓——南宋时期就有记载的一种民间歌舞，由农民在田间插秧时击鼓演唱发展而来：男敲小镗锣，女打小花鼓，一男一女载歌载舞，唱的是民歌小调，传的是儿女情长。

凤阳花鼓——流行于明清时期，唱的还是民间小调，传的却是卖儿鬻女的生活悲苦遭遇。

何以自娱自乐的花鼓到了明清就变了个样？这其中自然有个弯弯绕绕的故事。

传说朱元璋当上皇帝之后，虽然免了凤阳地区的所有赋税，但是因为要营建中都和皇家陵寝，使当地一下子激增了几十甚至上百万人口，导致了土地和粮食的紧张。一大批达官富贾追随皇帝来此落户，他们强取豪夺百姓的土地，使人们的生活更加艰难。而屋漏偏逢连夜雨，旱涝灾害不断"光顾"凤阳，人们把米缸的内壁都刮掉三层了，皇家的救济粮还没运到。这样的日子，花鼓又怎么欢快得起来呢？

日子实在过不下去了，就有人打着花鼓踏上了去异乡乞讨的路。要人施舍，就得让人同情，所以人们唱的花鼓不再是充满欢乐，而是句句悲苦，音节凄婉，令人神醉。

可是，在当时凤阳年岁丰收时，仍然有人唱着凤阳花鼓出走他乡谋生，这又是什么缘故呢？原来这些人都不是凤阳人，而是从江南迁来的。做了皇帝的朱元璋为了要充实自己故乡凤阳的富裕，强迫二十万江南的有钱人家迁移到凤阳，并且不准他们返回原籍。这些人家不敢违反皇帝的禁令，但又思乡心切，便混在讨饭大军里南下。他们年年冬去春回，为了不引起猜疑，不论丰收灾荒，都唱着花鼓曲做出讨饭的样子。所以在人们的印象里，凤阳花鼓成了"讨饭歌"的代名词。

非同寻常的《凤阳歌》

"说凤阳，道凤阳，凤阳本是好地方。……"凤阳花鼓的几百支曲子中，这首《凤阳歌》最是家喻户晓，妇孺能唱。但在不同时期不同人的嘴里，唱出来的是不一样的词。

明朝洪武年间，为了感激朱元璋"永免凤阳、临淮二县税粮徭"的洪恩，逢年过节遇喜庆大事，凤阳花鼓队便驾彩马香车，从凤阳府唱到应天府（今南京市），给朱皇帝、马皇后道喜祝福：

说凤阳，道凤阳，手打花鼓咚咚响，

凤阳真是好地方，赤龙升天金凤翔，

数数天上多少星，点点凤阳多少将。

> 说凤阳，道凤阳，手打花鼓咚咚响，
>
> 凤阳真是好地方，皇恩四季都浩荡，
>
> 不服徭役不纳粮，淮河两岸喜洋洋。

这时的《凤阳歌》，是人们唱给朱明皇帝的颂歌。

明朝末年，朝政腐败，天灾人祸，李自成的起义军攻占凤阳后，用同样的曲子，唱出了相反的歌谣。这时的《凤阳歌》是义军的谣歌：

> 说凤阳，道凤阳，凤阳本是好地方，
>
> 自从出了朱皇帝，十年倒有九年荒。
>
> 大户人家卖骡马，小户人家卖儿郎，
>
> 奴家没有儿郎卖，身背花鼓走四方。

《凤阳歌》还做过清政府的佣歌。清初，南明鲁王(朱以海)在金门、闽中尤其是福州一带，是南方军民"反清复明"的中心之一。清兵进攻福州时，特意挟带千余人的花鼓队，大唱《凤阳歌》，咒骂朱皇帝：

> 恨只恨朱皇帝，做什么皇帝？
>
> 害得我凤阳府，十个有九个出来打花鼓。
>
> 说凤阳，话凤阳，凤阳原是好地方。
>
> 自从出了朱皇帝，十年倒有九年荒。

而且，在清政府大力策动与强权逼迫下，官府筑戏台，民间摆曲场，九州齐唱《凤阳歌》。京、津、冀一带更是唱疯了，竟把《凤阳歌》叫做"疯秧歌"。

同一支民歌小调，唱出六百多年的世间百态，只有这支《凤阳歌》能做到。

玲珑小鼓响叮咚

说了那么多的凤阳花鼓，你肯定很想知道，其中的花鼓是什么样子的，又是怎么打的吧？不用着急，我们现在就来说说。

凤阳花鼓所用的鼓很有讲究。早期使用的是小腰鼓，多用木头蒙上兽皮而制成，两端大，中间小，称为细腰鼓。演出时，用布带子绑在细腰上，系在腰间。双手各拿一支鼓槌，左右敲击。

清末，演唱者为了外出卖艺方便，将腰鼓改为更小的手鼓。小手鼓小巧玲珑，鼓面直径三寸左右；鼓条以两根一尺五左右的竹鞭或细竹根为好。花鼓表演者通常左手执鼓，右手同时执两根鼓条，有技巧地敲击鼓面。因此，凤阳花鼓又叫"双条鼓"。

为了形象好看，人们经常在鼓柄上缠上红飘带，鼓条的末端也缀上红穗子。这样当花鼓打起来时，手一动，飘带就扬起来，穗子也跟着可爱地悠悠晃动，煞是好看。

其实，过去的凤阳花鼓虽然以鼓而名，却并不只有花鼓一样道具。早期的凤阳花鼓是夫妻搭档，男的敲锣，女的打鼓。后来多是姑嫂两个女子的表演，也还是一人拿锣，一人执鼓。直到20世纪初，为了增强表演的美感，人们才把长得没那么"帅"的小锣减去。

不过，虽然小手鼓以其形美音也美的优势，占据了凤阳花鼓道具的全部河山，但它也并不能一直敲个不停地惹人注意。它的用武之地，是在开唱之前，先打花鼓吸引观众，然后在唱完一节时，再打花鼓，让嘴巴休息休息。

◎ 凤阳花鼓

幽默风趣的数来宝

　　数来宝是一种韵诵式数唱的曲艺，演出形式可以是一人，也可以是多人。表演时，演员借由控制每句的字数、节奏及幽默风趣但又浅显易懂的字句，来达到娱乐逗趣听众的目的。数来宝的传统书目有《生意行》、《杨志卖刀》等。

乞丐唱响数来宝

　　古今中外都有乞丐，古今中外也都有艺术，古今中外还有不少从乞丐中发展出来的艺术，如数来宝。

　　数来宝最初是乞丐沿街乞讨的手段。乞丐手拿两块牛骻骨或竹板，一边走一边敲。经过大小商铺，就在买卖家门脸儿前一站，开始数唱。他们把商铺经营的货品夸赞得丰富精美，"数"得仿佛"来"(增添)了"宝"，所以常能获得听者的夸赞，得到商家的施舍。

　　唱数来宝其实也不简单，其中也有诀窍。第一个诀窍就是快：眼睛看得快，脑子编得快，嘴里说得快。见到商家卖什么，他们就以什么为内容，随口编词立刻唱出来。例如，看见切面铺，就唱："打骨板，迈大步，眼前来到切面铺。您的面，是好面。和出来，一个蛋；擀出来，一大片；切出来，一条线；煮在锅里团团转，盛在碗里莲花瓣。一个人，吃半斤；三个人，吃斤半。吃完面，把账算，算不出来真混蛋！"唱词虽然极其简单粗俗，却很形象地介绍了切面铺的生意。

　　见到什么都能唱，唱词风趣幽默中净夸东西的好，是唱数来宝讨钱的第二个诀窍。即使遇到卖棺材这种忌讳商品的，数来宝也能编出让人叫绝的词。例如，"打骨板，迈大步，眼前来到棺材铺。你这棺材真是好，一头大一头小，装上死人跑不了，装上活人还受不了"。

　　在串街走唱中，数来宝逐渐形成一定的套式，人们只要往里面填充相应的内容，就能唱遍三百六十行。于是，有脑子灵活的乞丐，就走上了另一条卖唱赚钱的道路——撂地演出。为了吸引人们的观赏，他们自觉地净化语言中的"荤口"，丰富唱词的内容，完善诵唱的节奏，把数来宝推向一门独立曲艺的道路。

俗中有理

"打永定门往鼓楼看，这本是老北京的中轴线，……想当年，皇上威坐太和殿。这条线别小看，它敢把皇帝屁股分两半"，这句出自牛骨数来宝《数唱北京城》的话，即使是纯粹看文字，也能使每一个人都偷着乐一把。实在是太精彩传神、诙谐生动了，太绝妙了！

其实，这就是数来宝的特色：俗中有理。试想，金銮殿不就在北京的中轴线上吗？而御座又在金銮殿的正中央，再加上皇帝上朝必须得坐正，那条无形的中轴线岂不就刚好把他的屁股分成了两半？在艺术创作中，荒诞夸大的手法人们屡见不鲜，却不料在这里，作者来了个反其道而行之，使用荒诞缩小，犹如画龙点睛，让观众捧腹一笑之后，把北京的中轴线十分形象地记在了自己的脑海里。

数来宝起源于民间最底层，听众也多是没

◎ 《瞎子说唱图》

099

有文化的老百姓，所以奠定了语言讲究俗白易懂、诙谐搞笑的特色。但是，作为一门艺术，数来宝不能一味地俗，更不能一味地追求诙谐搞笑。所以，它的诙谐总在情理之中，它的搞怪也在人们情感承受之内，它的语言更是俗中有理，让人乐于接受，让人会心发笑。

去而复回的哈拉巴

数来宝从沿街乞讨到撂地演出，除了风趣诙谐的诵唱吸引人之外，还有一个特色，就是用牛髀骨制成的伴奏乐器——哈拉巴。哈拉巴不是数来宝的唯一伴奏乐器，却是最具特色的。

哈拉巴，是从满语借来的一个词，指猪、牛等动物的肩胛骨。在牛哈拉巴上系以铃铛，敲击时铃铛响声清脆，牛骨敲击声略沉，互相应和着非常好听。而且两块大牛骨握在手里，既淳朴又粗犷，隐隐给人一种铮铮铁骨的味道，深受唱数来宝的乞丐们的欢迎。在东北地区，由于使用哈拉巴的乞丐非常多，"打哈拉巴的"甚至成了乞丐的代名词。

不过，在形成帮派的乞丐群里，能使用哈拉巴的都不是一般的乞丐。在过去的北方，乞丐们经常聚在一起乞讨，从而形成一个帮派——丐帮。每个丐帮的首领都必须会打哈拉巴，而且通常也只有他可以打哈拉巴。每次表演完数来宝接受打赏时，首领都是右手背朝上，用所握的牛哈拉巴去接。这种接赏钱的方式形成一定的规矩后，哈拉巴就成了乞丐首领的身份象征。

在撂地演出时期，表演数来宝的艺人事实上已经脱离了乞讨的行列，但在观众的眼里，他们的地位却没有得到丝毫提高。为了强调自己的身份，大部分数来宝艺人都选用哈拉巴来伴奏。而为了吸引观众，他们也就不得不花大功夫琢磨哈拉巴的花式打法。清末民初天桥的著名数来宝艺人海凤和曹麻子，就都是耍哈拉巴的高手。他们不仅打基本点时干脆利落，铮铮脆响，舞起花式来更是虎虎生风，让人神为之夺。

新中国成立后，作为独立的曲种，数来宝受到了重视，登上了阳春白雪的艺术殿堂。哈拉巴因为暗含乞丐的意义，也因为外形不够文雅，所以遭到了淘汰。然而作为一种独具一格的贫民乐器，作为一种见证历史的文化，在不拘一格发现美的今天，哈拉巴又回到了数来宝的舞台。

最美的声音——苏州评弹

苏州评弹又称说书，是苏州评话和弹词的总称，是用苏州方言说唱的一种艺术。评话通常一人登台开讲，内容多为金戈铁马的历史演义和叱咤风云的侠义豪杰。弹词一般两人说唱，上手持三弦，下手抱琵琶，自弹自唱，内容多为儿女情长的传奇小说和民间故事。

为什么评话在前弹词在后

"为什么评话在前，弹词在后？"每一个初识苏州评弹的人，恐怕都会提出这样的疑问。

有人认为，这是因为评话的历史长于弹词。有学者考证历史，认为评话过去叫做平话，早在宋朝就已经出现。后来因为评话除了平叙故事之外，还有评述之功能，所以演变成评话的称谓。而弹词则从明朝才开始有了正式的名称。

然而，清代长篇弹词《珍珠塔》中有一句唱词，"李龟年琵琶到处说明皇"。这里拿琵琶来说事，与现代弹词的表演形式多么接近和相像，印证出弹词的发端在唐朝就已经开始了。所以弹词未必比评话传承的历史短。

其实，苏州评弹之所以评话在前弹词在后，并非简单地想象出评话的历史长于弹词，而是强调"说"的重要性。

曾经有人问一位退休的著名评弹演员："说了一辈子书，有何感言？"她说："要说好书真难。"再问："最难在何处？"回答是："难在说表。"

评弹是说唱艺术，历来都有"千斤说表四两唱"之说。不仅"大书"评话如此，"小书"弹词亦如是。"说、噱、弹、唱、演"，"说"字当头。一部书"说"和"唱"的比例大约为八二开，有的书"说"的比例还要多些。书的故事情节、人物刻画主要靠说表来完成。同样一部书，故事情节相同，但在不同演员嘴里说出来，效果有天壤之别，这就是演员说表的功力的差异。所以要吸引观众，说表至关重要。

游侠的"敬亭遗风"

一张小书台上，旧桌围红底黑字写着"敬亭遗风"，两边贴对联"把往事今朝重提起，破工夫明日早些来"。

这是什么？这就是过去江南的城乡小镇上，苏州评弹的演出场景。上联一句话概括的是苏州评弹的内容，而桌围的黑字则点明所秉持的作风：把书说活，把生活融汇于书中。

苏州评弹秉持的这种作风正是源自柳敬亭。柳敬亭是明末清初的大说书家，曾在苏州长期说书，对苏州评弹有极深的影响，是苏州评弹艺人们公认的祖师爷。

柳敬亭说的书目，虽取之于现成的小说话本，但并不照本宣科。阎尔梅说他："科头抵掌说英雄，段落不与稗官同。"说明他在表演时，对原文都有增删修改，形成自己以说表细腻见长的特色。柳敬亭在语言运用上，也不满足于平说，而以轻重缓急制造气氛，以形象化的手法写人、状物。"始也叙事略平常，继而摇曳加低昂"，"说至筋节处，叱咤叫喊，汹汹崩屋"。正因为继承了这种活说书稿、巧用语言的特色，苏州评弹的表演，才会场场不同，场场精彩。

柳敬亭还善于在说书过程中，融入自己的经历、见闻和爱憎。对此，黄宗羲在《柳敬亭传》中就说，他能把亲身经历的生死离合、破家失国等事，把经常见闻的风俗方言，融入到说书中，产生"或如刀剑铁骑，飒然浮空；或如风号雨泣，鸟悲兽骇。亡国之恨顿生，檀板之声无

◎ 《小广寒弹唱图》

苏州桃花坞陈同盛画店所绘年画，系光绪、宣统年间刻印，反映上海"小广寒"书馆演唱弹词的场面。

色"的艺术效果。他在说书中形成的这些特点，一直为苏州评弹艺人所仿效。

能吊住皇帝的胃口

继承柳敬亭的说书特色，经过近百年的发展，到清朝乾隆年间，苏州评弹已经十分成熟。不仅能综合运用"说、噱、弹、唱"的艺术手段，同时完善了长篇、中篇和短篇评弹的演出类型。其中，长篇评弹最为吸引观众。

长篇评弹是指，演员将一个情节曲折跌宕的故事，分成几十段乃至数百段，每一段称为"一回书"，每回书约有一万至两万字，可演四十分钟至一百分钟不等。在每一部长篇中，都有不少激动人心的故事高潮，称为"关子"。整部书有整部书的大关子，一回书里有一回书的小关子，大关子套小关子，大、小关子又各自环环相扣，所以特别能吸引听众连续聆听，欲罢不能。

据说乾隆南巡到达苏州，微服到茶馆里听评弹，竟然也被吊住了胃口。那天正好是艺人王周士开讲长篇评弹《白蛇传》。他把开篇就说得生动逼真，妙趣横生，引人入胜。末了，他说白娘子游西湖，遇到了许仙，一见钟情却不知怎么表白，那么她究竟是怎样表白的呢？下回再讲，明日请早。就这样，乾隆被这个关子给吊住了。

为了过足评弹瘾，乾隆把王周士召到行宫，继续表演。南巡结束，故事还没讲完，乾隆干脆把王周士带回了北京，赐他做了个七品小京官（虚衔），在御前弹唱。

能吊住乾隆胃口的长篇评弹正是苏州评弹的重要特色，也一直是苏州评弹的根本。直到今天，一个评弹演员要被真正认可，能够完整演出一部长篇是很重要的评价标准；而听众最念念不忘的，也还是隐藏着一个个关子的长篇。

抓住听众耳朵的法宝

众多曲艺中，相声有"包袱"，山东快书有"包袱"，其实苏州评弹也有"包袱"。苏州评弹的"包袱"叫"噱"，俗称噱头。

苏州评弹最主要的四种表演手法"说、噱、弹、唱"，在"说"的前提下，"噱"排在"弹"、"唱"之前，可见其地位的举足轻重。在评弹界有句经验之谈："噱乃书中之宝。"说白了，"噱"就是抓住听众耳朵的法宝。

许多评弹名家、许多著名书目，都是擅长用"噱"来吸引听众的。如著名评弹艺术家张鸿声，人称"噱头大王"，就特别擅长放噱头。日伪时期，张鸿声曾上台放噱头："刚才诸位听了《白蛇传》，很同情白娘娘，我也有同感，只怪法海没有人性。大家晓得法海姓啥？我告诉诸位，法海姓周，叫周法海，他的兄弟就叫周佛海。"观众放声大笑，佩服张鸿声艺高胆大，公开讽刺大汉奸周佛海。

就在张鸿声说到的《白蛇传》书目里，也有许多"噱"。信手拈来的如《水漫金山》一节，白娘子向法海讨回许仙，法海不肯，两人斗起宝来。法海的银杖化为银龙，与白娘子的金钗所变的金龙缠斗在一起，最终银龙被金龙绞断，直落钱塘江底。后面紧跟着一句："这就叫做'今（金）非昔（锡）比'。"

苏州评弹的"噱"不仅多，而且还有分类。人物性格和情节的矛盾展开中产生的喜剧因素，叫"肉里噱"。用作比方、衬托、借喻和解释性的穿插，叫"外插花"。与此类似，用只言片语来引起听众的笑声，叫"小卖"。

值得注意的是，"噱"能增添"书"的无穷魅力，但前提是"噱"必须要服从、服务于"说"。

山东琴书

山东琴书是山东重要的地方曲艺品种，属于坐唱形式的曲艺。演唱时坐成八字形，扬琴居中，其他乐器分列两旁。演员各持乐器，自拉自唱，多以角色出现，并有生、旦、丑的分工。代表性曲目有《白蛇传》、《三上寿》等。

文人的唱法

二至五人依八字排开端坐，每人各操一件乐器，扬琴居中，一边演奏，一边按角色演唱，每个人都正襟危坐，仪态端方，目不斜视，全靠富于变化的唱腔和有机的伴奏配合，来表达故事情节，刻画人物形象。这样的演出形式，在现代人的眼里是多么不可思议，呆板无趣，但在山东琴书的历史里，却是最自然、最合适、最应该的选择。

要问山东琴书为什么要这样表演，就不得不追溯一下它的历史。山东琴书最早的源头，是元明以来山东地区流行的文人小曲。到了明清时期，当时曹州府（今菏泽地区）的单县，曹县的刘楼、尚楼、老爷楼、柳井一带，文士名流依然流行弹琴唱曲自娱自乐。刘楼的富户甚至还专门盖了竹楼，上砌水池，修台于水中，专供抚琴抓筝演练小曲使用。说是竹韵水音幽雅动听，称为"琴筝清曲"。

"琴筝清曲"追求的是高雅的境界，所以文人们表演时，坐姿端正，神情端肃，整体落落大方，力求只用乐器的声音和歌唱的声音，就能完全表现壮士豪情或痴女蜜意，细致描写西湖风景或金戈铁马。

如此风雅的事情，不仅富人喜欢附庸，穷人也很乐于模仿。这不，冬天农闲时，没事做的农民们三五成伙地聚在一起，把"琴筝清曲"的弹唱形式和内容都模仿了个十足十。这种农民自娱的弹唱被称为"庄家耍"，后来被人拿去撂地演出、舞台表演，就成为了山东琴书。山东琴书的端庄坐唱形式就是秉承了文人唱曲的形式。

随着历史的演变和艺术本身的发展，山东琴书的演唱逐渐也打破了旧俗的束缚。现在，演员可以根据唱词内容的需要，面目呈现传神的表情，或者添加手势表达。演员之间，演员与观众之间，如今也都允许进行感情交流。不过，虽然在表演形式上有了变化，山东琴书的演唱风格依然保持了稳重大方的基本特点。

◎ 扬琴

趵突泉水蕴灵感

山东琴书是民间小曲联唱体的曲种，即编曲时联合使用多个不同的曲牌。它的曲牌数目，民间有如孙悟空七十二变、似梁山好汉一百单八个、研究整理出二百多个等多种说法。但事实上，山东琴书的主要曲牌只有两个，即"凤阳歌"和"垛子板"。只要会唱这两个曲牌就可唱山东琴书。

"凤阳歌"和"垛子板"有一个共同特点，就是简洁直白。"凤阳歌"只有四句腔，其唱法是第一、第三句不拖腔，第二、第四句有拖腔但极短。"垛子板"更简单，只有两句腔，也只有下句拖腔。这样的唱法，习惯开门见山的山东人听着过瘾，但在曲艺活跃的地方人们却不爱听，因为他们欣赏力强，要求高，爱听悠扬灵动、委婉曲折的唱腔。

所以，要想更多人喜欢山东琴书，它的曲牌唱腔就必须改革。民国十年（1921年）左右，一个叫邓九如的山东琴书艺人，想到了这个问题，并且下决心要改革"凤阳歌"的四句唱腔。

只是要把旧腔翻出新调谈何容易，邓九如除了演出和睡觉，时时刻刻都在琢磨这件事。有一天，他在路上经过一条小溪，潺潺水声让他想起了趵突泉。在济南学艺的几年，趵突泉给他留下的印象非常深刻。他清晰记得，趵突泉有三股水，都是由地下涌出，之后又自然地倾泻池中，再由池中顺流而下，经过小清河流入大海。

正当邓九如沉浸在对趵突泉的回忆中时，一个念头突然出现在他的脑海里：如果把"凤阳歌"唱得像趵突泉水的起伏流动，那岂不是很美？他想，第一句唱腔犹如平地喷泉，庄重洪亮，喷薄而出，醒人耳目；第二句则像喷泉自然落下；第三句承第二句平落转折；到第四句则滚滚流淌，潺潺悠扬，使人心宁气顺，特别在唱腔将收之际再起高峰，大有"山重水复疑无路，柳暗花明又一村"的意境，使观众不由心旷神怡。

完美的构思很快被变成现实，邓九如创新了"凤阳歌"后，又把"垛子板"也做了一番改革，使两句唱腔都变得更加优美。用新"凤阳歌"和"垛子板"演唱的山东琴书，连北京、天津等地的人们都爱听。

邓九如曾经在电台用新腔录唱《皮袄记》、《双锁柜》等节目，播出时，人们将挂了播放喇叭的电线杆围了里三层外三层，每回都要听完了才肯散去。

山东快书"一人戏"

山东快书是一种说、唱、演三合一的民间曲艺。它只有一个演员，左手拿两块鸳鸯板击打节拍，一边说唱，一边做动作，模拟戏中人物。山东快书语言通俗幽默，表演形象活泼。因为最初只演武松故事，所以俗称"说武老二"。

靠武松起家

"当哩个当、当哩个当"，"闲言碎语不要讲，单表表山东快书自何方。……"在鸳鸯板的清脆击打声中，在山东快书典型的开场白里，我们也来说说这俗称"说武老二"的起源。

武老二，指的当然是梁山好汉武松。他的豪侠仗义之事，不仅仅流传在《水浒传》故事里，更是深植于山东百姓们的心中。正因为如此，人们根据他的故事，创造了一个唱遍全国的曲种——山东快书。

相传清道光六年（1826年），一群落第举子从京城返乡，路经临清时，被大雨阻了归程。考场失意的举子心中都有一股抑郁之气，听着当地百姓津津乐道豪侠武松的故事，便也想借来抒一抒胸中的闷气。于是众人就采集民间流传的故事，以《水浒传》为蓝本，编写了一部新奇的《武松传》。由于是为了解气儿而写，所以《武松传》中对武老二惩恶扬善、言语机智、功夫爽利的描述特别精彩细致。

这群举子中有一个叫李长清的，把书稿带回了老家茌平，传给了擅长说唱的表侄傅汉章。经过几年的潜心研究和发展充实，在道光十九年（1839年）的曲阜林门会（孔林前春秋庙会）上，傅汉章首次正式演出《武松传》，即博得所有观众的热烈欢迎。这就是山东快书的初试啼声。

由于山东人民对豪侠武松的喜爱，也由于傅汉章表演《武松传》的形式百看不厌，所以诞生后的很长一段时间里，山东快书都只专一地表演武松故事。可以说，没有武松，就没有山东快书。

◎ 《武松打虎图》

一个人一台戏

傅汉章表演《武松传》一鸣惊人，凭的是什么呢？要知道，当时除了一块空地和两块竹板之外，他就是光杆司令一个。

原来，秘诀就在于他是一个人。

俗话说，"人多好办事"，尤其是在表演上，几个人的你来我往是炒热气氛的关键，要是配上大锣大鼓，那就更容易形成热火朝天的场面。但傅汉章却反其道而行之。他拳打脚踢，上蹦下窜，一会儿是武松的大个子豪情，一会儿是姑娘家的柔情娇羞，一会儿是小流氓的猥琐奸诈，一会儿又是说书者的旁观者清，时不时再来两式少林武功，学几下虎踞龙盘。不管动作多么高难，人物多么纷杂，他都一个人惟妙惟肖地分身扮演，而同时左手竹板的拍子和嘴里韵文曲词的说唱，也没有快了或慢了分毫。观看者都如临其境。

傅汉章选择的这种表演形式，最能体现表演者的真功夫。所以山东快书发展了近两百年，都始终不改一个人的表演形式。

然而有的人不了解这种"一个人一台戏"的魅力，反而看不起它。民国初年的时候，就有一个戏班子很瞧不起山东快书。这时，傅汉章的再传弟子戚永立就跟他铆上了，单枪匹马追着他一比高低。结果一路上，原来准备看戏的人们都被戚永立的山东快书给吸引走了，戏台前冷清无人。直到戏班子老板心服口服地向他道歉，戚永立才不再跟着他们。

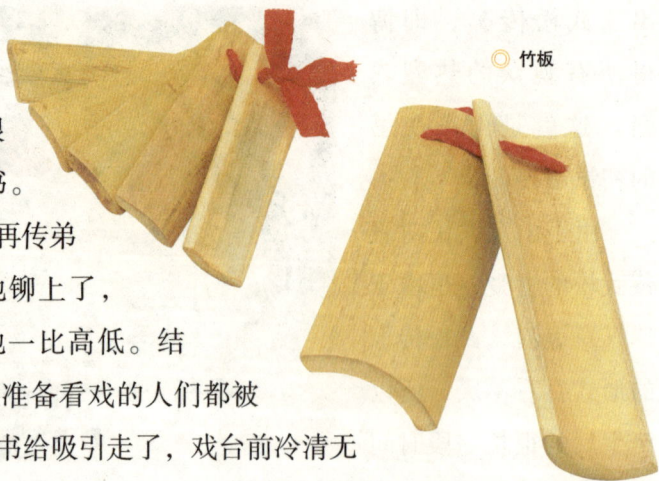
竹板

一韵到底的"顺口儿"

山东快书除了表演形式独特——一个人演完一台戏，还有一个很大的特点，就是一韵到底的书词。

山东快书不是唱的艺术，它没腔没调，但它又不是纯粹的说，它似说似唱，在说中流露有唱的节奏感。这种节奏感，来自于韵文体的书词。山东快书的语言通篇押韵合辙，念出来朗朗上口，跟诗词一样流畅。

有韵辙的语言，群众称之为"顺嘴儿"或"顺口儿"，特别容易记忆和流传。不管大人还是小孩儿，喜欢并且能记住的，都是那些顺口儿的歌谣。如小孩儿嬉戏的顺口溜："磨游磨游转儿，你吃疙瘩我吃面儿"，绝对是听一遍就能背，所以孩子会非常喜欢。但如果改成"磨游磨游转儿，你吃面儿我吃疙瘩"，那就没有几个人能听一遍就背下来了，也得不到小孩儿的喜欢。因为了解人们的这种喜好，所以韵文体就在第一时间，成为了山东快书创作者的选择。你看最经典的《武松传》，不仅用了韵文，而且每一个单独的段落都是一韵到底，让人一听就想顺着往下追。在一代宗师高元钧版的《武松传》里，一共16段，除了《十字坡》和《张家店》两段用了梭波辙，其他14段都用的是江阳辙，让人一听就记住，想忘都忘不了。

河南坠子

河南坠子发祥于开封市，因其主要伴奏乐器"坠子"(现名坠胡)而得名。河南坠子的表演形式多为演员打木板站唱，伴奏者拉坠胡。河南坠子风格新鲜活泼，以唱短篇曲目为主，如《偷石榴》等，也有说唱中长篇的，如《金钱记》等。

"玩"出来的名曲种

从河南坠子的名字就可以看出，它的伴奏乐器"坠子"在整个曲种中有着重要的地位。事实上，正是这种乐器的出现，造就了河南坠子这个著名曲种。

"坠子"是坠胡的别名，产生于距今170多年前的河南开封，是三弦书艺人乔治山所创的。

相传，清道光年间，还很小的乔治山随师在开封唱三弦书，他师父负责说唱故事，他则在一边弹三弦伴奏。三弦是一种弹拨乐器，由长长的琴杆、两面蒙皮的琴鼓和三根弦组成，要弹好并不容易，所以乔治山每天的练习都非常刻苦。但是小孩子毕竟好玩，乔治山苦练之余，觉得总是弹来拨去的没意思，就用马尾自制了一把弦弓，一有闲暇就在三弦上拉着玩。渐渐地他能拉出好听的字音，还能拉出很像人声的音响来，配着三弦书的唱词，效果别有韵味。

于是，出师后的乔治山做了一个大胆的决定，就是改弹着唱为拉着唱。在乔治山之前，三弦书表演时，三弦伴奏总是保持在固定的曲调音高中，是不随着演员说唱的音高变化。而乔治山的拉式三弦，唱的人声音高亢时他也跟着高上去，声音低回时他也跟着低下来，如果内容说到不同类型的人讲话时，他还能模拟人声，惟妙惟肖，十分逗趣。

乔治山拉着唱的三弦书与原来的风格迥异，却受到人们的热烈欢迎。因为他唱得最多的曲目是《玉虎坠》，所以人们都称他为"唱坠子的"，他的改良三弦被叫为"坠子"，而他的表演在不断吸收发展后，形成了闻名全国的大曲种——河南坠子。

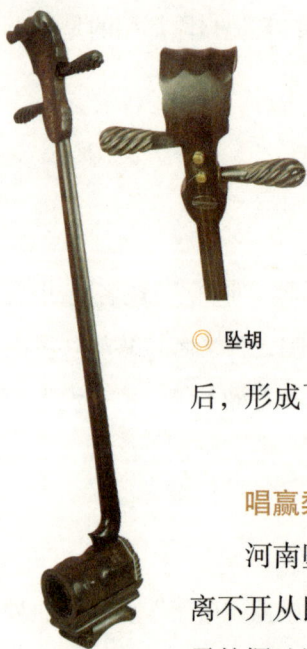
◎ 坠胡

唱赢梨花大鼓

河南坠子虽然起源于开封市，但它的发展历程，也离不开从民间撂地演出到城市舞台表演的模式。河南坠子的撂地演出，大多是在农村和乡镇，这使得它的风格质朴拙趣，充满乡土情韵。

清末民初，河南坠子由乡下转战大城市，开封市的相国寺便是它瞄准的第一个目标。那时候，相国寺是开封城内最大的娱乐中心，各种戏剧曲艺荟萃竞技，无数著名艺人云集争锋。可以说，任何一种曲艺，没在相国寺登过台，就不能说到过开封。

当时，山东梨花大鼓是相国寺里最受欢迎的说唱曲艺之一，风靡了近十年。梨花大鼓本是山东的乡间土调，经过著名艺人白妞的加工后，逐渐变得雅致而大受文人和上流社会的喜欢。民国初年，白妞的高徒李大玉在相国寺唱梨花大鼓引起轰动，连续两三年，都有文人墨客在报刊上辟专栏写文章赞誉她、评论她，可谓风头一时无两。然而当张三妞——第一个河南坠子女演员，出现在相国寺的舞台后，不但"哗啦一声"观众全涌到了张三妞的场子里，就连所有报纸也都不约而同地把报道焦点改投到河南坠子身上。面对河南坠子势不可挡的势头，李大玉不得不哀叹着离开开封，有些梨花大鼓演员更是干脆改唱河南坠子了。

对于这次河南坠子与梨花大鼓的当面较量，《相国寺民众娱乐调查》（1936年）有很精彩的记载：最早相国寺中唱京奉大鼓、山东大鼓（梨花大鼓）的很多，自河南坠字（子）撞入后，唱大鼓书的姑娘们均逃之夭夭了。这是河南坠字（子）值得特书的事件。

为什么河南坠子能打败梨花大鼓这样的强敌？原来梨花大鼓为了迎合上流社会和文人的喜好，过分追求精致富丽，甚至达到唱词佶屈难懂的地步。而河南坠子却刚好与其相反，唱词通俗活泼，生活气息浓郁，土得憨然可爱。例如张三妞的拿手曲目《单头马》和《田二红开店》，讲的就是非常生活化的小故事。河南坠子的经典曲目《借髢髢》、《偷石榴》，和现代创作的《十个大鸡子儿》等，就是因其浓郁的乡土情韵，自始至终备受欢迎。

河南坠子的"唱"时代

传统说唱艺术大多重说不重唱，河南坠子也不例外，早期，以说为特色的中长篇大书是它的根本。不过，自从乔清秀在天津唱红后，以唱为主的短篇曲目风靡全国，成为了河南坠子的形象代言人，使河南坠子进入了"唱"的时代。

乔清秀是著名的河南坠子演员，20岁进入天津前已有"盖河南"的美名。1929年春，她应约到天津玉茗春茶楼演出，第一天演出的是两场大书《二打天门》和《五虎平南传》，场面不瘟不火，让她很不满意。演出间隙，乔清秀到其他园子看同行演出，细心地发现天津观众更喜爱小段儿节目。于是，当天晚场，她就在大书前加唱了小段《三堂会审》，一曲未终，掌声雷动，场子何止是"开花"，简直就是"炸场"了！自此，乔清秀遂改说大书为唱小段儿，在天津卫不仅站稳了脚跟，还获得了"坠子皇后"的美名。

小段儿曲目以唱功见长，所以乔清秀对唱费尽苦心，不断从其他曲艺中汲取营养。天津的山东梨花大鼓名艺人鹿巧玲教她一段唱，第二天乔清秀就融到自己的腔调中。看电影听了周璇唱的《孟姜女哭长城》，很快她又把旋律用在了自己唱的《梁山伯与祝英台》里。她还从京韵大鼓中吸收音乐成分，增强了河南坠子的音乐性和感染力。由于她所做的这些改革创新，当时就有人说她唱的不是河南坠子，而是坠子歌。

乔清秀的坠子歌灌成唱片后，在全国都引起热烈的反响，成为当时的流行歌。许多传统的河南坠子演员也纷纷仿效，增加演出中唱的成分。直到现在，不管是乔清秀的"乔派"，还是其他流派的河南坠子，创作、表演都进入了小段儿歌唱形式"唱"的时代。

以笑传意的相声

相声是一种民间说唱曲艺，深受群众的欢迎。它用诙谐的说话，尖酸、讥讽的嘲弄，以达到惹人"捧腹大笑"而娱人的目的。在这些笑料中，艺人们往往寄托了对社会的嘲弄和鞭挞。

怪癖艺人创相声

相声的历史并不算悠久，一般认为于清咸丰、同治年间形成。然而说起它的渊源来，则可以追溯到先秦时期出现的俳优。俳优是对以乐舞谐戏为业的艺人的称呼，初期主要为统治者和贵族服务，他们以逗笑君王、为他们排遣无聊为己任。只要能搞笑，他们有时可以说一些出格的话，达到讽谏的效果。

例如春秋时期楚国宫廷艺人优孟，常以谈笑旁敲侧击地劝说楚王。楚相孙叔敖死后，儿子很穷，优孟就穿戴了孙叔敖的衣冠去见楚庄王，神态和孙叔敖一模一样。庄王以为孙叔敖复生，让他做宰相。楚国当时的戏剧表演艺术家优孟，就曾装扮成孙叔敖的儿子在楚庄王面前载歌载舞，楚庄王为此而大受感动，并采取怃恤措施厚待孙叔敖的儿子。

后来，俳优从宫廷走到了民间。到了宋代，出现了一个名为"象生"的表演形式，是一种运用口技手段进行滑稽模拟的表演，被视为相声的前身。经明清两代的发展，象生逐渐从一个人摹拟口技发展成为单口笑话，名称也就随之转变为相声。在这个转变过程中，一个名为张三禄的人起到了关键作用。

张三禄是清咸丰年间北京天桥艺人，原为八角鼓艺人。八角鼓的曲词中常穿插一些科插打诨的说白，近于相声的逗哏（哏指滑稽有趣的言语或动作）。张三禄性情怪僻，表演时常随机应变，当场抓哏，虽受到观众的热捧，却也使同台演员无法对应而丢脸伤面子。长此以

说唱俑是我国古代表演滑稽戏的俳优造型。

往，同行便不再愿与他同台演出。在此情况下，他愤而撂地，一个人以说演笑话的方式为生，并称这种表演艺术为"相声"，开创了单口相声的表演先河。张三禄的表演非常受欢迎，当时十二文钱可买一斤面，他一天可以赚到二十五六吊钱。

"穷不怕"的革新

张三禄之后，又出了一位名叫朱绍文的相声艺人。清同治初年（1862年），由于连年"国丧"，朝廷下禁令戏园里不准彩扮登台，不准鸣响乐器，致使许多艺人被迫改行。朱绍文也失业沦为街头艺人，改行到北京的各大庙会和天桥等处，给观众讲解字义说笑话。他随身带的道具很简单，只有一把笤帚、两块竹板和一口袋白沙石的细粉面。竹板上刻有"满腹文章穷不怕，五车史书落地贫"两行字，这就是他的艺名"穷不怕"的由来。

朱绍文每次演出之前，先画个大圆圈当场地，接着就以地面当纸，用白粉沙在地上洒字，他常常勾画出大的"福"、"寿"、"虎"，还别出心裁地边洒字边唱《太平歌词》，以吸引观众。等

◎知识链接

相声表演的基本功

　　"说学逗唱"是相声演员的四大基本功。"说"是叙说笑话和绕口令等；"学"是模仿各种叫卖声、飞禽走兽的鸣叫声、戏剧唱腔和各种人物的风貌、语言等；"逗"是捧哏逗笑，制造笑料，是相声的灵魂；"唱"是编一些滑稽可笑的词用各种曲调演唱，或把某些戏曲唱词、曲调夸张演唱以引人发笑。

观众聚拢来围成一圈后，才正式表演。他有时学唱京剧，有时讲解字义，有时说笑话和单口相声。后来，他收了徒弟"贫有本"、"穷有根"等，常带着他们共同表演，一捧一逗，逐渐演变成对口相声。传统相声中的《改行》、《大保镖》、《黄鹤楼》等，都是他的创作。他创作的《字像》讽刺贪官污吏，是早期对口相声中一段有代表性的作品。

　　对口相声由两个演员交替说些有趣的话，引人发笑，现已成为相声表演的重要形式。其中叙述人甲称"逗哏"，辅助对话的乙称"捧哏"。对口相声出现之后，又发展出了三人及以上演员共同表演的群口相声，其中甲称"逗哏"，乙称"捧哏"，丙等称"腻缝"。

相声的"命根子"

　　逗笑是相声的主要艺术手段，而要达到逗笑的目的，就得不断制造笑料，笑料是相声的"命根子"。对于这种笑料，相声界有一个专门的词来形容它——包袱。对于这个词如何而来，先看一个马三立老先生的单口相声"秘方"：

　　"我"的表哥有皮肤病，身上总是特别痒。有一天，他在街上看到很多人围着一个卖药的，卖药人在大肆宣扬他所卖的药是祖传秘方，专治各类皮肤病，只要用此秘方，保治皮肤立刻不痒了。"我"的表哥一

听，满怀希望地买了一包带回家。到了晚上，身上又痒痒了，他拿出了那包祖传秘方的药，"药"用纸一层层包着，他打开一层又一层，最后看见里边是一个小纸条，仔细一看，纸条上面写着两个字："挠挠！"

按照相声演员的说法，笑料的组织就像把一块包袱皮儿打开放在地上，然后悄悄往里一件一件装笑料，等观众将要发觉时，却暗中把包袱皮兜起来系上一个扣儿，待所制造的条件成熟以后，把观众的思维引向另一个境况中，然后突然揭开扣儿将包袱皮儿里边的东西抖搂出来，完全出乎观众意料，却又在情理之内，惹人发笑。

不过要注意的是，发笑的最终目的是让听众有所感、有所悟，如"秘方"就是在揭露、批判江湖骗子。

找乐的东北二人转

二人转是极具特色的东北地方曲艺，通常是一男一女穿着鲜艳的服装，手里拿着扇子、手绢，一边走，一边唱，一边舞，以此来表现一

◎ 相声道具：醒木和折扇

段故事。二人转的唱腔高亢粗犷，唱词诙谐风趣，表演极尽逗乐之能事。

闯关东"闯"出了二人转

东北二人转，当地人又称小秧歌、蹦蹦，主要来源于东北大秧歌和河北的莲花落。用东北人的俏皮话说：二人转是"秧歌打底，莲花落镶边"。

秧歌原是农民插秧时的唱歌娱乐，到后来发展成一群人排成队伍载歌载舞的形式。东北大秧歌本来就是东北的民间艺术，二人转从它身上衍生出来挺正常，但河北的莲花落是流行在河北一带的民间说唱艺术，怎么也成了二人转的重要组成成分呢？原来它还跟历史上鼎鼎有名的"闯关东"有着密切关系。

众所周知，满清发迹于山海关以东的东北广袤地区，关外也就被称为"龙兴"之地。清军入关以后，为了保护"龙脉"祈求政权稳固，清政府实行严厉的封关政策，既不许关外的东北人出来谋生，更不许关内的中原人进入东北开垦，违者都是死罪。自然，这一时期，河北的莲花落怎么也传不到东北去。

但到了清朝后期，由于国力日渐衰弱，加上外国的侵略，"封关"政策名存实亡。而这时期，黄河下游灾害连年，土地颗粒无收，百姓民不聊生。日子实在过不下去了，就有胆子大的人打起了东北的主意。东北封关几百年，土地肥沃，人口稀少，在中原人眼里就是饿虎眼中的肥羊，苍蝇看到的蜜糖。所以虽然路途艰难重重，但人们还是前仆后继地向东北涌去，形成了人类史上一次蔚为壮观的人口移动大潮——闯关东。

闯关东的主力是河北、山东人，他们到了东北后，很快落户安家，迅速融入当地的生活。但东北毕竟不是中原，有些东西还是需要适应的。拿日常消遣来说，中原人喜欢唱莲花落，但东北人热衷于扭秧歌。为了被当地人接受又不丢掉自己的文化，中原移民便积极地把莲花落融入到东北的大秧歌中，于是一种新的娱乐形式——东北二人转就诞生了。

二人转的"丑"学

融合了东北大秧歌和河北莲花落而成的二人转，其主要演出形式，是一男一女两个人的表演，但它不叫"一旦一生"，而叫"一旦一丑"。因为"三分包头的，七分唱丑的"，"包头的"是"旦"，"唱丑的"是比旦更重要的艺术角色"丑"：二人转的最大艺术目的是使观众"乐"，而逗乐的最主要力量就是"丑"。

二人转的丑，就是滑稽的代名词，通常外形就能让人发笑。例如有"江东第一丑"之称的"刘大头"，小细脖子顶着个大脑袋的样子，人们看一眼就够乐半天。而最令人称奇的是，他能够让眉毛一上一下，耳朵一扇一合，眼睛说大就大，说小就小，鼻子可以扁，小辫可以翘，连头顶上的帽子也能够滴溜溜地转，让谁看了都能笑痛肚子。

不过，二人转的"丑"能够深入人心，更重要的是他们的说口。说口就是表演中的说白或韵白，它是二人转"唱、说、做、舞、绝"，"五功"中的重要一功，主要体现在"丑"的身上。所谓"唱丑唱丑，得会说口；不会说口，不算好丑"。

好的说口，往往一句话就能起到制造气氛的作用，使观众兴奋起来，使演出热烈、火爆、风趣、幽默。例如《水漫蓝桥》讲女主角蓝瑞莲和书生魏奎元的爱情悲剧故事，其中有一场"井台会"，旦演蓝瑞莲，丑演魏奎元，丑的一句话说口就能让人忍不住捧腹：

旦：我蹲着高粱口袋上了炕，

　　未从坐福面冲南。

丑：为啥不冲正西坐？

旦：冲着太岁谁敢担！

　　要冲着大太岁十二年不生养，

　　要冲着小太岁开怀也得六年。

丑：（白）那可挺好，省着做绝育了！

　　……

丑的说口虽然很无厘头，但能把古远的故事和观众身边的生活联系起来，既贴切又不失搞笑风趣，是难能可贵的艺术点睛之笔。但有的演员为了使观众发笑，把一些低级趣味的说口也一股脑儿地搬上台来，那就不是好的说口，更不是好的"丑"了。

"宁舍一顿饭，不舍二人转"

因为有滑稽的"丑"和逗笑的说口，所以要说二人转在东北非常流行，大家都相信。但要说东北人真的"宁舍一顿饭，不舍二人转"，总让人觉得太夸张了。可事实是，东北人对二人转的热爱与痴迷，别说舍一顿饭，就是舍掉好几顿饭都乐意。不信就听听老艺人刘士德的故事。

刘士德是吉林著名的二人转演员，艺名叫大滑稽。有一年，他和伙伴们流浪演唱经过闵家屯，遇到一群庄稼汉。庄稼汉们想请他们到家里去演唱，但被地主严令禁止了。那时候的地主可是庄稼人的大老板，惹恼了被他赶走，庄稼人就只能喝西北风了。

但是有一个庄稼汉老王就是倔，他不顾地主的禁令，硬是把刘士德他们请到了自己家里去，一连唱了好几天。当时老王家穷得叮当响，所有家当加起来就一铺炕和一床麻花被。老王的五个孩子，一个个都是光着屁股的，连裤子都没有。但老王为了听二人转，宁愿少吃几顿饭，把粮食拿到街上去卖了，换了钱给演员们做演出费。

在东北人的眼里，二人转是比粮食更重要的，因为粮食只能填饱肚子，而二人转能填饱空虚，它是精神食粮，是人们劳累之后唯一的娱乐爱好。如今，著名演员赵本山正在大力推广二人转。也许有一天，"宁舍一顿饭，不舍二人转"的人，不仅是东北人，还有更多天南地北的人。

中国传统文化

④

（全4册）

石开航 / 编

中国华侨出版社

·北京·

目 录

CONTENS

实用主义的学问——古代科技

天文历法

数学计算

农学水利

发明创造

贵生养命的追求——饮食

茶文化

实用主义的学问
——古代科技

综 述

中国是世界四大文明古国之一，有着渊源流长的历史和博大精深的文化。在漫长的历史长河中，勤劳智慧的中国人民曾经在自然科学和技术领域取得了累累硕果。中国古代科技，无论是在天文学还是在数学方面，无论是在农田水利还是在发明创造方面，都取得了璀璨的成就。举世闻名的造纸术、印刷术、指南针、火药四大发明更是促进了整个人类文明的进步。

中国是世界上天文学发展最早的国家之一。据文献记载，远在四千多年前，尧帝时就设有司天官。在天象观测方面，公元前十六世纪中国就有天象的文字记载，他们相继留下的关于太阳黑子、彗星、流星、新星、日月五星的记事以及各种星图、星表，内容丰富，年代连续，其中许多还是世界上最早的记录；在天文学理论方面，他们创造了像浑天说这样颇有见识的宇宙观；在天文仪器方面发明了浑仪、简仪等光照后世的测天仪器。在历法方面，早在公元前十六世纪至前十一世纪，中国就已经有了原始历法，经过不断改革完善沿袭至今，形成独特的阴阳干支三合历。

中国古代数学也取得了极其辉煌的成就：在殷墟出土的甲骨文中有一些是记录数字的文字，包括从一至十、以及百、千、万，最大的数字为三万；司马迁的《史记》提到大禹治水使用了规、矩、准、绳等作图和测量工具，而且知道"勾三股四弦五"；《九章算术》标志着以筹算为基础的中国古代数学体系的正式形成。可以毫不夸张地说，直到明代中叶以前，在数学的许多分支领域里，中国一直处于遥遥领先的地位。

中国自古就是农业大国，我们勤劳智慧的祖先从远古时代开始，就懂得利用天时地利因地制宜，以及发明创造机械来发展农业，这些智慧的结晶促进了经济的发展，使中国成为一大文明古国。中国古代的农具按功用可分为以下几类：高效的取水农具，比如能把水从低处提到高处的水车。耕地的农具，比如使用耕畜牵引的耕犁，从春秋战国开始逐渐在一些地区普及使用。播种农具，最重要的创造发明是耧车，为汉武帝时大力推广的新农具之一。收获农具，比如扬谷扇车，是清理籽粒、分出糠秕的有效工具。水利是农业的命脉。几千年来，中国人民同江河湖海进行了艰苦卓绝的斗争，修建了无数大大小小的各种形式的水利工程，其中有不少是世界闻名的。如春秋战国时期的都江堰、郑国渠，秦国时期开通了秦渠、灵渠和江南运河，隋朝时期的隋朝大运河等。这些工程不仅规模巨大，而且设计水平也很高。

中国古代还有各项杰出的发明创造，其中最著名且对世界影响最大的是四大发明：指南针、火药、造纸术、印刷术。它们是中国给整个人类献上的厚礼，大大推进了世界历史发展的进程。这些技术不但没有随着时间的流逝而消失，而且随着不断地改进，至今仍然对我们的生活产生着极其重要的影响。

天文历法

宇宙结构学说

人类生活在地球上，面对着浩瀚的天空，早就思考过有关宇宙的一些问题，比如天和地是什么关系，日月星辰出没又是怎么回事，随着资料的积累和思维的发展，对宇宙的这些问题做出了种种猜测。我们的祖先在宇宙结构方面主要提出了三种学说：盖天说、浑天说、宣夜说，并称为"论天三家"。

天像个锅盖——盖天说

盖天说是我国古代最早的一种宇宙结构学说。简单说，这种学说认为，天像个圆盖盖在地上。盖天说是随着人类的认识逐渐发展起来的。

在商周时代，人们根据直观的感觉，认为天在上面不停地旋转，地在下面静止不动，由此认为，天是圆形的，像锅盖覆盖在地上；而地是方形的，就像一个棋盘；日月星辰像爬虫一样过往天空。这就是"天圆地方"的思想，也是盖天说的雏形。

◎ 盖天说示意图

最古老的天文学著作《周髀算经》

《周髀算经》，原名《周髀》，成书年代没有统一说法，约成书于公元前1世纪，还有人认为是周公所作。它是我国最古老的天文学著作，主要阐明当时的盖天说和四分历法。在唐初收入《算经十书》，规定为国子监明算科的教材之一，故改名《周髀算经》。《周髀算经》在数学上的主要成就是介绍了勾股定理及其在测量上的应用以及怎样引用到天文计算。

这种说法虽然符合当时人们粗浅的观察认识，但是有难以自圆其说的地方，比如圆盖形的天和方形的地的边缘无法吻合。这时候又有人提出，天并不是完全覆盖着地，而是像大伞高悬在大地之上，地的周边还有八根柱子支撑着，天和地整个看起来就像一座顶部为圆穹（qióng）形的亭子。

但是，这八根柱子在什么地方呢？没人能找到也就不能肯定回答。到了战国时候，人们开始认为，天像圆形的斗笠，地像覆盖着的盘子，天和地都是圆穹形的，两者之间隔着八万里，近乎平行没有相交，也就是说根本不需要柱子。还认为，北极在天穹的中央，日月星辰不停地围绕着它转。

盖天说为了解释日月星辰的东升西落，设想出一种蚂蚁在磨上的模型。认为日月星辰都附着在天盖上，它们在缓慢地东移，但由于天盖转得快，日月星辰运动得慢，仍被带着做向西旋转，这就如同磨盘上带着缓慢爬行的蚂蚁，虽然它们向东爬，但仍被磨盘带着向西转。

盖天说在秦汉以前很流行，西汉时成书的《周髀（bì）算经》中对它

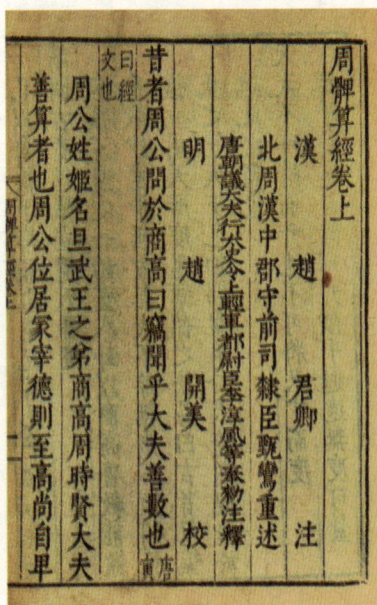

◎ 《周髀算经》书影

作了重点阐述。但是这种原始的宇宙认识论存在很多漏洞，对不少宇宙现象不能作出正确的解释，就被越来越多的天文观测事实所否定。

天像个鸡蛋——浑天说

浑天说最早起源于战国时期，之后经过不断地发展和补充，逐渐完善。东汉的天文学家张衡对浑天说有很大贡献，他在《浑天仪注》中指出，天就像个鸡蛋，而地就像蛋黄，地被包在天之内，就像蛋壳包着蛋黄。地是靠水浮着。后来又有了发展，认为地是浮在气中。

用浑天说来说明日月星辰的出没是相当简洁而自然的。浑天说认为，日月星辰都附着在天球上，白天，太阳升到我们面对的这边来，星星落到地球的背面去；到了夜晚，太阳落到地球背面去，星星升上来。如此周而复始，便有了日月星辰的出没。

可见，浑天说把地球当作宇宙的中心，这一点与盛行于欧洲古代的"地心说"不谋而合。不过，浑天说虽然认为日月星辰都附在一个坚固的天球上，但并不认为天球之外就一无所有了，而是认为还有未知的别的世界，宇宙是无限的。

浑天说提出后，并未能立即取代盖天说，两家各执一端，争论不休。但是，在宇宙结构的认识上，浑天说显然要比盖天说进步得多，能更好地解释许多天象。另一方面，浑天说手中有两大法宝：浑仪和浑象。借助浑仪可

◎知识链接

对宇宙的新认识

现在，随着科技的发展，我们对地球和宇宙已经有了较为清晰的认识。地球绕太阳公转，是太阳系从内到外的第三颗行星。太阳只是银河系两千多亿颗恒星中的一个，其距离银河系中心2.3万光年。而宇宙中像银河系这样的星系，目前观测到的就达1250亿个之多。如此算来，宇宙的直径约300亿光年，而这只是人类已知的宇宙范围，未知的宇宙要比这大得多。我们对宇宙的认识仍很有限，但有一点是形成共识的：宇宙是有层次结构的、物质形态多样的、不断运动发展的天体系统，是由空间、时间、物质和能量构成的统一体。

殷墟甲骨文

殷墟是我国奴隶社会商朝后期（前14～前11世纪）的都城遗址，位于河南省安阳市区西北小屯村一带，距今已有三千三百多年历史。因其出土大量的甲骨文和青铜器而驰名中外。甲骨文主要指殷墟甲骨文，是商代后期王室用于占卜记事而刻写在龟甲和兽骨上的文字，是我国已发现的古代文字中时代最早、体系较为完整的文字。

以用精确的观测事实来论证浑天说。在中国古代，依据这些观测事实而制定的历法具有相当的精度，这是盖天说所无法比拟的。利用浑象可以形象地演示天体的运行，使人们不得不折服于浑天说的卓越思想，因此，浑天说逐渐取得了优势地位。到了唐代，天文学家僧一行等人通过天地测试彻底否定了盖天说，使浑天说在中国古代天文领域称雄了上千年。

天是无形的——宣夜说

杞国有个人总是担心天会掉下来，自己没有地方安身。他愁得吃不下饭，睡不着觉。有朋友开导他说："天只不过是聚集的气罢了。你伸手抬脚、你的一呼一吸，都是在天里，为什么要担心天会掉下来呢？"杞人想了一会儿，又提出疑问："如果天只不过是气，那日月星辰难道不会掉下来吗？"那人又说："日月星辰也是气，只不过会发光罢了。即使它们掉下来，也不会伤到谁的。"

这是"杞人忧天"的成语故事，其中就体现了宣夜说的思想。宣夜说认为天是没有形质的，不是盖天说讲的圆盖状，也不是浑天说讲的圆球状，而是无边无形的气体，日月星辰都飘动在这气之中，并且日月星辰本身也是积聚的气。

宣夜说最早出现在战国时期，到了汉代已经明确提出。盖天说和浑天说都把天看作一个坚硬的球，日月星辰都固定在这个球的壳上，但是日月星辰的运动各有不同，有快有慢，全不像附在同一个东西上运动。宣夜说却打破了固体天球的观念，这种宇宙无限的思想出现于两千多年前，是非常难得的。

宣夜说的看法是相当先进的，它同盖天说、浑天说本质的不同在于：它承认天是没有形质的，天体各有自己的运动规律，宇宙是无限的空间。这三点即使在今天也是有意义的。或许正因为它的思想先进得离当时人们的认识水平太远，不可能为多数人所接受。随着时间的流逝，人们对宣夜说也渐渐淡漠了。唐代天文学家李淳风，在他所著的《晋书·天文志》中保留了宣夜说，才使这一思想得以保存下来。

天象记录

我国早在四千年前就有文字可考的星象记载。我国古代的天象记录，不但年代连续，而且相当丰富，留下了关于太阳黑子、彗星、流星、新星等各种星象记录，在现代天文学问题的研究中起着重要的作用。

吓坏了古人的日食

日食是一种太阳被月球遮蔽的现象。当月球在绕地球运行过程中，有时会走到太阳和地球中间，这时月球的影子落到地球表面上，位于影子里的观测者便会看到太阳被月球遮住，这就是日食。

当日食发生时，本来光芒四射的太阳会突然变得暗淡无光，成为一个暗黑的圆面，星星却出现在白日的天空，这样的奇特景象，对于不了解真相的古人来说是一件惊天动地的大事，自然成为了人们重点观测的天象。殷墟甲骨文中就有关于日食的记载。《书经·胤征篇》记载："乃季秋月朔，辰弗集于房……，瞽（音gǔ）奏鼓，啬失驰，遮人走……"，描述了夏代仲康元年日食发生的时候人们惊慌失措的场面。《诗经·小雅》中还以诗歌的形式记载着发生的日食："十月之交，朔日辛卯，日有食之。"从我国春秋时期到清代同治十一年（前

◎《梦溪笔谈》书影

770年～872年），有记载的日食共985次，其中年月不符，无日食可考的仅有8次，不及总数的1%。

日食的发生具有一定的周期性。我国是世界上较早发现日食周期的国家之一。西汉末年刘歆总结出一种周期，认为135个月中要发生23次日食。大约从公元3世纪起我国就能预报日食初亏和复圆的方向，到了唐代对于日食的预报已经比较准确了。

星落如雨的流星

流星雨的发现和记载，也是我国最早，《竹书纪年》（相传为战国时魏国史官所作，记载自夏商周至战国时期的历史）中就有"夏帝癸十五年，夜中星陨如雨"的记载。最详细的记录见于《左传》："鲁庄公七年夏四月辛卯夜，恒星不见，夜中星陨如雨。"鲁庄公七年是公元前687年，这是世界上天琴座流星雨的最早记录。

我国古代关于流星雨的记录，大约有一百八十次之多。其中天琴座流星雨记录大约有九次，英仙座流星雨大约十二次，狮子座流星雨记录有七次。这些记录是研究流星群轨道演变的重要资料。

流星体坠落到地面便成为陨石或陨铁，对此我国古代也有记载。《史记·天官书》中就有"星陨至地，则石也"的解释。到了北宋，沈括更发现陨石中有以铁为主要成分的。他在《梦溪笔谈》卷二十里就写着：

"治平元年，常州日禺时，天有大声如雷，乃一大星，几如月，见于东南。少时而又震一声，移著西南。又一震而坠在宜兴县民许氏园中，远近皆见，火光赫然照天，……视地中只有一窍如杯大，极深。下视之，星在其中，荧荧然，良久渐暗，尚热不可近。又久之，发其窍，深三尺余，乃得一圆石，犹热，其大如拳，一头微锐，色如铁，重亦如之。"

宋英宗治平元年是1064年，沈括已经注意到陨石的成分了。在欧洲直到1803年以后，人们才认识到陨石是流星体坠落到地面的残留部分。

栩栩如生的彗星记事

我国很早就有彗星记事，并给彗星以孛星、长星、蓬星等名称。《竹书纪年》上就有"周昭王十九年春，有星孛于紫微"的记载。最可靠的记录，开始见于《春秋》："鲁文公十四年秋七月，有星孛入于北斗。"鲁文公十四年是公元前613年，这是世界上最早的一次哈雷彗星记录。

哈雷彗星绕太阳运行平均周期是七十六年，出现的时候形态庞然，明亮易见。从春秋战国时期到清末的两千多年，共出现并记录的有三十一次。其中以《汉书·五行志》汉成帝元延元年（前12年）记载的最为详细。

"元延元年七月辛未，有星孛于东井，践五诸侯，出河戍北，率行轩辕、太微，后日六度有余，晨出东方。十三日，夕见西方，……锋炎再贯紫宫中。……南逝度犯大角、摄提。至天市而按节徐行，炎入市中，旬而后西去；五十六日与苍龙俱伏。"

这样生动而又简洁的语言，把气势雄壮的彗星运行路线、视行快慢以及出现时间，描绘得栩栩如生。其他的每次哈雷彗星出现的记录，也相当明晰精确，分见于历代天文志等史书。在欧洲关于哈雷彗星的记载，最早可上溯到公元前11年。不过，也还比我国《春秋》可靠记载晚了几百年。

我国古代的彗星记事，并不限于哈雷彗星。据初步统计，从古代到1910年，记录不少于五百次，这充分证明古人观测的辛勤。外国学者常常借助我国典籍来推算彗星的行径和周期，以探索它们的回归等问题。哈雷彗星就是明显一例。

靠眼睛观测的太阳黑子

太阳，是地球上光和热的来源。我们祖先善于实践，勤于观测，对太阳上的细节都进行详细描述，精确记载，见于史书。现今世界公认的最早的黑子记事，是西汉成帝河平元年（前28年）三月所见的太阳黑子现象，载于《汉书·五行志》："成帝河平元年……三月己未，日出黄，有黑气大如钱，居日中央。"这一记录把黑子的位置和时间都叙述得很详尽。

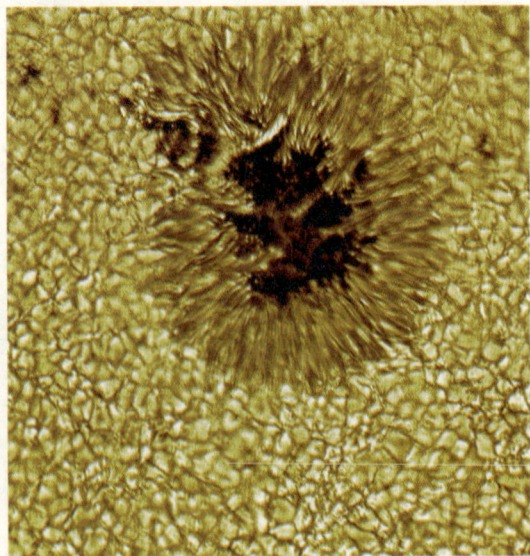
⊙ 太阳黑子

黑子，在太阳表面表现为发黑的区域，由于物质的激烈运动，经常处于变化之中。有的存在不到一天，有的可到一月以上，个别长达半年。这种现象，我们祖先也都精心观察，并且反映在记录上。《后汉书·五行志》有这样的记载："中平……五年正月，日色赤黄，中有黑气如飞鹊，数月乃销。"灵帝中平五年是188年。后世还有更多的记录。

黑子，不但有存在时间，也有消长过程中的不同形态。最初出现在太阳边缘的只是圆形黑点，随后逐渐增大，以致成为分裂开的两大黑子群，中间杂有无数小黑子。这种现象，也为古代观测者所注意到。《宋史·天文志》记有宋徽宗政和二年（1112年）"四月辛卯，日中有黑子，乍二乍三，如栗大"。这一记载，就是属于极大黑子群的写照。

我们祖先观测天象全靠目力。对于太阳只有利用日赤无光、烟幕蔽日之际，或太阳近于地平、蒙气朦胧之中，以及利用"盆油观日"方法，才可观望记录。从汉代到明代共一千六百多年间，黑子记载超过一百次。

浑天仪

浑天仪是浑仪和浑象的总称。浑仪用以协助天文观测，有中空的窥管，功能相当于现代的望远镜，只是没有镜片；浑象相当于现在的天球仪，用以演示天体运动。

古代的望远镜——浑仪

浑仪是以浑天说为理论基础制造的测量天体的仪器。早期的浑仪比较简单，是把仪器制成多个同心圆环，整体看犹如一个圆球，然后通过可以绕中心旋转的窥管观测天体。

浑仪的历史悠久，我国浑仪的发明大约是在公元前4

◎ 浑仪

世纪至公元前1世纪之间（即战国中期至秦汉时期）。有人认为西汉落下闳、鲜于妄人、耿寿昌都造过圆仪，东汉贾逵、傅安等在圆仪上加黄道环，改称"黄道铜仪"。早期结构如何已没有记载。

经过历代天文学家的改进，到了唐代，由天文学家李淳风设计了一架比较精密完善的浑天黄道仪。整个仪器分为三层，外层叫六合仪，包括地平圈、子午圈和赤道圈。中层叫三辰仪，是由白道环、黄道环和赤道环构成。里层叫四游仪，包括一个四游环和窥管。现存明制浑仪基本就是这种结构，所不同的是取消了三辰仪中的白道环，而加上了二分环和二至环。但浑仪的圈环过于复杂，遮掩天区，影响观测。

唐朝以后所造的浑仪，基本上与李淳风的浑仪相似，只是圆环或零部件有所增减而已。随着浑仪环数的增加，观测时遮蔽的天区愈来愈多，因此，从北宋开始简化浑仪，到了元朝郭守敬则对浑仪进行彻底改革，创制出简仪。

被简化的浑仪——简仪

简仪与浑仪一样用于测量天体的位置。浑仪的结构比较繁杂，观测时经常发生环与环相互阻挡视线的现象，使用极不方便。元朝天文学家郭守敬将浑仪简化为两个独立的观测装置，安装在一个底座上，每个装置都十分简单实用，而且除北极星附近以外，整个天空一览无余。古人称这种装置为"简仪"。

简仪的主要装置是由两个互相垂直的大圆环组成，其中的一个环面平行于地球赤道面，叫做

◉ 郭守敬像

"赤道环"；另一个是直立在赤道环中心的双环，能绕一根金属轴转动，叫做"赤经双环"。双环中间夹着一根装有十字丝装置的窥管，相当于单镜筒望远镜，能绕赤经双环的中心转动。观测时，将窥管对准某颗待测星，然后在赤道环和赤经双环的刻度盘上直接读出这颗星星的位置值。有两个支架托着正南北方向的金属轴，支撑着整个观测装置，使这个装置保持着北高南低的形状。这是我国首先发明的赤道装置，要比欧洲人使用赤道装置早500年左右。

古代的天球仪——浑象

浑象是一种表现天体视运动的演示仪器。浑象的基本构成是一个可以旋转的中空圆球，上面按观测到的实际天象布列星辰。它把太阳、月亮、二十八宿等天体以及赤道和黄道都绘制在一个圆球面上，能使人不受时间限制，随时了解当时的天象。白天可以看到当时在天空中看不到的星星和月亮，而且位置不差；阴天和夜晚也能看到太阳所在的位置。用它能表演太阳、月亮以及其他星辰东升和西落的时刻、方位，还能形象地说明夏天白天长，冬天黑夜长的道理等。

浑象最初是在公元前2世纪中叶的西汉时，由天文学家耿寿昌创制的，而东汉著名科学家张衡在浑象的发展史上做出了重要贡献，他制造了第一台自动的

> **◎知识链接**
>
> ### 假天仪
>
> 一般的浑象，大都是人站在球外边看，这对于计算坐标和观察星空有方便的地方，但对于象征天穹来说还不够逼真。苏颂为了让人们更直观地理解星宿在太空中的出没，于是与韩公廉一起设计了一种人能进入到浑天象内部来观察的仪器——假天仪。用竹木制成的假天仪从外面看就像一盏纸糊的特大号灯笼。"灯笼"面上按照天上星象的位置开孔，人进到里面可以看到点点光亮，仿佛看到夜空中繁星点点。这种假天仪和今天天文馆里演示人造星空的天象仪的原理是一样的。继苏颂、韩公廉之后，元代天文学家郭守敬也制造过一台假天仪，他称之为玲珑仪。

天文仪器——水运浑象。水运浑象是以一直径 5 尺（约1.18米，东汉1尺约23.5厘米）的空心铜球表示天球，上面画有二十八宿、互成24度交角的黄道和赤道等，黄道上又标明有二十四节气。紧附于天球的有地平环和子午环等。天体半露于地平环之上，半隐于地平环之下。天轴则支架在子午环上，天球可绕天轴转动。同时，又以漏壶流出的水作动力，通过齿轮系的传动和控制，使浑象每日均匀地绕天轴旋转一周，从而达到自动地、近似正确地演示天象的目的。此外，水运浑象还带动有一个日历，能随着月亮的盈亏演示一个月中日期的推移，相当于一个机械日历。

张衡的水运浑象对后世浑象的制造影响很大，宋代的水运仪象台则达到历史上浑象发展的最高峰。以后，天文学家还多次制造过浑象，并且和水力机械联系在一起，以取得和天球周日运动同步的效果。唐代的一行和梁令瓒、宋代苏颂和韩公廉等人，把浑象和自动报时装置结合起来，发展成为世界上最早的天文钟。

水运仪象台

水运仪象台是一种大型的天文仪器，由宋朝天文学家苏颂等人创建。它是集观测天体的浑仪、演示天象的浑象、计量时间的漏刻和报告时刻的机械装置于一体的综合性观测仪器，实际上是一座小型的天文台。

集观测、演示和报时于一体

水运仪象台是以水为动力来运转的天文钟，由苏颂和韩公廉等人在汴梁（今河南开封）设计制造的。1086年，苏颂奉命检验当时太史局使用的各种浑仪，期间产生浑象和浑仪配合使用的想法，于是他罗致人才进行这项研究工作，并向皇帝推荐精通数学和天文学的韩公廉共同研制。在他的策划下，韩公廉写出《九章钩股测验浑天书》，制成大、小木样。后由苏颂和韩公廉请了一批能工巧匠精心打造。这是一座把浑仪、浑象和报时装置三组器件组合在一起的高台建筑，仪器由水力推动运转。这座集天文观测、天象表演和报时三种功能于一体的天文台就是水运仪象台。大约在1094年，苏颂编撰了《新仪象法要》一书，详细介绍了水运仪象台的设计和建造情况，并把水运仪象台的总体和各部件绘图加以说明。

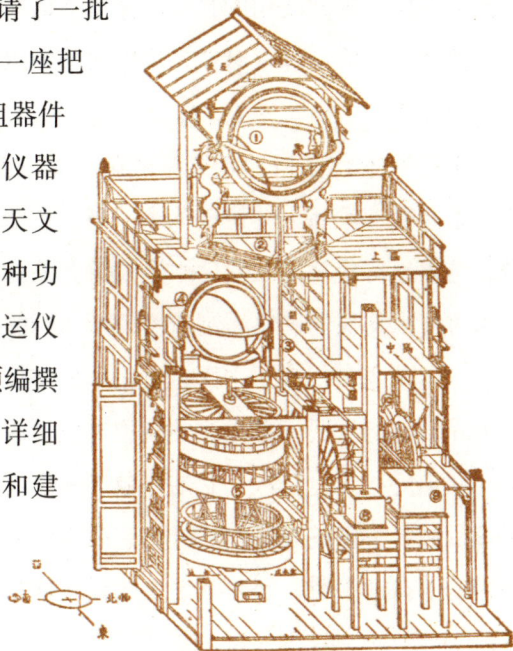
◎ 水运仪象台示意图

　　整个水运仪象台高12米，宽7米，共分3层，相当于一幢四层楼的建筑物。最上层的板屋内放置着1台浑仪，屋的顶板可以自由开启，平时关闭屋顶，以防雨淋，这已经具有现代天文观测室的雏形了；中层放置着一架浑象；下层又可分成五小层木阁，每小层木阁内均安排了若干个木人，5层共有162个木人，它们各司其职：每到一定的时刻，就会有木人自行出来打钟、击鼓或敲打乐器、报告时刻、指示时辰等。在木阁的后面放置着精度很高的两级漏刻和一套机械传动装置，可以说这里是整个水运仪象台的"心脏"部分，用漏壶的水冲动机轮，驱动传动装置，浑仪、浑象和报时装置便会按部就班地动作起来。

仪器被破坏价值仍在

　　水运仪象台的构思广泛吸收了以前各家仪器的优点，尤其是吸取了北宋初年天文学家张思训所改进的自动报时装置的长处；在机械结构方面，采用了民间使用的水车、筒车、桔槔、凸轮和天平秤杆等机械原理，把观测、演示和报时设备集中起来，组成了一个整体，成为一部自动化的天文台。

水运仪象台在1127年金兵攻陷汴梁时遭到破坏。南宋时期，秦桧曾派人寻找苏颂后人并访求苏颂遗书，还请教过朱熹，想恢复水运仪象台，结果没有成功。从此，水运仪象台只能作为史书上的记载，见证着中国古代天文仪器和机械制造所曾经达到的一个高峰。

水运仪象台代表了中国11世纪末天文仪器的最高水平。它具有三项令世界瞩目的发明，首先它的屋顶被设计成可以开闭的，是现代天文台活动圆顶的雏形，其次，它的浑象能一昼夜自动旋转一周，是现代天文跟踪机械转移钟的先驱；此外，它的报时装置能在一组复杂的齿轮系统的带动下自动报时，报时系统里的锚状擒纵器是后世钟表的关键部件。

星表星图

像前面所讲到浑仪、浑象、水运仪象台等，我国古代天文学家设计制造了各种精密而先进的天体测量仪器和天文台，在天体测量方面取得了巨大成就，留下了许多珍贵的星表、星图资料。

最古老的星标——石氏星表

星表，是天文观测者长期观察后，将大量测得的恒星以坐标系统性汇编而成，它是天文学家的重要参考工具。我国古代最早的星表编制人是战国时代的魏人石申（约在公元前4世纪），他编的《天文》一书共8卷，被后人誉为《石氏星经》。可惜至宋代后失传，但在唐代《开元占经》中可看到《石氏星经》的一些片断，并被整理出一份《石氏星表》，其中明列28 宿距星和一百余颗恒星的赤道坐标位置。依据岁差规律推算证明，石氏星表中至少有一部分可以肯定是公元前4世纪测定的，远比古希腊天文学家依巴谷在公元前2世纪编制的星表还早。可见石氏星表是现知世界上最古老的星表之一。

天文学的地图——古老星图

星图是天文学家观测星辰的形象记录，它真实地反映了一定时期内，天文学家在天体测量方面所取得的成果。同时，它又是天文工作者认星和测星的重要工具，其作用犹如地理学中的地图。早在先秦时期，我国古代天文学家就开始绘制星图。

现存最早的描绘在纸上的星图是唐代的敦煌星图。敦煌星图最早发现于敦煌藏经洞，1907年被英国人斯坦因盗走，至今仍保存在英国伦敦博物馆内。它绘于公元940年，图上共有1350颗星，它的特点是赤道区域采用圆柱形投影，极区采用球面投影，与现代星图的绘制方法相同，是我国流传至今最早采用圆、横两种画法的星图。

1971年在河北省张家口市宣化区的一座辽代墓里发现了一幅星图。该图绘于公元1116年，用于墓顶装饰，星图绘画在直径2.17米圆形范围内，绘制方法为盖图式，图中心嵌着一面直径为35厘米的铜镜，外圈是中国的二十八宿，最外层是源于巴比伦的黄道十二宫，从中可看出在天文学领域内中外文化交流的迹象。

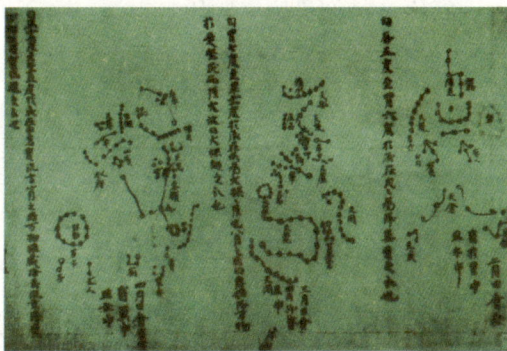

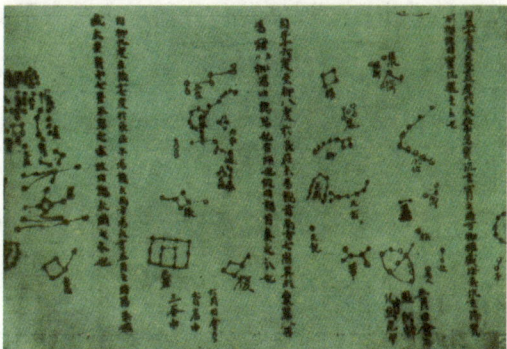

◎ 敦煌星图

1974年在河南洛阳北郊的一座北魏墓的墓顶，又发现了一幅绘于北魏孝昌二年（526年）的星图，全图有星辰三百余颗，有的用直线连成星座，最明显的是北斗七星，中央是淡蓝色的银河贯穿南北。整个图直径7米许。这幅星象图是我国目前考古发现中幅面较大的一幅。

现存在苏州博物馆内的苏州石刻天文图，是世界现存最古老的石刻星图之一，刻于南宋丁未年（1127年），主要依据北宋元丰年间（1078年～1085年）的观测结果。图高约2.45米，宽约1.17米，图上共有星1434颗，位置准确。全图银河清晰，河汉分叉，刻画细致，引人入胜，在一定程度上反映了当时天文学的发展水平。

农 历

农历，又称夏历、阴历、旧历，是东亚传统历法之一。人们习惯称之为"阴历"，但其实是阴阳历的一种，并非真正的"阴历"。农历平均历月等于一个朔望月，但设置闰月以使平均历年为一个回归年，设置二十四节气以反映季节的变化特征，所以又有阳历的成分。

阴阳干支三合历

中国的历法与纪年采用阴阳干支三合历。上古时期，根据不同的农业、牧业生产情况需要，分别产生过太阳历法和太阴历法。农历作为中国传统历法，最早源自何时无从考究，据出土的甲骨文和古代中国典籍的众多记载，有关阴阳合一的历法规则一般认为源自殷商时期。从黄帝纪年到清朝末期启用西历（格里历），中国历史上一共产生过102部历法，这些历法对中国文化与文明产生过重大影响，比如夏历、商历、周历、西汉太初历、隋皇极历、唐大衍历等。

汉朝以前的古代中国历法以366天为一岁，用"闰月"确定四时和确定岁的终始；已经有日、月、旬和时的时间单位，具备了阴阳历的技术；观察到了五大行星和日月的运动规律，用"闰月"、"减差法"来调整时差；历法实施成为重要大事，主要内容之一是"以闰月定四时成岁"和"正闰余"，即确定闰月位置和如何减去多余出来的天数（不是加上缺少的天数），由此来确定年岁的终结和开始。到了春秋战国时期，由于周朝王室衰落，诸侯各行其是，因此出现多轨制历法，亦即各诸侯和各地部落都有自己的地方历法；秦朝为中国历史上最后一个"以闰月定四时成岁"的朝代。

汉朝初期开始，中国历法出现了大转折，全国统一历法，历法也成为了一门较为独立的科学技术。汉武帝责成邓平、唐都、落下闳等人编写了《太初历》，之后刘歆作《三统历》，这两历的重要特点

◎ 《大衍历》的编制者僧一行

是年岁合一，一年的整数天数是365天，不再是之前历法的366天。以"加差法"替代之前的"减差法"以调整时差，年岁周期起始相当固定，用数学计算就能确定闰月，用不着"考定星历，建立五行"，至此，阴阳五行基本上退出了历法。之后中国历朝颁布的历法，均与太初历大同小异。

农历的历月长度

农历是我国采用的一种传统历法，又名中历、旧历，民间也有称阴历的。它用严格的朔望周期来定月，又用设置闰月的办法使年的平均长度与回归年相近，兼有阴历月和阳历年的性质，因此在实质上是一种阴阳合历。农历把日月合朔（太阳和月亮的黄经相等）的日期作为月首，即初一。所谓"朔"，从天文学上讲，它有一个确定的时刻，也就是月亮黄经和太阳黄经相同的那一瞬间。朔望月的平均长度约为29.53059日，所以有的月份是30日，称大月；有的月份是29日，称小月。大月和小月相互弥补，使历月的平均长度接近朔望月。月初所在的日期，按太阳和月亮的位置推算确定，不机械地安排。

农历以12个月为一年，共354日或355日（一年中哪个月大，哪个月小，年年不同），由于每年的天数比回归年约差11天，所以采用设置闰月的方法使这几年的平均日数尽量地接近365.2422日。因1回归年为12.368个朔望月，368/1000=46/125，所以在125年中应设置46个闰年，但因为这样设闰太过复杂，经推算，7/19最接近0.368，故在春秋时代又创造了"十九年七闰法"（在19年中设置7个闰月），有闰月的年份全年383天或384天。

农历的月份名称

农历日历中月份名称则是由"中气"来决定的。即以含"雨水"的月份为一月；以含"春分"的月份为二月；以含"谷雨"的月份为三月；以含"小满"的月份为四月；以含"夏至"的月份为五月；以含"大暑"的月份为六月；以含"处暑"的月份为七月；以含"秋分"的月份为八月；以含"霜降"的月份为九月；以含"小雪"的月份为十月；以含"冬至"的月份为十一月；以含"大寒"的月份为十二月。（没有包含中气的月份作为上月的闰月）

农历的历年长度是以回归年为准的，但一个回归年比12个朔望月的日数多，而比13个朔望月短，古代天文学家在编制农历时，为使一个月中任何一天都含有月相的意义，即初一是无月的夜晚，十五左右都是圆月，就以朔望月（月相盈亏的周期）为主，同时兼顾季节时令，采用十九年七闰的方法：在农历十九年中，有十二个平年，每一平年十二个月；有七个闰年，每一闰年十三个月。

干支纪时法

干支是天干与地支的合称。在中国古代的历法中，甲、乙、丙、丁、戊、己、庚、辛、壬、癸被称为"十天干"，子、丑、寅、卯、辰、巳、午、未、申、酉、戌、亥叫作"十二地支"。十天干和十二地支依次相配，组成六十个基本单位，古人以此作为年、月、日、时的序号，叫"干支纪时法"。

相传大挠作甲子

据说天干地支的发明者是四五千年前上古时期的大挠氏。例如唐代刘恕在《通鉴外纪》中就引古书说："（黄帝）其师大挠……始作甲子。"大挠作甲子虽是传说，但从殷商的帝王名字叫天乙（即成汤）、外丙、仲壬、太甲等来看，干支的来历必早于殷代，即在三千五百年之前便已出现了。

起先，我们祖先仅是用天干来纪日，因为每月天数是以日进位的；用地支来纪月，因为一年十二个月，正好用十二地支来相配。可是随之不久，人们感到单用天干纪日，每个月里仍然会有三天同一干，所以，便用一个天干和一个地支分别依次搭配起来的办法来纪日期，如《尚书·顾命》就有"惟四月哉生魄。王不择。甲子，王乃洮颒水，相被冕服，凭玉几"的记载，意思是说，四月初，王的身体很不舒服。甲子这一天，王才沐发洗脸，太仆为王穿上礼服，王依在玉几上坐着。后来，干支纪日的办法就被渐渐引进纪年，纪月和纪时了。

月地支	节气段	近似农历月份	近似公历月份	甲或己年	乙或庚年	丙或辛年	丁或壬年	戊或癸年
子月	大雪—小寒	十一月	12月	丙子月	戊子月	庚子月	壬子月	甲子月
丑月	小寒—立春	十二月	1月	丁丑月	己丑月	辛丑月	癸丑月	乙丑月
寅月	立春—惊蛰	正月	2月	丙寅月	戊寅月	庚寅月	壬寅月	甲寅月
卯月	惊蛰—清明	二月	3月	丁卯月	己卯月	辛卯月	癸卯月	乙卯月
辰月	清明—立夏	三月	4月	戊辰月	庚辰月	壬辰月	甲辰月	丙辰月
巳月	立夏—芒种	四月	5月	己巳月	辛巳月	癸巳月	乙巳月	丁巳月
午月	芒种—小暑	五月	6月	庚午月	壬午月	甲午月	丙午月	戊午月
未月	小暑—立秋	六月	7月	辛未月	癸未月	乙未月	丁未月	己未月
申月	立秋—白露	七月	8月	壬申月	甲申月	丙申月	戊申月	庚申月
酉月	白露—寒露	八月	9月	癸酉月	乙酉月	丁酉月	己酉月	辛酉月
戌月	寒露—立冬	九月	10月	甲戌月	丙戌月	戊戌月	庚戌月	壬戌月
亥月	立冬—大雪	十月	11月	乙亥月	丁亥月	己亥月	辛亥月	癸亥月

◎ 干支纪月

"六十甲子"纪时

天干地支简称干支，是夏历中用来编排年号和日期用的。天干共十个字，因此又称为"十干"，其排列顺序为：甲、乙、丙、丁、戊、己、庚、辛、壬、癸；地支共十二个字，排列顺序为：子、丑、寅、卯、辰、巳、午、未、申、酉、戌、亥。其中甲、丙、戊、庚、壬为阳干，乙、丁、己、辛、癸为阴干。子、寅、辰、午、申、戌为阳支，丑、卯、巳、未、酉、亥为阴支。

以一个天干和一个地支相配，排列起来，天干在前，地支在后，天干由甲起，地支由子起，阳干对阳支，阴干对阴支（阳干不配阴支，阴干不配阳支）从甲子到癸亥共六十对，得到六十年一周期的甲子回圈。称为"六十甲子"或"花甲子"。古人过去就是以六十甲子循环来纪年、纪月、纪日、纪时的。这就是干支纪时法。天干地支纪时法同时可纪年、纪月、纪日、纪时，分别称为"年柱、月柱、日柱、时柱"。此八个字就是俗称的"八字"。一个人的八字就是他出生时间的四柱记录。

时辰地支	现今时间	甲或己日	乙或庚日	丙或辛日	丁或壬日	戊或癸日
子时	23时—1时	甲子时	丙子时	戊子时	庚子时	壬子时
丑时	1时—3时	乙丑时	丁丑时	己丑时	辛丑时	癸丑时
寅时	3时—5时	丙寅时	戊寅时	庚寅时	壬寅时	甲寅时
卯时	5时—7时	丁卯时	己卯时	辛卯时	癸卯时	乙卯时
辰时	7时—9时	戊辰时	庚辰时	壬辰时	甲辰时	丙辰时
巳时	9时—11时	己巳时	辛巳时	癸巳时	乙巳时	丁巳时
午时	11时—13时	庚午时	壬午时	甲午时	丙午时	戊午时
未时	13时—15时	辛未时	癸未时	乙未时	丁未时	己未时
申时	15时—17时	壬申时	甲申时	丙申时	戊申时	庚申时
酉时	17时—19时	癸酉时	乙酉时	丁酉时	己酉时	辛酉时
戌时	19时—21时	甲戌时	丙戌时	戊戌时	庚戌时	壬戌时
亥时	21时—23时	乙亥时	丁亥时	己亥时	辛亥时	癸亥时

◯ 干支纪时

　　天干地支这共二十二个的符号错综有序，充满圆融性与规律性。它显示了大自然运行的规律，即时（时间）空（方位）互动，和"阴"与"阳"的作用结果。中国历法包含了阴阳五行的思想和自然回圈运化的规律。

干支象征着万物

　　天干地支的含义，在《史记》、《汉书》中均有部分记载，大体含义是：

　　甲是拆的意思，指万物剖符甲而出也。

　　乙是轧的意思，指万物破土抽芽，抽轧而出。

　　丙是炳的意思，指万物炳然著见。

　　丁是强的意思，指万物丁壮。

　　戊是茂的意思，指万物茂盛。

　　己是纪的意思，指万物有形可纪识。

　　庚是更的意思，指万物收敛有实。

　　辛是新的意思，指万物初新皆收成。

壬是任的意思，指阳气任养万物之下。

癸是揆的意思，指万物可揆度。

十二地支的含义：

子是兹的意思，指万物兹萌于既动之阳气下。

丑是纽的意思，阳气在上未降。

寅是移的意思，引的意思，指万物始生寅然也。

卯是茂的意思，言万物茂也。

辰是震的意思，物经震动而长。

巳是起的意思，指阳气之盛。

午是忤的意思，指万物盛大枝柯密布。

未是味的意思，万物皆成有滋味也。

申是身的意思，指万物的身体都已经成就。

酉是老的意思，万物之老也。

戌是灭的意思，万物尽灭。

亥是核的意思，万物收藏。

数学计算

十进位值制

十进位值制，俗称"逢十进一"，是指每相邻的两个计数单位之间的进率都是十的计数方法。十进位值制是古代世界中最先进、科学的记数法，也是现在人们日常生活离不开的计数法。我国早在商代已经使用十进制，而且是最早认识到进位制的国家。

甲骨文上的商代十进制

十进位值制，在我国原始社会就已经形成，完成于奴隶社会初期的商代，到商代已发展为完整的十进制系统，并且有了"十"、"百"、"千"、"万"等专用的大数名称。1899年从河南安阳发掘出来的象形文字，是大约3000多年前的殷代甲骨文。其中载有许多数字记录，最大的数目字是30000。如有一片甲骨上刻着"八日辛亥允戈伐二千六百五十六人"。（八日辛亥那天的战争中，消灭了敌方2656人。）这段文字说明我国在公元前1600年，已经采用了十进位值制记数法。

商代这种十进制记数法中，还没有形成零的概念和零号，但由于引入了几个表示数位的特殊的数字如十、百、千、万等，能确切地表示出任何自然数，因而也是相当成功的十进位值制记数法，后世历代稍有变革，但基本框架则一直延用至今。

十进位值制，包含有两方面的含义。其一是"十进制"，即每满十数进一个单位，十个一进为十，十个十进为百，十个百进为千……其二是"位值制"，即每个数码所表示的数值，不仅取决于这个数码本身，而且取决于它在记数中所处的位置。如同样是一个数码"2"，放在个位上表示2，放在十位上就表示20，放在百位上就表示200，放在千位上就表示2000。

世界上最先进的计数法

最迟在商代时，中国已采用了十进位值制。从现在已发现的商代陶文和甲骨文中，可看到当时已能够用一、二、三、四、五、六、七、八、九、十、百、千、万十三个数字，记十万以内的任何自然数。这些记数文字的形状，在后世虽有所变化而成为现在的写法，但记数方法却从没有中断，一直被沿袭，并日趋完善。

古巴比伦的记数法虽有位值制的意义，但它采用的是六十进位的，计算非常繁琐。古埃及的数字从一到十只有两个数字符号，从一百到一千万有四个数字符号，而且这些符号都是象形的，如用一只鸟表示十万。古希腊由于几何发达，因而轻视计算，记数方法落后，是用全部希腊字母来表示一到一万的数字，字母不够就用加符号等方法来补充。古罗马采用的是累积法，如用ccc表示300。印度古代既有用字母表示，又有用累积法，到公元7世纪时方采用十进位值制，

◎ 甲骨文

很可能受到中国的影响。现通用的印度——阿拉伯数码和记数法，大约在10世纪时才传到欧洲。

十进位值制的记数法是古代世界中最先进、科学的记数法，对世界科学和文化的发展有着不可估量的作用。著名的英国科学史学家李约瑟教授曾对中国商代记数法予以很高的评价，"如果没有这种十进制，就几乎不可能出现我们现在这个统一化的世界了"，他还说："总的说来，商代的数字系统比同一时代的古巴比伦和古埃及更为先进，更为科学。"

算筹与筹算

《周易》中记载："上古结绳而治，后世圣人，易之以书契。"由于结绳的不便，人们在新石器时期开始在石头、木棍或骨头上刻痕以代替结绳，并逐步演变成了不同的数字计算。筹算，我国古代的计算方法之一，以刻有数字的竹筹记数、运算，约始于春秋，直至明代才被珠算代替。

做计算工具的小木棍——算筹

春秋战国时，我国已广泛使用"筹"作为计算工具。所谓"筹"就是一般粗细、一般长短的小竹棍或小木棍，又称"算筹"。它们的材料随着年代不同也有所变化，例如，周朝用木枝制成，汉代用竹、骨、

◎ 算筹

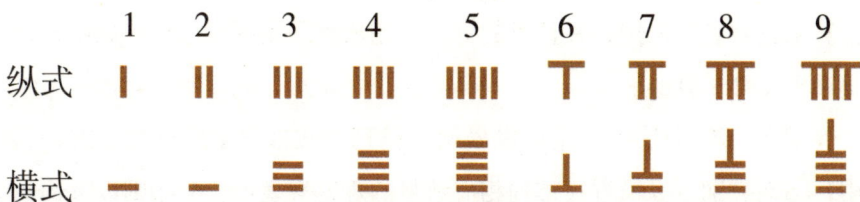

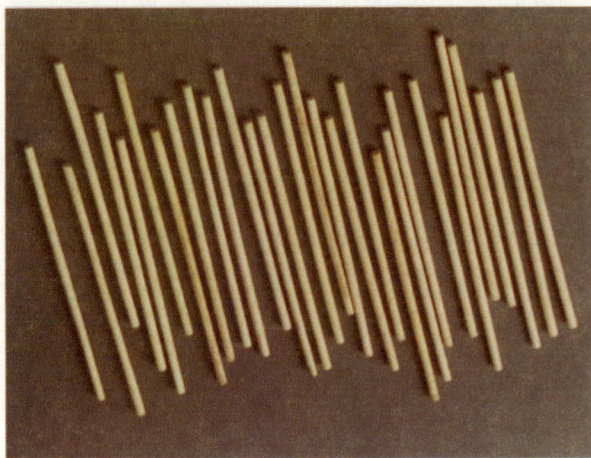
○ 象牙算筹

象牙、玉石、铁等制作。《汉书·律历志》中有关于算筹的形状与大小的记载："其算法用竹，径一分，长六寸，二百七十一枚而成六觚，为一握。"长一般在12厘米左右，直径为2毫米至4毫米。大约二百七十几枚为一束，放在一个布袋里，系在腰部随身携带。需要记数和计算的时候，就把它们取出来，放在桌上、炕上或地上反复摆弄。由于那时没有纸张，古代数学家就用它们摆成不同行列进行计算。到了隋代，算筹已是三棱形与四棱形两种，以区别正数与负数。其直径约为0.59厘米，长约8.85厘米。这表明从汉到隋，算筹从圆而方，由长变短，以便运用。魏刘徽注《九章算术》称："正算赤，负算黑，否则以邪正为异。"又《梦溪笔谈》卷八称："算法用赤筹、黑筹，以别正负之数。"可见早在三国以前，便已用筹的颜色的赤、黑或形状的邪、正（三棱形和四棱形）来区分正、负数了。

小木棍进行的大计算——筹算

用算筹进行的计算就叫筹算。筹算在中国起源很早，春秋战国时期的《老子》中就有"善数者不用筹策"的记述。当时算筹已作为专门的计算工具被普遍采用，并且筹的算法已趋成熟。用算筹记数的规则，最早载于《孙子算经》。

在算筹计数法中，是以纵横两种排列方式来表示单位数目的，其中1～5均分别以纵横方式排列相应数目的算筹来表示，6～9则以上面的算筹再加下面相应的算筹来表示。表示多位数时，据《孙子算经》记载，算筹记数法则是：凡算之法，先识其位，一纵十横，百立千僵，千十相望，万百相当。就是说，在记数时，从右到左，个位用纵式，十位用横式，百位用纵式，千位用横式，万位用纵式……如此纵横相间，就不会错位，空位时空一格表示（后来用圆圈〇表示零），采用的是典型的十进位值制记数法。

利用算筹不仅能进行数（整数和分数）的四则及开方运算，还能利用算筹的布列（筹式）来表示许多复杂的内容，如不同位置表示不同的未知数，未知数的不同次数，并能为一些独特的问题设计专门的筹式，如约分法、双设法、一次同余式解法等。

算筹还可以表示各种代数式，进行各种代数运算，方法和现今的分离系数法相似。我国古代在数字计算和代数学方面取得的辉煌成就，和筹算有密切的关系。例如祖冲之的圆周率准确到小数第六位，需要计算正一万二千二百八十八边形的边长，把一个九位数进行二十二次开平方（加、减、乘、除步骤除外），如果没有良好的计算方法，那就会困难得多了。

《九章算术》

《九章算术》是中国古代第一部数学专著，也是《算经十书》中最重要的一部，该书内容十分丰富，系统总结了战国、秦汉时期的数学成果，同时在数学上还有许多独到的成就，比如首先提到分数、盈不足、负数等问题。《九章算术》是当时世界上最先进的应用数学，它的出现标志着中国古代数学形成了完整的体系。

集大成的古算书

《九章算术》大约成书于公元一世纪中叶，是集战国和秦汉数学成就之大全的著名古算书。《九章算术》的内容十分丰富，全书采用问题集的形式，收有246个与生产、生活实践有联系的数学应用问题，其中每道题有问（题目）、答（答案）、术（解题的步骤，但没有证明），有的是一题一术，有的是多题一术或一题多术。这些问题依照性质和解法分别隶属于方田、粟米、衰（音崔）分、少广、商功、均输、盈不足、方程及勾股九章。全书具体章节内容如下：

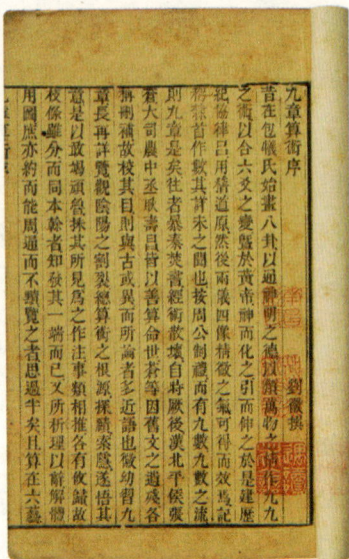

◎ 《九章算术》书影

第一章"方田"，主要讲的是田亩面积的计算，包括分数的各种计算方法；

第二章"粟米"，讲各种比例问题，特别是关于各种谷物间按比例相互交换的计算方法；

第三章"衰分"，讲按等级分配物资或摊派税收的比例问题；

第四章"少广"，讲开平方、开立方的计算方法；

第五章"商功"，讲各种形状的体积的计算方法；

第六章"均输"，讲如何按人口、物价高低、路途远近等条件，以计算各地的赋税和分派工役等问题的计算方法；

第七章"盈不足"，即用假设的方法解决如下一类的问题："今有（人）共买（物），（每）人出八（钱）盈余三（钱），（每）人出七（钱）不足四（钱），问人数、物价各几何？"这类问题，在《九章数术》中已有完整的解法；

第八章"方程"，是关于联立一次方程组普遍解法的叙述；

第九章"勾股"，主要是应用勾股定理和直角三角形相似的各种比例关系，测量和计算"高、深、广、远"的问题。

一本书影响了世界

《九章算术》总结了自周朝以来的中国古代数学，它既包含了以前取得的数学成就，又有汉朝时新发现的数学成就。一般认为，它标志着中国古代数学体系的形成，是中国古代数学体系的初期代表作。

《九章算术》中有许多数学问题都是世界上记载最早的。比如，《九章算术》最早系统叙述了分数运算；其中盈不足的算法更是令人惊奇的创造；"方程"章在世界数学史上首次阐述了负数及其加减运算法则；在代数方面，《九章算术》最早提出负数概念及正负数加减法法则。

后世的数学家，大都是从《九章算术》开始学习和研究数学知识的。唐宋两代都由国家明令规定为教科书。1084年由当时的北宋朝廷进行刊刻，这是世界上最早的印刷本数学书。它对中国古代的数学发展有很大影响，这种影响一直持续到了清朝中叶。

◎知识链接

《算经十书》

《算经十书》是指汉、唐一千多年间的十部著名数学著作，它们曾经是隋唐时候国子监算学科（国家所设学校的数学科）的教科书。这十部算书是：《周髀算经》、《九章算术》、《海岛算经》、《五曹算经》、《孙子算经》、《夏侯阳算经》、《张丘建算经》、《五经算术》、《缉古算经》、《缀术》。

《九章算术》一经问世很快流传到日本和朝鲜，该书的一些知识还传播至印度和阿拉伯，甚至经过这些地区远至欧洲，对其古代的数学发展产生了很大的影响。所以，《九章算术》是中国为世界数学发展做出的杰出贡献。

九九乘法口诀

九九乘法口诀，又称九九表、九九歌，是中国古代筹算中进行乘法、除法、开方等运算的基本计算规则，沿用到今日，已有两千多年。

而欧洲直到十三世纪初才知道这种简单好用的乘法表。

通俗易记的俗语算数

在中国五千年的文明历程中，很多东西都发生了很大变化，从社会形态到社会习俗，从思想观念到生活方式，从方言口语到文字形态等，然而有一种东西自它创立起，至今没有发生变化，这就是"乘法口诀"，也就是"俗语算数"。

宋代洪迈在《容斋随笔》中说："三三如九、三四十二、二八十六、四四十六、三九二十七、四九三十六、六六三十六、五八四十、五九四十五、六九五十四、七九六十三、八九七十二、九九八十一、皆俗语算数，然淮南子中有之。三七二十一，苏秦说秦王之辞也。汉书律历志刘歆典领钟律，奏其辞，亦云八八六十四。杜预注左传，天子用八，云八八六十四人，又六六三十六人，四四十六人。如淳、孟康、管灼注汉志，亦有二八十六、三四十二、六八四十八、八八六十四等语。"这是洪迈在《淮南子》、《史记》和历史上一些人注《左传》、《汉书》中摘录的当时人们生活中所使用的俗语算数。这些俗语算数，就是人们今天仍然在使用的"乘法口诀"。

洪迈所引用的俗语算数，只不过是当时人们根据文章需要使用的一些内容，其中最早的是战国时代"苏秦说齐王"之辞，苏秦"东说齐宣王……临淄之中七万户，臣窃度之，不下户三男子，三七二十一万，不待发于远县，而临淄之卒，固已二十一万矣"。这说明，早在春秋战国时代，俗语算数已在使用。

乘法口诀一形成，就活跃在人们的生活中，几乎没有变化。它通俗易记，朗朗上口，是人们生活中不可离开的运算工具，正是它在人们生活中不可离开的实用性，才得以一代代流传至今而没有什么改变，才使得秦代的九九乘法口诀和现在的乘法口诀历经数千年而惊人的一致。

文明古国乘法表比较

古希腊、古埃及、古印度、古罗马没有进位制，原则上需要无限大的乘法表，因此不可能有九九表。例如希腊乘法表必须列出 7×8，70×8，700×8，7000×8……相形之下，由于九九表基于十进位制，$7 \times 8=56$，$70 \times 8=560$，$700 \times 8=5600$，$7000 \times 8=56000$，只需 $7 \times 8=56$ 一项代表。再如古埃及，考古家发现，古埃及人是通过累次迭加法来计算乘积的。例如计算 5×13，先将13+13得26，再迭加26+26=52，然后再加上13得65。

巴比伦算术有进位制，比希腊等几个国家有很大的进步。不过巴比伦算术采用60进位制，原则上一个"59×59"乘法表需要$59 \times 60/2=1770$项；由于"59×59"乘法表太庞大，巴比伦人从来不用类似于九九表的"乘法表"。考古学家也从来没有发现类似于九九表的"59×59"乘法表。不过，考古学家发现巴比伦人有独特的 $1 \times 1=1$，$2 \times 2=4$，$3 \times 3=9$ …… $7 \times 7=49$ …… $9 \times 9=81$ …… $16 \times 16=256$ …… $59 \times 59=3481$ 的"平方表"。要计算两个数a，b的乘积，巴比伦人则依靠他们最擅长的代数学，$a \times b=[(a+b) \times (a+b)-a \times a-b \times b]/2$。例如 $7 \times 9=[(7+9) \times (7+9)-7 \times 7-9 \times 9]/2=(256-49-81)/2=126/2=63$。

古玛雅人的数学是西方古文明中最先进的，用20进位制，跟现代世界通用的十进位制最接近。一个19×19乘法表有190项，比九九表的45项

$1 \times 1=1$								
$1 \times 2=2$	$2 \times 2=4$							
$1 \times 3=3$	$2 \times 3=6$	$3 \times 3=9$						
$1 \times 4=4$	$2 \times 4=8$	$3 \times 4=12$	$4 \times 4=16$					
$1 \times 5=5$	$2 \times 5=10$	$3 \times 5=15$	$4 \times 5=20$	$5 \times 5=25$				
$1 \times 6=6$	$2 \times 6=12$	$3 \times 6=18$	$4 \times 6=24$	$5 \times 6=30$	$6 \times 6=36$			
$1 \times 7=7$	$2 \times 7=14$	$3 \times 7=21$	$4 \times 7=28$	$5 \times 7=35$	$6 \times 7=42$	$7 \times 7=49$		
$1 \times 8=8$	$2 \times 8=16$	$3 \times 8=24$	$4 \times 8=32$	$5 \times 8=40$	$6 \times 8=48$	$7 \times 8=56$	$8 \times 8=64$	
$1 \times 9=9$	$2 \times 9=18$	$3 \times 9=27$	$4 \times 9=36$	$5 \times 9=45$	$6 \times 9=54$	$7 \times 9=63$	$8 \times 9=72$	$9 \times 9=81$

◎ 九九乘法表

虽然大三倍多，但比巴比伦方法还是简便得多。可是考古学家至今还没有发现任何玛雅乘法表。可见从进位制到乘法表是一个不小的进步。

中国春秋战国时代不但发明了十进位制，还发明九九乘法表。后来东传入高丽、日本，经过丝绸之路西传印度、波斯，继而流行全世界。十进位制和九九表是古代中国对世界文化的极其重要的贡献。

圆周率

我国古代最初把圆周率取作3，这虽然应用起来简便，但是太不准确。在求准确圆周率值的征途中，数学家刘徽采用割圆术，求得圆周率的近似值为3.14。后继者祖冲之亦利用割圆术得出了小数点后七位的圆周率近似值，而且他的辉煌成就比欧洲至少早了1000年。

刘徽创立割圆术

三国曹魏景元四年（263年），著名数学家刘徽在为《九章算术》作注时指出，"周三径一"不是圆周率值，实际上是圆内接正六边形周长和直径的比值。用古法计算圆面积的结果，不是圆面积，而是圆内接正十二边形面积。刘徽经过深入研究，创立了割圆术的新方法。他认为当圆内接正多边形的边数无限增加时，其周长即愈益逼近圆周长，"割之弥细，所失弥小。割之又割，以至于

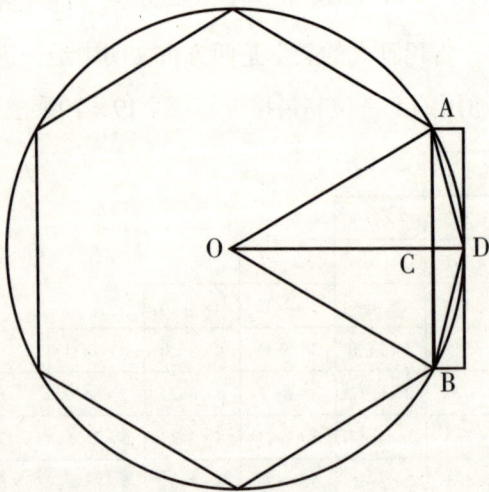

◎ 刘徽割圆术示意图

不可割，则与圆合体而无所失矣"。由此可以看到，刘徽已把极限的思想应用于圆周率的计算。刘徽应用割圆术，从圆内接正六边形算起，边数逐步加倍，直算至圆内接正192边形的面积，求得圆周率 π=3927/1250（相当于3.1416），成为当时世界上最精确的圆周率数据。针对这一结果，刘徽通过割圆术，计算了3072边形面积并验证了这个值。但是令人遗憾的是，由于人们对它缺乏理解而被长期埋没了。在实际应用中，他则主张采用 π=157/50（相当于3.14），通常称为"徽率"。刘徽提出的计算圆周率的科学方法，奠定了此后千余年中国圆周率计算在世界上的领先地位。

祖冲之与圆周率

祖冲之生于南朝的一个士大夫家庭，从小接受家传的科学知识，25岁入华林学省从事学术研究，后来在一位高官手下任公府参军，得以有充分时间进行科学研究，在天文、历法、数学和机械制造等方面都取得了重大成就。祖冲之和儿子祖暅（音gèng）的数学成就都集中在他们的数学著作《缀术》中，这部著作，被列在《算经十书》之中，是唐朝学生和朝鲜、日本学生的算学课本，可惜已经失传。现在所知的祖冲之的数学成就都是其他著作中留下的残缺不全的记载，主要集中在圆周率、球体积和开带从立方三个方面。

◎ 祖冲之像

在圆周率近似值的计算方面，古希腊一直是走在中国前面的。公元前5世纪，当希腊数学家算得圆周率为3.1416时，中国还停留在"周三径一"的古率阶段，并一直沿用到汉代。西汉刘歆算得3.141547或3.14166，有效数字为3.1，东汉张衡得到92/29和10的平方根这两个表达方式。刘徽算出圆周率为3.14，但是祖冲之不满足于刘徽这个成果，他通过刘徽的割圆术，从正六边形出发，直到计算出正6乘2的12次方边形的面积。他用更开密法，进一步算出了圆周率大于3.1415926小于3.1415927的结果。这在当时是一项了不起的成就，他不但把刘徽的数值精度提高了上百倍，而且运用了"盈二限"的方法给出了一个无理数值的变化范围，是一个无理数表示的基本方法。另外，祖冲之还得出了两个表达圆周率的分数，一个是22/7，一个是355/113，前者称为约率，后者称为密率。他算出的 π 的8位可靠数字，不但在当时是最精密的圆周率，而且保持世界纪录九百多年。以至于有数学史家提议将这一结果命名为"祖率"。

勾股定理

我国古代把直角三角形中较短的直角边叫做勾，较长的直角边叫做股，斜边叫做弦。《周髀算经》中记载了勾股定理的公式与证明，因为书中记载勾股定理是在商代由商高发现，故又被称为商高定理。

商高提出勾股定理

商高，西周初数学家。据《周髀算经》记载，商高的数学成就主要有三个方面：勾股定理、测量术和分数运算。《周髀算经》中记载着一段周公向商高请教数学知识的对话：

一次，周公问商高："古时作天文测量和订立历法，天没有台阶可以攀登上去，地又不能用尺寸去测量，请问数是怎样得来的？"商高回答说："数是根据圆和方的道理得来的，圆从方来，方又从矩来。矩是根据乘、除计算出来的。其中有一条原理：当直角三角形'矩'得到的一条直角边'勾'等于3，另一条直角边'股'等于4的时候，那么它的斜边'弦'就必定是5。"这里的"矩"原是指包含直角的作图工具。以后人们就简单地把这个数学原理说成"勾三股四弦五"，这就是著名的勾股定理，又称"商高定理"。

关于勾股定理的发现，《周髀算经》上说："故禹之所以治天下者，此数之所由生也。""此数"指的是"勾三股四弦五"，这句话的意思就是说：勾三股四弦五这种关系是在大禹治水时发现的。

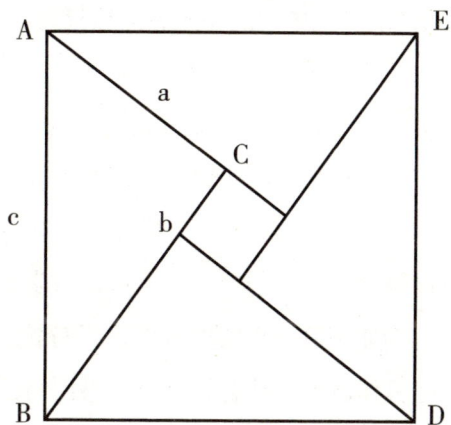

勾股圆方图

《周髀算经》并有"勾股各自乘，并而开方除之"的记载，说明当时已普遍使用了勾股定理。在稍后一点的《九章算术》一书中，勾股定理得到了更加规范的一般性表达。书中的《勾股章》说："把勾和股分别自乘，然后把它们的积加起来，再进行开方，便可以得到弦。"

赵爽证明勾股定理

中国古代的数学家们不仅很早就发现并应用勾股定理，而且很早就尝试对勾股定理作理论的证明。最早对勾股定理进行证明的，是三国时期吴国的数学家赵爽。

赵爽曾注《周髀算经》，他所作的《周髀算经注》中有一篇《勾股圆方图注》，全文五百余字，并附有"勾股圆方图"（已失传），这篇注文简练地总结了东汉时期勾股算术的重要成果，并用形数结合的方法，给出勾股定理新的证明以及勾股弦三边及其和、差关系的二十多个命题，他的证明主要是依据几何图形面积的换算关系。

在这幅"勾股圆方图"中，以弦为边长得到正方形ABDE是由4个相等的直角三角形再加上中间的那个小正方形组成的。每个直角三角形的面积为ab/2；中间的小正方形边长为b-a，则面积为（b-a）2。于是便可得如下的式子：4×（ab/2）+（b-a）2=c2，化简后便可得：a2+b2=c2。赵爽的这个证明可谓别具匠心，极富创新意识。他用几何图形的截、割、拼、补来证明代数式之间的恒等关系，既具严密性，又具直观性，为中国古代以形证数、形数统一、代数和几何紧密结合、互不可分的独特风格树立了一个典范。以后的数学家大多继承了这一风格并且更有发展。例如稍后一点的刘徽在证明勾股定理时也是用的以形证数的方法，只是具体图形的分合移补略有不同而已。

　　中国古代数学家们对于勾股定理的发现和证明，在世界数学史上具有独特的贡献和地位。尤其是其中体现出来的"形数统一"的思想方法，更具有科学创新的重大意义。事实上，"形数统一"的思想方法正是数学发展的一个极其重要的条件。

杨辉三角

　　杨辉三角，实际上是一个二项展开式系数表。它本是由北宋人贾宪创造的，见于他的著作《黄帝九章算法细草》中，后此书流失，南宋人杨辉在他的《详解九章算法》中又编此表，故名"杨辉三角"。

杨辉三角的发现

　　有一次，杨辉得到一本《黄帝九章算法细草》，这是北宋数家贾宪所著。书中有很多了不起的数学成就，如贾宪描画了一张图，叫做"开方作法本源图"。图中的数字排列成一个大三角形，位于两腰上的数字均是1，其余数字则等于它上面两数字之和。从第二行开始，这个大三角形的每行数字和，都对应于一组二项展开式的系数，下面试举例说明：在第四行中，1、3、3、1，这4个数字和恰好是对应于2∧（4－1）；再如第五行数字和对应于2∧（5－1）。以此类推。

杨辉把贾宪的这张画记录下来，在自己所著的《详解九章算法》中讨论了这种形式的数表，并绘画了"古法七乘方图"，保存在自己所著的《详解九章算法》一书中。故此，杨辉三角又被称为"贾宪三角"。

后来人们发现，杨辉三角不仅可以用来开方和解方程，而且与组合、高阶等差级数、内插法等数学知识都有密切关系。

杨辉的数学成就

杨辉，南宋时期杰出的数学家和数学教育家。他是世界上第一个排出丰富的纵横图和讨论其构成规律的数学家，与秦九韶、李治、朱世杰并称宋元数学四大家。

杨辉进一步发展了乘除捷算法。在前人的基础上，他提出了"相乘六法"：一曰"单因"，即乘数为一位数的乘法；二曰"重因"，即乘数可分解为两个一位数的乘积的乘法；三曰"身前因"，即乘数末位为一的两位数乘法，比如$257 \times 21 = 257 \times 20 + 257$，实际上，身前因就是通过乘法分配律将多位数乘法化为一位数乘法和加法来完成。四曰"相乘"，即通常的乘法；五曰"重乘"，就是乘数可分解为两因数的积，作两次相乘；六曰"损乘"，是一种以减代乘法，比如，当乘数为9、8、7时，可以10倍被乘数，减去被乘数的一、二、三倍。杨辉还进一步发展了唐宋相传的求一算法，总结出了"乘算加法五术"、"除算减法四术"。

另外，杨辉完善了北宋初年出现的一种除法——增成法。杨辉的另一重要成果是垛积术。这是杨辉继沈括"隙积术"之后，关于高阶等差级数求和的研究。对数学重新分类也是杨辉的重要数学工作之一。杨辉在详解《九章算术》的基础上，专门增加了一卷"纂类"，将《九章算术》的方法和246个问题按其方法的性质重新分为乘除、分率、合率、互换、衰分、叠积、盈不足、方程、勾股九类。总之，杨辉不仅是一位著述甚丰的数学家，而且还是一位杰出的数学教育家。他一生致力于数学教育和数学普及，其著述有很多是为了数学教育和普及而写的。

农学水利

古代农耕法

在古代，水利工程不像现今这么发达，农业要发展，就必须考虑洪涝干旱的问题。我国北方地区降水量稀少，为了减少干旱对农作物的影响，古人不得不改进耕作方法，增强农作物的抗旱能力。

畎亩法

畎（音quǎn）亩法是最早出现的抗旱耕作法，早在先秦时期就已经开始实行了。畎亩，也就是今天在田间地头所看到的沟和垄。古人种田开沟起垄，在缺水的高田里，就将作物种在沟中，以利于抗旱保墒（音shāng，指土壤适合种子发芽和作物生长的湿度）；在水分多的下泽地，就将作物种在垄上，以利于泄水保苗。沟低于垄，自然土壤中的水分含量就比垄上高。这就是畎亩法抗旱的道理。

代田法

代田法是西汉中期出现的一种适应北方干旱地区的耕作方法。它是在面积为一亩的长条形土地上，开三条宽与深各一尺的沟，由于沟的位置隔年代换，因此称为"代田"。将种子播种于沟中，等到苗发芽长叶以后，便在中耕除草的同时，将沟两边的垄土，耙（音pá）下来埋在作物的根部，这样便能起到防风保墒、抗旱的作用。

◎ 田地

代田法是由畎亩法发展而来的，在技术上有以下特点：一是沟垄相间，作用是防风保墒和抗旱，体现了畎亩法中"上田弃亩"的原则。二是沟垄互换，即垄和沟的位置隔年代换，这样使土地能够轮番利用与休闲。三是半面耕法，用半面式犁耕和半面式锄耕的方法相互交替结合，节省人力。此外，新农器的发明和投入使用，如耧车、耦犁等，使得代田法的效果更为显著，产量也大为提高，起到了"用力少而得谷多"的好效果。

区种法

汉代除了代田法外，还有一种抗旱高产的耕作方法，就是区种法。它的特点是在小范围的土地上集中人力、物力，精耕细作，以达到防旱保收、提高产量的目的。区种法有两种形式，一种是宽幅区种法，另一种是小方形区种法。无论是哪种方式，它们都具有以下相同的特点：第一，作区深耕，不耕小区以外的土地，以便能增强区内土地的生产产量。第二，等距点播，区田内所种作物的行距、株距都有一定的规格，呈等距点播，以保证作物有良好的通风透光条件。第三，便于管理，由于区田不耕旁地，等距点播等都便于区内操作，也节省了人力和物力。第四，由于区田不耕旁地，只是着眼于区内深耕，有利于抗蚀保土。

区种法不仅适用于平地和熟田的耕作，在坡地和荒地也适用，有利于扩大土地利用范围，也大大提高了粮食亩产量。但由于区种法的技术要求高，又耗费大量的人力、物力，因此在汉代以后，并未被大范围推广。

犁

犁是一种耕地的农具。早在5500年前，人类就开始使用犁，我国的犁是由耒耜（音lěi sì，先秦时代的翻土农具）发展而来的。经过不断改造，犁成为古代耕种不可缺少的工具。尽管现代农业科技已经很发达，但是在很多地区，人们仍然使用这种原始的工具耕作。

替代锄头的农耕利器

起初，农民是用简易的挖掘棒或锄头来耕作农田的，犁出现之后，用犁耕作的情况便渐渐多起来。早期的犁是用Y形的木段制成的，下面的枝段雕刻成一个尖头，用来犁地，上面的两个分枝则做成两个把手，农民可以用把手来驾驶犁。当为犁套上绳子并由牲口拉动它时，犁的尖头就会在泥土里扒出一道狭小的浅沟，犁就是这样工作的。

到公元前3000年，犁有了新的改造，尖头制成一个能更有力地扒开泥土的锐利"犁铧"，又增加了一个能把泥土推向两边的倾斜的"底板"。我国的犁大约在商朝时期出现。

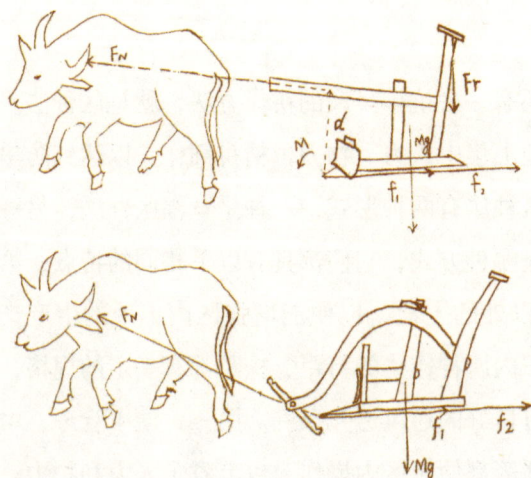

◎ **直辕犁与曲辕犁受力分析图**

西周晚期至春秋时期出现了铁犁，开始用牛拉犁耕田。

现在，犁耕仍在世界上许多地方使用，尤其是在轻质的沙土地区。犁耕的发明是农业史上的一件大事，它使个体农业变成了现实，为封建农业取代奴隶制农业奠定了坚实的物质和技术基础。

随着时代进步的中国犁

犁是由一种原始双刃三角形石器（即石犁）发展起来的。夏、商、西周，是中国农业技术的初步发展时期，生产工具和耕作栽培等方面有了较大的进步和创造，出现了青铜农具。春秋战国时期铁犁的出现，是我国农具发展史上的重大变革。

汉代的犁是直辕犁，有双辕和单辕之分，基本上是二牛抬杠式，特别适合在平原地区使用，能保证田地犁得平直，比较容易驾驭，效率也较高。

魏晋南北朝时期，农业生产已经全面进入牛拉犁耕的阶段，以"耕—耙—耱"为体系的精耕细作技术越来越成熟，直辕犁结构已经相当完善，应用更加广泛。

隋唐时期，是中国古代精耕细作农业的扩展时期，这期间南方水田精耕细作技术体系形成。曲辕犁的应用和推广，大大提高了劳动生产率和耕地的质量。曲辕犁的发明，为中国传统农具史掀开了新的一页，它标志着中国耕犁的发展进入了成熟阶

◎ 古代农耕的场景

段。我国的传统耕犁发展至此，在结构上便基本定型。此后，曲辕犁就成为中国耕犁的主流犁型。

宋元时期的耕犁在唐代曲辕犁的基础上，加以改进和完善，使犁辕缩短、弯曲，减少策额、压镵（chán）等部件，犁身结构更加轻巧，使用灵活，耕作效率也更高。

明清时期，耕犁已没有太大的变化。只是到清代晚期由于冶铁业的进一步发展，有些耕犁改用铁辕，省去犁箭，在犁梢中部挖孔槽，用木楔来固定铁辕和调节深浅，使犁身结构简化而又不影响耕地功效，也使耕犁更加坚固耐用，既延长了使用时间，又节约了生产成本。

耧　车

我国是世界上机械发展最早的国家之一。早在2500多年以前，畜力已被利用于农业生产方面，当时人们除了利用牲畜运输之外，还利用牲畜来帮助耕田和播种。我国最早的条播机是耧车，它也是现代播种机的始祖。

播种机的始祖

耧车是播种机的始祖，是一种畜力播种工具，由三只耧脚组成，下有三个开沟器，播种时，用一头牛拉着耧车，耧脚在平整好的土地上开沟播种，同时进行覆盖和镇压等作业。用耧车播种省时省力，效率有"日种一顷"之说。

耧车的发明在汉武帝时期，它的出现与分行栽培是分不开的。原始农业时期，人们采用点播和撒播的方式播种，这样长出来的庄稼就像是洒满天的星斗，参差不齐。早在先秦时期，农业生产就已经出现了分行栽培技术。这时候出现的畎亩法便是一种分行栽培庄稼的方法。人们已经认识到分行栽培有利于作物快速生长，在播种时横纵成行，以保证田间通风。耧车的出现为分行栽培提供了有利的工具，它保证了行距、株距的距离，被人们广为采用。

分行栽培不仅有利于排涝和保墒，还有利于中耕除草。而在此基础上发明的耧车也为畜力中耕的发明提供了条件。元代时出现的耧锄，便是从耧车发展而来的。耧锄与耧车的构造很相似，只是没有耧斗，有耰（音yōu，古代弄碎土块的农具）锄。使用时耧锄用一头驴挽着，锄头能挖进二三寸的深土中，是手锄的三倍，而且速度很快，每天能锄地二十亩，效率非常高。耧车除了改进为耧锄之外，还改进为下粪耧种。下粪耧种，是在原来播种用的耧车上加上斗，斗中装有筛过的细粪，或拌过的蚕沙，播种时随种而下，将粪覆盖在种子上，起到施肥的作用，使开沟、播种、施肥、覆土、镇压等作业一次完成，大大提高了生产功效。

⊙ 耧车

耧车走出国门

我国在战国时就有了播种机械。大约在公元前2世纪，就已经出现了小型耧车。起初的耧车，播种幅宽不一，行数不同，汉武帝的时候，赵过在一脚耧和二脚耧的基础上，创造发明了能同时播种三行的三脚耧。一人在前面牵牛拉着耧车，一人在后面手扶耧车播种，一天就能播种一顷地，大大提高了播种效率。汉武帝曾经下令在全国推广这种先进的播种机，还改进了其他耕耘工具，加以提倡代田法，对当时农业生产发展起了推动作用。

西方在使用条播机之前，种子是用手点播的。用手点播造成极大浪费，常常要把当年收成的一半谷物留作第二年的播种。用于撒播的种子，发芽后长成植株时，植株聚集在一起，互相争夺水分、阳光和营养，而且除草很棘手。直到16世纪，在我国条播机的启发下，西方有了第一部条播机。

水 车

中国自古以来就是农业大国，水利工程作为农业中最不可缺的一环，各朝政府都花费了极大心思营建。灌溉渠道或是运河，受地形等因素的制约，很多地方无法著及使用。我们的祖先运用他们的智慧，发明了能引水灌溉的水车。

最普遍的龙骨水车

龙骨水车也叫翻车、踏车、水车，是一种用于排水灌溉的机械。因为其形状犹如龙骨，故名"龙骨水车"。龙骨水车起源于东汉，经三国时期的马钧改进后，一直在农业上发挥巨大的作用。

龙骨水车的提水高度在1米到2米左右，适合在平原地区近距离灌溉，或者作为灌溉工程的辅助设施，从输水渠直接向农田提水。龙骨水车提水时，一般安放在河边，下端水槽和刮板直伸水

◎ 龙骨水车

下，利用链轮传动原理，以人力或畜力为动力，带动木链周而复始地翻转，装在木链上的刮板就能刮水上行，进行农田灌溉。

最初的龙骨水车是用人力转动的，后来经过人们的改造，出现了利用畜力、风力、水力等转动的多种水车。龙骨水车的出现，对解决排灌问题，起了极其重要的作用。由于龙骨水车结构合理，可靠实用，因此一代代地流传了下来。直到近代农用水泵普遍使用，它才退出历史的舞台。

最古老的兰州水车

兰州水车是古代黄河沿岸最古老的提灌工具，又名天车、翻车、老虎车，为明朝嘉靖年间的进士段续所造，至今已有近500年的历史。

兰州水车是一种利用黄河水流自然的冲击力工作的水利设施。与龙骨水车不同，它酷似巨大的古式车轮，水车轮辐直径达10多米，轮辐中心是合抱粗的轮轴，轮轴周边装有两排并行的辐条，辐条的尽头装有刮板，刮板间安装有等距斜挂的长方形水斗。可提水高达十几米。

◎ 兰州水车

水车立于黄河南岸，旺水期利用自然水流助推转动；枯水季则以围堰分流聚水，通过堰间小渠，河水自流助推。水斗舀满河水，缓缓上升，当升到轮子上方正中时，斗口翻转向下，再倾入木槽，由木槽引入田间。这种通过水车转动，自动提水灌溉农田的水利设施，堪称是中国古代的"自来水工程"。

扬谷扇车

扬谷扇车是一种用于去除稻麦壳的风扇车，又称飏（yáng）车、风柜、扇车、扬谷器等。公元前2世纪，中国发明了旋转式扬谷扇车，比西方早了两千年左右，而且它对西方农业革命产生了重要作用。

扬谷扇车的工作原理

扇子是人类用以生产气流的最早工具。古代官宦豪门之家，有夏季降温的轮扇，将扇叶装于轮轴上，人转动动轴，能产生强大气流。如果将轮扇装入箱体内，就成风扇车。扬谷扇车就是利用了这个原理而使空气流动的机械。它以人力为动力，将经过舂、碾后的糠、麸，或经过脱粒、晾晒后的秕、草除去，是粮食加工的最后工序。

扬谷扇车

扬谷扇车综合利用流体力学、惯性、杠杆等原理，人为地控制空气流动，在古代农具史上可算是"高新科技"。西汉古墓中发现了陶风扇车的模型，由此可以知道，风扇车在西汉时期就已经出现了，随后，扬谷扇车风谷技术漂洋过海，传至欧洲。

阳谷扇给西方的惊喜

尽管扬谷扇车最初是在北方发明的，用于除去小麦和小米的壳，但由于各种经济原因，这种农具却被北方人民渐渐遗忘了。几个世纪以后，扬谷扇车传到了南方，被南方人普遍使用。

1700年至1720年之间，由荷兰船员从当时荷属东印度群岛爪哇的巴塔维亚荷兰移民那里得到了扬谷扇车，并把它带到了欧洲。大约同在这个时期，瑞典人直接从我国南方进口了扬谷扇车。1720年左右，耶稣会传教士也从中国把几台扬谷扇车带到了法国。

扬谷扇车在西方出现以前，西方人一直用扬谷和用簸箕簸谷，有时还用粗帆布和毯子等物粗略地簸去糠秕，直到18世纪初，扬谷扇车的出现才使这种方式得到改变。据记载，18世纪前欧洲常用的最先进的簸谷工具是簸箕，如果由一位熟练的行家来干，每小时可簸谷45公斤。而我国造的扬谷扇车，一天就能加工17桶谷。这个发现，令西方人惊喜不已。欧洲的工程师快速改进了设计，使扬谷扇车适合于欧洲谷粒的大小，并使之与机器打谷结合起来。这样，扬谷扇车在欧洲得以普遍使用。

◎ 扬谷扇车

架 田

《玉堂闲话》中记载了一个菜地被人偷走的案子，这就不禁令现代人奇怪了，菜地如何被人偷走呢？原来，这个人偷走的是"架田"。

浮在水面上的人造田

古时候，南方人用芦苇编成筏，筏上作一些小孔，把蔬菜的种子种在小孔中，令筏浮在水面上，这种筏变成了浮动的田，它由芦苇或相近似的材料编成，浮在水上，不需要泥土覆盖，主要用于种植水生植物，如空心菜等。人们把这种人造耕地称为"浮田"。后来又出现了称为葑（音fēng）田和架田的浮田。

葑田最初是由泥沙淤积菰（音gū）葑根部，长年累月浮泛于水面而形成的一种自然土地，它的名字由来最早见于唐诗"路细葑田移"。但是在此之前，人们就已经开始了对葑田的利用。东晋郭璞的《江赋》中，就记有"标之以翠翳，泛之以浮菰，播匪艺之芒种，挺自然之嘉蔬"。

人们从自然形成的葑田中得到启发，做成木架浮在水面上，在木架里填满带泥的菰根，使水草生长而填满框架，进而成为人造耕地。为了防止它们被流水冲走，或被人偷走，人们用绳子将其拴在河岸边；而有时为了避免恶劣天气毁坏庄稼，人们又将其搬走，等天气好转，再把它们放到水面。这种人造耕地，在宋代以前仍旧被称为葑田，元代以后则正式命名为架田。架田突破了葑田的限制，而成为真正意义上的人造耕地。

诗人留下的架田印象

架田被称为"浮在水面上的农田"，是中国农业史上的一项重大发明。它利用水面种植，不仅扩大了耕地面积，而且不用担心干旱，在水多地少的水乡地区最为适宜。唐宋时期，江浙、淮东、两广一带就已经使用了架田的技术。

宋代杭州西湖上就曾经漂浮着这种葑田。鼎盛时期还一度使湖面面积大大减少，灌溉能力和居民用水都受到极大的威胁。因此，苏东坡到杭州任通判的时候，向上级请示，提出了开挖西湖的请求。他将葑田挖起，堆积成长堤，这就是我们今天所见到的苏堤。到了南宋时期，葑田在江南水乡已较为普遍。南宋诗人范成大的《晚春田园杂兴》诗中就有"小船撑取葑田归"，说的就是当时江苏吴县一带水上葑田的情景。

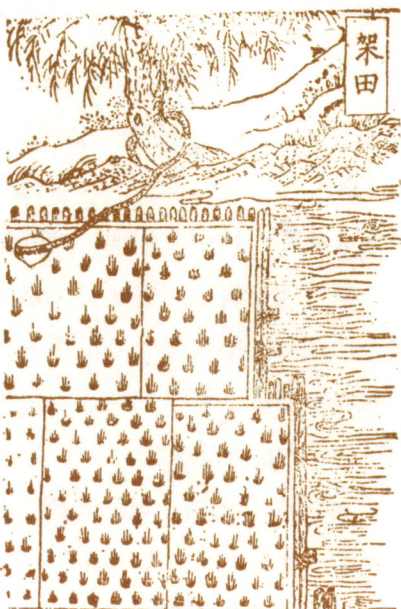

○ 架田

架田主要用于种植庄稼，但除此以外，人们还用架田的方式进行居住。陆游就曾亲眼看到浮于长江中的大型架田，这个架田的主体是一个大木筏，宽有十余丈，长有五十余丈，上面住着几十户人家，还养鸡养狗。木筏上还有各种炊具，有纵横交错的道路，还有供祭祀的神祠。据说这只是小的木筏，大的木筏上，还有菜园和酒店。

水利工程

水是人类生产和生活必不可少的宝贵资源，但其自然存在的状态并不完全符合人类的需要。只有修建水利工程，才能控制水流，防止洪涝灾害，并进行水量的调节和分配，以满足人民生活和生产对水资源的需要。我国古代有不少闻名世界的水利工程。这些工程不仅规模巨大，而且设计水平也很高，反映了当时丰富的水文知识。

都江堰

都江堰位于成都平原西部灌县（今都江堰市）附近的岷江上，是秦昭襄王五十一年（公元前256年），李冰任蜀郡守后领导群众修筑的。都江堰由"分水鱼嘴"、"飞沙堰"和"宝瓶口"三项主要工程组成。"分水鱼嘴"是中流作堰，把岷江一分为二：东边是内江；西边是外江，是岷江正流。"宝瓶口"是劈开玉垒山建成的渠首工程。"飞沙堰"是调节入渠水量的溢洪道。内江从宝瓶口以下进入成都平原上密布的农田灌渠。有了都江堰，成都平原"旱则引水浸润，雨则杜塞水门"，成为富有的粮仓，享有"天府"的称号。

都江堰的规划、设计和施工都具有科学性和创造性。工程规划相当完善，分水鱼嘴、飞沙堰和宝瓶口联合运用，能按照灌溉、防洪的需要，分配洪水和枯水流量。另外据《华阳国志》记载：为了控制内江流量，在进水口"作三石人，立三水中"，使"水竭不至足，盛不没

◎ 都江堰

肩"。这些石人显然起着水尺的作用，这是原始的水尺。从石人"足"和"肩"两个高程的确定，可见当时不仅有长期的水位观察，并且已经掌握岷江洪、枯水位变化幅度的一般规律。通过内江进水口水位观察，掌握进水流量，再用鱼嘴、飞沙堰和宝瓶口的分水工程来调节水位，这样就能控制渠道进水流量。这说明早在两千二百多年前，我国劳动人民在管理灌溉工程中，已经掌握并且利用了在一定水头下通过一定流量的"堰流原理"。

郑国渠

郑国渠是秦王政元年（前246年）由一个名叫郑国的水工设计和领导修筑的。郑国渠从现今陕西泾阳境内起，引泾水向东注入洛水，全长三百多里，灌溉关中平原。渠成以后，人们用富有肥效的细泥（悬浮体）的泾水进行"粪灌"（就是淤灌），把关中平原二百多万亩盐碱地改良成平均亩产二百多斤的良田。从此"关中为沃野，无凶年"。（《史记·河渠书》）当时关中流传着这样一首歌谣："郑国在前，白渠起后。举臿为云，决渠为雨。泾水一石，其泥数斗，且溉且粪，长我禾黍，衣食京师，亿万之口。"生动地描绘了在郑国渠等灌溉渠的淤灌下，关中平原农业发达、经济繁荣的情景。

郑国渠的建设也体现了比较高的河流水文学知识。郑国渠渠首工程布置在泾水凹岸稍偏下游的位置，这是十分科学的。在河流的弯道处，除通常的纵向水流外，还存在横向环流，上层水流由凸岸流向凹岸，河流中最大流速接近凹岸稍偏下游的位置，正对渠口，所以渠道进水量就大得多。同时水里的大量细泥也进入渠里，进行淤灌。横向环流的下层水流却和上层相反，由凹岸流向凸岸，同时把比较重因而在河流底层移动的粗砂冲向凸岸，这样就避免了粗砂入渠堵塞渠道的问题。

芍陂

芍陂（音què bēi）又称安丰塘，是中国古代淮河流域著名古陂塘灌溉工程，与都江堰、漳河渠、郑国渠并称为我国古代四大水利工程。由春秋时楚相孙叔敖主持修建，位于安徽省寿县南。这是个大似湖泊的水塘，塘堤四周设有三十六道门，七十二道涵。它接引了六安山区流来的水，形成一座周围一百二十多里的蓄水库，可以灌溉万顷农田。芍陂迄今已有2500多年的历史，一直发挥不同程度的灌溉效益。

到了汉代陂塘已经很普遍。东汉以后，陂塘水利得以快速发展。从后世出土的这一时期的陂池模型中可看出，当时人们已经在陂池中养鱼，对陂池进行综合利用。中小型陂塘适合小农经济，南方地区多修筑这种陂塘，用于雨季蓄水以备干旱时使用。元代王祯在《农书·农器图谱·灌溉门》中说："惟南方熟于水利，官陂官塘处处有之。"明代仅江西一地就有陂塘数万个，当时，灌渠总长达783里。总之，古代的陂塘对农业生产的作用不可小觑。

黄河大堤

黄河流经黄土高原，因而含有大量泥沙。河南孟津以下，黄河流入平原，河床坡度骤然变小，大量泥沙淤积河床，因而洪汛来的时候，经常泛滥、决口或改道，在历史上，黄河洪水灾情特别严重。我国历代劳动人民同黄河洪水斗争，创造了不少治河方法。目前，黄河两岸的千里大堤正是这种斗争的产物，它是在漫长的岁月中发展完善起来的。

春秋时期，黄河下游已经部分出现了堤防，但是规模不大。战国时期，堤防更加普遍，某些地段还出现了所谓"巨防"和"千丈堤"。秦始皇统一中国以后，"决通川防，夷去险阻"，第一次统一治理黄河大堤。以后黄河大堤又有所发展。特别是到了明清二代，由于"束水攻沙"理论的提出和应用，使堤防由消极的防洪挡水的工程变成了积极的冲刷淤沙的工程，因此黄河大堤迅速得到发展并且完善起来，出现了多种堤防的配合。此外还有许多辅助工程出现，如排水坝、顺水坝、透水坝、减水坝等。黄河大堤对于控制洪水灾害，保护人民生命财产，促进华北平原农业生产发展，起了极大的积极作用。

海塘

自古以来，我国沿海人民为防御海潮灾害而修建海塘，它蜿蜒于海岸线上，犹如防海长城，有效地保障了沿海地区人民的生命和经济安全。海塘对我国东南沿海地区的经济发展具有相当重要的作用。

海塘从局部到连成一线，从土塘演变为石塘，建筑技术水平不断提高。相传早在秦代，海塘就已经出现。五代吴越王钱镠（音liú）在位时，曾在杭州候潮门和通江门外筑塘防潮，以木栅为格，格内填进砖石，经涨沙充淤后，就成为土石塘。这种方法被称为"石囤木桩法"。土石塘远比土塘坚固，可以说，从土塘到石塘，是一个飞跃。北宋时，"坡坨（tuó）法"的发明，促进了石塘技术上的一次改革。"坡坨法"是将海塘砌成斜坡石级式，利用坡阶所起的消力作用，减轻潮的强度。

明、清时期，海塘工程更受重视，它投入的人力、物力之多以及技术上的进步都超过其他历史时期。我国古代劳动人民不断地总结前人的经验教训，作出新的创造，在巩固海塘和减小潮汐对塘身的压力方面，取得了傲人的成就。

灵渠

灵渠在广西壮族自治区兴安县境内，是世界上最古老的运河之一，有着"世界古代水利建筑明珠"的美誉。灵渠古称秦凿渠、零渠、陡河、兴安运河，于公元前214年凿成通航，距今已2200多年，仍然发挥着功用。灵渠完整精巧，设计巧妙，通三江、贯五岭，沟通南北水路运输，与长城南北呼应，实为世界奇观。

灵渠主要包括大小天平石堤、铧嘴、南渠、北渠、陡门和秦堤。

大小天平石堤起自兴安城东南龙王庙山下，呈"人"字形，左为大天平石堤，伸向东岸与北渠口相接；右为小天平石堤，伸向西岸与南渠口相接。铧嘴位于"人"字形石堤前端，用石砌成，锐削如铧犁。铧嘴将湘江上游海洋河水分开，三分入漓，七分归湘。天平石堤顶部低于两侧河岸，枯水季节可以拦截全部江水入渠，泛期洪水又可越过堤顶，洩（xiè）入湘江故道。南渠即人工开凿的运河，在湘江故道南，引湘水穿兴安城中，经始安水、灵河注入大榕江入漓。因海洋河已筑坝断流，又在湘江故道北开凿北渠，使湘漓通航。

南渠、北渠是灵渠主体工程，总长34公里。陡门为提高水位、束水通舟的设施，明、清两代仍有陡门30多处。秦堤由小天平石堤终点至兴安县城上水门东岸，长2公里。灵渠的修建，联结了长江和珠江两大水系，对岭南的经济和文化发展有过很大促进作用。湘、桂间铁路和公路建成后，灵渠已被改造为以灌溉为主的渠道。

大运河

大运河，又叫京杭大运河，是世界上开凿最早、规模最大、里程最长的航行运河。它北起北京，南到杭州，全长1794公里，沟通海河、黄河、淮河、长江和钱塘江五大水系。它的建成克服了过去没有南北水路的缺陷，发挥了很大作用，直到京广铁路修筑前，一直是南北的交通干线。

大运河最早的一段是两千四百年前开凿的邗（hán）沟，以后不断发展。隋炀帝大业年间（605年~613年），为了漕运，就大开运河，经过六年，开通了两千四百公里的南北大运河。但是隋代的大运河在淮河和海河中间的一段和现在的不同，是以隋代的东都洛阳为中心向东北和东南伸展的。元代建都北京以后，要从江浙运粮到北京，为了避免绕道洛阳，就裁弯取直，形成现在的京杭大运河。

开凿大运河要通过不同的地理环境，因此工程十分复杂，而开导水源、保持水量是工程中的关键。古代劳动人民排除万难，解决了许多复杂的技术问题，才使运河能够通航。元代开凿的山东西部丘陵地区的一段运河，因为穿过黄河，地势高低悬殊很大，水流湍急，不便航行，更是一项极其艰巨的工程，是运河南北通航的关键地段。这个问题，到明代永乐年间（1403年～1424年），由平民白英的合理建议，才得到真正解决。白英选择了这段运河上的最高点，然后设法把汶河的水全部汇集到这里，使它南北分流；沿运河还利用地形修筑"水柜"蓄水，解决了水源问题，又修建了三十多座水闸，节节控制，分段平缓水势，以利航行。这段运河穿过黄河，于是采用水流由运河注入黄河的办法，这样就避免了黄河泥沙进入运河、堵塞河道这个大问题。

　　隋代和元代大运河建成以后，成为南北交通的大动脉。唐代的时候，由大运河运到北方的粮食，每年在二百万石以上。到了宋代，每年增加到七百万石。大运河促进了南北经济的发展。沿河也发展了不少著名城市，如德州、济南、淮安、扬州、镇江等。

◎ 大运河

发明创造

指南针

指南针的发明，是我国劳动人民在长期的实践中对物体磁性认识的结果。由于生产劳动，人们接触了磁铁矿，开始了对磁性质的了解。人们首先发现了磁石引铁的性质，后来又发现了磁石的指向性。经过多方的实验和研究，终于发明了可以实用的指南针。

先人与磁现象的接触

先秦时代，我们的先人已经积累了许多磁方面的认识，在探寻铁矿时常会遇到磁铁矿，即磁石（主要成分是四氧化三铁）。这些发现很早就被记载下来了。《管子》的数篇中最早记载了这些发现："山上有磁石者，其下有金铜。"其他古籍如《山海经》中也有类似的记载。磁石的吸铁特性很早就被人发现，《吕氏春秋》九卷精通篇就有："慈招铁，或引之也。"那时的人称"磁"为"慈"，他们把磁石吸引铁看作慈母对子女的吸引。

既然磁石能吸引铁，那么是否还可以吸引其他金属呢？我们的先民做了许多尝试，发现磁石不仅不能吸引金、银、铜等金属，也不能吸引砖瓦之类的物品。西汉的时候人们已经认识到磁石只能吸引铁，而不能吸引其他物品。

当把两块磁铁放在一起相互靠近时，有时候互相吸引，有时候相互排斥。现在人们都知道磁体有两个极，一个称N极，一个称S极。同性极相互排斥，异性极相互吸引。那时的人们并不知道这个道理，但对这个现象还是能够察觉到的。

到了西汉，有一个名叫栾大的方士，他利用磁石的这个性质做了两个棋子般的东西，通过调整两个棋子极性的相互位置，有时两个棋子相互吸引，有时相互排斥。栾大称其为"斗棋"。他把这个新奇的玩意献给汉武帝，并当场演示。汉武帝惊奇不已，龙心大悦，竟封栾大为"五利将军"。

地球也是一个大磁体，它的两个极分别在接近地理南极和地理北极的地方。因此地球表面的磁体，可以自由转动时，就会因磁体同性相斥、异性相吸的性质指示南北。这个道理古人不够明白，但这类现象他们已经很清楚。

指南针的始祖司南

司南是指南针的始祖，大约出现在战国时期。它是用天然磁石制成的。样子像一把汤勺，圆底，可以放在平滑的"地盘"上并保持平衡，且可以自由旋转。当它静止的时候，勺柄就会指向南方。当时的著作《韩非子》中记载有："先王立司南以端朝夕。""端朝夕"就是正四方、定方位的意思。《鬼谷子》中记载了司南的应用，郑国人采玉时就带了司南以确保不迷失方向。

◎ 司南

东汉时的王充在他的著作《论衡》中对司南的形状和用法做了明确的记录。司南是用整块天然磁石经过琢磨制成勺型，勺柄指南极，并使整个勺的重心恰好落到勺底的正中，勺置于光滑的地盘之中，地盘外方内圆，四周刻有干支四维，合成二十四向。这样的设计是古人认真观察了许多自然界有关磁的现象，积累了大量的知识和经验，经过长期的研究才完成的。司南的出现是人们对磁体指极性认识的实际应用。

但司南也有许多缺陷，天然磁体不易找到，在加工时容易因打击受热而失磁。所以司南的磁性比较弱，而且它与地盘接触处要非常光滑，否则会因转动摩擦阻力过大，而难于旋转，无法达到预期的指南效果。而且司南有一定的体积和重量，携带很不方便，这可能是司南长期未得到广泛应用的主要原因。

指南针的前身指南鱼

指南鱼就是指南针的前身。古代民间常用薄铁叶剪裁成鱼形，鱼的腹部略下凹，像一只小船，磁化后浮在水面，就能指南北，这就是指南鱼。东晋的崔豹在《古今注》中曾提到"指南鱼"。

北宋时，曾公亮在《武经总要》载有制作和使用指南鱼的方法："用薄铁叶剪裁，长二寸，阔五分，首尾锐如鱼型，置炭火中烧之，候通赤，以铁钤钤鱼首出火，以尾正对子位，蘸水盆中，没尾数分则止，以密器收之。用时，置水碗于无风处平放，鱼在水面，令浮，其首常向午也。"这是一种人工磁化的方法，它利用地球磁场使铁片磁化。即把烧红的铁片放置

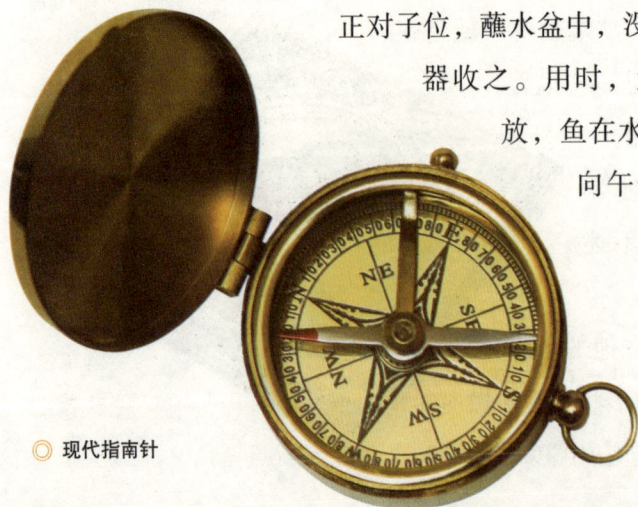

◎ 现代指南针

在子午线的方向上。烧红的铁片内部分子处于比较活动的状态，使铁分子顺着地球磁场方向排列，达到磁化的目的。蘸入水中，可把这种排列较快地固定下来，而鱼尾略向下倾斜可增大磁化程度。人工磁化方法的发明，对指南针的应用和发展起了巨大的作用。

北宋的沈括在《梦溪笔谈》中提到另一种人工磁化的方法："方家以磁石摩针锋，则能指南。"按沈括的说法，当时的技术人员用磁石去摩擦缝衣针，就能使针带上磁性。从现在的观点来看，这是一种利用天然磁石的磁场作用，使钢针内部磁畴的排列趋于某一方向，从而使钢针显示出磁性的方法。这种方法比地磁法简单，而且磁化效果比地磁法好，摩擦法的发明不但世界最早，而且为有实用价值的磁指向器的出现创造了条件。

罗盘定位

要确定方向除了指南针之外，还需要有方位盘相配合。最初使用指南针时，可能没有固定的方位盘，随着测方位的需要，出现了磁针和方位盘一体的罗盘。罗盘有堪舆用的罗经盘、水罗盘和旱罗盘。

方位盘仍是二十四向，但是盘式已经由方形演变成圆形。这样一来只要看一看磁针在方位盘上的位置，就能断定出方位来。南宋时，曾三异在《因话录》中记载了有关这方面的文献："地螺或有子午正针，或用子午丙壬间缝针。"这是有关罗经盘最早的文献记载。文献中所说的"地螺"，就是地罗，也就是罗经盘。文献中已经把磁偏角的知识应用到罗盘上。这种罗盘不仅有子午针（确定地磁场南北极方向的磁针），还有子午丙壬间缝针（用日影确定的地理南北极方向），这两个方向之间的夹角，就是磁偏角。

现在人们已经知道，地球的两个磁极和地理的南北极只是接近，并不重合。磁针指向的是地球磁极而不是地理的南北极，这样磁针指的就不是正南、正北方向而略有偏差，这个角度就叫磁偏角。又因为地球近似球形，所以磁针指向磁极时必向下倾斜，和水平方向有一个夹角，这个夹角称为磁倾角。不同地点的磁偏角和磁倾角都不相同。成书于北宋的《武经总要》在谈到用地磁法制造指南针时，就注意利用了磁倾角。沈括在《梦溪笔谈》谈到指南针不全指南，常微偏东，指出了磁偏角的存在。磁偏角和磁倾角的发现使指南针的指向更加准确。

航海大探险

指南针一经发明很快就被应用到军事、生产、日常生活、地形测量等方面，特别是航海上。指南针在航海上的应用有一个逐渐发展的过程。成书年代略晚于《梦溪笔谈》的《萍洲可谈》中记有："舟师识地理，夜则观星，昼则观日，阴晦则观指南针。"这是世界航海史上最早使用指南针的记载。文中指出，当时只在日月星辰见不到的时候才使用指南针，可见指南针刚开始使用时，使用还不熟练。到了元代，指南针一跃而成为海上指航的最重要的仪器。不论昼夜晴阴都用指南针导航。

明初航海家郑和七下西洋，扩大了中国的对外贸易，促进了东西方的经济和文化交流，加强了中国的国际政治影响，增进了中国同世界各民族的友谊，作出了卓越的贡献。他这样大规模的远海航行之所以安全无虞，正是依赖指南针的忠实指航。

指南针大约在十二世纪末十三世纪初之际，传到阿拉伯，然后又由阿拉伯传入欧洲。指南针对西方最大的影响莫过于西方开始海外大探险。就世界范围来说，指南针在航海上的应用，导致了以后哥伦布（约1451年～1506年）对美洲大陆的发现和麦哲伦（约1480年～1521年）的环球航行。这大大加速了世界经济发展的进程，为资本主义的发展提供了必不可少的前提。

在各国竞相向外的发展下，新航线、新大陆逐一被发现，让欧洲人在短时间内看到更多不同的事物与民族，进而促使欧洲人以客观的观察和比较的眼光来看待不同的民族与文化，是为指南针的更深远的影响。

火 药

火药是我们祖先发明的，距今已有一千多年了。火药的研究开始于古代炼丹术，古人为求长生不老而炼制丹药，炼丹术的目的和动机是荒谬可笑的，但它的实验方法还是有可取之处，最后导致了火药的发明。

火药三种原料的探索

火药由硫黄、硝石、木炭混合而成。很早以前，我们的先人对这三种物质就有了一定认识。早在新石器时代人们在烧制陶器时就认识了木炭，把它当做燃料。商周时期，人们在冶金中广泛使用木炭。木炭灰分比木柴少，强度高，是比木柴更好的燃料。硫黄天然存在，很早人们就开采它。在生活和生产中经常接触到硫黄，如温泉会释放出硫黄的气味，冶炼金属时，逸出的二氧化硫刺鼻难闻，这些都会给人留下印象。

古人掌握最早的硝，可能是墙角和屋根下的土硝，硝的化学性质很活泼，能与很多物质发生反应，它的颜色和其他一

○ 烧取硫黄图

些盐类区别不大，在使用中容易搞错，在实践中人们掌握了一些识别硝石的方法。南北朝时的陶弘景"草木经集注"中就说过："以火烧之，紫青烟起，云是硝石也。"这和近代用火焰反应鉴别钾盐的方法相似（硝石的主要成分是硝酸钾）。

硝石和硫黄一度被作为重要的药材，在汉代的《神农本草经》中，硝石被列为上品药的第六位，认为它能治20多种病。硫黄被列为中品药的第三位，也能治10多种病。这样人们对硝石和硫黄的研究就更为重视。虽然人们对硝石、硫黄、木炭的性质有了一定的认识，但是硝石、硫黄、木炭按一定比例放在一起制成火药还是炼丹家的功劳。

炼丹术中的火法炼丹

炼丹术起源很早，《战国策》中已有方士向荆王献不死之药的记载。汉武帝也妄想"长生久视"，向民间广求丹药，招纳方士，并亲自炼丹。从此，炼丹成为风气，开始盛行。历代都出现炼丹方士，也就是所谓的炼丹家。炼丹家的目的是寻找长生不老之药，这样的目的是不可能达到的。炼丹术流行了一千多年，最后还是一无所获。但是，炼丹术所采用的一些具体方法还是有可取之处的，它显示了化学的原始形态。

炼丹术中很重要的一种方法就是"火法炼丹"。它直接与火药的发明有关系。所谓"火法炼丹"大约是一种无水的加热方法，晋代葛洪在《抱朴子》中对火法有所记载，火法大致包括：煅（长时间高温加热）、炼（干燥物质的加热）、灸（局部烘烤）、熔（熔化）、抽（蒸馏）、飞（又叫升，就是升华）、优（加热使物质变性）。这些方法都是最基本的化学方法，这也是炼丹术这种愚昧的职业能够产生发明的基础。炼丹家的虔诚和寻找长生不老之药的挫折，使得炼丹家不得不反复实验和寻找新的方法。这样就为火药的发明创造了条件。

让炼丹家头疼的火药

炼丹家虽然掌握了一定的化学方法，但是他们的方向是求长生不老之药，因此火药的发明具有一定的偶然性。

炼丹家对于硫黄、砒霜等具有猛毒的金石药，在使用之前，常用烧灼的办法，使毒性失去或减低，这种手续称为"伏火"。唐初的名医兼炼丹家孙思邈记有：硫黄、硝石各二两，研成粉末，放在销银锅或砂罐子里。掘一地坑，放锅子在坑里和地平，四面都用土填实。把没有被虫蛀过的三个皂角逐一点着，然后夹入锅里，把硫黄和硝石起烧焰火。等到烧不起焰火了，再拿木炭来炒，炒到木炭消去三分之一，就退火，趁还没冷却，取入混合物，这就伏火了。唐朝中期有个名叫清虚子的，在"伏火矾法"中，用马兜铃代替了孙思邈方子中的皂角，这两种物质代替炭起燃烧作用的。伏火的方子都含有碳素，而且伏硫黄要加硝石，伏硝石要加硫黄。这说明炼丹家有意要使药物引起燃烧，以去掉它们的猛毒。

虽然炼丹家知道硫、硝、碳混合点火会发生激烈的反应，并采取措施控制反应速度，但是因药物伏火而引起丹房失火的事故时有发生。据记载唐代的炼丹者已经掌握了一个很重要的经验，就是硫、硝、碳三种物质可以构成一种极易燃烧的药，这种药被称为"着火的药"，即火药。由于火药的发明来自制丹配药的过程中，在火药发明之后，曾被当做药类。《本草纲目》中就提到火药能治疮癣、杀虫，辟湿气、瘟疫。

火药不能解决长生不老的问题，又容易着火，炼丹家对他并不感兴趣。火药的配方由炼丹家转到军事家手里，就成为中国古代四大发明之一的黑色火药。

不断翻新的火药武器

火药应用于武器的最初形式，主要是利用火药的燃烧性能，通过投掷火箭或火球来攻城。据宋代路振的《九国志》记载，唐哀帝时（十世纪），郑王番率军攻打豫章（今江西南昌），"发机飞火"，烧毁该城的龙沙门。这可能就是有关用火药攻城的最早记载。

随着火药应用的发展，火药武器逐步过渡到利用火药的爆炸性能。硝酸钾、硫黄、木炭粉末混合而成的火药被称为黑火药或者叫褐色火药。这种混合物极易燃烧，而且烧起来相当激烈。如果火药在密闭的容器内燃烧就会发生爆炸。火药燃烧时能产生大量的气体（氮气、二氧化碳）和热量。原来体积很小的固体的火药，体积突然膨胀，猛增至几千倍，这时容器就会爆炸。这就是火药的爆炸性能。

北宋时期使用的火药兵器发展很快，都是利用黑火药燃烧爆炸的原理制造的。蒺藜火球、毒药烟球是爆炸威力比较小的火器。到了北宋末年爆炸威力比较大的火器向"霹雳炮"、"震天雷"也出现了。这类火器主要是用于攻坚或守城。1126年，李纲守开封时，就是用霹雳炮击退金兵的围攻。金与北宋的战争使火炮进一步得到改进，震天雷是一种铁火器，是铁壳类的爆炸性兵器。元军攻打金的南京（今河南开封）时金兵守城时就用了这种武器。

南宋时出现了管状火器，1132年陈规发明了火枪。火枪是由长竹竿作成，先把火药装在竹竿内，作战时点燃火药喷向敌军。1259年，寿春地区有人制成了突火枪，突火枪是用粗竹筒做的，这种管状火器与火枪不同的是，火枪只能喷

八面轉百子連珠砲

精銅鑄長四尺中容法藥一升五合

以尾旋動

炮烟神

先發毒霧

釘地下

◎ 古代火炮

射火焰烧人，而突火枪内装有"子窠"，火药点燃后产生强大的气体压力，把"子窠"射出去。"子窠"就是原始的子弹。突火枪开创了管状火器发射弹丸的先声。现代枪炮就是由管状火器逐步发展起来的。

明代在作战火器方面，发明了多种"多发火箭"，如同时发射10支箭的"火弩流星箭"；发射32支箭的"一窝蜂"；最多可发射100支箭的"百虎齐奔箭"等。

火药向全世界的传播

早在八、九世纪时，和医药、炼丹术的知识一起，硝也由中国传到阿拉伯。当时的阿拉伯人称它为"中国雪"，而波斯人称它为"中国盐"。他们仅知道用硝来治病、冶金和做玻璃。13世纪火药由商人经印度传入阿拉伯国家。希腊人通过翻译阿拉伯人的书籍才知道火药。火药武器通过战争传到阿拉伯国家。成吉思汗西征，蒙古军队使用了火药兵器。公元1260年元世祖的军队在与叙利亚作战中被击溃，阿拉伯人缴获了火箭、毒火罐、火炮、震天雷等火药武器，从而掌握火药武器的制造和使用。阿拉伯人与欧洲的一些国家进行了长期的战争，战争中阿拉伯人使用了火药兵器，例如阿拉伯人进攻西班牙的八沙城时就使用过火药兵器。在与阿拉伯国家的战争中，欧洲人逐步掌握了制造火药和火药兵器的技术。

火药和火药武器传入欧洲，"不仅对作战方法本身，而且对统治和奴役的政治关系起了变革的作用"。"以前一直攻不破的贵族城堡的石墙抵不住市民的大炮，市民的子弹射穿了骑士的盔甲。贵族的统治跟身穿铠甲的贵族骑兵同归于尽了。随着资本主义的发展，新的精锐的火炮在欧洲的工厂中制造出来，随着威力强大的舰队，扬帆出航，去征服新的殖民地……"火药的发明大大地推进了历史发展的进程。

造纸术

人类对自然的认识，发明、发现、经验的总结，需要通过一种载体记录下来，供后人学习、继承。在没有发明文字的时代，只能靠口传心记。文字发明之后，则需要有记录的载体。人类尝试了各种天然物品，龟甲、兽骨、金石、竹简、木牍、缣帛等，这些物品虽然也能记录文字，但有的昂贵，有的笨重，有的不易多得。纸的发明大大提高了人类积累、继承前人经验的能力，为社会的发展提供了有力的保障。

累死人的古代书写材料

文字发明以前古人以结绳记事，由于无法辨认绳结所代表的事物，经常出现错误。文字出现以后，我国先民曾利用甲骨、金石记事。金石笨重，使用起来很不方便。在纸出现之前，竹简、木牍、缣帛是主要的书写材料。竹简、木牍十分笨重，所占的空间又很大，写作和阅读都很不便利。秦始皇统一天下，政事不论大小，全他一人裁决，他规定一天看章奏（竹简）一百二十斤（秦一斤合今半市斤），不看完不休息。可算是一个"体力劳动者"了。当时的所谓"学富五车"的大学者，其实也没有读过多少书，只不过看过五车竹简、木牍而已。它所含的信息量很难与现在一本比较厚的书相比。晋朝人挖掘了战国时期魏襄王的坟墓，从中得到竹简古书15篇，约有10万余字，装了数十车。可见这种书的笨重。缣帛虽然便于书写，但价格昂贵。汉代一匹缣（2.2汉尺宽，4.0汉

◎ 竹简

尺长）值六石（720汉斤）大米，只有少数皇家贵族才能享用，一般人根本消受不起。竹简、木牍太笨重，缣帛太昂贵，便导致了纸的发明。

造纸术发明最迟在西汉

西汉初年，政治稳定，思想、文化十分活跃，对传播工具的需求旺盛，纸作为新的书写材料应运而生。许慎著的《说文解字》（成书于100年）中说，纸是丝絮在水中经打击而留在床席上的薄片。这种薄片可能是最原始的"纸"。

远古时候，我们的先人就已经懂得养蚕、缫丝。秦汉之际以次茧作丝绵的手工业十分普及，给韩信饭吃的"漂母"，大概就是以此为生的。这种处理次茧的方法称为漂絮法，操作时的基本要点包括，反复捶打，以捣碎蚕衣。这一技术后来发展成为造纸中的打浆。此外，借助竹器沥干丝缕也是此法的一个重要步骤，它是造纸中抄纸的原型。我国古代常用石灰水或草木灰水为丝麻脱胶，这种技术启示了造纸中为植物纤维脱胶。造纸就是借助这些技术发展起来的。

从迄今为止的考古发现来看，造纸术的发明不晚于西汉初年。最早出土的西汉古纸是1933年在新疆罗布淖尔古烽燧亭中发现的，年代不晚于公元前49年。1958年5月在陕西省西安市灞桥出土的古纸经过科学分析鉴定，为西汉麻纸，年代不晚于公元前118年。以后陆续出土过一些西汉麻纸。从出土的西汉麻纸的质量来看，西汉初年的造纸技术已基本成熟。

历史上关于汉代的造纸技术的文献资料很少，因此难以了解其完整、详细的工艺流程。后人虽有推测，也只能作为参考。造纸技术环节众多，必然有一个发展和演进的过程，绝非一人之功。它是我国劳动人民长期经验的积累和智慧的结晶。

东汉蔡伦改进造纸术

关于造纸术的起源，过去多沿用历史学家范晔在《后汉书·蔡伦传》中的说法，认为纸是东汉时代宦官蔡伦于汉和帝元兴元年（105年）发明的。20世纪以来由于西汉古纸的发现，蔡伦发明纸的说法开始动摇，继而被否定。蔡伦虽然不是纸的发明者，但仍是一位造纸术的革新和推广者。

蔡伦，字敬仲，东汉桂阳（今湖南耒阳）人，东汉明帝十八年（75年）入宫当宦官，章帝建初年间为小黄门（即宦官）。和帝即位提升为中常侍，永元九年（97年）兼少府尚方令。尚方是皇家的手工场，专门监督制造各种御用器物。那时，造纸术虽然已经发明，纸张可能只在民间流传。由于质量问题，纸张也难登大雅之堂，不少文人雅士并不看好纸张的前景。蔡伦看到了纸张取代简帛的前景，利用尚方的有利条件，改革造纸技术，制造了一批质地精良的纸。

蔡伦认真总结了前人的经验，他认为扩大造纸原料的来源，改进造纸技术，提高纸张质量，就可以使纸张为大家接受。蔡伦首先使用树皮造纸，树皮是比麻类丰富得多的原料，这可以使纸的产量大幅度提高。树皮中所含的木素、果胶、蛋白质远比麻类高，因此树皮的脱胶、制浆要比麻类难度大。这就促使蔡伦改进造纸的技术。西汉时利用石灰水制浆，东汉时改用草木灰水制浆，草木灰水有较大的碱性，有利于提高纸浆的质量。

◎ 蔡伦像

元兴元年（105年），蔡伦把他在尚方制造出来的一批优质纸张献给汉和帝，汉和帝很称赞他的才能，马上通令天下采用。这样，蔡伦的造纸方法很快传遍各地。公元114年蔡伦被封为"龙亭侯"，民间便把他制作的那种纸称为"蔡侯纸"。

蔡伦献纸之后，造纸术和纸张广为流传，并不断发展，到了三、四世纪，纸张就基本上取代了简帛，成为唯一的书写材料，这就有力地促进了科学文化的发展。东晋末年，豪门桓玄把持朝政。公元404年，废晋安帝，并下令以纸代简。简牍文书从此基本绝迹。纸不仅在民间流通，而且成为官方文件的载体。

各种树皮纸纷纷亮相

造纸原料的多样性，是造纸发展的一个重要方面。西汉时期的纸大都以麻为原料，东汉也以麻纸为主，到蔡伦时代，又利用树皮（主要是楮皮）造纸。此后，各种树皮纸纷纷问世。

魏晋时期发明了桑皮纸、藤皮纸。唐代又出现了利用某些香树的树皮造的纸，称为香皮纸。特别值得一提的是用竹子造纸，唐中叶出现了竹纸。竹纸的发明大大丰富了造纸的原料。竹料制浆难度较大，必须改进制浆方法，提高制浆效率，我国劳动人民在唐代就解决了这个问题。竹浆造纸可以说是现代木浆造纸的先驱。以青檀皮为原料的宣纸，至今享有盛名，据《新唐书》记载，唐代宣州生产的纸为贡品。有人认为，这可能就是宣纸。宋代，有人用废纸与新鲜纸浆混合，制成一种名为"还魂纸"的纸。

有关造纸术的著作，宋以后相继出现，宋代苏易简的《纸谱》、元代费著的《纸笺谱》、明代王宗沐的《楮书》。尤其是明代宋应星的《天工开物·杀青篇》对中国古代造竹纸和造皮纸的技术作了系统的总结。他把造竹纸过程概括为五个环节，即新竹漂塘、碱液蒸煮、打浆抄造、覆帘压纸、透火焙干。书中还有造纸作业图，是当时世界上关于造纸技术最详细的记载。

造纸术走向五洲各国

造纸术首先传入与我国毗邻的朝鲜和越南，在蔡伦改进造纸术后不久，朝鲜和越南就有了纸张。朝鲜半岛各国先后都学会了造纸的技

◎ **造纸工艺流程：**

1.削竹浸泡，将原材料泡软。 2.将已泡软并经石灰碱化的原材料进行蒸煮。

3.将蒸煮后的原材料进行洗涤并捣浆。 4.用纸床滤纸。

5.让纸在纸床中定型后，覆床倒纸。 6.透火焙干成纸。

术。此后高丽造纸的技术不断提高，到了唐宋时，高丽的皮纸反向中国出口。西晋时，越南人也掌握了造纸技术。公元七世纪造纸技术经高丽传到日本。

造纸术传入阿拉伯是在唐玄宗天宝十年（751年），那一年唐安西节度使高仙芝率部与阿拉伯军队交战，唐军大败，被俘士兵中有从军的造纸工人。阿拉伯最早的造纸工场，是由中国人帮助建造起来的，造纸技术也是由中国工人亲自传授的。10世纪造纸技术传到了叙利亚的大马士革、埃及的开罗和摩洛哥等地。

欧洲人是通过阿拉伯人了解造纸技术的，最早接触纸和造纸技术的欧洲国家是一度为摩尔人（属于阿拉伯人）统治的西班牙。1150年，阿拉伯人在西班牙的萨狄瓦，建立了欧洲第一个造纸场。公元1276年意大利的第一家造纸场在蒙地法罗建成，生产麻纸。法国于1348年，在巴黎东南的特鲁瓦附近建立造纸场。德国是14世纪有了自己的造纸场。英国因为与欧洲大陆有一海之隔，造纸技术传入比较晚，15世纪才有了自己的造纸厂。瑞典1573年建立了最早的造纸厂，丹麦于1635年开始造纸，挪威最早的纸厂1690年建于奥斯陆。到了17世纪欧洲各主要国家都有了自己的造纸业。

西班牙人移居墨西哥后，最先在美洲大陆建立了造纸厂，墨西哥造纸始于1575年。美国在独立之前，于1690年在费城附近建立了第一家造纸厂。到19世纪中国的造纸术已传遍五洲各国。造纸术的发明和推广，对于世界科学、文化的传播产生深刻的影响，对于社会的进步和发展起着重大的作用。

印刷术

印刷术发明之前，文化的传播主要靠手抄的书籍。手抄费时、费事，又容易抄错、抄漏。既阻碍了文化的发展，又给文化的传播带来不应有的损失。印章和石刻给印刷术提供了直接的经验性的启示，用纸在石碑上墨拓的方法，直接为雕版印刷指明了方向。中国的印刷术经过雕版印刷和活字印刷两个阶段的发展，给整个人类的发展献上了一份厚礼。

印章、拓印和印染

印章在先秦时就有，一般只有几个字，表示姓名、官职或机构。晋代著名炼丹家葛洪（283年～363年）在他著的《抱朴子》中提到道家那时已用了四寸见方（13.5cm×13.5cm）有120个字的大木印了。这已经是一块小型的雕版了。

刻石的发明，历史很早。初唐在今陕西凤翔发现了十个石鼓，它是公元前8世纪春秋时秦国的石刻。汉灵帝四年（175年）蔡邕建议朝廷，在太学门前树立《诗经》、《尚书》、《周易》、《礼记》、《春秋》、《公羊传》、《论语》七部儒家经典的石碑，共20.9万字，历时8年，全部刻成。成为当时读书人的经典。很多人争相抄写。后来特别是魏晋六朝时，有人趁看管不严或无人看管时，用纸将经文拓印下来，自用或出售。结果使其广为流传。

古人发现在石碑上盖一张微微湿润的纸，用软槌轻打，使纸陷入碑面文字凹下处，待纸干后再用布包上棉花，蘸上墨汁，在纸上轻轻拍打，纸面上就会留下黑底白字跟石碑一模一样的字迹。这样的方法比手抄简便、可靠。于是拓印就出现了。

印染是在木板上刻出花纹图案，用染料印在布上。中国的印花板有凸纹板和镂空板

◎ 毕昇雕像

两种。1972年湖南长沙马王堆一号汉墓（公元前165年左右）出土的两件印花纱就是用凸纹板印的。这种技术可能早于秦汉，而上溯至战国。纸发明后，这种技术就可能用于印刷方面，只要把布改成纸，把染料改成墨，印出来的东西，就成为雕版印刷品了。在敦煌石室中就有唐代凸板和镂空板纸印的佛像。

印章、拓印、印染技术三者相互启发，相互融合，再加上我国人民的经验和智慧，雕版印刷技术就应运而生了。

雕版印刷的发明

雕版印刷技术，作为一项新的发明，社会需要是必不可少的，而且必然有它的创新内容。

自秦代统一文字以后，汉字发展迅速。东汉《说文解字》收字9353个，南北朝成书的《玉篇》收字2.2万余个。用这么多字表达思

想，每个字又有若干笔画组成，书写起来费事、费时。儒家、道家、释家及诸子百家竞相发展，著作越来越多。《汉书·文艺志》收各类著作14994卷，《隋书·经籍志》

○ 雕版印刷工具

收50889卷，隋内府藏书37万卷。中国人口众多，西汉末年已有近6000万，东汉仅太学生就有5万之多。读书人要读正史和经典，对书籍需求量很大。此外佛教、道教教徒中的识字者也要读佛经、道经。这样，社会对书籍的需求量是很大的。

雕版印刷的过程大致是这样的：将书稿的写样写好后，使有字的一面贴在板上，即可刻字，刻工用不同形式的刻刀将木版上的反体字墨迹刻成凸起的阳文，同时将木版上其余空白部分剔除，使之凹陷。板面所刻出的字约凸出版面1～2毫米。用热水冲洗雕好的板，洗去木屑等，刻板过程就完成了。印刷时，用圆柱形平底刷蘸墨汁，均匀刷于板面上，再小心把纸覆盖在板面上，用刷子轻轻刷纸，纸上便印出文字或图画的正像。将纸从印板上揭起，晾干，印制过程就完成了。一个印工一天可印1500～2000张，一块印板可连印万次。

我们看到，刻板的过程有点像刻印章的过程，只不过刻的字多了。印的过程与印章相反。印章是印在上，纸在下。雕版印刷的过程，有点像拓印，但是雕版上的字是阳文反字，而一般碑石的字是阴文正字。此外，拓印的墨施在纸上，雕版印刷的墨施在版上。由此可见，雕版印刷既继承了印章、拓印、印染等的技术，又有技术创新。

雕版印刷的发展

雕版印刷的发明时间，历来是个有争议的问题，经过反复讨论，大多数专家认为雕版印刷的起源时间在590年～640年之间，也就是隋朝至唐初。现已有唐初印刷品出土。1900年，在敦煌千佛洞里发现一本印刷精美的"金刚经"，末尾题有"咸同九年四月十五日（868年）"等字样，这是目前世界上最早的有明确日期记载的印刷品。沈括在《梦溪笔谈》中说，雕版印刷在唐代尚未盛行。五代时期开始印制大部儒家书籍，冯道（882年～954年）始印"五经"。以后，经典皆为版刻本。宋代，雕版印刷已发展到全盛时代，各种印本甚多。

雕版印刷开始只有单色印刷，五代时有人在插图墨印轮廓线内用笔添上不同的颜色，以增加视觉效果。天津杨柳青版画现在仍然采用这种方法生产。将几种不同的色料，同时上在一块板上的不同部位，一次印于纸上，印出彩色印张，这种方法称为"单版复色印刷法"。用这种方法，宋代曾印过"会子"（当时发行的纸币）。

单版复色印刷，色料容易混杂渗透，而且色块界限分明，显得呆板。人们在实际探索中，发现了分板着色、分次印刷的方法，这就是用大小相同的几块印刷板分别涂上不同的色料，再分次印于同一张纸上，这种方法称为"多版复色印刷"，又称"套版印刷"。多版复色印刷的发明时间不会晚于元代，当时，中兴路（今湖北江陵县）所刻的《金刚经注》就是用朱墨两色套印的，这是现存最早的套色印本。多版复色印刷在明代获得较大的发展。

明清两代，南京和北京是雕版中心。明代设立经厂，永乐的北藏、正统的道藏都是由经厂刻板。清代英武殿本及雍正的龙藏，都是在北京刻板。明初，南藏和许多官刻书都是在南京刻板。嘉靖以后，到16世纪中叶，南京成了彩色套印中心。

活字印刷的发明

雕版印刷一版能印几百部甚至几千部书，对文化的传播起了很大的作用，但是刻板费时费工，大部头的书往往要花费几年的时间，存放版片又要占用很大的地方，而且常会因变形、虫蛀、腐蚀而损坏。印量少而不需要重印的书，版片就成了废物。此外雕版发现错别字，改起来很困难，常需整块版重新雕刻。

这样，活字制版应运而生。活字制版，正好避免了雕版的不足，只要事先准备好足够的单个活字，就可随时拼版，大大地加快了制版时间。活字版印完后，可以拆版，活字可重复使用，且活字比雕版占有的空间小，容易存储和保管。这样活字的优越性就表现出来了。

用活字印刷的这种思想，很早就有了，秦始皇统一全国度量衡器，陶量器上用木戳印四十字的诏书，考古学家认为，"这是中国活字排印的开始，不过它虽已发明，但未能广泛应用"。古代的印章对活字印刷也有一定启示作用。

关于活字印刷的记载首见于宋代著名科学家沈括的《梦溪笔谈》。1041年～1048年，平民出身的毕昇用胶泥制字，一个字为一个印，用火烧硬，使之成为陶质。排版时先预备一块铁板，铁板上放松香、蜡、纸灰等的混合物，铁板四周围着一个铁框，在铁框内摆满要印的字印，摆满就是一版。然后用火烘烤，将混合物熔化，与活字块结为一体，趁热用平板在活字上压一下，使字面平整。便可进行印刷。用这种方法，印二、三本谈不上什么效率，如果印数多了，几十本以至上千本，效率就很高了。常用的字如"之"、"也"等字，每字制成20多

中国印刷博物馆展出的转轮排字盘模型

个字，以备一版内有重复时使用。没有准备的生僻字，则临时刻出，用草木火马上烧成。从印板上拆下来的字，都放入同一字的小木格内，外面贴上按韵分类的标签，以备检索。

毕昇发明活字印刷，提高了印刷的效率。但是，他的发明并未受到当时统治者和社会的重视，他死后，活字印刷术仍然没有得到推广。他创造的胶泥活字也没有保留下来。但是他发明的活字印刷技术，却流传下去了。

印刷术走向世界

中国是印刷技术的发明地，很多国家的印刷技术或是由中国传入，或是由于受到中国的影响而发展起来的。日本是在中国之后最早发展印刷技术的国家，公元8世纪日本就可以用雕版印佛经了。朝鲜的雕版印刷技术也是由中国传入的，高丽穆宗时（998年～1009年）就开始印制经书。中国的雕版印刷技术经中亚传到波斯，大约14世纪由波斯传到埃及。波斯实际上成了中国印刷技术西传的中转站，14世纪末欧洲才出现用木版雕印的纸牌、圣象和学生用的拉丁文课本。

我国的木活字印刷技术大约14世纪传入朝鲜、日本。朝鲜人民在木活字印刷的基础上创制了铜活字印刷。我国的活字印刷技术由新疆经波斯、埃及传入欧洲。1450年前后，德国的谷腾堡受中国活字印刷的影响，用合金制成了拼音文字的活字，逐渐用来印刷书籍。

印刷技术传到欧洲，加速了欧洲社会发展的进程，它为文艺复兴的出现提供了条件。马克思把印刷术、火药、指南针的发明称为"是资产阶级发展的必要前提"。中国人发明的印刷技术为现代社会的建立提供了必要前提。

贵生养命的追求
——饮食

综　述

中国人讲究吃，不只为了解渴充饥满足生理需求，往往还蕴含着对事物的认识和理解。比如，有孩子出生，亲友要吃红蛋以示喜庆。"蛋"表示生命的延续，"吃蛋"寄寓着传宗接代的愿望。孩子周岁时要"吃"，18岁时要"吃"，结婚时要"吃"，到了60大寿，更要"吃"上一番。这些"吃"，表面上看是一种生理满足，但实际上借吃这种形式表达了丰富的心理内涵。吃的文化已经超越了"吃"本身，具有了更为深刻的社会意义。

中华饮食当然也为了生存。孔子曾说过："食、色，性也。"食，即饮食；色，即男女。口腹之乐和男女之乐都是人的天然需要。然而，性有年龄的阶段性，食却与人终生相伴，饮食就成为一生的重中之重，因此有很多类似"民以食为天"、"食为八政之首"、"人生万事，吃饭第一"这样的宏论和俗语。

中华饮食讲求享受。孔子说"食不厌精，脍不厌细"，千百年来中国人甘愿把大量精力倾注在饮食上。菜中味，茶中趣，酒中情，无论穷富贵贱，都能各得其乐。总体来说，中华饮食追求"美味享受，饮食养生"，是一种重视养生的美性饮食观念。中华饮食讲求难以言传的"意境"，这种意境来源于人们对菜肴美味的感觉，所谓"色、香、味、形、器"俱全。

中华饮食独特的魅力，关键在于味。中国菜的制作过程叫烹调。烹是煮熟食物，调是五味调和。《皇帝内经》上说"五味之美，不可胜极"，其核心思想是"中和为贵"的思想，这也是中国传统文化的最高审美理想。酸、甜、苦、辣、咸，融合在一起，互相补充渗透，形成独特的调和之美。中国烹饪还与医疗保健有密切联系，几千年前就有了"医食同源"和"药膳同功"的说法，利用食物原料的药用价值，达到防治某些疾病的目的。

中国视饮食为一种艺术，以浪漫主义的态度，追求饮食的精神享受；比较而言，西方饮食是一种理性饮食，西方人把饮食当做一门科学，注重饮食的营养功能。西方人饮食，不注重食物的色、香、味、形，但一定要保证一定量的营养。这是我国与西方饮食文化的不同之处。

中国人讲究饮食，还注重精神享受，但并非没有节制。中国历代都不乏雅饮雅食之人，这些人安于清贫，提倡节俭养生。老子有言："治身养性者，节寝处，适饮食。"孔子虽然说"食、色，性也"，但并不提倡把饮食作为人生第一追求，他说："君子食无求饱，居无求安，敏于事而慎于言。"老子和孔子的话，都体现了中华饮食的节制理念。

我国是多民族地域广的国家，长期以来，各地区由于地理、气候、物产、历史文化、风俗习惯、信仰等诸多方面的差异，形成了不同风格的地方菜系，到今天我们分之为"八大菜系"，各菜系都有自己的历史和特色。此外，我国在饮食方面有浓厚的酒文化和茶文化。

八大菜系

鲁　菜

鲁菜，即山东菜，有北方代表菜之称，也是黄河流域烹饪文化的代表。鲁菜是八大菜系之首，它对北京、天津、华北、东北地区烹调技术的发展影响很大。烹饪原料多选畜禽、海产、蔬菜，善用爆、熘、扒、烤、锅、拔丝、蜜汁等烹调方法，偏重于酱、葱、蒜等调味，善用清汤、奶汤增鲜，口味咸鲜。

黄河流域烹饪文化的代表

鲁菜历史极其久远。《尚书·禹贡》中载有"青州贡盐"，说明至少在夏代，山东已经用盐调味；周朝的《诗经》中已有食用黄河的鲂（fáng）鱼和鲤鱼的记载，而今糖醋黄河鲤鱼仍然是鲁菜中的佼佼者，可见其渊远流长。

鲁菜的雏形可以追溯到春秋战国时期。齐鲁两国自然条件得天独厚，尤其傍山靠海的齐国，凭借鱼、盐、铁之利，使齐桓公首成霸业。鲁菜以海鲜见长，正是承袭海滨先民食鱼的习俗。孔夫子提出"食不厌精，脍不厌细"，还有一系列"不食"的主张，如"鱼馁而肉败不食，色恶不食，臭恶不食，失饪不食，不时不食，割不正不食，不得其酱不食……"说明当时的鲁菜已经相当讲究科学、注意卫生，还追求刀工和调料的艺术性，已到日臻精美的地步。

秦汉时期，山东经济空前繁荣，鲁菜已经初具规模，其烹饪加工真可以和现代烹饪加工相媲美。南北朝时，鲁菜的发展已经相当成熟。贾思勰的《齐民要术》对黄河流域，主要是山东地区的烹调技术作了较为全面的总结。此书对鲁菜的形成、发展有深远的影响。历经隋、唐、宋、金各代的提高和锤炼，鲁菜逐渐成为北方菜的代表。

到元、明、清时期，鲁菜又有了新的发展。此时鲁菜大量进入宫廷，成为御膳的珍品，并在北方各地广泛流传。清乾隆帝曾八次驾临孔府，并在1771年第五次驾临孔府时，将女儿下嫁给孔子第72代孙孔宪培，同时赏赐一套"满汉宴"银质点铜锡仿古象形水火餐具给孔府。这更促使鲁菜中的奇葩"孔府菜"向更高水平发展。

山东是中国古文化发祥地之一，地处黄河下游，气候温和，胶东半岛突出于渤海和黄海之间。境内山川纵横，河湖交错，沃野千里，物产丰富。山东的粮食产量居全国第三位；蔬菜种类繁多，品质优良，号称"世界三大菜园"之一。如胶州大白菜、章丘大葱、苍山大蒜、莱芜生姜都蜚声海内外；水果产量居全国之首，仅苹果就占全国总产量40%以上；猪、羊、禽、蛋等产量也是极为可观；水产品产量也是全国第三。如此丰富的物产，为鲁菜的快速发展提供了充足的原料资源。

咸鲜为主，突出本味

鲁菜原料质地优良，以盐提鲜，以汤壮鲜，调味讲求咸鲜纯正。大葱为山东特产，多数菜肴要用葱、姜、蒜来增香提味，炒、熘、爆、扒、烧等方法都要用葱，尤其是葱烧类的菜肴，更是以拥有浓郁的葱香为佳，如葱烧海参、葱烧蹄筋，煨馅、爆锅、凉拌都少不了葱、姜、蒜。海鲜类量多质优，异腥味较轻，鲜活者讲究原汁原味，虾、蟹、贝、蛤，多用姜醋佐食。燕窝、鱼翅、海参、干鲍、鱼皮、鱼骨等高档原料，质优味寡，必用高汤提鲜。

鲁菜以"爆"见长，注重火功。鲁菜的突出烹调方法为爆、扒、拔丝，尤其是爆、扒素为世人所称道。爆，分为油爆、盐爆、酱爆、芫爆、葱爆、汤爆、水爆、爆炒等，充分体现了鲁菜在用火上的功夫。因此，世人称之为"食在中国，火在山东"。

鲁菜精于制汤，注重用汤。鲁菜以汤为百鲜之源，讲究"清汤"、"奶

🟠 传统鲁菜九转大肠

汤"的调制，清浊分明，取其清鲜。清汤的制法，早在《齐民要术》中已有记载。用"清汤"和"奶汤"制作的菜品繁多，名菜就有"清汤柳叶燕窝"、"清汤全家福"、"氽芙蓉黄管"、"奶汤蒲菜"、"奶汤八宝布袋鸡"、"汤爆双脆"等数十种之多，其中多被列为高档宴席的珍馐美味。

鲁菜烹制海鲜有独到之处，对海珍品和小海味的烹制堪称一绝。山东的海产品，不论参、翅、燕、贝，还是鳞、蚧、虾、蟹，经当地厨师的妙手烹制，都可成为精鲜味美之佳肴。

鲁菜丰满实惠、风格大气。山东民风朴实，待客豪爽，在饮食上大盘大碗丰盛实惠，注重质量，受孔子礼食思想的影响，讲究排场和饮食礼节。正规筵席有所谓的"十全十美席"，"大件席"、"鱼翅席"、"翅鲍席"、"海参席"、"燕翅席"等，都能体现出鲁菜典雅大气的一面。

胶东菜、济南菜、孔府菜

经过长期的发展和演变，鲁菜逐渐形成包括青岛在内，以福山帮

为代表的胶东派，以及包括德州、泰安在内的济南派两个流派。并有堪称"阳春白雪"的典雅华贵的孔府菜，还有星罗棋布的各种地方菜和特色风味小吃。

胶东菜擅长爆、炸、扒、熘、蒸；口味以鲜夺人，偏于清淡；选料则多为明虾、海螺、鲍鱼、蛎黄、海带等海鲜。其中名菜有扒原壳鲍鱼、蟹黄鱼翅、芙蓉干贝、烧海参、爆大虾、炸蛎黄和清蒸加吉鱼等。

◎ **糖醋鲤鱼**

济南派则以汤著称，辅以爆、炒、烧、炸，菜肴以清、鲜、脆、嫩见长。其中名肴有清汤什锦、奶汤蒲菜，清鲜淡雅，别具一格。而里嫩外焦的糖醋黄河鲤鱼、脆嫩爽口的油爆双脆、素菜之珍的锅塌豆腐，则显示了济南派的火候功力。

孔府菜，顾名思义就是以山东曲阜的孔府为名所发展出来的特殊菜肴。由于曲阜是历代帝王祭典朝圣的地方，自古便擅长制备官府菜，以用料考究、制作精细、自成一格和风味独特而闻名天下。

川 菜

川菜，起源于四川、重庆，以麻、辣、鲜、香为特色。原料多选山珍、江鲜、野蔬和畜禽，善用小炒、干煸、干烧和泡、烩等烹调法。以"味"闻名，味型较多，富于变化，以鱼香、红油、怪味、麻辣较为突出。川菜的风格朴实而又清新，具有浓厚的乡土气息。

吃在中国，味在四川

川菜的发源地是古代的巴国和蜀国（先秦时期地区名，在今四川境内。东部为巴，西部为蜀）。据《华阳国志》记载，巴国"土植五谷，牲具六畜"，并出产鱼盐和茶蜜；蜀国则"山林泽鱼，园囿瓜果，四代节熟，靡不有焉"。当时巴国和蜀国的调味品已有卤水、岩盐、川椒、"阳补之姜"。在战国时期墓地出土文物中，已有各种青铜器和陶器食具，川菜的萌芽可见一斑。

川菜的形成，大致在秦始皇统一中国到三国鼎立之间。当时四川政治、经济、文化中心逐渐移向成都。无论烹饪原料的取材，还是调味品的使用，以及刀工、火候的要求和专业烹饪水平，均已初具规模，已有菜系的雏形。秦惠王和秦始皇先后两次大量移民蜀中，同时带去中原地区先进的生产技术，这对发展生产有巨大的推动作用。秦代为蜀中奠定了良好的经济基础，到了汉代蜀中变得更加富庶。张骞出使西域，引进胡瓜、胡豆、胡桃、大豆、大蒜等品种，又增加了川菜的烹饪原料和调料。西汉时国家统一，官办、私营的商业都比较发达。以长安为中心的五大商业城市出现，其中就有成都。三国时魏、蜀、吴鼎立，刘备以成都为蜀都。虽然在全国范围内处于分裂状态，但蜀中相对稳定，对于商业，包括饮食业的发

◎ 川菜之魂——四川郫县豆瓣

展，创造了良好的条件。使川菜在形成初期，便有了坚实的基础。

到了唐宋时期，川菜更为脍炙人口。在宋代已经形成流派，当时的影响已达中原。元、明、清建都北京后，随着入川官吏增多，大批北京厨师前往成都落户，经营饮食业，使川菜又得到进一步发展，逐渐成为我国的主要地方菜系。明末清初，川菜用辣椒调味，使巴蜀时期就形成的"尚滋味"、"好香辛"的调味传统，进一步有所发展。

晚清以来，川菜逐步形成地方风味极其浓郁的菜系，具有取材广泛、调味多样、菜式适应性强的特征。由筵席菜、大众便餐菜、家常菜、三蒸九扣菜、风味小吃五类菜肴组成完整的风味体系。其风味则是清、鲜、醇、浓并重，并以麻辣著称。对长江上游和滇、黔等地均有相当的影响。现在，川菜的踪迹已遍及全国，以至海外，有"吃在中国，味在四川"之誉。

一菜一格，百菜百味

川菜风味包括成都、重庆、乐山、自贡等地方菜的特色。川菜的基本味型为麻、辣、甜、咸、酸、苦六种。主要特点在于味型多样。辣椒、胡椒、花椒、豆瓣酱等是主要调味品，不同的配比，化出了干烧、麻辣、酸辣、椒麻、麻酱、蒜泥、姜汁、红油、糖醋、鱼香、怪味等各种味型，无不厚实醇浓，具有"一菜一格"、"百菜百味"的特殊风味。

川菜在烹调方法上，有炒、煎、干烧、炸、熏、泡、炖、焖、烩、贴、爆等38种之多，擅长炒、滑、熘、爆、煸、炸、煮、煨等。尤为小煎、小炒、干煸和干烧有其独到之处。在口味上特别讲究色、香、味、形，兼有南北之长，以味的多、广、厚著称。历来有七味（甜、酸、麻、辣、苦、香、咸），八滋（干烧、酸、辣、鱼香、干煸、怪味、椒麻、红油）之说。其中最负盛名的菜肴有：干烧岩鲤、干烧桂鱼、鱼香肉丝、怪味鸡、宫保鸡丁、粉蒸牛肉、麻婆豆腐、毛肚火锅、干煸牛肉丝、夫妻肺片、灯影牛肉、担担面、赖汤圆、龙抄手等。

四川被称为"天府之国"，又有"烹饪天国"的美誉，烹饪原料多而广。56万平方公里境内，沃野千里，江河纵横，物产富庶。还有一些因素，诸如四川有尚滋味的饮食传统，有热心饮

◎ 夫妻肺片

食之士的烹饪研究，有民族的口味融合，有善于吸收各方面烹饪精华的"拿来主义"精神等，这些因素都极大地促进了川菜的发展和完善。总体来说，川菜取材广泛，调味多变，菜式多样，并以其别具一格的烹调方法和浓郁的地方风味，融会了各方的特点，博采众家之长，善于吸收，善于创新，享誉中外。

粤　菜

粤菜，即广东菜，由广州、潮州、东江三地特色菜点发展而成，是起步较晚的菜系，但影响深远，在国内地位仅次于川菜，在国外是中国的代表菜系。粤菜注意吸取各菜系之长，烹调技艺多样善变，用料奇异广博。在烹调上以炒、爆为主，兼有烩、煎、烤，讲究清而不淡、鲜而不俗、嫩而不生、油而不腻，有五滋六味之说。时令性强，夏秋尚清淡，冬春求浓郁。

中原文化与百越物产的结晶

广东地处亚热带，濒临南海，雨量充沛，四季常青，物产富饶。故广东的饮食，一向得天独厚。粤菜同其他地区的饮食和菜系一样，都

有着中华饮食文化的共同性。早在远古，岭南古越族就与中原楚地有着密切的交往。随着历史变迁和朝代更替，许多中原人为逃避战乱而南渡，汉越两族日渐融合。中原文化的南移，中原饮食制作的技艺、炊具、食具和百越丰富的农渔物产结合，这就是粤式饮食的起源。粤菜起源于汉，就是凭借这段历史来说的。西汉《淮南子·精神篇》中载有粤菜选料的精细和广泛，可以想见千年以前的广东人已经对用不同烹调方法烹制不同的口味游刃有余。

南宋以后，粤菜的技艺和特点日趋成熟。这同宋朝南迁，众多御厨和官府厨师云集于粤，特别集中于羊城（广州市的别称）有关。唐代开始，广州成为我国主要的进出贸易口岸，是世界有名的港口。宋、元之后，广州成为内外贸易集中的口岸和港口城市，商业日益兴旺，带动饮食服务行业发展起来，为粤菜的成长提供了非常重要的条件和场所。

明清两代，是粤菜真正的成熟和发展时期。这时的广州已经成为一座商业大城市，粤菜真正成为了一个体系。闹市遍布茶楼、酒店、餐馆和小食店，各个食肆争奇斗艳，食品之丰，款式之多，世人称绝，渐渐有"食在广州"之说。

◎ 广州十三行油画　清　粤菜源于传统的潮汕食俗，十三行成为外贸窗口后，粤菜吸收了往来广东的外国人的异国风味。

广州菜、潮州菜、东江菜

自秦汉开始，中原汉人不断南迁进入广州。他们不但带来了先进的生产技术和文化知识，同时也带来了"烩不厌细，食不厌精"的中原饮食风格。粤菜系由广州菜、潮州菜、东江菜三种地方风味组成，以广州菜为代表。

广州菜包括珠江三角洲和肇（zhào）庆、韶关、湛江等地的名食在内。粤菜以其用料广博而杂著称，最大的特点为"花款多、味道鲜"。广州一直流传一句俗语："背脊朝天，人皆可食。"屈大均的《广东新语》载："天下所有食货，粤东几尽有之，粤东所有之食货，天下未必尽也。"反映出粤菜的烹调用料涵盖范围很广。据粗略估计，粤菜的用料达数千种，举凡各地菜系所用的家养禽畜、水泽鱼虾，粤菜无不用之；而各地所不用的蛇、鼠、猫、狗、山间野味，粤菜则视为上肴。广州菜的另一突出特点是，用量精而细，配料多而巧，装饰美而艳，而且善于在模仿中创新，品种繁多，1965年"广州名菜美点展览会"介绍的就有5457种之多。广州菜的第三个特点是，注重质和味，口味比较清淡，力求清中求鲜、淡中求美。而且随季节时令的变化而变化，夏秋偏重清淡，冬春偏重浓郁，追求色、香、味、型。食味讲究清、鲜、嫩、爽、滑、香；调味遍及酸、甜、苦、辣、咸；此即所谓五滋六味。龙虎斗、白灼虾、烤乳猪、香芋扣肉、黄埔炒蛋、炖禾虫、狗肉煲、五彩炒蛇丝等，都是饶有地方风味的广州名菜。

东江菜又称客家菜。客家人原是中原人，在汉末和北宋后期因避战乱南迁，聚居在广东东江一带，其语言、风俗尚保留中原固有的风貌。东江菜以惠州菜为代表，下油重，口味偏咸，酱料简单，但主料突出。喜用三鸟、畜肉，很少配用菜蔬，河鲜海产也不多。代表品种有：东江盐焗鸡、东江酿豆腐、爽口牛丸等，表现出浓厚的古代中州之食风。

潮州菜故属闽地，其语言和习俗与闽南相近。隶属广东之后，又受珠江三角洲的影响。故潮州菜接近闽、粤，汇两家之长，自成一派。潮州菜以烹调海鲜见长，刀工技术讲究，口味偏重香、浓、鲜、甜。喜用鱼露、沙茶酱、梅膏酱、姜酒等调味品，甜菜较多，款式百种以上，都是粗料细作，香甜可口。代表品种有：烧雁鹅、豆酱鸡、护国菜、什锦乌石参、葱姜炒蟹、干炸虾枣等，都是潮州特色名菜，流传于岭南地区及海内外。

◎ 粤菜香芋扣肉

苏 菜

苏菜，即江苏菜，由淮扬、金陵、苏锡、徐海四个地方风味组成，其影响遍及长江中下游广大地区，在国内外享有盛誉。江苏菜的特点是：用料广泛，以江河湖海水鲜为主；刀工精细，烹调方法多样，擅长、炖、焖、煨焐；追求本味，清鲜平和，适应性强；菜品风格雅丽，形质均美。

苏菜的历史

先秦时期，吴地已有一些见于文献的著名菜肴，可以看作是苏菜的渊源。春秋时齐国的易牙曾在徐州传艺，由他创制的"鱼腹藏羊肉"千古流传，是为"鲜"字之本。专诸为刺杀吴王僚，在太湖向太和公学"全鱼炙"，苏州名菜"松鼠鳜鱼"就是"全鱼炙"的一种。以后，东吴、东晋和南朝的宋、齐、梁、陈6个朝代，都锐意经营华东地区，金陵、镇江、无锡、常州、温州等城市相继崛起，对苏菜的发展起到了很大的促进作用，此时的苏菜已经相当成熟了。南北朝时南京"天厨（古代为百官而设的厨房）"能用一个瓜做出几十种菜，一种菜又能做出几十种风味来。

隋唐时松江的金齑玉脍（原名鲈鱼脍）、糖姜蜜蟹；苏州的玲珑牡丹鲊；扬州的缕子脍，都是造型精美的花式菜肴。宋代以来，苏菜的口味有较大的变化。原来南方菜咸而北方菜甜，江南进贡到长安、洛阳的鱼蟹要加糖加蜜。宋室南渡杭城，中原大批士大夫南下，带来了中原风味的影响。苏、锡今日的嗜甜，正是由此而来。此外唐宋时期，特别是金元以来，到江苏来的伊斯兰教徒日益增多，苏菜系又受清真菜的影响，烹饪更为丰富多彩。明清以来，苏菜系又受到许多地方风味的影响。如今的苏菜不仅与传统苏菜一脉相承，而且更加绚丽多彩。

重视火候、讲究刀工

江苏是鱼米之乡，物产丰饶，饮食资源十分丰富。著名的水产品有长江三鲜（鲥鱼、刀鱼、鲴鱼）、太湖银鱼、阳澄湖清水大闸蟹、南京龙池鲫鱼等。优良菜蔬有太湖莼菜、淮安蒲菜、宝应藕、板栗、鸡头肉、茭白、冬笋、荸荠等。加之林林总总的珍禽野味，为苏菜提供了雄厚的物质基础。

苏菜以重视火候、讲究刀工而著称，尤擅长炖、焖、煨、焐。苏菜风格清新雅丽，反映在刀工精细、刀法多变上。无论是工艺冷盘、花色热菜，还是瓜果雕刻，或脱骨浑制，或雕镂剔透，都显示了精湛的刀工技术。著名的"镇扬三头"（扒烧整猪头、清炖蟹粉狮子头、拆烩鲢鱼头）、"苏州三鸡"（叫花鸡、西瓜童鸡、早红桔酪鸡）以及"金陵三叉"（叉烤鸭、叉烤桂鱼、叉烤乳猪）都是其代表名品。

清鲜平和、追求本味、适应性强是江苏风味的基调。无论是江河湖鲜，还是禽畜时蔬，都强调突出本味的一个"鲜"字。调味也注意变化，巧用淮盐，擅用葱、糟、醇酒、红曲、虾籽调和五味，但又不离清鲜本色。

江苏菜式的组合，除日常饮食和各类筵席讲究菜式搭配外，还有颇具特色的"三筵"。其一为船宴，见于太湖、瘦西湖、秦淮河；其二为斋席，见于镇江金山、焦山斋堂、苏州灵岩斋堂、扬州大明寺斋堂等；其三为全席，如全鱼席、全鸭席、鳝鱼席、全蟹席等。

淮扬、金陵、苏锡和徐海风味

苏菜可分为淮扬风味、金陵风味、苏锡风味和徐海风味四大流派。

淮扬风味以扬州、淮安为中心，以清淡见长。历史上，扬州是我国南北交通枢纽，东南经济文化中心，饮食市场繁荣发达。周恩来总理在开国大典招待会上用的就是以淮扬风味为主的菜肴。名菜有"镇扬三头"、"镇江三鲜"、淮安"长鱼席"等。

◎ 盐水鸭

金陵风味，滋味平和、醇正适口，兼取四方之美，适应八方之需。尤擅烹制鸭馔，金陵叉烤鸭、桂花盐水鸭以及鸭血汤等颇具盛名。清真菜在南京也颇具特色，名店马祥兴的四大名菜（松鼠鱼、蛋烧卖、美人肝、凤尾虾）为其代表。此外，夫子庙小吃品种繁多，风味各异，名传遐迩。

苏锡风味，以苏州、无锡为中心。苏锡菜原重视甜出头、咸收口，浓油赤酱，近代已向清新雅丽方向发展，甜味减轻，鲜咸清淡。苏锡菜发展很快，在继承传统风味的基础上，大胆创新，既讲究食用以味为主，又讲究观赏，观食俱佳。松鼠桂鱼、母油船鸭、梁溪脆鳝、常熟叫花鸡、常州糟扣肉等均为脍炙人口的佳肴。此外，苏州糕团独树一帜，享誉海内外，苏州玄妙观、无锡崇安寺小吃亦很有名。

徐海风味，指徐州、连云港一带。徐海菜以鲜咸为主，五味兼蓄，风格淳朴，注重实惠。霸王别姬、沛公狗肉、羊肉藏鱼、红烧沙光鱼等名菜为其代表。

闽　菜

闽菜，即福建菜，以福州菜为代表。最早起源于福建福州闽侯县，在后来发展中形成福州、闽南、闽西三种流派。福州菜淡爽清鲜，重酸甜，讲究汤提鲜，擅长各类山珍海味；闽南菜包括泉州、厦门、漳州一带，讲究作料调味，重鲜香；闽西菜包括长汀及西南一带地方，偏重咸辣，烹制多为山珍，带有山区风味。故此，闽菜形成三大特色，一长于红糟调味，二长于制汤，三长于使用糖醋。

闽菜的历史

闽菜的起源与发展离不开当地的自然资源。福建位于我国东南沿海地区，依山傍海，终年气候温和，雨量充沛，四季如春。其山区地带林木参天，翠竹遍野，溪流江河纵横交错；沿海地区海岸线漫长，浅海滩辽阔。地理条件优越，山珍海味富饶，提供了得天独厚的烹饪资源，为闽菜的形成奠定了物质基础。

早在两晋、南北朝时期的"永嘉之乱（指311年即永嘉五年，匈奴

◎ 佛跳墙

攻陷洛阳，掳走怀帝的乱事）"以后，大批中原士族入闽，带来了中原先进的科技文化，与闽地古越文化的混合和交流，促进了当地的发展。晚唐五代，王审知兄弟带兵入闽建立闽国，对福建饮食文化的进一步开发、繁荣，产生了积极的促进作用。闽菜在继承传统技艺的基础上，博采各路菜肴之精华，对粗糙、滑腻的习俗，加以调整变易，逐渐朝着精细、清淡、典雅的品格演变，以至发展成为格调甚高的闽菜体系。

清末民初，福建先后涌现出一批富有地方特色的名店和具有真才实艺的名厨。当时福建是对外贸易的一个重要区域，福州和厦门一度出现市场繁荣景象。为了满足上流社会应酬的需要，福州和厦门出现了多家名菜馆。这些菜馆或以满汉席著称，或以官场菜见长，或以地方风味享有盛誉，促进了地方风味的形成和不断完善。特别是福州"聚春园"、厦门"南轩"，拥有雄厚的厨师队伍，菜品款式新颖，风味闻名遐迩。如"佛跳墙"、"鸡茸金丝笋"、"三鲜焖海参"、"班指干贝"、"茸汤广肚"、"鸡丝燕窝"、"荔枝肉"、"沙茶鸡丁"等，均为他们创制的名菜佳肴。

闽菜的特色

福建依山傍海，北部多山，南部面海，苍茫的山区，盛产菇、笋、银耳、莲子和石鳞、河鳗、甲鱼等山珍野味；漫长的浅海滩涂，鱼、虾、蚌、鲟等海鲜佳品常年不绝。平原丘陵地带则稻米、蔗糖、蔬菜、水果誉满中外。山海赐予的神品，给闽菜提供了丰富的原料资源，也造就了广大从事烹饪的劳动者，他们擅长制作海鲜原料，并在蒸、氽（cuān）、炒、煨、爆、炸等方面独具特色。

○ 荔枝肉

闽菜注重刀工，有"片薄如纸，切丝如发，剞花加荔"的美称。而且一切刀工均围绕着"味"下工夫，使原料通过刀工的技法，更体现出原料的本味和质地。它反对华而不实，提倡原料的自然美，并要求达到滋味沁深融透，成型自然大方、火候表里如一的效果。

闽菜重视汤菜，与多烹制海鲜和传统食俗有关。闽厨长期以来把烹饪和确保原料质鲜、味纯、滋补联系起来，从长期积累的经验认为，最能保持原料本质和原味的当数汤菜，故汤菜多而考究。有的白如奶汁，甜润爽口；有的汤清如水，色鲜味美；有的金黄澄透，馥郁芳香；有的汤稠色酽（yàn），味厚香浓。

闽菜的烹调细腻，表现在选料精细、泡发恰当、调味精确、制汤考究、火候适当等方面。特别注意调味，表现在力求保持原汁原味上。善用糖，以甜去腥膻；巧用醋，因酸能爽口，味清淡则可保持原味。因而有甜而不腻、酸而不峻、淡而不薄的盛名。

福州、闽南和闽西风味

闽菜拥有福州、闽南、闽西三路不同的风味。

福州菜，是闽菜的主流，除盛行于福州外，也在闽东、闽中、闽北一带广泛流传。其菜肴特点是清爽、鲜嫩、淡雅，偏于酸甜，汤菜居多。善用红糟为调料，尤其讲究调汤，予人"百汤百味"和"糟香扑鼻"之感。代表名菜有："佛跳墙"、"煎糟鳗鱼"、"淡糟鲜竹蛏"、"鸡丝燕窝"等。

闽南菜，盛行于厦门、晋江、龙溪地区，东及台湾。菜肴具有鲜醇、香嫩、清淡的特色，并且以讲究调料，善用香辣而著称，在使用沙茶、芥末、噫（音jié，又叫辣酱油）汁以及药物、佳果等方面均有独到之处。代表名菜有"东壁龙珠"、"炒鲨片"、"八宝芙蓉鲟"等。

闽西菜，盛行于"客家话"地区，菜肴有鲜润、浓香、醇厚的特色，以烹制山珍野味见长，略偏咸、油，在使用香辣方面更为突出。代表名菜有："油焖石鳞"、"爆炒地猴"等，具有浓厚的山乡色彩。

浙　菜

浙菜，即浙江菜，其品种丰富，菜式小巧玲珑，菜品鲜美滑嫩、脆软清爽，特点是清、香、脆、嫩、爽、鲜。浙菜主要由杭州、宁波、绍兴、温州四个流派组成，各自带有浓厚的地方特色。浙江其地山清水秀，物产丰富佳肴美，故谚曰："上有天堂，下有苏杭。"

楚越之地，饭稻羹鱼

《黄帝内经·素问·异法方宜论》上说："东方之城，天地所始生也，渔盐之地，海滨傍水，其民食盐嗜咸，皆安其处，美其食。"《史记·货殖列传》中有"楚越之地……饭稻羹鱼"的记载。由此可见，浙江烹饪已有几千年的历史。

春秋末年，越国定都会稽（今绍兴市），利用优越的地理环境，在中原各国的经济、文化和技术的影响下，经过"十年生聚，十年教训"，使钱塘江流域的农业、商业、手工业生产得到迅速发展，奠定了坚实的物质基础。越王勾践为复国，加紧军备，并在今绍兴市的稽山，过去称"鸡山"，办起了大型的养鸡场，为前线准备作战粮草用鸡。故浙菜中最古的菜要首推绍兴名菜"清汤越鸡"。

南北朝以后,江南几百年免于战争,隋唐开通京杭大运河,宁波、温州二地海运副业的拓展,对外经济贸易交往频繁,尤其是五代吴越国王钱镠建都杭州,经济文化益显发达,人口剧增,商业繁荣。经济发展,贸易往来,为烹饪事业产生巨大的推动力,使当时的宫廷菜肴和民间饮食等烹饪技艺得到了长足的发展。

宋室南渡,在此次大迁移中,北方的达官贵人和劳动人民大批南移,把北方的烹饪文化带到了浙江,使南北烹饪技艺广泛交流,饮食业兴旺繁荣,烹饪技术不断提高,名菜名馔应运而生。自南宋以后的几百年来,政治中心虽在北方,但言物力之富,文化之发达,工商之繁庶,浙江必居其一。北方大批名厨云集杭州,使杭菜和浙菜系从萌芽状态进入发展状态,浙菜从此立于全国菜系之列。已有八百多年历史的南宋名菜蟹酿橙、鳖蒸羊、东坡脯、南炒鳝、群仙羹、两色腰子等,至今仍是高档筵席上的名菜。

杭州、宁波、绍兴和温州风味

浙菜品种丰富,菜式小巧玲珑,菜品鲜美滑嫩、脆软清爽,其特点是清、香、脆、嫩、爽、鲜,在中国众多的地方风味中占有重要的地位。浙菜主要由杭州、宁波、绍兴、温州四个流派组成,各自带有浓厚的地方特色。

杭州菜制作精细,品种多样,清鲜爽脆,淡雅典丽,是浙菜的主流。杭州菜历史悠久,自南

◎ 西湖醋鱼

东坡肉

　　此菜相传出自宋代大文学家苏东坡的故事。宋元佑年间（1090年），苏东坡出任杭州刺史，发动民众疏浚西湖，大功告成，为犒劳民工，吩咐家人将百姓馈赠的猪肉，按照他总结的经验，慢著火少著水，烹制成佳肴后，与酒一起分送给民工，家人误将酒肉一起烧，结果肉味特别香醇可口，人们为了传颂东坡，就将此独特风味的块肉命名为"东坡肉"。

宋迁都临安（今杭州）后，商市繁荣，各地食店相继进入临安，菜馆、食店众多，而且效仿京师。明清年间，杭州又成为全国著名的风景区，游览杭州的帝王将相和文人骚客日益增多，饮食业更为发展，名菜名点大批涌现。名菜有"西湖醋鱼"、"东坡肉"、"龙井虾仁"、"油焖春笋"、"排南"、"西湖莼菜汤"等。

　　宁波菜以"鲜咸合一"，蒸、烤、炖制海味见长，讲究嫩、软、滑。注重保持原汁原味，色泽较浓。著名菜肴有雪菜大汤黄鱼、苔菜拖黄鱼、木鱼大烤、冰糖甲鱼、锅烧鳗、溜黄青蟹、宁波烧鹅等。

　　绍兴菜富有江南水乡风味，作料以鱼虾河鲜和鸡鸭家禽、豆类、笋类为主，讲究香酥绵糯、原汤原汁、轻油忌辣，汁浓味重。其烹调常用鲜料配腌腊食品同蒸或炖，多用绍酒烹制，故香味浓烈。著名菜肴有糟熘虾仁、干菜焖肉、绍虾球、头肚须鱼、鉴湖鱼味、清蒸桂鱼等。

　　温州古称"瓯（ōu）"，地处浙南沿海，当地的语言、风俗和饮食方面，都自成一体，别具一格，素以"东瓯名镇"著称。温州菜也称"瓯菜"，它以海鲜为主，口味清鲜，淡而不薄，烹

◎ 东坡肉

调讲究"二轻一重",即轻油、轻芡(qiàn)、重刀工。代表名菜有："三丝敲鱼"、"桔络鱼脑"、"蒜子鱼皮"、"爆墨鱼花"等。

湘 菜

湘菜,即湖南菜。湖南地处我国中南地区,气候温暖,雨量充沛,自然条件优越。湘西多山,盛产笋、蕈和山珍野味;湘东南为丘陵和盆地,农牧副渔发达;湘北是著名的洞庭湖平原,素称"鱼米之乡"。湘菜的特点是注重刀工、调味,尤以酸辣菜和腊制品著称,烹饪技法擅长煨、蒸、煎、炖、熘、炒等。可分为湘江流域、洞庭湖区和湘西山区三个地方流派。

"湖广熟,天下足"

湖南位于长江中游,这里气候温暖,雨量充沛,阳光充足,四季分明。南有雄崎天下的南岳衡山,北有一碧万顷的洞庭湖,湘、资、沅、澄四水流经全省。如此优厚的自然条件,利于农、牧、副、渔的发展,故物产特别富饶。在《史记》中曾记载了楚地"地势饶食,无饥馑之患"。长期以来,"湖广熟,天下足"的谚语,更是广为流传。

据考证,早在两千多年前的西汉时期,长沙地区就能用兽、禽、鱼等多种原料,以蒸、熬、煮、炙等10余种烹调方法,制作百余种款式的佳肴。六朝唐宋时期,湖南经济日益繁荣,湘菜也随之有了长足的发展。当时的名菜有"安东鸡"、"怀胎鸭"、"子龙脱袍"等,距今已有千年的历史。

明清两代是湘菜发展的黄金期。当时的湖南商旅云集,市场繁荣,湘菜茶楼酒馆遍及全省各地,其独特风格也是在这时基本定局。晚清战事频仍,湖南人曾国藩、左宗棠先后率领湘军转战南北,也将湘菜带到了各地。特别是左宗棠,还为湘菜留下了"左宗棠鸡"这道名肴。

长期以来，随着历史的前进，及烹饪技术的不断交流，逐步形成了以湘江流域、洞庭湖区和湘西山区三种地方风味为主的湖南菜系。

湘江流域、洞庭湖区和湘西山区风味

湘菜由湘江流域、洞庭湖区和湘西山区为基调的三种地方风味组成。

湘江流域的菜以长沙、衡阳、湘潭为中心，是湖南菜系的主要代表。它制作精细，用料广泛，口味多变，品种繁多。其特点是：油重色浓，讲求实惠，在品味上注重酸辣、香鲜、软嫩。在制法上以煨、炖、腊、蒸、炒诸法见称。煨、炖讲究微火烹调，煨则味透汁浓，炖则汤清如镜；腊味制法包括烟熏、卤制、叉烧，湖南腊肉市井皆知。代表菜有"海参盆蒸"、"腊味合蒸"、"走油豆豉扣肉"、"麻辣子鸡"等。

洞庭湖区的菜，以烹制河鲜、家禽和家畜见长，多用炖、烧、腊的制法，其特点是芡大油厚，咸辣香软。炖菜常用火锅上桌，民间则用蒸钵置泥炉上炖煮，俗称蒸钵炉子。往往是边煮边吃边下料，滚热鲜嫩，津津有味，当地有"不愿进朝当驸马，只要蒸钵炉子咕咕嘎"的民谣，充分说明炖菜广为人民喜爱。代表菜有"洞庭金龟"、"网油叉

◎ 湘菜名品——剁椒鱼头

烧洞庭桂鱼"、"蝴蝶飘海"、"冰糖湘莲"等。

湘西菜擅长制作山珍野味、烟熏腊肉和各种腌肉，口味侧重咸香酸辣，常以柴炭作燃料，有浓厚的山乡风味。代表菜有"红烧寒菌"、"板栗烧菜心"、"湘西酸肉"、"炒血鸭"等。

总体来看，湖南菜系的共同风味是辣味菜和腊味菜。以辣味强烈著称的朝天辣椒，全省各地均有出产，是制作辣味菜的主要原料。腊肉的制作历史悠久，在我国相传已有两千多年历史。统观全貌，则刀工精细，形味兼美，调味多变，酸辣著称，讲究原汁，技法多样，尤重煨烤。随着时代的前进和经济的发展，湘菜这朵奇葩将会开得更加鲜艳夺目。

徽　菜

徽菜，仅仅指徽州菜，而不能等同于安徽菜。徽菜风味包括皖南、沿江、沿淮之地的菜点特色。皖南菜包括黄山、歙县（古徽州）、屯溪等地，讲究火功，善烹野味，量大油重，朴素实惠，保持原汁原味。沿江菜以芜湖、安庆地区为代表，以后也传到合肥地区，它以烹制河鲜、家畜见长，讲究刀工，注意色、形。善用糖调味，尤以烟熏菜肴别具一格。沿淮菜以蚌埠、宿县、阜阳等地为代表，菜肴讲究咸中带辣，汤汁色浓口重，亦惯用香菜配色和调味。

跟着徽商走遍天下

徽菜来自徽州，离不开徽州特殊的地理环境提供的客观条件。因处于两种气候交接地带，雨量较多、气候适中，物产特别丰富。黄山植物就有1470多种，其中不少可以食用。野生动物栖山而息，徽州是山区，种类就更多。徽州得天独厚的自然环境，为徽菜提供了取之不尽、用之不竭的原料，成为徽菜发展的有力物质保障。

徽菜发端于唐宋，起源于黄山麓下的歙（shè）县，即古代的徽州。后因新安江畔的屯溪小镇成为"祁红"、"屯绿"等名茶和徽墨、歙砚等土特产品的集散中心，商业兴旺，饮食业发达，徽菜的重点逐渐转移到屯溪，在这里得到进一步发展。

宋时，宋高宗赵构听说了徽菜以后，曾问学士汪藻徽菜好在哪里，汪藻用梅圣俞的诗回答说："雪天牛尾狸，沙地马蹄鳖。"赵构马上叫御厨烹制，美味绝佳，从此徽菜成为宫廷御膳。明代晚期至清代乾隆末年是徽商的鼎盛时期，实力及影响力位居全国十大商帮之首，其足迹几遍天下，徽菜也伴随着徽商的发展，逐渐声名远扬。哪里有徽商，哪里就有徽菜馆。徽州人在全国各地开设徽馆达上千家，仅上海就有140多家，足见其涉及面之广，影响力之大。

在悠久的历史长河中，徽菜经过历代徽厨的辛勤劳动，兼收并蓄，不断总结，不断创新。以就地取材、选料严谨、巧妙用火、功夫独特、擅长烧炖、浓淡适宜、讲究食补、以食补身、注重文化、底蕴深厚的特点而成为雅俗共赏、南北兼宜、独具一格、自成一体的著名菜系。

皖南、沿江和沿淮风味

徽菜的传统品种多达千种以上，其风味包含皖南、沿江、沿淮三种地方菜肴的特色。皖南以徽州地区的菜肴为代表，是徽菜的主流与渊源。其主要特点是喜用火腿佐味，以冰糖提鲜，善于保持原料的本味、真味，口感以咸、鲜、香为主，放糖不觉其甜。沿江风味盛行于芜湖、安庆及巢湖地区，以烹调河鲜、家禽见长，讲究刀功，注重形色，善于以糖调味，擅长烧、炖、蒸和烟熏技艺，其菜肴具有清爽、酥嫩、鲜醇

◎ 黄山炖鸡

的特色。沿淮菜是以黄河流域的蚌埠、宿县、阜阳的地方菜为代表，擅长烧、炸、熘等烹调技法，爱以芫荽、辣椒调味配色，其风味特点是咸、鲜、酥脆、微辣、爽口，极少以糖调味。徽菜总体风格是：清雅纯朴、原汁原味、酥嫩香鲜、浓淡适宜，并具有选料严谨、火工独到、讲究食补、注重本味、菜式多样、南北咸宜的共同特征。

徽菜的烹饪技法，包括刀工、火候和操作技术，徽菜重火工是历来的优良传统，其独到之处集中体现在擅长烧、炖、熏、蒸类的功夫菜上，不同菜肴使用不同的控火技术是徽菜厨师造诣深浅的重要标志，也是徽菜能形成酥、嫩、香、鲜独特风格的基本手段，徽菜常用的烹饪技法约有20大类50余种，其中最能体现徽式特色的是红烧、清炖和生熏法。徽菜经过近千年的发展，拥有一大批脍炙人口的名菜名点，如符离集烧鸡、火腿炖甲鱼、腌鲜桂鱼、火腿炖鞭笋、雪冬烧山鸡、红烧果子狸、奶汁肥王鱼、毛峰熏鲥鱼、生仔鸡等。

酒文化

酒　礼

酒礼，即指人们的饮酒规矩、仪节等。中国古代文化史专家柳诒征先生认为："古代初无尊卑，由种谷作酒之后，始以饮食之礼而分尊卑也。"由此可知两点：一是酒与礼结缘之早之深；二是酒礼的作用是"分尊卑"的。

酒礼分尊卑

中国素有"礼仪之邦"的美誉。古代的礼渗透到政治制度、伦理道德、婚丧嫁娶、风俗习惯等各个方面，酒行为自然也纳入了礼的轨道，这就产生了酒行为的礼节——酒礼，用以体现酒行为中的贵贱、尊卑、长幼乃至各种不同场合的礼仪规范。到了西周，酒礼成为最严格的礼节。周公颁布的《酒诰》，明确指出天帝造

◎《饮酒祝寿图轴》　明　陈洪绶

酒的目的并非供人享用，而是为了祭祀天地神灵和列祖列宗，严申禁止"群饮"、"祟饮"，违者处以死刑。秦汉以后，随着礼乐文化的确立与巩固，酒文化中"礼"的色彩也愈来愈浓，《酒戒》、《酒警》、《酒觞》、《酒诰》、《酒箴》、《酒德》、《酒政》之类的文章比比皆是，完全把酒纳入了秩序礼仪的范畴。为了保证酒礼的顺利执行，历代都设有酒官。周有酒正、汉有酒士、晋有酒丞、齐有酒吏、梁有酒库丞、隋有良酝署、唐宋因之。

被雅化的酒

如果说典籍文化中所定之礼代表了统治阶级维护统治、保护特权的利益，那么文人雅士所言之礼则集中体现了士大夫阶级的审美情趣和文化心理。比如，有人认为理想的饮酒对象是"高雅、豪侠、直率、忘机、知己、故交、玉人、可儿"，饮酒地点是"花下、竹林、高阁、画舫、幽馆、曲涧、平畴、荷亭"，饮酒季节是"春郊、花时、清秋、新绿、雨霁、积雪、新月、晚凉"（吴斌《酒政》）。有人认为理想的酒友是"款于词而不佞者，娱于色而不靡者，怯猛饮而惜终欢者，抚物为令而不涉重者，闻令即解而不再问者，善戏谑而不虐者，语便便而不乱者，持屈爵而不诉者，偕众乐而恶外嚣者，飞爵腾觚而德仪无愆者，坐端宁而神逸者，宁酣沉而倾泼者"（田世衡《醉公律令》）；理想的醉地是"醉花宜昼，袭其光也；醉雪宜夜，消其洁也；醉文人宜谨节奏章程，畏其侮也；醉俊人宜加觥盂旗帜，助其烈也；醉楼宜暑，资其清也，醉水宜秋，泛其爽也……"（袁宏道《酒令》）凡此种种，都可看出士大夫阶层对超俗拔尘境界的推崇，对温文尔雅风度的追求。在这里，酒被诗化、雅化了。

古代的酒礼

我国古代饮酒有以下一些礼节：主人和宾客一起饮酒时，要相互

《李白斗酒图》

跪拜。晚辈在长辈面前饮酒，叫侍饮，通常要先行跪拜礼，然后坐入次席。长辈命晚辈饮酒，晚辈才可举杯；长辈酒杯中的酒尚未饮完，晚辈也不能先饮尽。古代饮酒的礼仪约有四步：拜、祭、啐、卒爵。就是先作出拜的动作，表示敬意，接着把酒倒出一点在地上，祭谢大地生养之德，然后尝尝酒味，并加以赞扬令主人高兴，最后仰杯而尽。在酒宴上，主人要向客人敬酒（叫酬），客人要回敬主人（叫酢），敬酒时还有说上几句敬酒辞。客人之间相互也可敬酒（叫旅酬）。有时还要依次向人敬酒（叫行酒）。敬酒时，敬酒的人和被敬酒的人都要"避席"，起立。普通敬酒以三杯为度。

酒 德

酒德，指饮酒的道德规范和酒后应有的风度。合度者有德，失态者无德，恶趣者更无德。酒德两字，最早见于《尚书》和《诗经》，其含义是说饮酒者要有德行，不能像商纣王那样，"颠覆厥德，荒湛于酒"，《尚书·酒诰》中集中体现了儒家的酒德，这就是："饮惟祀"（只有在祭祀时才能饮酒）；"无彝酒"（不要经常饮酒，平常少饮酒，以节约粮食，只有在有病时才宜饮酒）；"执群饮"（禁止民众聚众饮酒）；"禁沉湎"（禁止饮酒过度）。

周公首先提出酒德

酒德，即酒行为的道德。首先提出"酒德"概念的是周公，他反对酗酒，所提倡的是"毋彝酒"（《尚书·酒诰》）。所谓"毋彝酒"，就是不要滥饮酒。怎样才算不滥饮酒呢？《礼记》中作了具体的说明："君子之饮酒也，一爵而色温如也，二爵而言斯，三爵而冲然以退。"被后世尊为"圣人"的孔子曾提出"唯酒无量，不及乱"，就是说各人饮酒的多少没有什么具体的数量限制，以人饮酒之后神志清晰、形体稳健、气血安宁、皆如其常为限度。"不及乱"即为孔子鉴往古、察当时、戒来世提出的酒德标准。

先秦时黄门侍郎赵整目睹符坚与大臣们泡在酒中，就写了一首劝戒的《酒德歌》，使之反省而接受了劝谏。古今医学从保健的角度也极为提倡酒德。战国时期的名医扁鹊就说："久饮酒者溃髓蒸筋，伤神损寿。"唐朝"药王"孙思邈曰："空腹饮酒多患呕逆。"明代医学家李时珍也说："过饮不节，杀人倾刻。"现代医家还总结了不少饮酒的科学方法。

总之，制止滥饮，提倡节饮，文明饮酒，科学饮酒，这就是中国酒文化所提倡的酒德。除此之外，酒德还反映在酒的酿造和经营行为上。按现在的话来说，就是酒的酿造，要严格按工艺程度和质量标准去做，不能偷工减料，以次充好，酤酒必须货真价实，不缺斤少两。我国许多传统名酒之所以千百年盛誉不衰，一个根本的原因，就是始终保持重质量、重信誉的高尚酒德。

节制有度，不强劝酒

总起来说，中国传统主张让酒回归到文化的本位，讲求以下酒德：

一是量力而饮。即饮酒不在多少，贵在适量。要正确估量自己的饮酒能力，不作力不从心之饮。过量饮酒或嗜酒成癖，都将导致严重后果。《饮膳正要》指出："少饮为佳，多饮伤神损寿，易人本性，其毒甚也。醉饮过度，丧生之源。"《本草纲目》亦指出："若夫沉湎无度，醉以为常者，轻则致疾败行，甚则伤躯陨命，其害可甚言哉！"这就是说，过量饮酒，一伤身体，二伤大雅。有的人或赌酒争胜，或故作豪饮，或借饮消愁，都是不明智的做法。

二是节制有度。即饮酒要注意自我克制，十分酒量最好只喝到六七分，至多不得超过八分，这样才饮酒而不乱。《三国志》裴松之注引《管辂别传》，说到管辂略自励励人："酒不可极，才不可尽。吾欲持酒以礼，持才以愚，何患之有也？"就是力戒贪杯与逞才。明代莫云卿在《酗酒戒》中也论及：与友人饮，以"唇齿间沉酒然以甘，肠胃间觉欣然以悦"；超过此限，则立即"覆斝止酒"（杯倒扣，以示决不再

◎ **战国酒具漆盒**

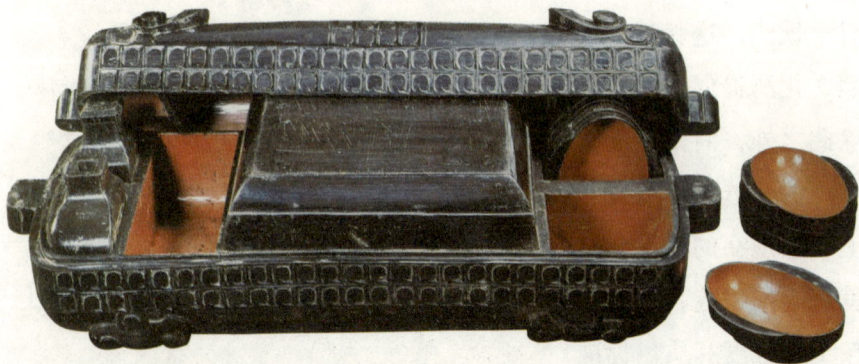

饮）。而晏婴谏齐景公节制饮酒，山涛酒量极宏却每饮不过八斗，都一直奉为佳话。

三是不强劝酒。清代阮葵生所著《茶余客话》引陈畿（jī）亭的话说："饮宴若劝人醉，苟非不仁，即是客气，不然，亦俗也。君子饮酒，率真量情；文士儒雅，概有斯致。夫唯市井仆役，以通为恭敬，以虐为慷慨，以大醉为欢乐，土人亦效斯习，必无礼无义不读书者。"人们酒量各异，对酒的承受力不一。强行饮酒，不仅是败坏这一赏心乐事，而且容易出事，甚至出人命。因此，作为主人在款待客人时，既要热情，又要诚恳；既要热闹，又要理智。切勿强人所难，执意劝饮。还是主随客便，自饮自斟。

酒　令

我国有着悠久的酒史，又有着悠久的游戏史，把酒和游戏二者结合为一，从而形成了酒令。古人干脆把它称之为"酒戏"，即饮酒的游戏。最早的酒令是辅助礼的，后来才发展为佐酒助兴、活跃宴席，甚至成了劝酒、赌酒、逼酒的手段。酒令盛行于各个朝代，且形式多种多样。

投壶

最古老而又持久的酒令当首推投壶。投壶产生于春秋前，盛行于战国。投壶既是一种礼仪，又是一种游戏。《礼记》、《大戴礼记》都有《投壶》篇专门记述。投壶礼举行时，宾主双方轮流以无镞（音zú，指箭头）之矢投于壶中，每人四矢，多中者为胜，负方饮酒作罚。

春秋战国时期，诸侯宴请宾客时的礼仪之一就是请客人射箭。那时，成年男子不会射箭被视为耻辱，主人请客人射箭，客人是不能推辞的。后来，有的客人确实不会射箭，或者比如生病了不方便射箭，就用箭投酒壶代替。久而久之，投壶就代替了射箭，成为宴饮时的一种游

戏。投壶在战国时得到相当发展，当时的文者倾向于内心修养，投壶这种从容安详、讲究礼节的活动，正适合他们的需要。此外，由于社会发展，民间以投壶为乐的现象越来越普遍。

秦汉以后，它在士大夫阶层中盛行不衰，每逢宴饮，必有"雅歌投壶"的节目助兴。在流传过程中，游戏的难度增加了，产生了许多新名目，有人在壶外设置屏风盲投，或背坐反投。宋代司马光曾著有《投壶新格》一书，详细记载了壶具的尺寸、投矢的名目和计分方法。宋代以后，投壶游戏逐渐衰落下去，不再像汉唐那样盛行，仅断续地在士大夫中进行。

流觞曲水

流觞曲水，亦称流杯曲水或曲水流觞，是旧时上巳节的一种饮宴风俗，其大致方式是众人围坐在回环弯曲的水渠边，将特制的酒杯（多是质地很轻的漆器）置于上游，任其顺着曲折的水流缓缓漂浮，酒杯漂到谁的跟前，谁就取杯饮酒。如此循环往复，直到尽兴为止。文人则将此俗发展成名士雅集，酒杯停在谁的面前，还得赋诗一首。

这种高雅酒令，不仅是一种罚酒手段，还因被罚作诗这种精神活动的参与，使之不同凡响。最著名的当数东晋永和九年（353年）三月初三，大书法家王羲之与名士谢安、孙绰等四十余人宴集于浙江山阴（今绍兴）兰亭，作流觞曲水之戏。他们当时的吟咏之作被编成《兰亭集》，由王羲之作序，成为我国书法艺术史上的瑰宝。

据记载，类似上巳曲水之类的"雅事"，其余韵一直蔓延到二十世纪四十年代；而"禊赏亭"、"流杯亭"之类的景致，迄今还可在北京故宫、绍兴兰亭等处可见，不过都是在石基上凿成迂回曲折的沟槽的微型景观，不再有王羲之笔下"有崇山峻岭，茂林修竹；又有清流激湍，映带左右"那种大自然的情趣了。

藏钩

藏钩是守岁时流行的一种娱乐活动，这个游戏据说是在汉武帝时创制的。汉武帝的钩弋夫人，本姓赵，河间人，据说她从生下来就两手攥拳，从不伸开。汉武帝路过河间使其双手伸展，手中现一钩。武帝娶她回宫，号"钩弋夫人"，又称"拳夫人"。《三秦记》载，当时的女人纷纷仿效钩弋夫人，攥紧双拳，人们称这种姿态为"藏钩"。

这种"藏钩"姿态后来成为一种宴饮中的娱乐助兴节目。《风土记》记载了其玩法。参加的人分为两组，如果人数为偶数，所分的两组人数相等，互相对峙，如果是奇数，就让一人作为游戏依附者，可以随意依附这组或那组，称为"飞鸟"。游戏时，每组有一只小钩（如玉钩、银钩）在众人手中传递，双方互猜小钩所在，猜中率高的即为获胜者。

射覆

　　射覆，是在瓯、盂等器具下覆盖某一物件，让人猜测里面是什么东西。《汉书·东方朔传》："上尝使诸数家射覆。"颜师古注曰："于覆器之下而置诸物，令暗射之，故云射覆。"从以上记载来看，汉代时期皇宫中已经流行射覆游戏。射覆所藏之物大都是一些生活用品，如手巾、扇子、笔墨、盒罐等。

　　射覆，属于信息预测中的一种方法，但它是带表演性质的、集卦术与趣味于一体的预测方法。预测时卦师可根据器物的形状起卦，也可根据当时的时间起卦，还可根据字或几句话的含义起卦，然后进行预测。射覆可以无心"玩占"，也可以考验易者的功力，成为古今易占家的一种高难度游戏。

　　古代帝王将相、文人雅士大都喜易，常玩射覆这种游戏，史书记载了很多有趣的事例。比如，东方朔曾猜出汉武帝盆下的壁虎，受到了大量赏赐，一个侍臣不服，对东方朔说，你要是能猜出我在盆里放的东西，我愿被打一百杖，如果你猜不出来，我受赏。结果东方朔又猜出来了，那个侍臣被打了一百杖。

茶文化

茶饮的保健作用

《神农本草经》记载，先祖神农氏在尝百草时，一天里就遇到72种毒素，由于饮用了茶泡的水，才使得毒素消失，从此就用饮茶的办法来解毒，这就是饮茶的始源。可见从先祖认识茶叶之始，茶与保健就联系在一起了。

饮茶的保健作用

现代科学研究表明，茶叶中含有500多种化学成分，其中主要有茶多酚类、茶素（咖啡碱）、芳香油化合物、蛋白质、多种氨基酸、维生素、矿物质和色素等，都是有益于人体健康的营养成分和药效成分，对人体的生理、药理功效是多种多样的。饮茶对身体的保健作用主要有以下几点：

第一，兴奋作用。茶叶中含有2%～4%的茶素，能兴奋中枢神经系统，帮助人们振奋精神、增进思维、消除疲劳、提高工作效率。

第二，抗衰老作用。茶中含有不少有益人体的微量元素，每500克绿茶中约含有维生素C135毫克，成年人每天喝两三杯绿茶就能满足人体需要的维生素C的一半。饮茶能抑制细胞衰老，促进新陈代谢，具有活血化瘀、防止动脉硬化和促进心脏、血管、肠胃等器官机能运转的作用，经常饮茶的人当中，高血压和冠心病的发病率较低。

◎ 云南玉溪峨山高香生态茶园奇美的景色，这里数千亩茶地年产优质普洱茶近千吨，还出产云南十大名茶之一的峨山银毫。

第三，抗菌、抑菌作用。茶中的茶多酚和鞣（róu）酸作用于细菌，具有杀死细菌的作用。患有肠道疾病的人饮茶有利于身体恢复健康。口腔发炎、溃烂、咽喉肿痛时，经常用茶汤漱口，可以达到杀菌的目的。除此之外，经常饮茶还可以提高牙齿的防酸抗龋能力。

第四，抑制癌细胞作用。茶叶中的黄酮类物质具有抑制恶性肿瘤的作用，饮茶能明显抑制癌细胞突变。经常喝茶，特别是绿茶，能减少60%患子宫癌的机会。

第五，减肥作用。茶中的咖啡碱、肌醇、叶酸、泛酸和芳香类物质等多种化合物，能调节脂肪代谢，特别是乌龙茶对蛋白质和脂肪有很好的分解作用。日本女人称乌龙茶为"美貌和健康的妙药"。法国女人把产自云南的普洱茶称为"刮油茶"、"消瘦茶"。

第六，利尿作用。茶叶中含有的咖啡碱和茶碱具有兴奋中枢神经和增进肾功能的作用，有利于尿的排泄，并能使有毒物质迅速排出体外。

饮茶过度伤身体

饮茶有益于身体健康，但是饮茶过度、过浓，就会伤害身体。其一，常饮浓茶可导致骨质疏松。因为茶叶内含有较多的茶素，这种物质能促使尿钙排泄，导致骨钙流失。对易发骨质疏松的绝经期妇女和老年人，饮茶以清淡为好。其二，经常饮茶会使多种营养素流失。过量饮茶会增加尿量，引起镁、钾、维生素B等重要营养素的流失，因

◎ 茉莉花茶及茶汤——花茶代表

此饮茶不仅不宜太浓，而且应避免饮茶过量，使大量水分进入体内，致使营养素随着尿液流失。其三，常饮浓茶容易引起贫血。因为茶叶中的鞣酸会与三价铁形成不溶性沉淀，影响铁在体内的吸收，特别是餐后喝茶，会使食物中的铁因不易吸收而排出体外。这就容易引起缺铁性贫血。其四，常饮浓茶容易便秘。茶叶中的鞣酸还能与食物中的蛋白质结合生成一种块状的、不易消化吸收的鞣酸蛋白，导致排便困难，形成便秘症。其五，经常大量饮用浓茶会稀释胃液，降低胃液的浓度，使胃液不能正常消化食物，导致消化不良、腹胀、腹痛等症状。总之，饮茶可以养生，但是饮茶过度则会损害身体健康。

茶叶的鉴别

我国茶叶的品种很多，选购茶叶的前提是要鉴别茶叶的真假、新陈、优劣。辨别茶叶最经典的原则是从形、色、香、味四个方面观察和鉴别。

观察茶叶外形

　　质量好的茶叶，外形匀整，条索（指各类干茶具有的一定外形规格）的大小、长短较为均匀整齐；条索结合紧密，芽毫多，粗老茶、下脚茶的比例小，不含有非茶叶夹杂物，如柳、槐、枣树的嫩树叶焙（bèi）炒的假茶叶；茶叶要干，手感不湿潮。茶叶的外形条索因茶叶种类不同而呈现不同形状，如龙井茶，外形光润、扁而平直，铁观音茶则为球形，毛峰茶芽毫多，香片与红茶呈细条或细碎形等。如果外形不匀整、粗糙，身骨轻飘，芽叶断碎，含有较多梗、末、片等均为劣质茶。从喝完茶的茶渣看，注意观察茶

◎ 白毫银针

白茶是中国特有的珍贵名茶，它以安徽产的白毫银针最为有名。

渣是否嫩黄明亮、比较均匀、不含杂质。凡是茶梗、茶末和杂质含量比例高的，都属于劣质茶。

观察茶叶色泽

　　茶叶因发酵程度轻重而呈现不同的色泽，一般的干茶以色泽油润者为佳。绿茶是带有光泽的蜜绿色，红茶乌黑油润，带有光泽，冻顶乌龙是金黄色，乌龙茶色泽青褐光润，这些都属于优质茶。反之，绿茶枯黄或暗褐色的质量差，红茶枯褐或灰褐色的质量差。除观察色泽外还要注意茶汤的颜色，无论哪种茶，优质茶的茶汤都橙黄鲜亮带有油光，而没有浑浊或沉淀物。红茶汤色红橙泛亮。若汤色暗淡，浑浊不清，大多是陈茶。

嗅闻茶叶香气

这是决定茶叶品质的主要条件之一，各类茶由于制法及发酵程度不同，干茶的香气也不一样。茶叶的香气随着时间的延续会逐渐由高变低，香气就会由新茶时的清香馥郁逐渐变得低闷浑浊。将一撮茶叶放在掌心，用口呵气，茶叶受热而发出的香气越浓、越持久的越是好茶。质量好的茶叶香气浓郁，没有焦味、酸味、农药味、霉味、馊味等异味。绿茶清香，以兰花香、板栗香为上，红茶有殷甜香气，花茶有鲜花的芳香，乌龙茶有熟桃香等。质量好的茶叶没有烟熏味，与之相反的则为质量差的茶叶。

品尝茶叶滋味

茶叶本身就带有苦、涩、甜、鲜、酸等多种滋味，如果这些滋味的比例得当，茶叶就鲜醇可口，而且不同的茶叶滋味也有所差异。如果干嚼茶叶，以鲜爽醇浓者为佳。泡茶品尝，好茶的茶汤橙黄透亮，喝到嘴里觉得甘醇厚重，滋味持久。譬如，优质绿茶的汤色碧绿清澈，入口后先涩而后甘；优质红茶的汤色红艳明亮，入口后味道浓厚而鲜爽；优质花茶的汤色呈明亮的浅黄色，入口后带有特殊的花香。凡是茶味平淡，苦涩，有青草味的都是质量差的茶叶。

◎ 《品茶图》
中国古代文人墨客多从品茶中寻找修身养性的快乐。

名人与茶

作为开门七件事（柴米油盐酱醋茶）之一，茶在我国不仅是一种饮品，更是一种雅文化的体现。自古至今，有许多名人与茶结缘，不仅写有许多对茶吟咏称道的诗章，还留下不少煮茶品茗的趣事逸闻。

◎《煮茶图》
品茶与品境是中国文化追求的一种境界。

神农氏是茶的鼻祖

神农氏，一说为炎帝，是我国传说中的农业和医药的发明者。他大约生活在公元前2737年，当年的先民们过着采集渔猎的生活，神农氏制作了耒耜（lěi sì），教给先民们学会种植农作物。他还亲自尝百草，发现药材，教给先民学会治疗疾病。

传说在那蛮荒的年代，到处都生长着千奇百怪的植物，究竟哪些可以吃呢？人们不得其解，于是神农氏就亲尝百草，准备选出一些能结子的植物，让先民们种植。有一天，他尝了几种植物，这些植物汇集成"七十二毒"，搅得他口干舌燥，五脏如焚，十分难受。正当神农氏无计可施之时，忽然一阵清风吹来几片绿叶飘落在他跟前。他习惯性地捡起来就送入口中咀嚼，其汁液苦涩，气味却芬芳爽口，就将这几片绿叶嚼碎咽了下去。霎时间，他觉得肚子里的东西上下翻滚，好像在搜查什么。又过了一会儿，肚里风平浪静，舒服多了。神农氏此时才意识到是刚才吃的绿叶具有解毒的功效。于是起身沿着山坡到处寻找刚才吃的那种绿叶，经过了三天的寻找，终于在一座小山坡上找到几棵树，他爬上树采摘了一些绿叶。神农氏如获至宝，欣喜异常。

神农氏坐在树下歇息时忽然想到这是什么树呢？该叫什么名字呢？此时他联想到刚吃进这种绿叶时，肚里好像什么东西在搜查什么，那就叫它"查"吧！当时我国还没有文字，就以"查"的称呼传了下来。后来有了文字之后，就根据它开白花，有苦味，写成"荼"。陆羽在《茶经》"七之事"章，辑录了中唐以前对茶的称谓，诸如荼、苦荼、荼茗、荼荈、茗、槚等30多种。可见，"荼"是中唐以前对茶的最主要称谓。自唐后期才称之为"茶"了。

晏婴爱吃"茗菜"

晏婴是春秋时期齐国的大夫，字平仲，被后人尊称为晏子，夷维（今山东高密）人。其生年不详，卒于公元前500年。从齐灵公二十六年（前556年）其父晏弱死后，他继任齐卿，历经灵公、庄公、景公等三代。晏子聪敏机智，能说善辩，特别是能运用生动的比喻，托物言志，使人信服。根据后人编纂的《晏子春秋》记载："婴相齐景公时，食脱粟之饭，炙三弋五卵茗菜而已。"就是说当年担任齐国国卿时，吃的是糙米饭，菜肴除了三五种炒菜外，再就是"茗菜"了。

那么，晏婴喜欢吃的"茗菜"是什么样的菜呢？这种"茗菜"就是用茶做的菜。当时我国的茶树还没有在长江下游地区栽培，只有西南地区生产茶叶，而且品种也较少。一般是作为消暑的药材食用，也有边远地区的少数民族用茶做菜食用。如云南基诺族爱吃的"凉拌茶菜"就是其中之一。它是将采下的新茶叶芽，加上盐和辣椒粉拌着吃。既有咸辣的味道，又有茶的香味，用以佐餐十分可口。事过2000多年后的今天，像"茶鸡蛋"、"茶烧肉"，以及高档的"龙井虾仁"、"碧螺虾仁"、"樟茶鸭子"等都属于"茗菜"的范畴。

至于当年的晏婴怎么喜欢上吃"茗菜"，所用的茶叶从哪里来的，都无从可考。不过晏婴当年将吃"茗菜"列为日常饮食之列，也并不足以为奇。因为晏婴是个博学的人，古代的神农氏亲尝百草，懂得了茶能解毒和"令人有力、悦志"的作用。用茶的嫩芽炒菜，也是可以理解的。由此，我们还可看出，当年还没有开始饮茶。根据《尔雅》记载，西汉年间，"荆巴间采叶作饼，叶老者饼成，以米膏出之，欲煮茗饮，先炙，令赤色，捣末置瓷器中，以汤浇覆之，用葱、姜、橘子湆之，其饮醒酒，令人不眠"。这就是说到了西汉年间，人们才像我们煮菜粥那样煮茶吃。

诸葛亮也是茶圣

在川陕交界的陕西勉县小河庙乡，有座三圣庙，供奉的是陆羽、诸葛亮和药王三位圣人。为什么将这三位不同朝代的人物供奉在同一座庙里呢？从当地的民间传说中不难看出，当地是将诸葛亮作为茶圣供奉在这里的。

勉县古称沔阳，是我国最早的茶的发祥地。据史料记载，周武王伐纣得到巴蜀之后，当地就用茶来作为贡赋缴纳。这说明这里的茶叶种植相当普遍，而且茶叶的质量也相当不错。三国时期，诸葛亮在刘备白帝城托孤后，更加忠诚于汉室。为了实现匡扶汉室、统一全国的宏愿，诸葛亮在沔阳的定军山屯兵8年，惨淡经营，在修水利、垦荒地、养蚕桑和种植茶树等方面作出了极大的贡献。其中对种植茶树的贡献更是突出。这里产的茶叶后来就以诸葛亮的雅号"卧龙"命名为卧龙茶。

诸葛亮之所以重视茶叶生产，还与他的疾病有关。当年诸葛亮患了肺病，根据那时的医疗条件，很难治愈。可是在睡梦中诸葛亮梦见一位老人告诉他，可以用小河庙的老茶树叶做药引，进行治疗，还就真的治好了诸葛亮的肺病。诸葛亮为了感激神明指点迷津，在茶山设坛拜祭，对茶树和茶叶非常尊重。如今勉县的茶山还遗存着几棵2000多年前的古茶树，就是当年诸葛亮祭拜过的。

诸葛亮辅佐刘禅执政，为维护蜀汉政权，安定西南地区的少数民族，曾亲率大军深入"夷蛮之地"治乱安民。当地的瘴气疫毒十分严重，很多兵士染上瘟疫，诸葛亮十分焦急，遂将手中的茶木手杖插在地上。几天后手杖绽出嫩芽，长出枝叶。诸葛亮就命人采摘茶叶烹水，让兵士们饮用。结果兵士们都消灾祛疾。他们一鼓作气征服了西南部的"夷蛮之地"。

为了安抚这些地区的民族，诸葛亮还派人从汉中运来稻谷和茶树，并向这些民族传授耕种农作物和茶树的技术，特别是对茶树园的管理和对茶叶的采摘、焙炒的技术。由此，西南边陲的当地民族学会了种植农作物和种茶，以及制茶的技术、饮茶的方法。还懂得了茶叶的除湿排毒、降火驱寒、养肝明目、健脾温胃等治疗疾病的作用。

诸葛亮还以茶为媒介，联络西北部的羌氏族，求得西北部的安定，以便集中兵力伐魏攻曹。他在沔阳西北古陈仓道沮水一带设立"茶店子"，以茶社和贸易吸引羌氏族人。诸葛亮还在略阳县的一座山上设立接官厅，邀请羌氏族首领品茶议事，以谈茶论道来谋求与羌氏族携手抗曹。羌氏族以游牧为生，多食牛羊肉，茶叶能消食化腻，很受羌人头领的喜欢。羌人头领在品茶中得益，答应与诸葛亮联合抗曹，曾将数十万大军交给诸葛亮指挥共同伐曹。诸葛亮对煎茶联羌这个壮举十分满意，就将略阳县的这座山取名为"煎茶岭"。当时就有位诗人写了"羽扇纶巾卧龙神，一杯香茗话天下"的诗句予以赞扬。

欧阳修饮茶的"五佳境界"

被誉为"唐宋八大家"的欧阳修（1007年~1072年），曾是一位官至枢密副使和参知政事的高级官员。在他为政的近40年间，仕途坎坷，浮沉不定，但是与他一直相伴的就是诗书和饮茶。特别是饮茶，更是他的特殊癖好。在欧阳修29岁时，因替范仲淹打抱不平，被贬谪夷陵（今湖北宜昌）。来到夷陵后，他遍访村野，体察民情，发现这里江山秀美，民风朴实，生活安逸。老百姓吃的是鱼和稻米，还有"橘柚茶笋四时之味"。就是在这里的为官期间，欧阳修开始对饮茶产生兴趣，直到晚年一直不衰。他在晚年曾在一首诗中谈及"吾年向老世味薄，所好未衰惟饮茶"，可见他有着30多年的饮茶历史，直到晚年对其他的兴味都逐渐减弱了，唯独饮茶却没有衰减。

欧阳修不仅喜好饮茶，还对泡茶的水很有研究。茶圣陆羽将"宜茶之水"分为20个等次，欧阳修根据自己的饮茶体会，对陆羽之说提出了异议，阐述了自己的观点。认为尽管水味有"美恶"之分，但把天下之水都排出次第，也是缺乏科学依据的。

欧阳修有一首诗里写饮茶时的最佳境界是："泉甘器洁天色好，坐中拣择客亦嘉。"这里提到的"泉甘"，是指泡茶的水要甘甜，"器洁"是指泡茶的杯壶要清洁，"天色好"是指饮茶时要天气晴朗，会使人心情愉悦，"客亦嘉"是指要与高朋嘉客共饮。再加上欧阳修最喜欢饮新茶，就构成了欧阳修饮茶的"五佳境界"——"泉甘"、"器洁"、"天好"、"客嘉"、"茶新"。因此他的老朋友梅尧臣对他的评价是"欧阳翰林最识别，品第高下无欹斜"。